Die Reformpolitik Frankreichs in der Krise

Felix Syrovatka

Die Reformpolitik Frankreichs in der Krise

Arbeitsmarkt- und Rentenpolitik
vor dem Hintergrund europäischer
Krisenbearbeitung

 Springer VS

Felix Syrovatka
Berlin, Deutschland

ISBN 978-3-658-14059-5   ISBN 978-3-658-14060-1 (eBook)
DOI 10.1007/978-3-658-14060-1

Die Deutsche Nationalbibliothek verzeichnet diese Publikation in der Deutschen National-
bibliografie; detaillierte bibliografische Daten sind im Internet über http://dnb.d-nb.de abrufbar.

Springer VS
© Springer Fachmedien Wiesbaden 2016

Gedruckt auf säurefreiem und chlorfrei gebleichtem Papier

Springer VS ist Teil von Springer Nature
Die eingetragene Gesellschaft ist Springer Fachmedien Wiesbaden GmbH

Vorwort

Während der Fertigstellung des vorliegenden Buches ist mit dem Rücktritt der Justizministerin, Christina Taubira, die letzte Vertreterin des linken Flügels aus der Regierung Valls ausgeschieden. Taubira hatte sich mit der Einführung der Ehe für homosexuelle Paare einen Namen gemacht und nicht nur gegen die sogenannte Sicherheitspolitik der Regierung nach den Anschlägen von Paris opponiert, sondern auch immer wieder die neoliberale Reformpolitik kritisiert. Die „Linie Valls", wie die angebotsorientierte Politik in den französischen Medien genannt wird, dominiert, nach dem Ausscheiden von Arnaud Montebourg, Benoît Hamon, Aurélie Filippetti und Christina Taubira als VertreterInnen des linken Flügels, nun auch personell die sozialistische Regierung. Denn mit der Benennung Jean-Jacques Urvoas - einem Vertrauten des Premierministers Manuel Valls und Anhänger des rechten Flügels in der PS - zum Nachfolger Taubiras, wird der autoritär-neoliberale Kurs der Regierung Valls bestärkt und bekräftigt, während die linke Opposition jeglichen Einfluss auf die Regierungsentscheidungen verloren hat. Die neoliberale Umgestaltung des französischen Wohlfahrtsstaates wird mit dieser Personalentscheidung weiter intensiviert werden, was jedoch zugleich eine Verstärkung der innergesellschaftlichen Zentrifugalkräfte bedeutet.

Aus heutiger Sicht können der *„Pacte de Responsabilité"* oder das *„Loi Macron"* als die wichtigsten Wegmarken für die bisher tiefgreifendsten Reformen im Arbeitsmarkt- und Sozialbereich seit der Gründung der V. Republik gewertet werden. Die vollständige neoliberale Umgestaltung der französischen Arbeitsmarkt- und Sozialsysteme, welche in vielen anderen Mitgliedsstaaten der EU schon in den 2000er Jahren abgeschlossen wurde, wird nun auch in Frankreich immer autoritärer gegen den Widerstand der Gewerkschaften und der gesellschaftlichen Linken umgesetzt.

Flankiert wird die neoliberale Umgestaltung im Arbeitsmarkt- und Sozialbereich durch die europäische Krisenpolitik, welche mithilfe austeritätspolitischer Instrumente vielfach Einfluss auf die spezifische Politikformulierung in Frankreich nahm (siehe Kapitel 6). Gleichzeitig schrumpfte der Einfluss Frankreichs auf der europäischen Ebene und speziell in der Ausgestaltung der europäischen Krisenpolitik. Dies zeigte sich zuletzt in den Verhandlungen der Eurogruppe mit der griechischen Regierung, in denen sich der neoliberale Charakter der Europäischen Union und die darin festgeschriebene deutsche Hegemonie offenbarte.

Die griechische Regierung wurde mit einem klassischen sozialdemokratischen Programm gewählt, welches auf europäischer Ebene eine Abkehr von der Austeritätspolitik und eine stärkere Integration und makroökonomische Koordinierung vorsah – europapolitische Forderungen also, welche auch die französische Regierung im Präsidentschafts- und Parlamentswahlkampf 2012 vertrat und nach ihrer Wahl anfänglich auch verfolgte. Die französische Regierung verweigerte sich jedoch einem gemeinsamen nachfrageorientierten Vorgehen in der Krisenpolitik. Vielmehr schloss sich die französische Regierung dem „harten Kurs" gegen Griechenland an und ordnete sich den Vorgaben der „nordeuropäischen Länder" (Bieling 2013a) unter. Denn die Idee eines Austritts Griechenlands (Grexit) aus der Eurozone, welche vom deutschen Finanzminister Wolfgang Schäuble in die Verhandlungen eingebracht wurde, sollte nicht nur als ein kalkuliertes Drohszenario gegen die griechische Regierung interpretiert werden, sondern auch als Signal an die südeuropäischen Länder und vor allem an Frankreich verstanden werden, den eingeschlagenen neoliberalen Reformkurs weiter zu verfolgen und nicht durch eine keynesianistische Investitionspolitik die Stabilität der Einheitswährung und damit die Wettbewerbsfähigkeit des exportorientierten Kapitals zu gefährden. Denn Frankreich wäre im Fall eines Grexits mehrfach betroffen. So ist Frankreich, neben Deutschland, einer der größte Kreditgeber Griechenlands. Zudem sind französische Banken stark im griechischen Privatkundengeschäft aktiv. Ein Ausscheiden Griechenlands aus der Eurozone hätte in Frankreich zu Rezession und einer starken Neuverschuldung geführt und die Reformen der letzten Jahre zur Reduzierung des Staatsdefizits zunichte gemacht. Eine erneute Abwertung der französischen Kreditwürdigkeit, eine stärkere makroökonomische Überwachung durch die europäischen Institutionen sowie tiefere ökonomische und vor allem soziale Verwerfungen wären die Folge gewesen.

Die Verhandlungen mit Griechenland im Sommer 2015 zeigten, wie stark der internationale Druck auf Frankreich wirkte, aber auch wie sehr sich das Kräfteverhältnis innerhalb Frankreichs seit den Präsidentschaftswahlen verschoben hatte. Zudem machten die Verhandlungen deutlich, dass sich die Rolle und Bedeutung Frankreichs in der EU seit der Einführung der Wirtschafts- und Währungsunion nicht nur verändert hatte, sondern auch, dass es im Rahmen der europäischen Krisenpolitik zu einer Machtverschiebung zwischen Deutschland und Frankreich gekommen sein musste.

Vor diesem Hintergrund ist das vorliegende Buch entstanden, welches sich mit der Reformpolitik im Arbeitsmarkt- und Sozialbereich im Kontext eben jener Verschiebungen in der aktuellen Wirtschaftskrise in der EU auseinandersetzt. Es nähert sich dem Untersuchungsgegenstand aus einer historisch-materialistischen Perspektive und fragt nicht nur nach der Rolle der europäischen Institutionen in der nationalen Reformpolitik im Arbeitsmarkt- und Sozialbereich, sondern auch nach den sozialen Kräften, welche die spezifischen Reformvorschläge getragen haben. Das Buch legt dabei den Schwerpunkt auf das Wechselverhältnis zwischen der nationalen und der europäischen Ebene im Rahmen des nationalen Reformprozesses. Zudem wird der analytische Fokus auf die gesellschaftlichen und multiskalaren Auseinandersetzungen zwischen gesellschaftlichen Gruppen und Klassenfraktionen gelegt, welche mit der spezifischen Ausgestaltung der Reformen verbunden sind. Ziel der Arbeit ist es, dem Lesenden einen umfassenden Einblick in die Entwicklungen und Veränderungen der französischen Reformpolitik im Kontext der europäischen Krisenpolitik zu geben und die damit verbundenen multiskalaren Auseinandersetzungen und Konflikte zwischen den gesellschaftlichen Akteuren darzustellen.

Die zentrale empirische Grundlage des Buches stellt dabei die Ergebnisse qualitativer, leitfadengestützter ExpertInneninterviews mit VertreterInnen französischer Kapitalverbände, Parteien und Gewerkschaften sowie die Ergebnisse einer qualitativen Dokumentenanalyse dar. Mithilfe der beiden qualitativen Datenerhebungsmethoden wurde es möglich, die oftmals komplexen, multiskalaren Strategien der einzelnen Akteure in Bezug auf die franzöisische Reformpolitik als Untersuchungsgegenstand dieser Arbeit zu analysieren und die teilweise stark divergierenden Machtressourcen offen zu legen. Dadurch eröffnete sich die Möglichkeit, das Kräfteverhältnisse zwischen den sozialen Gruppen zu bestimmen und empirisch zu begründen.

Vor dem Hintergrund der im Frühjahr 2017 stattfindenen französischen Präsidentschaftswahlen und der zunehmenden Polarisierung der Gesellschaft in Frankreich, aber auch in anderen Mitgliedsländern der EU, möchte die vorliegende Studie einen Beitrag zum Verständnis des Wechselverhältnisses zwischen der nationalen und europäischen Ebene sowie der dazwischen agierenden Akteure leisten, um somit gleichzeitig die Herausforderungen, Zwänge und Schwierigkeiten für eine progressive und sozialere Reformpolitik im Arbeitsmarkt- und Sozialbereich darzulegen.

Berlin, 03.03.2016

Danksagung

Wie alles im Leben entsteht auch eine solche Arbeit nicht in einem luftleeren Raum oder in einem einsamen Studierzimmer. Vielmehr ist sie das Ergebnis verschiedener Begegnungen und kollektiver Prozesse, welche das eigene Denken verändern oder verfeinern. Darum gilt mein Dank in erster Linie Frank Deppe, der mich von Beginn meines Studiums an solidarisch und freundschaftlich begleitet und wie kein anderer mein politisches und wissenschaftliches Denken geprägt hat. Ebenso gilt ein besonderer Dank Klaus Roth für die hilfreichen Denkanstöße und Perspektiverweiterungen in meiner Zeit an der FU Berlin. Ebenso bin ich John Kannankulam und der Forschungsgruppe Europäische Integration Marburg (FEI) sowie dem AK Europaforschung der AkG für die zahlreichen theoretischen und empirischen Diskussionen, für wichtige Denkanstöße und für meine ersten wissenschaftlichen Erfahrungen zum Dank verpflichtet. Ein großes Dankeschön geht zudem an Inga Jensen für ihre guten Ratschläge und Ideen sowie für ihre Geduld. Ebenfalls gilt mein Dank Nikolai Huke, Constantin Braun und Ingar Solty für ihren Rat, ihre Korrekturen und ihre Hilfe sowie Anne-Mareike Vanselow dafür, dass sie mir, während meiner Zeit in Paris, Unterschlupf gewährte. Zudem geht mein Dank an Tim Berger, Martin Schreiber und für das Lektorat an Christoph Spinger.

Die Arbeit wäre jedoch nicht entstanden ohne meine Eltern, Astrid und Bernd Syrovatka, denen ich diese Arbeit widme. Beide haben mich nicht nur mein gesamtes Studium lang in jeglicher Hinsicht unterstützt und jede meiner Arbeiten Korrektur gelesen, sondern mir auch immer den Mut und das Selbstbewusstsein gegeben, weiter zu machen. Danke!

Inhaltsverzeichnis

Abbildungsverzeichnis

Diagramme

Abbildungen

Tabellenverzeichnis

1. Einleitung

Die Europäische Union steckt auch acht Jahre nach dem Zusammenbruch der Investmentbank Lehmann Brothers und dem Ausbruch der weltweiten Finanzkrise noch in einer schweren Wirtschaftskrise. Während Länder wie Irland, Spanien oder Portugal sich nach den Spar- und Anpassungsauflagen der Troika aus Internationalem Währungsfonds (IWF), Europäischer Kommission und Europäischer Zentralbank wieder größtenteils selber auf den Finanzmärkten refinanzieren können, rutscht die zweitgrößte Volkswirtschaft der Europäischen Union (EU) immer tiefer in eine Krise. Im Jahr 2013 verlor Frankreich sein AAA-Bonitätsrating bei den drei großen Ratingagenturen, wobei Fitch, Moodys und S&P auch für 2016 noch einen negativen Ausblick prognostizierten. Seit Jahren steigt die Arbeitslosenquote ebenso wie die Zahlen für die Jugendarbeitslosigkeit kontinuierlich an. Die Volkswirtschaft stagniert bei gleichzeitigem Anstieg der Staatsverschuldung. Für die europäische Öffentlichkeit gilt Frankreich heute als der „kranke Mann Europas" (Finkenzeller 2014). Die englische Wirtschaftszeitschrift The Economist (2012) nennt Frankreich gar eine „time-bomb at the heart of Europe", welche jeden Moment explodieren könne. Frankreich, so die Aussage, könnte schnell zum nächsten wirtschaftlichen Problemfall der EU werden.

Innerhalb Frankreichs werden die Fragen der wirtschaftlichen Leistungsfähigkeit des eigenen Landes und die Existenzberechtigung des „französischen Modells" im europäischen und globalen Vergleich schon seit längerer Zeit intensiv diskutiert (Egle 2008: 17). Vor dem Hintergrund der deutschen Wiedervereinigung und der stärkeren europäischen Integration dynamisierte sich, spätestens seit den 1990er Jahren, die Diskussion über den Niedergang Frankreichs und erzeugte einen Handlungs- und Reformdruck, welchem sich keine Regierung mehr entziehen konnte. Populärwissenschaftliche Bücher wie das von Nicolas Baverez (2003) oder Christophe Guilluy (2014) zeichneten ein Bild des nationalen Niedergangs und auch kritische BeobachterInnen stellten einen grundlegenden Reformbedarf in der Wirtschafts-, Arbeitsmarkt-, und Sozialpolitik fest (Steinhilber 2000: 132). So sind heute knapp 20 % der französischen Bevölkerung von der Vorstellung eines unumkehrbaren Niedergangs Frankreichs überzeugt (IPSOS 2013: 18).

Trotz dieses Diskurses und dem hohen internen Reformdruck gelang es bis zum Untersuchungszeitraum keiner Regierung, grundlegende Umstrukturierungen in der Arbeitsmarkt- und Sozialpolitik durchzusetzen (Egle 2008: 317ff; Palier 2010). Anders als bspw. in Deutschland, scheiterten die Reformpläne der Regierung an dem Widerstand der Bevölkerung. Zu stark und zu umfassend waren die Streiks und Proteste der Gewerkschaften und anderer zivilgesellschaftlicher Akteure gegen die angebotsorientierten Reformen in der Arbeitsmarkt- und Sozialpolitik, so dass die Regierungen oftmals von ihren Plänen abrücken mussten.

Die Politikwissenschaftlerin Vivien A. Schmidt (2005) sieht in ebendiesem Protestpotenzial der Bevölkerung den Hauptgrund für die geringe Durchsetzungskraft französischer Regierungen bei bisherigen grundlegenden Reformen in der Arbeitsmarkt- und Sozialpolitik.

Die Auseinandersetzungen um die Reformpolitik in Frankreich können jedoch nicht losgelöst von den gesellschaftlichen Kontextbedingungen betrachtet werden. Gerade seit dem Ausbruch der weltweiten Wirtschafts- und Finanzkrise hat sich der gesellschaftspolitische Rahmen für die Ausgestaltung der Reformpolitik im Arbeitsmarkt- und Sozialbereich, ebenso wie für Streiks und Proteste, grundlegend verändert. Hier seien vor allem die institutionellen Änderungen auf der Ebene der Europäischen Union genannt, welche im Zuge der gemeinsamen Economic Governance durchgesetzt wurden und die Möglichkeiten zur Ausgestaltung einer nationalen Reformpolitik stark einschränken (Habermas 2013: 89). So hat die Europäische Kommission durch das Europäische Semester nun die Möglichkeit, nicht nur Reformen zu bewerten, sondern ebenfalls auch Reformen in bestimmten Bereichen einzufordern, womit sie selbst als ein wichtiger Akteur in der nationalen Reformpolitik zu betrachten ist.

Eine Untersuchung der französischen Reformpolitik im Arbeitsmarkt- und Sozialbereich kann sich daher nicht auf eine Analyse der nationalen Auseinandersetzungen beschränken, sondern muss vielmehr vor dem Hintergrund der krisenkonstitutionalistischen Prozesse die europäische Dimension mit berücksichtigen.

1.1 Fragestellung der Untersuchung

Der Wandel und die Kontinuität in der Reformpolitik Frankreichs, vor dem Hintergrund der krisenhaften Entwicklungen und der krisenkonstitutionalistischen Prozesse in der EU, stehen daher im Zentrum dieser Arbeit. Im ersten Schritt ist es notwendig, die reformpolitischen Anstrengungen, welche die französische Regierung seit dem Ausbruch der Krise im Bereich der Arbeitsmarkt- und Sozialpolitik unternommen hat, zu untersuchen, um im zweiten Schritt eine vergleichende Perspektive einnehmen zu können. Dabei soll die spezifische Ausgestaltung der französischen Reformpolitik nicht als politischer „Sachzwang" verstanden werden, sondern vielmehr als Ergebnis von Auseinandersetzungen und Konflikten zwischen gesellschaftlichen Gruppen und Klassenfraktionen. Die zentrale Fragestellung der vorliegenden Arbeit wird daher wie folgt formuliert:

Wie hat sich die Reformpolitik in Frankreich im Zeitraum zwischen 2007 und 2015 im Kontext der europäischen Wirtschaftskrise gewandelt und welche gesellschaftlichen Auseinandersetzungen waren damit verbunden?

Im Zentrum des Erkenntnisinteresses dieser Arbeit stehen die Aushandlungsprozesse und Auseinandersetzungen gesellschaftlicher Akteure um die spezifische Ausgestaltung von Reformen sowie die Ausbildung von Interessenkoalitionen im Kontext der französischen Arbeitsmarkt- und Sozialpolitik. Auf der Grundlage von Erkenntnissen der kritischen Europaforschung (Apeldoorn 2002; Heinrich/Jessop 2013; Overbeek 2004) und vor dem Hintergrund der europäischen Krisenbearbeitung (Oberndorfer 2013) wird hier die Hypothese formuliert, dass die Wirtschafts- und Staatsschuldenkrise in Frankreich, vor dem Hintergrund der europäischen Austeritätspolitik, als Möglichkeitsfenster für transnationale sowie exportorientierte Kapitalfraktionen fungiert, ihre wirtschaftspolitischen Interesse durchzusetzen und zu etablieren sowie ihren Ausdruck in einer angebotsorientierten Radikalisierung der französischen Reformpolitik findet.

1.2 Abgrenzung des Gegenstandes

Die Reformen in der französischen Arbeitsmarkt- und Sozialpolitik und die mit ihnen verbundenen (trans-)nationalen Kräfteverhältnisse sind der zentrale Untersuchungsgegenstand dieser Arbeit. Die französische Reformpolitik soll dabei im Zeitraum zwischen dem Ausbruch der weltweiten Wirtschafts- und Finanzkrise und der Wahl Nicolas Sarkozy zum französischen Präsidenten im Jahr 2007 und der Verabschiedung des *Loi Macron* genannten Gesetzespakets im Mai 2015 untersucht werden. Damit umfasst der Untersuchungszeitraum sowohl die Amtszeit von Nicolas Sarkozy als auch von Francois Hollande als französische Präsidenten, was bedeutet, dass die Untersuchung sowohl die Regierungzeit eines konservativen als auch eines sozialistischen Präsidenten miteinschließt. Die französische Reformpolitik vor der Krise, vor allem jene ab den 1990er Jahren, ist nicht Gegenstand dieser Untersuchung, wird jedoch als Kontext in die Analyse miteinbezogen.

Ausgewählt wurde der Untersuchungsgegenstand zur Analyse von gesellschaftlichen Auseinandersetzungen im Kontext der europäischen Krisenpolitik aus drei Gründen. Zum einen stellen die Arbeitsmarkt- und Sozialpolitik die grundlegenden Säulen des französischen Sozialsystems dar, welches im französischen Staats-Zivilgesellschaftskomplex eine herausragende Rolle einnimmt (Grillmayer 2012: 224). Aus diesem Grund sind die beiden Politikfelder aus der, in der Arbeit eingenommenen, neomarxistischen Perspektive als prioritäre Felder hegemonialer Auseinandersetzungen von gesellschaftlichen sozialen Kräften zu betrachten. Zum zweiten wurden die Arbeitsmarkt- und Sozialpolitik gewählt, da sie seit Jahren, spätestens seit Anfang der 1990er Jahre, im Fokus der öffentlichen Diskussion in Frankreich stehen und Gegenstand vielfältiger sozialer und politischer Kämpfe waren (Steinhilber 2000: 132). Zudem stehen drittens die beiden Politikfelder auf europäischer Ebene, seit der Transformation der weltweiten

Wirtschaftskrise in eine europäische Staatsschuldenkrise, im Zentrum der europaweiten Austeritätsmaßnahmen (Oberndorfer 2012b; 2013). Aufgrund der starken Einbindung Frankreichs in die europäische Integration und der Durchsetzung eines austeritätspolitischen Krisennarrativs sowie der damit verbundenen Einführung einer europäischen Economic Governance, stellen die Konvergenzkriterien von Maastricht nun nicht mehr nur einen Rahmen für soziale Auseinandersetzungen in den ausgewählten Politikfelder dar (Bieling 2013b: 41; Lux 2013: 109; Steinhilber 2000: 99f). Vielmehr ist in der Krise die Europäische Kommission selbst zu einem wichtigen Akteur in der Auseinandersetzung um Reformen in der Arbeitsmarkt- und Sozialpolitik in den Mitgliedsstaaten der EU geworden, weshalb ihr Handeln in der folgenden Untersuchung miteinbezogen wird (Konecny 2012b). Neben der zeitlichen Eingrenzung der Untersuchung ist auch eine stärkere inhaltliche Eingrenzung und Bestimmung des Untersuchungsgegenstandes notwendig, wird doch mit der Arbeitsmarkt- und Sozialpolitik ein weiter Bereich angesprochen, welcher eine Vielzahl an Arrangements, Sozialversicherungen und Politiken umfasst. Arbeitsmarktpolitik wird im Anschluss an Manfred G. Schmidt (1996: 22) definiert als

> *„politische Regulierung von Art und Umfang kompensatorischer Leistungen für Einkommensausfälle infolge von Arbeitslosigkeit (passive Arbeitsmarktpolitik) sowie die Gesamtheit der nach sozialen Gruppen, Regionen und Industrien differenzierten Maßnahmen bezeichnet, welche die Beziehungen zwischen Angebot und Nachfrage auf und zwischen über- und innerbetrieblichen Arbeitsmärkten selektiv beeinflussen (aktive Arbeitsmarktpolitik)".*

Im Folgenden sollen daher unter „Reformen im Bereich der Arbeitsmarkt- und Beschäftigungspolitik" die Ausgestaltungen und Veränderungen im System der Arbeitslosenunterstützung und –betreuung, Beschäftigungs- und Qualifizierungsmaßnahmen für Menschen ohne Lohnarbeit sowie Modifizierungen in der allgemeinen Regulierung des Arbeitsmarktes untersucht werden (Egle 2008: 19). Als Sozialpolitik werden dagegen jene politischen und gesetzgeberischen Maßnahmen gefasst,

> *„die sich auf die Absicherung existenzieller Risiken, die Verbesserung der Lebenssituation sozial Schwacher, Gefährdeter oder Schutzbedürftiger und die Regelung der spannungsreichen Interessenunterschiede zwischen Arbeitgebern und Arbeitnehmern beziehen" (Schubert/Klein 2003: 270).*

In der Sozialpolitik fokussiert sich die vorliegende Arbeit auf die Veränderungen und Ausgestaltungen der Sozialversicherungssysteme im Bereich der Altersversorgung. Andere Bereiche des französischen Sozialsystems, wie die Familienförderung, die Krankenversicherung oder die oftmals unter die Sozialpolitik subsumierte Bildungspolitik können in der folgenden Studie nicht abgedeckt und behandelt werden[1]. Ebenfalls können in den ausgewählten Politikbereichen nicht alle Maßnahmen und Entscheidungen der Regierungen im gewählten Zeitraum behandelt werden, weshalb sich im Folgenden auf die wichtigsten Maßnahmen beschränkt wird. Diese werden anhand der Kriterien *hohe Konfliktintensität* und *Publizität* sowie der *Reichweite der Entscheidung* ausgewählt (ebd.; ebd.: 20).

Aufgrund des starken Kompetenzzugewinns der europäischen Institutionen im Zuge der europäischen Krisenpolitik, liegt der Schwerpunkt der Untersuchung auf den Wechselwirkungen zwischen der europäischen Austeritätspolitik und den politischen Kräfteverhältnissen und Interessenkoalitionen im Bereich der Arbeitsmarkt- und Sozialpolitik. Schon die Einführung der Maastrichter Konvergenzkriterien erhöhte den externen Druck auf die französische Wirtschaftspolitik und führte zu einer Verschiebung des nationalen Kräfteverhältnisses (Steinhilber 2000: 99f). Daher kann davon ausgegangen werden, dass die Veränderung der Rahmenbedingungen für eine Reformpolitik in den ausgewählten Politikbereichen durch die europäische Krisen- und Austeritätspolitik im Untersuchungszeitraum ebenfalls Auswirkungen auf die Kräfteverhältnisse innerhalb des Landes hatte. Somit kann die folgende Untersuchung nicht allein auf die französische Reformpolitik beschränkt bleiben, sondern muss für ein besseres Verständnis ebenfalls europäische Akteure, Einflüsse und transnationale Interessenkoalitionen berücksichtigen, um Scheinkorrelationen zu vermeiden.

1.3 Aufbau und Struktur der Arbeit

Das Ziel der vorliegenden Arbeit ist es, einen Überblick über die französische Reformpolitik im Kontext der europäischen Krisenpolitik zu geben und die damit verbundenen Auseinandersetzungen und Konflikte gesellschaftlicher Akteure darzustellen. Dazu wird im ersten Teil des Buches (*Kapitel 2* und *Kapitel 3*) der theoretische Rahmen der Untersuchung abgesteckt und dieser von anderen theoretischen Konzepten abgegrenzt. In diesem Kapitel werden die in der Arbeit verwendeten theoretischen Konzepte, Begriffe und Analysekategorien entwickelt

---

[1] Aufgrund des begrenzten Rahmens dieser Arbeit und den geringen Reformaktivitäten im Untersuchungszeitraum wurde die Gesundheitspolitik nachträglich aus der vorliegenden Arbeit herausgekürzt. Für eine detaillierte und fundierte Analyse der französischen Gesundheitspolitik seien Palier (2012) sowie Hassenteufel/Palier (2007) empfohlen. Für die Reformen in der französischen Familienpolitik bietet Fagnani (2004) einen guten Überblick und für die Veränderungen in der französische Bildungspolitik kann Zettelmeier (2012) empfohlen werden.

und in Beziehung zueinander gesetzt. Der zweite Teil des Buches (*Kapitel 4* und *Kapitel 5*) dient der Darstellung des gesellschaftlichen, staatlichen und ökonomischen Kontexts. Hier werden nicht nur die Entwicklung des französischen Kapitalismusmodells und seine Akkumulationsstrategie nachgezeichnet, sondern ebenfalls der Aufbau und die Transformationen innerhalb der französischen Arbeitsmarkt- und Sozialpolitik bis 2007 dargestellt. Zudem umfasst dieses zweite Kapitel eine Erläuterung des europäischen Krisenkonstitutionalismus, vor dessen Hintergrund die französische Reformpolitik analysiert werden wird.

Im dritten Teil des Buches (*Kapitel 6*) wird die empirische Analyse der französischen Reformpolitik im Arbeitsmarkt- und Sozialbereich vorgenommen. Hier werden die spezifischen Auseinandersetzungen zwischen den verschiedenen gesellschaftlichen Akteuren nachgezeichnet und vor dem Hintergrund der im ersten Kapitel entwickelten Begriffe und Kategorien analysiert. Der dritte Teil ist daher zentral für die Beantwortung der oben formulierten Fragestellung sowie zur Überprüfung der entwickelten Arbeitshypothese. So werden in diesem Kapitel auf Grundlage von qualitativen leitfadenbasierten Interviews und einer qualitativen Dokumentenanalyse die grundlegenden Erkenntnisse für die darauffolgende Akteursanalyse des vierten Teils (*Kapitel 7*) herausgearbeitet. Die Akteursanalyse im siebten Kapitel fasst die verschiedenen Akteure nach ihren jeweiligen spezifischen Strategien und inhaltlichen Positionen in Akteursgruppen zusammen und analysiert jeweils ihre soziale Basis sowie ihre Rolle und strategisch-taktische Ausrichtung in den Auseinandersetzungen über die Reformpolitik in der Arbeitsmarkt- und Sozialpolitik. Die Studie endet mit einem abschließenden Fazit (*Kapitel 8*), in dem Schlussfolgerungen und Perspektiven formuliert werden.

2. Theoretische Rahmung

Für eine wissenschaftliche Auseinandersetzung unter der oben genannten Fragestellung und dem umrissenen Forschungsgegenstand benötigt es Begriffe und Konzepte, welche unsere Wahrnehmung strukturieren sowie gesellschaftliche Phänomene in ihrer Komplexität reduzieren und somit fassbar werden lassen. Diese „Rohstoffe und […] Produktionsmittel" des wissenschaftlichen Arbeitens werden im Anschluss an den französischen Philosophen und Theoretiker Louis Althusser (2011: 214f) nicht einfach als austauschbare „Brillen" verstanden, sondern in ihrer Anwendung als eine „spezifische Praxis, die in Bezug auf ihren eigentümlichen Gegenstand ausgeübt wird und die in ihrem eigentümlichen *Produkt* [Hervorhebung i.O.] ihren Abschluss findet, nämlich in einer Erkenntnis". Wissenschaftliche Arbeit ist damit nicht unabhängig von sozialen Kämpfen und Auseinandersetzungen, sondern ist selbst in gesellschaftliche Kräfteverhältnisse eingebettet. Theorie ist nicht einfach nur ein losgelöstes wissenschaftliches Instrument zur Analyse eines komplexen Gegenstandes, sondern muss vielmehr als Ausdruck gesellschaftlicher Auseinandersetzungen auf dem Feld der Wissenschaft betrachtet werden (Cox 1998: 31). Damit reflektieren sich in Theorie und speziell im politischen Denken „nicht allein die unterschiedlichen Interessen sozialer Klassen (bzw. Klassenfraktionen), sondern auch die Widersprüche und Konfliktpotenziale der Kapitalakkumulation, die sich nach innen […] und nach außen […] manifestieren" (Deppe 2010: 11).

Vor diesem Hintergrund unterscheidet Robert W. Cox mit den „Problem-Lösungs-Theorien" und den „kritischen Theorien" grundlegend zwei unterschiedliche Arten von Theorie. Erstere Theorieart kann durch eine ausgeprägte Lösungsorientierung charakterisiert werden, wobei sie dabei in dem als ahistorisch angesehenen Handlungsrahmen verbleibt (Cox 1998: 32). Dabei blenden die „Problem-Lösungs-Theorien" Macht- und Herrschaftsverhältnisse aus und erheben als Telos das problemlose und einwandfreie Funktionieren von Institutionen zur Absicherung und Stabilisierung der gesellschaftlichen Verhältnisse (ebd.). Diese werden vielmehr als universell und allgemein gültig angesehen, womit diese Art der Theorie blind gegenüber historischen Veränderungen ist. Dem gegenüber stellt Cox die sogenannten *kritischen Theorien*, welche sich nicht auf Partikularitäten des sozialen und politischen Komplexes konzentrieren, sondern vielmehr den Komplex als Ganzes in den Fokus ihrer Analyse stellen. Diese Art der Theorie zeichnet sich dadurch aus, dass sie den scheinbar ahistorischen Handlungsrahmen nicht als gesetzt ansieht und gesellschaftliche Herrschafts- und Machtbeziehungen aufzuzeigen versucht. Dabei besitzt sie oftmals ein ausgeprägtes Verständnis über die ökonomische, ideologische und politische Reproduktion der Gesellschaft und einen Blick für zivilgesellschaftliche Diskurse und Akteure. Anders als die „Problem-Lösungs-Theorien" hinterfragen „kritische Theorien" den scheinbar vorgegebenen Handlungsrahmen und versuchen, Möglichkeiten für gesellschaftliche Veränderungen aufzuzeigen und Wege zur Überwindung der alten Ordnung zu entwickeln (Opratko 2012: 76).

Vor dem Hintergrund dieser ontologischen Einteilung stellt sich mit Bezug auf den Untersuchungsgegenstand dieser Arbeit nun die Frage, wie sich Wandel und Kontinuität der Reformpolitik Frankreichs sowie das Wechselverhältnis zwischen der europäischen und französischen Ebene theoretisch fassen und reflektieren lassen. Welche Begriffe und Konzepte eignen sich für eine Analyse des oben umrissenen Gegenstandes vor dem Hintergrund der krisenhaften Entwicklung der Europäischen Union und seiner Bearbeitung?

Im folgenden Abschnitt sollen daher Antworten auf die Fragen gefunden und die theoretischen und methodischen Grundlagen und Prämissen dieser Arbeit dargelegt werden. In Abgrenzung zum stark rezipierten Governance-Ansatz wird ein an die theoretischen Überlegungen von Antonio Gramsci und Nicos Poulantzas anknüpfender Ansatz einer materialistischen Staatstheorie entwickelt und mit Ansätzen der kritischen Europaforschung und der Radical Geography verbunden. Anhand der Kontrastierung der beiden Ansätze soll nicht nur die materialistische Staatstheorie von den Erkenntnissen der Governanceforschung abgegrenzt, sondern ebenfalls auch die Unterscheidung zwischen Problem-Lösungs-Theorien und kritischen Theorien aufgezeigt werden. Dazu wird im folgenden Abschnitt kurz der Governance-Ansatz dargestellt und aus der historisch-materialistischen Perspektive kritisiert. Auf die Kritik am Governance-Ansatz aufbauend, werden im darauffolgenden Abschnitt die theoretischen Begrifflichkeiten und Konzepte entwickelt, auf denen die vorliegende Untersuchung beruhen soll.

2.1 Der Governance-Ansatz

Um den Wandel staatlicher Politik und den Einfluss von spezifischen nicht-staatlichen Akteuren über verschiedene Maßstabsebenen analytisch erfassen zu können, wird im Mainstream der politikwissenschaftlichen Forschung heute hauptsächlich der Governance-Ansatz verwendet. Governance hat sich zu einem „Modebegriff" (Mayntz 2009a: 9) entwickelt, welcher sich auf unterschiedlichen territorialen Handlungsebenen und in ganz unterschiedlichen Politikbereichen[2] etabliert hat. Der große Einfluss dieses Ansatzes auf die Politikwissenschaft offenbart sich nicht zuletzt in der Existenz eines Sonderforschungsbereichs an der Freien

---

[2] Man denke an „Global Governance", als Bezeichnung für ein Regieren über verschiedene Maßstabsebenen oder aber auch an Bezeichnungen wie „Economic Governance", „Eviromental Governance" oder „Culturale Governance". Manche Autoren sprechen schon von Governance als die „Allzweckwaffe für jede Art von gesellschaftlichem Regelungsproblem" (Grande 2012: 565).

Universität Berlin[3] sowie einer hohen internationalen Verbreitung, welche sich in einer Vielzahl von Publikationen darstellt. So kann der Governance-Ansatz heute nach Buckel et al. (2013: 21) als die „im Foucaultschen Sinne avancierteste zeitgenössische Regierungslehre" bezeichnet werden.

Die Grundannahme des Governance-Ansatzes ist, dass die heutige moderne Gesellschaft in ihrer Komplexität nicht nur durch eine zentrale Instanz, wie etwa dem Staat, regiert werden kann, sondern dass eine große Vielfalt ganz unterschiedlicher, teils konkurrierender, kooperierender oder ganz gegensätzlicher Regelinstanzen die heutige politische Ordnung prägen (Mayntz 2009a: 10). Anders als die Theorie der politischen Steuerung, dessen theoretisches Erbe die Governance-Forschung angetreten hat, geht der Governance-Ansatz davon aus, dass die zu regierenden Objekte selbst „aktiv und eigendynamisch Steuerungsimpulse verarbeiten" (Benz et al. 2007: 12) können und eigene Interessen und Einflusspotenziale besitzen. In Abgrenzung zu Government, welche als Hierarchie fixierter Etatismus gefasst wird, betont der Begriff Governance vielmehr eine Form des Regierens, welche auf der Koordination kollektiven Handels staatlicher und gesellschaftlicher Akteure beruht. Governance kann daher verstanden werden als „Formen und Mechanismen der Koordinierung zwischen mehr oder weniger autonomen Akteuren, deren Handlungen interdependent sind, sich also wechselseitig beeinträchtigen oder unterstützen" (ebd.: 9). Die Leitfrage des Governance-Ansatzes lautet daher, welche Akteure, welche kollektiven Güter, wie und unter welchen Bedingungen bereitstellen. Ziel ist es dabei, die Staatszentriertheit früherer Ansätze zu überwinden (Risse 2007: 9).

„Politischen Steuerung" (Mayntz 2009b: 29) wird im Governance-Ansatz nicht mehr nur auf das Handeln staatlicher Institutionen (*Governance of Government*) reduziert, sondern diese Perspektive durch das Regieren mithilfe von Netzwerken öffentlicher und privater Akteure (*Governance with Government*) sowie der Regelsetzung nicht-staatlicher - verstanden als zivilgesellschaftliche - Akteure (*Governance without Government*) erweitert (Risse/Lehmkuhl 2006: 7). Der Forschungsgegenstand des Governance-Konzepts befindet sich also zwischen staatlich hierarchisch organisierten Institutionen, kompetitiven Märkten und zivilgesellschaftlicher Selbstorganisation (Grande 2012: 567). Der Staat, in der Theorie der politischen Steuerung noch alleiniger Akteur, ist nun ein Governance-Akteur unter vielen, jedoch in seiner Reichweite und Effektivität auf die Kooperation mit nicht-staatlichen Akteuren angewiesen (ebd.: 568).

Die gleichzeitige Existenz der drei Governanceformen wird von vielen VertreterInnen des Ansatzes als ahistorisch verstanden, denn aus ihrer Perspektive hat es „Governance durch und mit nicht-staatlichen Akteuren historisch immer

---

[3] Gemeint ist der SFB 700 zur „Governance in Räumen begrenzter Staatlichkeit" an der Freien Universität Berlin (Risse/Lehmkuhl 2006).

schon gegeben" (Risse/Leibfried 2011: 267). Erst der Wandel vom Interventionsstaat, ab den 1970er Jahren, zum kooperativen Staat und die damit einhergehende
Zunahme kooperativer Reglungsformen und Formen gesellschaftlicher Selbstorganisation, führten zu einer größeren wissenschaftlichen Aufmerksamkeit (Mayntz 2009a: 11). Die Transformation des klassischen national-sozialen Staates
durch die Zunahme privater Reglungsinstanzen ist dabei nicht allein die Folge
von Privatisierung und Komodifizierung ehemals staatlicher Aufgaben, sondern
ebenfalls verbunden mit einer Abgabe von staatlichen Steuerungsaufgaben an
transnationale und internationale Netzwerke und Institutionen. Nicht nur die „Bereitstellung von Governance-Leistungen" für private Akteure kennzeichnen die
heutigen Formen des Regierens, sondern auch das „Regieren jenseits des Staates"
(Beisheim et al. 2011: 12). Es kommt zu einem, so die Diagnose der Governance-
Forschung, „Souveränitätsverlust des Staates nach innen und außen" (Heinelt
2008: 37). Die Rolle des Staates in der Gesellschaft muss daher heute als die eines
„Governance-Manager" verstanden werden, welcher die Governance-Funktionen
von zivilgesellschaftlichen, privatwirtschaftlichen, charismatischen oder traditionellen und governmentalen Akteuren „verknüpft, ergänzt und orchestriert" (Beisheim et al. 2011: 13ff). Inwiefern der Staat in die Bereitstellung von Governance-
Leistungen einbezogen wird, hängt dabei sehr stark davon ab, inwiefern der Staat
in der Lage ist, „diese Nachfrage nach einem staatlichen Angebot zu befriedigen"
(ebd.: 13). Diese Fähigkeit der Nachfragebefriedigung ist an den institutionellen
Kontext rückgebunden, wobei sich „Räume konsolidierter Staatlichkeit" von
„Räumen begrenzter Staatlichkeit" unterscheiden. Letzteres meint vor allem Staaten außerhalb des OECD-Raums, welche Erkenntnisse und Anhaltspunkte für
eine Form des Regierens ohne Staat liefern können, da solche Länder oftmals auf
die „Bereitstellung von funktionalen Äquivalenten zu herkömmlicher Staatlichkeit" (Risse 2007: 18) angewiesen sind (Börzel/Risse 2010: 126ff).

Mag sich der Governance-Ansatz durch die Einbeziehung ökonomischer und
zivilgesellschaftlicher Akteure für eine Analyse der Wandlungsprozesse französischer Reformpolitik auf den ersten Blick eignen, offenbart dieses Konzept mitt-
lerer Reichweite auf den zweiten Blick seine Schwächen und blinden Flecken. So
blendet der Governance-Ansatz systematisch Herrschafts- und Unterdrückungs-
verhältnisse aus. Zwar wird Macht innerhalb des Ansatzes thematisiert, jedoch
nur im Zusammenhang mit der Formulierung und Durchsetzung von Problemlösungen und nicht als Essenz von Politik (Buckel et al.: 2013: 24). Während etwa
Max Weber Politik als „Streben nach Machtanteil oder nach Beeinflussung der
Machtverteilung, sei es zwischen Staaten, sei es innerhalb eines Staates zwischen
den Menschengruppen" definiert (Weber 2014: 7), blendet der Governance-Ansatz die „Frage nach Genese und Beschaffenheit von Herrschaftsbeziehungen
ebenso aus wie die Frage nach dem Verhältnis zwischen Machtausübung und Regelung im öffentlichen Interesse" (Mayntz 2008: 56). Prozesse der Universalisierung partikularer Interessen und ihre Durchsetzung gegenüber der Mehrheit der

Bevölkerung bleiben einer Governance-Analyse systematisch verschlossen. Denn während den handelnden Akteuren unterstellt wird, dass die Lösung gesellschaftlicher Probleme „ihr dominantes Ziel und [...] zentrale Aktivität" (Mayntz 2001) im Governance-Prozess sei, werden ihre spezifischen, egoistischen Interessen ausgeblendet. Durch die analytische Konzentration auf das Problem und seiner Lösung, fallen Handlungsmotivationen, wie etwa Machtstreben oder Machterhalt, gänzlich aus dem Blickfeld. Durch die einseitige Konzentration auf den Output von Entscheidungen fehlen dem Governance-Konzept zusätzlich die Instrumente und Analysewerkzeuge, Konflikte zwischen verschiedenen Governance-Mechanismen oder gar Komplexitäten und Dynamiken von Governance-Regimen zu verstehen und zu erfassen (Grande 2012: 580). Gesellschaftliche Kräfteverhältnisse und Auseinandersetzungen bleiben dem Konzept fremd.

Dieser Problemlösungsbias des Governance-Ansatzes blendet damit auch die Frage aus, warum und wie spezifische gesellschaftliche Sachverhalte politisch gerahmt werden. So macht es einen Unterschied, ob bspw. ein geringes Wirtschaftswachstum auf zu hohe Staatsausgaben oder eine zu geringe staatliche Investitionstätigkeit zurückgeführt wird. Wie ein Problem definiert und gerahmt wird, ist jedoch ganz entscheidend für deren spezifische Form der Governance. Daher räumen sogar VertreterInnen des Konzepts ein, dass der Governance-Ansatz eine „relative Herrschaftsblindheit" (Mayntz 2001) aufweist und nur eine „höchst selektive Bearbeitung des Forschungsgegenstandes" (Grande 2012: 580) zulässt. Zwar gibt es Versuche, eine Herrschaftsperspektive mithilfe der Staatsdefinition von Max Weber in das Governance-Konzept zu integrieren, jedoch kranken auch diese Versuche an der Verortung von Herrschaft im Staat im engeren Sinne. So will etwa Thomas Risse (2007: 9f) den Begriff des „Staates so eng wie möglich" bestimmen und definiert Herrschaft als die Fähigkeit eines Staates, „Entscheidungen ohne äußere Einmischung auf einem Territorium zu treffen und durchzusetzen", womit Herrschaft wieder nur ein Mittel zur Formulierung und Durchsetzung von Problemlösungen bleibt. Da Risse nun aber Herrschaft nur als eine Form des Governance unter vielen betrachtet und Herrschaft auf den Staat im engeren Sinn begrenzt, werden nicht nur die anderen Governanceformen von einem herrschaftlichen Charakter befreit, sondern auch die ökonomischen und zivilgesellschaftlichen Bereiche als herrschaftsfreie Zonen deklariert (Buckel et al. 2013: 23). Birgit Sauer (2011: 115) kommt daher zu dem Schluss, dass die Governance-Forschung durch ihre Konzeption des Regierens als einen „neutralen Steuerungsmodus" innerhalb einer institutionalistischen Logik verbleibt und somit in ihrem analytischen Potenzial stark eingeschränkt ist. Durch seine Ausblendung der Herrschaftsdimension läuft der Governance-Ansatz vielmehr Gefahr, „neoliberale Begleitforschung zu werden und der neoliberalen Staatstransformation [...] beratend und technokratisch direkt zuzuarbeiten" (ebd.).

Dennoch stellt sich die Frage, wo der Mehrwert und die Errungenschaften des Governance-Turns in der Politikwissenschaft liegen. Benz et. al. (2007: 18) verweisen darauf, dass der Ansatz einen „Werkzeugkasten zur Beschreibung und zum Verstehen kollektiven Handelns bereitstellt", womit „Formen der Interdependenzbewältigung innerhalb und zwischen gesellschaftlichen Teilsystemen (wie Politik, Wirtschaft, Gesundheit, Massenmedien) präzise beschrieben und [...] analysiert werden" können. Damit erschöpft sich jedoch die Errungenschaft des Governance-Ansatzes in einer „nachholenden, die politische Wirklichkeit einfangenden Begriffsbildung" (Sauer 2011: 110). Einer hierarchischen Staatskonzeption und dem Bild eines omnipräsenten, aktiv steuernden Staates hatte die materialistische Staatstheorie schon in den 1970er Jahren widersprochen. So schrieb im Jahr 1978 der französisch-griechische Staatstheoretiker Nicos Poulantzas (2002: 165), dass man

> *„endlich das Bild von einem Staat aufgeben [muss], der ein von oben nach unten einheitlich organisiertes Dispositiv darstellt und auf einer hierarchischen und homogenen Aufteilung der Machtzentren begründet wird, die gleichmäßig und stufenförmig von der Spitze der Pyramide zur Basis verläuft"*

Und auch Michel Foucault (2010: 115) spricht in seinen Governementalitätsvorlesungen aus dem Jahr 1977 davon, dass der Staat „weder in der Gegenwart noch im Verlauf seiner Geschichte je diese Einheit, diese Individualität, diese strikte Funktionalität und [...] diese Bedeutung" besaß, die man ihm zuzuschreiben vermochte.

　　Hinter diesen Erkenntnissen der materialistischen Staatstheorie und der foucaultschen Herrschaftsanalyse bleibt der Governance-Ansatz, trotz der Integration zivilgesellschaftlicher Akteure, zurück. Nicht nur ihre „Macht- und Herrschaftsleere" (Sauer 2011: 113) und die „prinzipiell subjekthafte Konzeption des Staates" (Buckel et al. 2013: 25), sondern ebenfalls die weitgehend fehlende historische Tiefenschärfe und ein implizierter Funktionalismus lassen das Governance-Konzept für eine tiefgehende Analyse der französischen Reformpolitik im Bereich der Arbeitsmarkt- und Sozialpolitik als unzureichend erscheinen. Daher wird in den folgenden Abschnitten eine historisch-materialistische Perspektive entwickelt, die eine Analyse von Wandel und Kontinuität in der französischen Reformpolitik und die mit ihr zusammenhängenden Kräfteverhältnisse ermöglicht und gleichzeitig eine grundlegende Herrschaftskritik ins Zentrum der Analyse stellt.

2.2 Materialistische Staatstheorie

2.2.1 Staat als materialistische Verdichtung eines Kräfteverhältnisses

Um die französischen Reformpolitik analytisch fassen und bearbeiten zu können ist es notwendig, ein grundlegendes Verständnis vom Staat und staatlicher Politik zu entwickeln. Der französisch-griechische Staatstheoretiker Nicos Poulantzas bestimmt den Staat, in Abgrenzung zu instrumentalistischen und subjektivistischen Staatskonzeptionen, als eine „materielle und spezifische Verdichtung von Kräfteverhältnissen zwischen Klassen und Klassenfraktionen" (Poulantzas 2002: 160). Diese vielrezipierte Definition des Staates betont die Zentralität von Klassen und Klassenkämpfen für eine materialistische Staatstheorie. Ausgehend von einem dialektischen Verständnis von Struktur und Handlung, d.h. aus einer strategisch-relationalen Perspektive und einer grundlegenden Annahme heraus, dass der Staat nicht allein aus dem Kapitalverhältnis heraus abgeleitet werden kann, definiert Poulantzas den Staat als eine „materielle Verdichtung von instabilen Kompromissgleichgewichten" (Demirović 2007a: 216).

Für Poulantzas ist eine Analyse des Staates ganz grundlegend mit einer Analyse der Klassen verbunden. Dabei geht er über eine rein ökonomische Klassendefinition, welche die Klassen aus ihrer Stellung im Produktionsprozess heraus bestimmt, hinaus. Vielmehr versteht er mit Althusser (2011: 121; 128) die kapitalistische Gesellschaft als in ihrem „Prinzip überdeterminiert", d.h. immer durch die Formen des Überbaus und den konkreten historischen Umständen spezifiziert. Die Bestimmung der Klassen muss damit auch immer die politische und ideologische Dimension mitumfassen. Klassen, so Poulantzas (1974a: 16; 1975: 14), definieren sich „durch ihre Stellung in der Gesamtheit der gesellschaftlichen Praktiken [...], d.h. durch ihre Stellung in der Gesamtheit der *gesellschaftlichen Arbeitsteilung*, die die politischen und ideologischen Verhältnisse einbegreift [Herv. i.O.]". Gleichzeitig werden Klassen nur in Beziehung zum Klassenkampf verstanden, d.h. Klassen können nicht vor dem Klassenkampf, sondern nur im und als Klassenkampf und nur im Gegensatz zu anderen Klassen existieren (Poulantzas 1973: 7, 1974a: 16).

Damit werden Klassen nicht als soziologische empirische Einheiten, sondern vielmehr als relational zueinander stehende antagonistische Akteure im Klassenkampf konzipiert (Demirović 2007a: 40). Durch die Definition der Klassen als Gesamtheit aller gesellschaftlichen Praxis-Arten, sind sowohl ökonomische, ideologische wie auch politische Dimensionen in ihnen präsent. Die relationale Bestimmung hat zum anderen die Konsequenz, dass die Klassen sich immer im Kampf befinden, selbst wenn dieser Kampf nicht offensichtlich oder in organisierter Weise geführt wird (ebd.). Selbst wenn bspw. es keine Organisierung der Arbeiterklasse in einer Gewerkschaft oder einer Kommunistischen Partei gibt, das Proletariat also „nicht zu sehen ist" (ebd.), befindet es sich im Kampf und zwar in einer historisch spezifischen Form des Klassenkampfes. Mit dieser Klassenkonzeption wird eine Unterscheidung zwischen objektiver Klassenbestimmung („Klasse an sich") und Bewusstsein („Klasse für sich"), wie sie bspw. der junge Marx (Marx 1959: 181) formuliert hat, zurückgewiesen. Dennoch hält auch Poulantzas zur Bestimmung der konkreten Klassenpraxis und der Herausbildung der Klasseninteressen, neben der relationalen Klassenbestimmung durch den Klassenkampf auch an einer strukturellen Bestimmung der Klasse fest. Da die Ökonomie für Poulantzas in letzter Instanz determinierend ist, ergibt sich die Stellung einer Klasse strukturell aus den kapitalistischen Produktionsverhältnissen, während ihre Position die gesellschaftliche Stellung innerhalb einer konkreten Situation des Klassenkampfes beschreibt, die eine Klasse einnehmen kann (Poulantzas 1974a: 16f). Damit ist es möglich, dass die Klassenposition im Widerspruch zu ihren Klasseninteressen geraten kann, welche durch ihre Klassenstellung begrenzt werden (Poulantzas 1975: 15). Durch die Unterscheidung zwischen Klassenposition und struktureller Klassenstellung wird es möglich, die relationale und antagonistische Beziehung der kapitalistischen Hauptklassen - Bourgeoisie und Proletariat - zu bestimmen und einer voluntaristischen Reduktion der Klassenbestimmung auf die Klassenposition[4] zu vermeiden: *„Autrement dit, sa détermination de classe ne se réduit pas à sa position de classe"* (Poulantzas 1974a: 18). Diese strukturelle Bestimmung der Klassenstellung darf nun jedoch nicht als „Rückfall" zur Bestimmung einer "Klasse an sich" mit einem „vorbestimmten Klasseninteresse" (Konecny 2012a: 19) gewertet werden. Vielmehr weist Demirović (2007a: 45) darauf hin, dass Poulantzas in der Unterscheidung zwischen Stellung und Position einer Klasse, ein „dynamisches Modell vor Augen hat", welches die ökonomische Strukturbestimmung dem Primat des Klassenkampfes subsumiert.

> *„Wenn man freilich die Klassenposition in einer Konjunktur nicht mit der Klassenbestimmung verwechseln darf, bleibt dennoch bestehen, daß erstere selbst Klassenpraktiken entspricht, da die gesellschaftlichen Klassen nur im Klassenkampf existieren." (Poulantzas 1974a: 220f, 1975: 177)*

Die strukturelle Klassenstellung ist also selbst Ausdruck der stetigen Veränderungen der Klassenpositionen innerhalb der konkreten Klassenauseinandersetzungen, womit die strukturelle Bestimmung der Klasse alles andere als statisch ist. Zwar bleibt die Arbeiterklasse durch ihre Stellung in den kapitalistischen Produk-

---

[4] Poulantzas (1975: 172) will vermeiden, dass seine Bestimmung der Klassen im Klassenkampf voluntaristisch gedeutet wird, d.h. die Klassen nur in „relationaler Form existieren würden, in dem Sinn, daß sie die „Situation" dem „Klassenkampf" entsprechend wechseln würden".

tionsverhältnissen immer als Arbeiterklasse bestimmt, jedoch erlaubt die Kopplung der strukturellen Klassenstellung an die konkrete Klassenposition auch Veränderungen eben dieser Produktionsverhältnisse mitdenken zu können, also bspw. Veränderungen der Stellung der Lohnarbeit, die Art der Klassenexistenz oder die alltägliche Lebensweise (Demirović 2007a: 45; Poulantzas 2002: 154). Dabei betrachtet Poulantzas die Produktionsverhältnisse nicht als rein ökonomisch, sondern vielmehr innerhalb eines Prozesses der Überdeterminierung, d.h. jede Produktionsweise besteht auch immer ebenso aus politischen wie ideologischen Elementen (Poulantzas 2002: 45). So sind im Produktionsprozess, neben dem ökonomischen Ausbeutungsverhältnis auch immer politische Herrschaftsverhältnisse, wie etwa die Aufsicht und Leitung unter den Werktätigen als auch ideologische Herrschaftsverhältnisse, d.h. der Grundkonsens zur Ausbeutung, präsent (Atzmüller 2010: 138). Diese überdeterministische Konzeption ist nur konsequent für ein Verständnis der Produktionsweise als ein Element von Klassenkämpfen, definiert Poulantzas doch Klassen ebenfalls überdeterministisch als Gesamtheit aller gesellschaftlichen Praxen.

Dieses Verständnis der kapitalistischen Produktionsverhältnisse führt Poulantzas auch zur Begründung des Staates und die, für die kapitalistischen Produktionsverhältnisse spezifische, relative Trennung des Staates von der Ökonomie (Poulantzas 2002: 45). Anders als im Feudalismus, wo ökonomische und politische Herrschaft zusammenfielen, der Feudalherr also nicht nur ökonomischer, sondern auch politischer Herrscher war, treten das Politische und Ökonomische im Kapitalismus in der Form der „relativen Trennung von Staat und ökonomischem Raum" (ebd.: 47) auseinander. Zwar konstituieren sich der Staat und die Ökonomie in der Gesamtheit der Strukturen wechselseitig, jedoch weist die spezifische Produktionsweise als Einheit der politischen, ideologischen und ökonomischen Gesamtheit „diesen Räumen ihre Grenzen zu, umschreibt ihr Feld und definiert ihre jeweiligen Elemente" (ebd.: 46). Somit muss der Staat/das Politische selbst innerhalb der Produktionsverhältnisse und ihrer Reproduktion verortet werden, auch wenn er in den kapitalistischen Produktionsverhältnissen die Form getrennt von der Ökonomie annimmt. Die konkrete Trennung bildet die „Grundlage des eigentümlichen institutionellen Aufbaus des kapitalistischen Staates" (ebd.), also die konkrete Ausgestaltung des Staatsapparatenensembles. Diese Trennung darf jedoch nicht als eine der Ökonomie äußerliche Eigenständigkeit des Staates verstanden werden, sondern muss als „eigentümliche Charakteristik des Kapitalismus" (ebd.: 47), also ein spezifisches Strukturmerkmal seiner Produktionsweise, aufgefasst werden, welche „dem Staat und der Ökonomie neue Räume zuweist und ihre Bestandteile selbst verändert" (ebd.). Staat und Ökonomie stehen also in einem dialektischen Trennungs-Verbindungsverhältnis zueinander, wodurch sich ihre relative Autonomie zueinander begründet. Die relative Trennung zwischen Staat und Ökonomie verhindert bspw., dass sich ökonomische Veränderungen automatisch in politische Veränderungen übersetzen, d.h.

ökonomische Krisen sich zwangsläufig zu politischen Krisen entwickeln (Demirović 2007: 66). Gleichzeitig begründet die relative Trennung des Politischen
vom Ökonomischen seine relative Autonomie gegenüber den verschiedenen
Klassen, wobei der Staat gleichzeitig durch seine konstitutive Präsenz in den kapitalistischen Produktionsverhältnissen Klassenstaat bleibt. Dadurch, dass Poulantzas die kapitalistischen Produktionsverhältnisse selbst als Element des Klassenkampfes begreift, ist diese Trennung zwischen Staat und Ökonomie keines-
wegs stabil, sondern immer relativ und umkämpft. Wie stark die Trennung in der
Konjunktur, also innerhalb einer konkreten historischen Situation ist, muss also
selbst als Ergebnis eines instabilen Kompromissgleichgewichtes verstanden werden.

Doch welche Konsequenzen hat diese Abtrennung des Politischen vom Ökonomischen? Wie Poulantzas (2002: 46f) mit Marx ausführt, ist mit der Schaffung
des doppelt freien Lohnarbeiters die direkte und unmittelbare „organische Gewalt" aus dem Produktionsverhältnis verschwunden und stattdessen hat sich mit
dem modernen Staat eine vom Produktionsprozess formal getrennte legitime Ge-
waltsamkeit entwickelt. Diese vom Verwertungsprozess relativ getrennte Instanz
ist für eine materielle Reproduktion der kapitalistischen Gesellschaft und Ordnung, welche auf einer Produktionsweise beruht, die ihre eigenen Voraussetzun-
gen und Existenzbedingungen tendenziell untergräbt und zerstört, zwingend erforderlich. Da der Staat konstitutiv in den Produktionsverhältnissen präsent und
nur formal vom ökonomischen Raum getrennt ist, sind die ökonomischen Widersprüche ihm nicht vorgelagert oder äußerlich, sondern werden vielmehr auf seinem Terrain in einer spezifischen Weise bearbeitet (Demirović 2007a: 74). Als
Gesamtheit der Beziehungen des sozialen Ganzen repräsentiert der Staat keine
politischen Klassen, sondern formal freie, gleiche und vereinzelte Rechtssubjekte,
welche er gleichzeitig im Staat-als-Nation zusammenfasst (Poulantzas 2002:
116). Ökonomische Klassenverhältnisse und –konflikte, aber auch andere gesellschaftliche Widersprüche und Machtverhältnisse[5] werden im Staat also in eine
Form gebracht und in einer Weise bearbeitet, dass die kapitalistische Gesellschaftsformation stabilisiert wird und von den gesamtgesellschaftlichen Kämpfen
nur noch eingeschränkt bedroht werden können (Hirsch 2005a: 24). Durch Recht
und Ideologie, wie Poulantzas (2002: 117f) betont, werden die Menschen nicht
als Klassenangehörige, sondern als vereinzelte Subjekte konstituiert, welche sich
in einer allgemeinen Konkurrenz zueinander verhalten. Durch diese Vereinzelung
gelingt es dem Staat, sich nicht nur als Hüter des Allgemeinwohls zu präsentieren,
sondern gleichzeitig die beherrschten Volksklassen zu desorganisieren (Demirović 2007a: 93).

---

[5] Poulantzas (2002: 73) betont, dass „Machtbeziehungen über die Klassenbeziehungen hinausge-
hen", also auch andere Unterdrückungs- und Gewaltverhältnisse umfassen. Diese sind jedoch immer
von Klassenmacht durchzogen und bekommen durch diese ihren politischen Stellenwert zugeordnet.

Diese gesellschaftliche Ordnungsfunktion des Staates ermöglicht somit erst die Reproduktion der kapitalistischen Gesellschaft und gleichzeitig spielt der Staat als „Ermöglichungsagentur der kapitalistischen Bewegung" (Lessenich 2009: 134) im Gesamtprozess der Reproduktion eine aktive Rolle, reguliert er doch die gesellschaftlichen Widersprüche durch eine ständige Veränderung der staatlichen und gesellschaftlichen Formen (Demirović 2007a: 79). Jedoch kann die reibungslose Reproduktion der kapitalistischen Gesellschaftsformation nicht dauerhaft funktionieren. Vielmehr brechen, aufgrund der Konjunktur der Gesamtheit der Kämpfe[6], immer wieder Widersprüche auf, welche sich nicht mehr in staatliche Widersprüche transformieren lassen oder auf dem staatlichen Terrain zu politischen Krisen führen (ebd.: 74).

Die konstitutive Präsenz des Staates in den Produktionsverhältnissen, d.h. die gleichursprüngliche Herausbildung der ökonomischen wie der politischen Herrschaft, ermöglichen dem Staat eine organisatorische Rolle gegenüber der Bourgeoisie einzunehmen: Er konstituiert sie als politisch herrschende Klasse (Poulantzas 2002: 157). Jedoch nicht in der Form, dass er das Instrument einer vorher existierenden Klasse mit einem einheitlichen Interesse wäre. Vielmehr speist sich die organisatorische Funktion des Staates aus der Notwendigkeit, dass die Bourgeoisie, als ökonomisch herrschende Klasse, durch ihre Gemeinsamkeit der Kapitalverwertung strukturell tief gespalten ist und damit unfähig, eine gemeinsame Strategie bzw. ein gemeinsames langfristiges Interesse zur Sicherung der Grundlagen ihrer eigenen Existenz zu artikulieren.

Dieser Umstand macht eine durch den Staat vermittelte Organisation der teils stark divergierenden Interessen der herrschenden Klassen notwendig (Poulantzas 1974b: 187). Das Verhältnis aller herrschenden Klassen und Fraktionen einer konkreten Gesellschaftsformation nimmt daher auf der politischen Ebene des Staates die Form eines Machtblocks an, welchen Poulantzas als *„Block an der Macht"* (ebd; Herv. i.O.) bezeichnet. Beim Block an der Macht handelt es sich nicht um einen einfach zusammengesetzten Machtblock, sondern vielmehr um ein Verhältnis, genauer um ein Kräfteverhältnis der verschiedenen herrschenden Klassen und Fraktionen, wodurch sich unter Führung einer hegemonialen Fraktion ein instabiles Kompromissgleichgewicht darüber durchsetzt, wie die allgemeinen Reproduktionsbedingungen des Kapitals definiert werden. Dabei setzt sich die hegemoniale Fraktion mit ihren Interessen nicht autoritär durch, sondern durch Konzessionen und Kompromisse. Der Staat stellt dabei das Terrain dar, auf dem diese Kompromisse ausgehandelt werden. Er organisiert und gewährleistet die Einheit des Machtblocks dadurch, dass er eine Struktur schafft, in der die herrschenden Klassen ihre Auseinandersetzungen in der Form der Konkurrenz

---

[6] „Dies meint nicht nur die ökonomischen Kämpfe, sondern die Gesamtheit der Kämpfe, also auch die politischen und ideologischen Kämpfe." (Poulantzas 2002: 75)

austragen d.h. sie müssen in einen geregelten Wettbewerb um Hegemonie eintreten (Demirović 2007a: 83). Diese Form der Konkurrenz und des Wettbewerbs korrespondiert dabei mit den staatlichen institutionellen Strukturen, d.h. innerhalb des Staates und seinen Apparaten wird die Macht gegenüber der beherrschten Klassen konzentriert, womit im selben Moment die Auseinandersetzungen innerhalb und zwischen den herrschenden Klassen in eine bearbeitbare Form transformiert wird.

Die Organisation der herrschenden Klasse gelingt dem Staat jedoch nur, wenn er gegenüber allen Klassen und Klassenfraktionen eine relative Autonomie behält. Diese relative Autonomie gegenüber den Fraktionen des Blocks an der Macht ist konstitutiv für den kapitalistischen Staat und verweist, wie oben schon erwähnt, auf die Materialität des Staates (d.h. seiner Apparate) durch die relative Trennung „von den Produktionsverhältnissen und auf die durch diese Trennung implizierte Spezifität der Klassen und des Klassenkampfes" (Poulantzas 2002: 158). Die relative Autonomie des Staates ergibt sich also aus den Kräfteverhältnisses zwischen den Klassen und Klassenfraktionen und erlaubt es dem Staat die Rahmenbedingungen für die Kapitalverwertung zu garantieren und auch gegenüber spezifischen Fraktionen und Klassen im Block an der Macht durchzusetzen[7]. Damit repräsentiert der Staat, in dem er die herrschenden Klassen in ihrer Gesamtheit organisiert, das durch die hegemoniale Fraktion im Machtblock definierte Gesamtinteresse der herrschenden Klassen (Poulantzas 1967: 70, 2002: 158).

Begreift man den Staat als ein Feld, auf dem die Widersprüche im Block an der Macht bearbeitbar gemacht werden, so kann der Staat selbst nicht mehr als homogener Block betrachtet werden, sondern vielmehr als durch Klassenwidersprüche konstituiert und durchzogen (Poulantzas 2002: 164). Innerhalb der Struktur des Staates reproduzieren sich die Klassenwidersprüche, was bedeutet, dass der Staat in seiner Gesamtheit, die Gesamtheit des Blocks an der Macht repräsentiert, sich die Klassenwidersprüche jedoch in den verschiedenen Apparaturen und Teilbereichen des Staates wiederfinden. Der Staat selbst ist in unterschiedliche Apparaturen, Teilbereiche und Zweige gespalten, wobei diese „zumeist Sitz der Macht und spezielle Vertretung irgendeiner Fraktion des Blocks an der Macht oder eines konflikthaften Bündnisses dieser Fraktionen gegen andere"(ebd.) sind. Dabei dürfen die Staatsapparate jedoch nicht einfach als Ausdruck einer Fraktion betrachtet werden, sondern vielmehr als materielle Verdichtung eines Kräfteverhältnisses zwischen Klassen und Klassenfraktionen im Block an der Macht. Der

---

[7] Hirsch (2005a: 34) macht darauf aufmerksam, dass der kapitalistische Staat auch ein ausgeprägtes Eigeninteresse an einer reibungslosen Kapitalakkumulation hat, ist er doch im wesentlichen Steuerstaat. Damit sind seine Handlungsfähigkeiten und finanziellen Mittel grundlegend an den kapitalistischen Produktions- und Verwertungsprozess gekoppelt.

einzelne Staatsapparat ist vielmehr „der Kreuzungspunkt des Verhältnisses mehrerer Fraktionen" (Demirović 2007a: 112), welche sich in seiner Struktur, seiner Organisation und in seinen Politiken verdichten. Der Staat als Gesamtheit seiner Apparaturen repräsentiert das hegemonial durchgesetzte Gesamtinteresse der herrschenden Klassen, während der Aufbau des Staates die divergierenden Interessen der unterschiedlichen Fraktionen im Block an der Macht widerspiegelt. Damit organisiert er die herrschende Klasse nicht von außen, indem er durch seine Anwesenheit die Widersprüche der Klassen löst, sondern vielmehr ermöglichen die Widersprüche innerhalb des Staates seine Organisationsrolle (Poulantzas 2002: 165).

Dies bedeutet auch, dass die Politik des Staates zum einen als Resultate der „innerstaatlichen Widersprüche zwischen den staatlichen Zweigen und Apparaten aber auch der Widersprüche innerhalb dieser Zweige und Apparate selber" (ebd.) zu verstehen ist, welche mit der Präsenz der unterschiedlichen Fraktionen in den einzelnen Apparaten zusammenhängt. Denn die einzelnen Fraktionen im Block an der Macht partizipieren nur in dem Maße an der Politik des Staates, wie sie selbst innerhalb der Staatsapparate präsent sind (ebd.: 164). Dementsprechend existiert auch ein dominanter Staatsapparat, welcher immer mit der hegemonialen Klassenfraktion verbunden ist (ebd.: 169). Aus dem Kräfteverhältnis zwischen den jeweiligen Klassenfraktionen in den Staatsapparaten und dem Verhältnis dieser Apparate zueinander ergeben sich konkrete Maßnahmen der staatlichen Politikbildung der Apparate. So schreiben sich in die Materialität der Apparate strukturelle Selektivitäten von politischen Maßnahmen ein, entwickeln sich Prozesse von systematischen Nichtentscheidungen, bilden sich Prioitätendeterminationen im organisatorischen Aufbau des Apparates heraus, manifestieren sich besondere Muster der Auswahl von Maßnahmen oder Ausführungsmodalitäten und schließlich entwickelt sich ein systemischer Komplex aus punktuellen, konflikthaften und kompensatorischen Problemlösungsmaßnahmen (ebd.: 165f). Staatliche Politik muss daher chaotisch, inkohärent und kurzfristig erscheinen, entwickelt sie sich doch durch einen Prozess innerstaatlicher Widersprüche heraus und ist damit durch die komplexen, sich durchkreuzenden dezentralen und antagonistischen Beziehungen der einzelnen Staatapparate geformt (Buckel et al. 2013: 30; Poulantzas 2002: 166).

Die Politik des Staates ebenso wie die genaue Konfiguration und Ausgestaltung der Apparate können jedoch nicht unabhängig von den beherrschten Klassen gedacht werden. Denn die Verdichtungsprozesse der einzelnen Staatsapparate hängen nicht nur von den internen Widersprüchen innerhalb des Blocks an der Macht ab, sondern ebenfalls vom Verhältnis zu den beherrschten Klassen, welche entweder in einem Konsens miteingebunden oder abgeblockt werden (Kannankulam 2008: 80). Die Herausbildung eines dominanten Staatsapparates ist damit nicht nur von der hegemonialen Rolle im Block an der Macht, sondern auch wesentlich von der Fähigkeit des Apparates, die „politisch-ideologische Rolle des

Staates gegenüber den beherrschten Klassen auszufüllen" (Poulantzas 2002: 173)
abhängig. Die beherrschten Klassen und Klassenfraktionen sind dabei, anders als
die Klassen des Blocks an der Macht, nicht vermittelt durch die Apparate, sondern
in „ganz spezifischer Art und Weise" (ebd.: 174) im Staat präsent. „Der Klassen-
feind steht immer im Staat" (ebd.), jedoch hat dieser durch das materielle Gerüst
des Staates keine eigene Macht. Vielmehr sind die beherrschten Klassen immer
nur als beherrschte Klassen in Form von Oppositionszentren im Staat präsent, d.h.
dass ihr Widerstand nur durch die Verschärfung der Widersprüche in den Auseinandersetzungen des Blocks an der Macht über die zu verfolgende Strategie gegenüber der beherrschten Klassen sichtbar und bemerkbar wird (ebd.: 175). Die
Volks- und Klassenkämpfe[8] schreiben sich also permanent in das institutionelle
Gefüge des Staates, d.h. seiner Materialität ein und prägen Struktur, Aufbau und
Funktionsweise der einzelnen Apparate, bleiben jedoch innerhalb des Staates immer nur als beherrschte Klasse präsent. Bezogen auf die spezifische Form des
Staates, d.h. auf die grundlegende Bestimmung der staatlichen Politik, bedeutet
dies, dass die Herausbildung eines Sozialstaates ganz wesentlich von der Präsenz
der Volks- und Klassenkämpfe innerhalb des Staates abhängig ist. Die Kämpfe
der beherrschten Klassen, ebenso wie die Widersprüche innerhalb des Blocks an
der Macht, führten zu einer spezifischen Konstellation der Staatsapparate, welche
in ihrer Konsequenz in einer sozialstaatlichen Politik resultierten. Eine Veränderung dieser Politik, wie sie etwa Hirsch/Roth (1986) oder auch Lessenich (2008:
73ff; 2009: 141ff) konstatieren, kann somit aus einer Veränderung in der Konstellation der Staatsapparate zueinander und somit letztendlich aus einer Veränderung der Kräfteverhältnisse innerhalb des Blocks an der Macht wie auch zwischen
diesem und den Volkskämpfen geschlossen werden.

Der Staat und sein institutionelles Ensemble muss daher als Resultat von
Auseinandersetzungen zwischen Klassen und Klassenfraktionen verstanden werden. Dieses Verständnis vom Staat erschöpft sich jedoch nicht in der Form, dass
der Staat restlos im Kräfteverhältnis aufgeht. Vielmehr betont Poulantzas (2002:
162), dass der Staat eine „eigene Dichte und Widerstandskraft" aufweist und sich
damit Veränderungen im Kräfteverhältnis nicht sofort und unmittelbar übertragen. Der Staat wird daher als eine „materielle Verdichtung eines Kräfteverhältnisses zwischen Klassen und Klassenfraktionen" konzeptualisiert, womit die
Übertragung von Kräfteverschiebungen nur phasenverschoben, d.h. nicht direkt

---

[8] Poulantzas (2002: 72; 172) unterscheidet zwischen Klassenkämpfen und Volkskämpfen, wobei
Klassenkämpfe immer auch Volkskämpfe sind. Diese Unterscheidung begründet sich für Poulantzas
zum einen daraus, dass eine Transformationsbewegung nicht ausschließlich die Arbeiterbewegung
umfasst bzw. von ihr zwangsläufig ausgeht. Zum anderen gehen die Machtverhältnisse innerhalb der
Gesellschaft über die Klassenverhältnisse hinaus, d.h. sie haben zwar als überdeterminierte Verhältnisse einen Klassencharakter, sind jedoch nicht die bloße Konsequenz der gesellschaftlichen Arbeitsteilung (vgl. dazu auch: Sablowski 2010).

und unmittelbar wirksam werden kann (Kannankulam 2008: 34). Die Änderungen im Kräfteverhältnis materialisieren sich vielmehr in „gebrochener und differenzierter, den Apparaten entsprechender Form" (Poulantzas 2002: 162). Dieses Staatsverständnis grenzt sich somit nicht nur gegen instrumentalistische und subjektivistische Interpretationen des Staates ab, sondern betont gleichzeitig, dass die Übernahme der Staatsmacht allein nicht automatisch die Kontrolle der Staatsapparate impliziert, da diese in ihrer Konfiguration und Ausgestaltung komplex *verkoppelt und verzweigt sind.*

2.2.2 Der erweiterte Staat und Hegemonie

Wie jedoch kann die Einheit der Staatsapparate, trotz ihrer divergierenden und teils antagonistischen Interessen gewährleistet werden? Wie kommen Veränderungen im Staat und in der staatlichen Politik zustande und wie können manche Klassen und Klassenfraktionen ihre politischen Projekte durchsetzen und andere nicht? Um diese Fragen beantworten zu können, greift die materialistische Staatstheorie auf die Hegemoniekonzeption des marxistischen Theoretikers Antonio Gramsci zurück. Dieser entwickelte seine theoretischen Überlegungen in Abgrenzung zur instrumentalistisch-voluntaristischen Staatskonzeption Lenins und in Anknüpfung an Debatten der Kommunistischen Internationalen (Komintern), wobei er jedoch weit über diese hinaus geht (Deppe 2003: 226).

Im Fokus seiner Überlegungen steht die Frage, warum die Revolution im zaristischen Russland erfolgreich verlaufen konnte, jedoch in den westlichen Staaten wie Deutschland oder Italien scheiterte. Wie Poulantzas entwickelt auch Gramsci den Staat im Verhältnis zu den Klassenkämpfen, betont in der Analyse jedoch vor allem jenes Terrain des Staates auf dem sich die „Volksmassen" (Poulantzas 2002: 87) bewegen, also jenen staatlichen Bereich, der in Abgrenzung des Öffentlichen als „Ensembles der gemeinhin privaten Organismen" (Gramsci 2012: 1502) bezeichnet wird. Während im zaristischen Russland der „Staat alles" war und sich die politische, ideologische und ökonomische Macht in der Person des Zaren konzentrierte, hatte sich im modernen Staat eine Zivilgesellschaft herausgebildet, welche für die politische Herrschaft die Funktion einer „robusten Kette von Festungen und Kasematten" übernahmen (ebd.: 874). Eine Oktoberrevolution wie die der Bolschewiki im zaristischen Russland, wo eine kleine Gruppe von Menschen militärisch wichtige Stützpunkte besetzten und somit den Staat übernehmen konnten, ist für Gramsci in der Form im bürgerlichen Staat nicht mehr realisierbar, denn dort ist der Staat „keine Festung, die man stürmen" (Briken et al. 2008) könnte, sondern vielmehr ein komplexes und weitverzweigtes Verhältnis unterschiedlicher Apparate, welche sich über die staatlichen Institutionen im engeren Sinne erstrecken und somit eine widerstandsfähige Struktur „gegenüber den katastrophenhaften Durchbrüchen des unmittelbaren ökonomischen

Elements (Krisen, Depressionen, etc.)" (Gramsci 2012: 1589) darstellen. Der Staat wird in seiner Gesamtheit als integraler Staat verstanden, welcher den Staat im engeren Sinne (*politische Gesellschaft*) und die Zivilgesellschaft[9] umfasst. Damit wird die Zivilgesellschaft, anders als bei vielen liberalen Ansätzen (vgl. bspw. Habermas 1998), nicht in Opposition zum Staat, sondern vielmehr innerhalb des Staates konzipiert, weshalb sie nicht frei und unabhängig von Macht und Herrschaftsbeziehungen begriffen werden kann, sondern vielmehr von diesen durchzogen ist. Der Staat wird demnach definiert als „Komplex aller praktischer und theoretischer Aktivitäten [...] womit die führende Klasse ihre Herrschaft nicht nur rechtfertigt und aufrechterhält, sondern es ihr auch gelingt, den aktiven Konsens der Regierten zu erlangen" (Gramsci 2012: 1726).

Für Gramsci basiert die neue Qualität der bürgerlichen Herrschaft in Abgrenzung zum zaristischen Russland primär in der Produktion von Konsens und politischer Führung und erst sekundär in der Ausübung von Zwang und Gewalt. Damit reduziert sich der Staat nicht auf repressive Elemente, sondern materialisiert in seinen Apparaten ebenso die herrschende Ideologie und konsensuale Elemente zwischen der herrschenden und der beherrschten Klasse, wobei die Komponente der Gewalt immer determinierend bleibt (Poulantzas 2002: 109). Die Symbiose aus Konsens und Zwang, die Momente der Zustimmung und der Repression, sind für Gramsci die Momente der Hegemonie. Die bürgerliche Herrschaft ist demnach nicht nur durch die Dominanz einer „Klasse über eine andere" (Lenin 1964: 14) erklärbar, sondern vielmehr durch das Zusammenspiel von „Hegemonie, gepanzert mit Zwang" (Gramsci 2012: 783). Hegemonie bedeutet nicht ausschließlich Gewalt und Zwang gegen die Volksmassen oder andere Klassen im Block an der Macht auszuüben, sondern vielmehr diese von ihrer eigenen Unterdrückung zu überzeugen, also die

---

[9] Die Zivilgesellschaft wird oft, v.a. in älteren Gramsci-Rezeptionen, mit dem Begriff der bürgerlichen Gesellschaft übersetzt, was oftmals zu Verwechslungen mit der bürgerlichen Gesellschaft bei Marx und Hegel führt. Die bürgerliche Gesellschaft bei Marx meint die „sozioökonomische Formation" (Haug 2012: 18), welche Marx auch immer wieder mit dem Begriff „Bourgeoisieherrschaft" (MEW 3, 76) oder „Bourgeoisiegesellschaft" (ebd.: 194) gleichsetzte (Haug 1989: 7). Dagegen stellt sie bei Gramsci diejenige Arena dar, in der um Hegemonie gerungen wird und in der die Herrschaft der Bourgeoisie in Frage gestellt werden kann. Herrschaft ist für ihn nicht nur durch die ökonomischen Verhältnisse oder durch reinen Zwang erklärbar, sondern braucht auch immer eine kulturell-moralische Legitimation, um welche in der Zivilgesellschaft gerungen wird. Daher steht die Zivilgesellschaft „zwischen der ökonomischen Struktur und dem Staat mit seiner Gesetzgebung und seinem Zwang" (Gramsci 2012: 1267). Hier zeigt sich auch ein Problem in der Übersetzung in die deutsche Sprache. Während Gramsci zwischen borghese/civile unterscheiden kann und damit auch die bürgerliche Gesellschaft im Sinne Marx (d.h. der Bourgeoisieherrschaft) von der Zivilgesellschaft unterscheidet, steht „im Deutschen nur bürgerlich zur Verfügung" (Haug 2012: 1213). So findet sich in den Gefängnisheften das Bürgertum auch nur als Synonym für die Bourgeoisie, d.h. Bürger im Sinne von bourgeois und nicht im Sinne von citoyenne (vgl. Gramsci 2012: 410f)

„moralischen, politischen und intellektuellen Führung im gesellschaftli-
chen Leben zu etablieren, indem man die persönliche Weltanschauung im
ganzen Gewebe der Gesellschaft verbreitet und so die eigenen Interessen
mit denen der Gesellschaft gleichsetzt" (Eagleton 2000: 137).

Die Zivilgesellschaft wird dabei bestimmt als „diejenige[...] Dimension[...] worin um Hegemonie gerungen wird" (Haug 2004: 20), also jener Ort, an dem soziale Auseinandersetzungen um die Durchsetzung partikularer Interessen, Identitäten und Normen stattfinden und die herrschenden Politik konsensual abgesichert
wird. Dieser ist dann relativ stabil, wenn die Subalternen ihrer eigenen Beherrschung, zumindest passiv, zustimmen, sie also konsensual in den Herrschaftsblock mit eingebunden werden. Die Zustimmung der subalternen Klasse entspringt jedoch nicht spontan, sondern muss durch materielle und diskursive Zugeständnisse organisiert und stetig reproduziert werden. Dadurch ist Konsens im
gramscianischen Sinne nicht als einfacher Interessenausgleich zu verstehen, sondern vielmehr als eine spezifische Form kulturell-ideologischer Herrschaft, da die
dahinterliegenden Gegensätze weiter wirksam bleiben (Demirović 2007b: 28). Es
handelt sich somit vielmehr um einen „organisierten Konsens" (Gramsci 2012:
117), da die Institutionalisierung oder Stilllegung von Kämpfen immer eine relative und prekäre ist. Nur durch die Organisierung und ständige Erneuerung des
Kompromisses, kann Herrschaft stabil gehalten werden, was impliziert, dass der
wesentliche Moment der Ausübung von Macht, in modernen kapitalistischen
Staaten, die Organisation von Konsens und Zustimmung in der Zivilgesellschaft
ist (Eagleton 2000: 135). Perry Anderson (1979: 39) weist jedoch darauf hin, dass
Gramsci irrt, wenn er Hegemonie einzig in der Zivilgesellschaft verortet und nicht
auch innerhalb des Staates im engeren Sinne. Es sei „unmöglich, die ideologischen Funktionen bürgerlicher Klassenmacht zwischen *societá civile* und Staat
[...] zu teilen" (ebd., Herv. i.O.). So werden gerade in bürgerlichen Demokratien,
Institutionen eindeutig dem Staat im engeren Sinne zugeordnet, welche jedoch
auch die Funktion der Konsensproduktion erfüllen und damit einer organischen
Trennung zwischen Zivil- und politischer Gesellschaft zuwiderlaufen. Vielmehr
ist das gesamte Terrain des Staates von Kämpfen und Auseinandersetzungen um
Hegemonie durchzogen, wobei die Kämpfe in den Staatsapparaten aufgrund ihrer
Materialität einer eigenen Logik unterliegen. Auch die Staatsapparate stellen dabei ein, wenn auch institutionalisiertes und stark reglementiertes Terrain zur Austragung und Bearbeitung spezifischer Kämpfe um Konsens und politische Führung dar. Damit sind auch die Kämpfe innerhalb der politischen Form des kapitalistischen Staates immer Kämpfe um Hegemonie, egal ob im Block an der
Macht zwischen den einzelnen Fraktionen oder innerhalb bzw. zwischen den
Staatsapparaten.

Zivilgesellschaft und politische Gesellschaft stehen dabei im hegemonialen
Aushandlungsprozess in einem wechselseitigen Verhältnis zueinander, wobei der

Staat im engeren Sinne mehr oder weniger stark daran beteiligt ist, wie die Zivilgesellschaft organisiert ist und in welchen Formen soziale Auseinandersetzungen
ausgefochten werden (Brand 2011: 146). Somit ist ein Aspekt von Hegemonie
auch immer, dass es den herrschenden Gruppen gelingt, den diskursiven oder institutionellen Ort der Konfliktaustragung zu bestimmen (Wissen/Naumann 2008).
Staat und Zivilgesellschaft sind also vielmehr als eine relative Einheit zu verstehen, in der, aufgrund der konstitutiven Präsenz des integralen Staates in den Produktionsverhältnissen, auch ökonomische Widersprüche präsent sind. Die Hegemonie einer Gruppe wirkt deshalb auch immer ökonomisch, ideologisch und politisch. Sie umfasst alle Dimensionen des integralen Staates, wodurch sich eine
historisch spezifische Einheit aus Struktur und Superstruktur, eine historisch spezifische Herrschaftsformation, ein sogenannter historischer Block herausbilden
kann. Ein historischer Block beschreibt also eine konkrete historische und geographische Formation von Macht, d.h. ein historisch spezifisches Kräfteverhältnis
zwischen verschiedenen Gruppen innerhalb eines bestimmten geographischen
Raums. Davon muss das Verständnis des Blocks an der Macht abgegrenzt werden, welcher, wie oben dargestellt, als eine durch „innere Widersprüche gekenn-
zeichnete Einheit von *politisch herrschenden* Klassen und Fraktionen" (Poulantzas 1975: 239) zu verstehen ist. Während also der historische Block eine historisch widersprüchliche Einheit von Regierten und Regierenden darstellt, ist ein
Machtblock vielmehr ein Ausdruck des Widerspruches zwischen den herrschenden Klassen und Klassenfraktionen (Bieling/Steinhilber 2000: 104f; Candeias
2007: 20).

Zentrale Akteure im Kampf um die Herstellung von Hegemonie sind für
Gramsci die sogenannten Intellektuellen (Deppe 1988: 43). Denn die nach Hegemonie strebenden Klassen können den hegemonialen Konsens nicht unmittelbar
organisieren, weshalb sie organisch mit ihnen verbundene Intellektuelle herausbilden, die als handelnde Subjekte um Hegemonie ringen. Der Intellektuellenbegriff wird bei Gramsci im Gegensatz zum bürgerlichen Intellektuellenbegriff und
vom akademischen Kontext unabhängig konzipiert. Für ihn sind alle Menschen
Intellektuelle, auch wenn nicht alle „die Funktion von Intellektuellen" (Gramsci
2012: 1500) innehaben. Intellektuelle sind für Gramsci dabei jene, welche zur
Schaffung oder Reproduktion von Hegemonie beitragen, womit der Intellektuellenbegriff nur in Bezug auf den Klassenkampf zu denken ist. Jede gesellschaftliche Gruppe, welche in den Arenen des Staates und der Zivilgesellschaft um Hegemonie ringt, schafft sich ihre eigenen Intellektuellen, welche Gramsci mit dem
Begriff der organischen Intellektuellen[10] fasst (vgl. Gramsci 2012: 1497). Diese

---

[10] Gramsci grenzt in den Gefängnisheften die organischen Intellektuellen von den traditionellen In-
tellektuellen ab. Die traditionellen Intellektuellen sind für Gramsci Relikte einer vorhergegangenen
Gesellschaftsordnung, in der sie die Funktion von organischen Intellektuellen ausgeübt hatten (vgl.
Gramsci 2012: 1498). Gramsci nennt hier als Beispiele Geistliche, welche als Träger der religiösen

stellen keine soziologische Kategorie dar, sondern sind in ihrem organisatorischen Wirken mit bestimmten gesellschaftlichen Gruppen organisch verbunden und agieren in allen Bereichen des integralen Staates: „Der kapitalistische Unternehmer schafft mit sich den Techniker der Industrie, den Wissenschaftler der politischen Ökonomie, den Organisator einer neuen Kultur, eines neuen Rechts usw. usf." (ebd.).

Um die Dimension des sozialen Handels der Klassen und gesellschaftlichen Gruppen analytisch untersuchen zu können, schlagen Bieling/Steinhilber (2000: 106) vor, neben den Analysedimensionen „historischer Block" und „Block an der Macht", als eine dritte Dimension, das soziale Handeln der Akteure in den Blick zu nehmen. Die Reproduktion von Hegemonie findet demnach mithilfe der Etablierung und Durchsetzung politischer Projekte statt, d.h. durch konkrete politische Initiativen, die durch spezifische Interessenkonstellationen unterschiedlicher Akteure artikuliert und vertreten werden (Apeldoorn 2000: 200f; Bieling/Steinhilber 2000: 106f). Als am umfassendsten und differenziertesten konzipierte Jessop (1990: 204ff) die Handlungsdimension von Hegemonie. An Gramsci (2012: 1560) und seinem Konzept der Staatswerdung einer Klasse anknüpfend, argumentiert Jessop, dass Hegemonie nicht nur in der Zivilgesellschaft, sondern ebenfalls in der Ökonomie und in der politischen Sphäre erlangt werden muss. Aufgrund der Gleichursprünglichkeit von Staat und Ökonomie können diese drei Sphären nicht unabhängig voneinander betrachtet werden, sondern hängen vielmehr konstitutiv miteinander zusammen. Aufbauend auf dem Argument, dass eine erfolgreiche Kapitalakkumulation grundlegend abhängig von der Einigung der divergierenden und in Konkurrenz zueinander liegenden Interessen durch eine kohärente Akkumulationsstrategie und der Führung einer hegemonialen Kapitalfraktion ist, überträgt Jessop (1990: 204fff.) dieses Modell auf den integralen Staat. Auch auf diesem Feld ringen unterschiedliche soziale Kräfte miteinander und versuchen mithilfe von hegemonialen Projekten ihre partikularen Interessen zu universalisieren, um damit die „political, intellectual and moral leadership" (Jessop 1990: 208) zu übernehmen. Als hegemoniales Projekt versteht Jessop dabei die Darstellung der partikularen Interessen einer gesellschaftlichen Gruppe als Lösung von drängenden sozialen, ökonomischen oder politischen Problemen, also die Schaffung von Kohärenz unterschiedlicher Einzelinteressen durch „specific political, intellectual and moral practices" (ebd.). Dies beinhaltet die Mobilisierung von Unterstützung für ein national-populären Aktionsprogramm, welches langfristig den Interessen der hegemonialen Klassenfraktion wie auch anderen wichtigen Gruppen und Fraktionen entspricht. Ebenfalls ist die Unterstützung von Klassen, welche nicht unmittelbar mit dem Projekt verbundenen sind, für den Erfolg eines hegemonialen Projekts notwendig. Diese Unterstützung wird oftmals

---

Ideologie fungierten und als „organisch an die grundbesitzende Aristokratie gebundene Intellektuellenkategorie betrachtet werden" (ebd.) können.

durch materielle Zugeständnisse gegenüber diesen Klassen erreicht (ebd.). Jessop betont, dass hegemoniale Projekte nicht mit Akkumulationsstrategien gleichgesetzt werden können, zielen erstere vor allem auf nicht-ökonomische Bereiche, auch wenn diese wiederum ökonomisch bedingt sind oder ökonomische Relevanz entfalten. Bei hegemonialen Projekten handelt es sich also um politische Projekte, welche sich als Momente eines Klassenkompromisses institutionalisieren und den hegemonialen Block bzw. den Block an der Macht stabilisieren (Bieling/Steinhilber 2000: 106f). Als Beispiele für hegemoniale Projekte nennt Jessop (1990: 208) „military success, social reform, political stability or moral regeneration".

Mit der Bezugnahme auf die Hegemonietheorie von Antonio Gramscis werden für die folgende Analyse der französischen Reformpolitik nicht nur die Kämpfe und Auseinandersetzungen gesellschaftlicher Kräfte herausgehoben, sondern gleichzeitig auch eine spezifische Perspektive auf das Verhältnis zwischen Struktur und Handlung eröffnet. So können gesellschaftliche Strukturen auf soziale Praxen und Kämpfe gesellschaftlicher Akteure zurückgeführt werden, wobei das Handeln der Akteure immer im Kontext der gesellschaftlichen Strukturen passiert und damit von diesen begrenzt wird. Die gesellschaftlichen Strukturen sind insofern das Ergebnis sozialer Praxen, als dass sie auch die Basis dieser sind, oder um es mit Marx auszudrücken: „Die Menschen machen ihre eigene Geschichte, aber sie machen sie [...] unter unmittelbar vorgefundenen, gegebenen und überlieferten Umständen." (MEW 8: 115). Mit Colin Hay (2002: 127ff; 2014: 464f) kann darunter verstanden werden, dass es bei sozialen und politischen Interaktionen eine permanente Bezugnahme zwischen strategisch handelnden Akteuren und einem strategisch-selektiven Kontext in der Form gibt, dass die Akteure ihr strategisches Handeln auf der Grundlage spezifischer kontextualer Annahmen entwickeln, während gleichzeitig der Kontext bestimmte Strategien und die damit verbundenen Ziele strategisch-selektiv begünstigt. Durch das Handeln der Akteure wird die Struktur sogleich reproduziert als auch verschoben, „da Wiederholungen stets schon strategische oder nicht intendierte Verschiebungen sind" (Buckel et al. 2013: 33). Es kommt also zu einem dialektischen Wechselspiel zwischen der gesellschaftlichen Struktur und den Handlungen der sozialen Akteure, womit es zu territorial unterschiedlichen Ausprägungen kapitalistischer Gesellschaftsformationen kommt (Poulantzas 2002: 130ff; Wissen/Naumann 2008). Auf der Grundlage unterschiedlicher Kräfte und ihren Verhältnissen zueinander, von Kampfzyklen und Strategien, lassen sich raum-zeitlich unterschiedliche und vielfältige Ausprägungen[11] des Kapitalismus unterscheiden und vergleichen (Bieling 2014a; Jessop 2015: 75ff; Kannankulam/Georgi 2014: 60).

---

[11] Zur Debatte zwischen Variant of Capitalism und Variegated Capitalism siehe Bruff/Horn (2012).

2.2.3 Prozesse der Transnationalisierung von Staatsapparaten

Die französische Reformpolitik im Untersuchungszeitraum kann nicht, wie oben dargestellt, ohne ein Verständnis der Europäischen Union und den transnationalen Verflechtungen einzelner Staatsapparate verstanden werden. Die materialistische Staatstheorie hat schon relativ früh versucht, die Internationalisierungs- und Transnationalisierungstendenzen des Staates und der Produktion theoretisch zu fassen. Schon Poulantzas (1975: 39ff; 2001) registrierte ab Mitte der 1970er Jahre Veränderungen des kapitalistischen Staates in den imperialistischen Zentren. Er führte diesen Wandeln auf starke Veränderungen des Kräfteverhältnisses im Block an der Macht und innerhalb der internationalen Arbeitsteilung, bzw. der imperialistischen Kette zurück. Und auch die an ihn anschließenden theoretischen Konzepte sehen die Ursache für die Transformations- und Globalisierungsprozesse in den Krisenprozessen der 1970er Jahre (Buckel et al. 2013: 34f; Jessop 2001: 85ff).

Bedingt durch den Zwang der kapitalistischen Produktionsweise zur erweiterten Reproduktion und intensiviert durch die erschöpften Produktivitätsreserven der tayloristischen Arbeitsorganisation, kommt es ab den 1970er Jahren zu massiven Veränderungen in den Produktionsverhältnissen und der internationalen Arbeitsteilung. Der nationale keynesianische Wohlfahrtsstaat wird zu einer „Schranke der Kapitalverwertung" und die fordistischen Produktionsverhältnisse beeinträchtigten den „Kapitalprofit strukturell und nachhaltig" (Hirsch/Roth 1986: 80). Es kam zu einem tendenziellen Fall der Profitrate, welcher innerhalb der fordistischen Regulationsweise nicht mehr aufgefangen und ausgeglichen werden konnte. Gleichzeitig kam es in den imperialistischen Zentren zu massiven Streiks und zur Herausbildung Neuer Sozialer Bewegungen, welche den fordistischen „Geist des Kapitalismus" in vielfältiger Weise kritisierten[12] (Boltanski/Chiapello 2006: 55f). Darüber hinaus kommt es in den 1970er Jahren endgültig zur Befreiung der Kolonien durch die antikolonialen Bewegungen, womit der „Kapitalismus zum ersten Mal in seiner Geschichte nicht mehr einfach über fremde Territorien und Menschen verfügen konnte", sondern vielmehr auf das Kernland des Staates beschränkt wurde (Demirović 2010: 68). Das Kapital reagierte auf die Profitklemme des Fordismus mit einer räumlichen Verlagerung und Zerlegung der Produktion und der Etablierung einer neuen internationalen Arbeitsteilung, welche die bestehende Arbeitsteilung zwischen dem globalen

---

[12] Die beiden französischen Soziologen Boltanski/Chiapello (2006: 81f) unterscheiden zwei verschiedene Arten der Kritik am Kapitalismus. Die erste Art der Kritik nennen sie die Sozialkritik marxistischer und sozialistischer Prägung, welche die durch das kapitalistische System hervorgerufene Armut und Ungerechtigkeiten kritisiert. Die zweite Art der Kritik wird von ihnen als Künstlerkritik bezeichnet und umfasst jene Kritik an der Unterdrückung von Freiheit, Individualität und Autonomie der fordistischen Produktions- und Warengesellschaft.

Norden und Süden nicht ersetzte, sondern vielmehr durch die Flexibilität der oftmals transnationalen Produktionsbeziehungen und durch Ausnutzung globaler Verwertungsbedingungen überformte (Poulantzas 2001: 44f). So diente der globale Süden nicht mehr ausschließlich als „Rohstofflieferant" für die Industrie des globalen Nordens. Vielmehr bildeten sich auch in den Ländern der Peripherie „isolierte Sektoren mit einer hohen Kapitalkonzentration und Arbeitsproduktivität" heraus (ebd.: 45), während gleichzeitig im globalen Norden, durch den Abbau von Arbeitnehmerrechten und Illegalisierung, die Lebens- und Arbeitsbedingungen der Menschen massiv entwertet wurden. Ebenso etablierte sich seit den 1970er Jahren zunehmend eine neue Art der Arbeitsorganisation, welche die Künstlerkritik der studentischen und Neuen Sozialen Bewegungen aufnahm und dem Individuum eine größere Autonomie und mehr Verantwortung zugestand, gleichzeitig jedoch auch das Beschäftigungsverhältnis flexibler gestaltete (Boltanski/Chiapello 2006: 262ff; 270ff). Die neue internationale Arbeitsteilung und die Veränderungen der Produktionsverhältnisse sind dabei das Resultat einer Internationalisierung des Kapitals, welches durch die geographische Ausweitung des Kapitalverhältnisses und seiner Reproduktion sowie der Tendenz zum Zusammenschluss von Kapital verschiedener Länder (die Herausbildung sogenannte Multi- oder Transnationalen Unternehmen) und durch die Hegemonie des amerikanischen Kapitals gekennzeichnet war (Poulantzas 2001: 40f).

In dieser Krise der fordistischen Regulationsweise des Kapitalismus ab den 1970er Jahren, welche nicht nur eine ökonomische Krise, sondern vielmehr eine Hegemoniekrise darstellte, die politische, ökonomische und ideologische Dimensionen umfasste, gelang es den neoliberal ausgerichteten Kräften und Kapitalfraktionen in der Folge zunehmend erfolgreicher, das Kräfteverhältnis im Block an der Macht zu ihren Gunsten zu verschieben und den alten herrschenden geschichtlichen Block zu sprengen (Candeias 2004: 138). Poulantzas (2001: 52) fasst diese Kräfte und Kapitalfraktionen unter der Bezeichnung der innere Bourgeoisie zusammen[13]. Diese hatte sich in den 1950/60er Jahren herausgebildet und charak-

---

[13] Poulantzas (2001: 50ff) grenzt die innere Bourgeoisie von der nationalen Bourgeoisie sowie von der Compradorenbourgeoisie ab. Unter der nationalen Bourgeoisie versteht er „die einheimische Fraktion der Bourgeoisie, die - von dem Punkt an, an dem die Widersprüche mit dem ausländischen imperialistischen Kapital einen bestimmten Grad erreicht haben – in der ideologischen und politischen Struktur eine verhältnismäßig autonome Stellung einnimmt und so eine eigene Einheit darstellt" (ebd.: 51). Zu dieser Bourgeoisie gehören auch diejenigen Fraktionen, welche zwar ein Interesse an einer imperialistischen Expansion haben, sich jedoch in gewissen historischen Phasen den nationalen Befreiungskämpfen anschließen und „für die tatsächliche nationale Unabhängigkeit Partei" (Poulantzas 1977: 39) ergreifen. Dagegen versteht Poulantzas unter der Compradorenbourgeoisie diejenige Fraktion der Bourgeoisien, die nur über eine schwache materielle Basis im eigenen Land verfügt und selbst nur in der Rolle des Vermittlers oder des Agenten des ausländischen imperialistischen Kapitals agiert. Damit ist sie dem „ausländischen Kapital in dreifacher Hinsicht - ökonomisch, politisch und ideologisch - gänzlich unterworfen" (Poulantzas 2001: 51).

terisiert sich durch ihre nationalstaatliche Reproduktionsbasis und ihre gleichzeitig starke Einbindung in die Prozesse der internationalen Produktion und Arbeitsteilung unter US-Hegemonie. Somit besitzt sie, aufgrund der eigenen ökonomischen Basis, ein Eigeninteresse an einer weiteren Internationalisierung bzw. einer regionalen ökonomischen Integration, zur Absicherung ihrer Verwertungsinteressen im internationalen Maßstab[14]. Gleichzeitig war diese innere Bourgeoisie relativ stark von den Interessen des US-amerikanischen Kapitals abhängig. Die Veränderung des Kräfteverhältnisses innerhalb der nationalen Machtblöcke in den imperialistischen Zentren wurde ab Mitte der 1970er Jahre auch durch die Wahlerfolge von Magret Thatcher oder Ronald Reagan aber auch in der Verleihung des Nobelpreises an Friedrich August von Hayek sichtbar. Auch in Frankreich materialisierten sich diese Veränderungen mit dem Scheitern der sozialistischen Politik Francois Mitterands und der angebotspolitischen Wende spätestens ab 1982/83 (vgl. Kapitel 4).

Durch die Aktivitäten der inneren Bourgeoisie kam es zu einer Transformation und Neuzusammensetzung der nationalen Machtblöcke innerhalb der imperialistischen Zentren und zu einer Neubestimmung des Verhältnisses zwischen Staat und Ökonomie (Demirović 2007a: 245). Ihre imperialistischen Interessen gingen in den Kompromissbildungsprozess im Block an der Macht ein, wurden durch den Nationalstaat reproduziert und verdichteten sich innerhalb der staatlichen Apparate. Dies bedeutet, dass die Internationalisierungsprozesse dem Nationalstaat nicht äußerlich sind und auch nicht von außen auf den Nationalstaat hineinwirken, sondern vielmehr ist es der nationale Staat selber, welcher die Internationalisierung öffentlicher Funktionen und seine eigene Transformation vorantreibt (Poulantzas 2001: 55). Im Nationalstaat verdichten sich auch internationale gesellschaftliche Kräfte, womit dieser nicht nur die Interessen der „eigenen nationalen" Bourgeoisie wahrnimmt, sondern auch jene der „ausländischen" Kapitale. Die Machtblöcke innerhalb der imperialistischen Zentren sind somit auch nicht mehr rein national erfassbar. Vielmehr muss eine Analyse der Kräftekonstellationen immer auch internationalisierte bzw. transnationalisierte Klassen- und Kräfteverhältnisse miteinbeziehen (ebd.: 56). Die neoliberale Globalisierung ist demnach das Resultat einer Verschiebung von Kräfteverhältnissen innerhalb der Staatsapparate, aber auch zwischen der herrschenden und der beherrschten

---

[14] Wissel (2007: 109ff) argumentiert, dass die Abhängigkeit der inneren Bourgeoisie an spezifische Nationalstaaten abgenommen habe und heute nicht mehr einfach von einer, von der USA abhängigen inneren Bourgeoisie gesprochen werden kann. Vielmehr hat sich die innere Bourgeoisie transnationalisiert, d.h. sie hat dauerhafte Produktionsnetzwerke aufgebaut, welche sich über mehrere nationale Räume bzw. Territorien erstreckt. Weiter unten werde ich auf diese „transnationale innere Bourgeoisie" (Wissel 2007: 119) nochmals eingehen, dort jedoch von transnationalen Kapitalfraktionen sprechen, da ich die Idee einer transnationalen Kapitalfraktion nicht mit der inneren Bourgeoisie von Poulantzas vermischen möchte (siehe dazu auch: Konecy 2012: 42ff)..

Klasse[15]. Der Nationalstaat, als Ausdruck und Verkörperung eines materialisierten Kräfteverhältnisses zwischen Klassen und Klassenfraktionen, ist also selber Akteur in der weltweit durchgesetzten neoliberalen Wende seit den 1970er Jahren und leitete seine eigene Transformation, durch die Reproduktion des internationalen Kapitals, selbst ein. Damit wird der Nationalstaat nicht abgeschafft und auch nicht kurzgeschlossen, weder im Sinne „einer friedlichen Integration der verschiedenen Kapitale über den Staaten [...] noch im Sinne ihrer Beseitigung durch den amerikanischen Superstaat" (ebd.: 53). Vielmehr bleibt er der „Brennpunkt der Reproduktion" (Poulantzas 2002: 150), auch wenn durch die Reproduktionserfordernissen der globalen kapitalistischen Gesellschaftsformation die nationalstaatliche Ebene an relativer Bedeutung verloren hat (Demirović 2007b: 264; Hirsch/Kannankulam 2009: 199).

Denn mit dem Internationalisierungsschub der 1980er und 1990er Jahre kam es zu einer Rekonfiguration von Räumen und zu einem Auseinandertreten von Staat und Nation. Zwar wurde der Nationalstaat als zentrale Instanz der Reproduktion und Regulation der kapitalistischen Verhältnisse beibehalten, jedoch kam es zu einer Institutionalisierung der politischen Form, welche über den Nationalstaat hinausging. Der Grund dafür liegt in dem verstärkten globalen Verwertungs- und Akkumulationsprozess, der sich zunehmend der nationalstaatlichen Regulation entzieht und somit die Notwendigkeit einer ökonomischen Steuerung auf der internationalen bzw. transnationalen Ebene vergrößert hat:

> *„The more capital became internationalized, the more state became concerned to fashion regulatory regimes oriented to facilitating the rapid growth of international trade and foreign investment" (Gindin/Panitch 2012: 223).*

---

[15] Gindin/Panitch (2012: 223ff) wie auch Deppe (2013: 65ff) insistieren darauf, dass die globale Konstellation immer noch durch die Hegemonie des erneuerten US-Imperiums geprägt ist, während andere Vertreter der materialistischen Staatstheorie wie etwa Bieling (2006, 2007) oder Wissel (2007, 2010) von einer zunehmenden Eigenständigkeit regionaler Integrationsprojekte (wie bspw. die EU) und einer eigenständigen transnationalen Bourgeoisie ausgehen. Da diese Diskussion jedoch für den weiteren Verlauf meiner Argumentation vernachlässigbar ist, wird im Folgenden nicht mehr darauf eingegangen. Jedoch muss herausgehoben werden, dass die USA, als Globalstaat der weltweiten kapitalistischen Akkumulation, notwendigerweise innerhalb transnationaler und internationaler Arrangements eine stärkere, wenn nicht sogar hegemoniale Position innehat. Dies zeigt sich nicht zuletzt in den Verhandlungen um ein globales Klimaabkommen oder um das Transnationale Freihandelsabkommen TTIP zwischen den USA und der EU.

Im Rahmen der neuen internationalen Arbeitsteilung kommt es zur Entwicklung von transnationalen Produktionsnetzwerken[16] und zur Herausbildung einer „transnationalen Klassenfraktion"[17] (Wissel 2007: 115). Diese „transnationale Klassenfraktion" ist global organisiert, da sie „auf allen wesentlichen Märkten heimisch sein" (ebd.: 116) muss, jedoch kann sie nicht außerhalb der nationalen Räume existieren. Vielmehr bleibt sie auf die Nationalstaaten und Regionen bezogen und zwar in dem Sinne, dass sie selbst Teil der nationalen Machtblöcke und somit auch Teil der nationalen Kräfteverhältnisse ist. Dabei verdichtet sich die transnationale Klassenfraktion nicht nur in den Kräfteverhältnissen ihrer „Basis-Staaten", sondern in allen wesentlichen Nationalstaaten in denen sie präsent ist (ebd.). Daher sind es gerade die transnationalen Unternehmen und Konzerne, welche für eine störungsfreie Kapitalakkumulation eine internationale Absicherung ihrer Verwertungsbedingungen benötigen und durch ihre transnational agierenden politischen Zusammenschlüsse (Trilaterale Kommission, Mont Pélerin Society, European Round Table of Industrialist) Rahmenbedingungen entwickelt haben (bspw. Apeldoorn 2000). Hierbei muss jedoch betont werden, dass die Transnationalisierung nicht durch internationale Institutionen und Abkommen von außen an die Nationalstaaten herangetragen wird, sondern dass sich vielmehr beide Sphären gegenseitig durchdringen, d.h. der Prozess ebenso umgekehrt verläuft (Wissel 2007: 121).

So wurden unter der Führung der kapitalistischen Metropolen des globalen Nordens spezifische Staatsaufgaben in den 1980er/1990er Jahren in internationale Regime oder Organisationen ausgelagert und in ihrer Funktion neu definiert (Bieling 2007: 153). Mittlerweile hat sich ein weitverzweigtes und flexibles Netz-

---

[16] Hierin sieht Wissel (2007: 111) den Unterschied zu den früheren Multinationalen Unternehmen. Diese hätten einfach nur Tochtergesellschaften in anderen Ländern gegründet oder Produktionsstätten ausgelagert. Die Transnationalen Unternehmen dagegen knüpfen ein transnationales Netzwerk von Produktionsknoten.

[17] Diese transnationalen Kapitalfraktionen sind nicht aus dem Kapitalkreislauf zu bestimmen, sondern liegen vielmehr quer zu diesen, d.h. sie umfassen sowohl die produktiven wie auch die finanzkapitalistischen Sektoren. Dies führt ebenfalls dazu, dass die transnationalen Kapitalfraktionen teilweise tief gespalten sind. Wie in Fußnote 14 schon angesprochen, soll eine Vermischung mit dem Konzept der inneren Bourgeoisie von Nicos Poulantzas vermieden werden, weshalb im Folgenden nicht, wie von ebd. vorgeschlagen, von einer transnationalen inneren Bourgeoisie gesprochen wird, sondern von transnationalen Kapitalfraktionen. In meinem Verständnis der inneren Bourgeoisie, besitzt diese zwar eigene „ökonomische Grundlagen und Akkumulationsbasen" (Poulantzas 2001: 52f) ist jedoch ökonomisch wie politisch-ideologisch durch vielfältige teils sehr starke Abhängigkeiten zum nationalen Kapital geprägt. Zwar hat auch die transnationalen Kapitalfraktionen ihre Reproduktionsbasen innerhalb der Nationalstaaten und ist dort auch Teil des nationalen Machtblocks, jedoch führt die Herausbildung transnationaler Produktionsnetzwerke zu ganz anderen Beziehungen untereinander als dies bei der inneren Bourgeoisie der Fall war. Ebenfalls agieren die transnationalen Kapitalfraktionen politisch ganz wesentlich auf der transnationalen Ebene durch transnationale Interessenorganisationen und nicht nur vermittelt über die nationale Exekutive.

werk aus globalen Organisationen (OECD, IWF, WTO, etc.), regionalen Institutionalisierungen (EU, NAFTA, AU) und transnationalen Interessenorganisationen (Think Tanks, Foren etc.) herausgebildet, welche Reproduktions- und Regulationsfunktionen, und somit spezifische Staatsfunktionen übernommen haben (Wissel 2010: 85). Die Internationalisierung des Staates impliziert daher vor allem eine räumlich-soziale Diversifizierung staatlicher Ebenen und Formen, um die multiskalar sich herstellenden gesellschaftlichen Konflikte und Widersprüche zu bearbeiten. Der Staat, verstanden als Ensemble seiner Apparate und Regulierungsformen, wird partiell von seiner national-territorialen Bindung entkoppelt. Dies bedeutet jedoch auch, dass sich die politische Form nicht allein im Nationalstaat verdichtet, sondern sich die Verdichtungsprozesse vielmehr multiskalar herstellen (Brand 2014: 308). Um dieser partiellen Entkopplung gerecht zu werden, schlagen Brand et al. (2007), in Anlehnung an die theoretischen Überlegungen von Nicos Poulantzas, daher vor, internationale Arrangements als materielle Verdichtung gesellschaftlicher Kräfteverhältnisse zweiten Grades zu fassen. Damit erweitern sie den relationalen Ansatz von Nicos Poulantzas und knüpfen an seiner Bestimmung des Staates als materielle Verdichtung eines Kräfteverhältnisses an, beachten aber gleichzeitig die besondere Rolle der nationalstaatlichen Ebene, vermittelt über die nationalen Exekutiven bei den Verdichtungsprozessen auf der internationalen Ebene. Nationalstaatliches Handeln sowie die auf der internationalen Ebene vertretenen nationalen Interessen werden bei Brand (2010) als „Verdichtung ersten Grades" gefasst, während die konkrete Politik der internationalen Staatsapparate als eine Verdichtung zweiten Grades konzipiert wird, da sich dort neben den nationalen Interessen auch eigenständige Akteure und Kräfte, wie bspw. die transnationalen Kapitalfraktionen, in das Kräfteverhältnis einschreiben und gegenüber der internationalen Apparate auch eigene Strategien und Interessen formulieren (Brand 2009: 152). Der Begriff „zweiter Ordnung" steht dabei jedoch nicht für ein lineares Verhältnis zwischen der nationalen und der internationalen Ebene (Brand et al. 2007: 228). Zwar müssen die nationalen Exekutiven in der Regel ein „nationales Interesse" artikulieren, um in bilateralen wie multilateralen Verhandlungen agieren zu können, womit die Ausprägung von „nationalen Interessen", gerade der mächtigen Staaten, für die Ausprägung internationaler Staatsapparate entscheidend bleibt (ebd.). Jedoch beeinflussen umgekehrt die internationalen Institutionen, ebenso wie die auf der internationalen Ebene ausgehandelten Kompromisse und hegemonialen Projekte, selbst wieder die Herausbildung der nationalen Kräfteverhältnisse und damit letztendlich auch die Formulierung des „nationalen Interesses" (ebd.).

Die internationalen Staatsapparate und Arrangements existieren jedoch nicht in einem luftleeren Raum, sondern sind in „politisch-institutionelle und rechtliche Rahmenbedingungen" (Bieling 2007: 147) eingebettet, welche die neogramscianische Internationale Politische Ökonomie unter dem Begriff des „Neuen Konstitutionalismus" (Gill 2000: 43f) fasst. Dieser umschreibt den „Prozess der politisch-rechtlichen Neufassung ökonomischer und (zivil-) gesellschaftlicher Reorganisationsprozesse" (Bieling 2007: 148) und stellt damit die politisch-rechtliche Dimension des disziplinierenden Neoliberalismus dar, d.h. des Bedeutungszuwachs von überwachenden, disziplinierenden und strafenden Momenten in den kapitalistischen Reproduktionsmustern. Ebenfalls korrespondiert der „Neue Konstitutionalismus" mit der Inwertsetzung und Subsumtion immer neuer Lebensbereiche unter die Verwertungslogik des Kapitals sowie mit der diskursiven und kulturellen Durchdringung der alltäglichen sozialen Beziehungen mit der marktwirtschaftlichen Logik der Konkurrenz und des Tauschwertes (Gill 2008: 124; 136). Der „Neue Konstitutionalismus" beschreibt also das intentionell-rechtliche Regelwerk der globalen Regulation, d.h. die Festschreibung und Absicherung von Eigentumsrechten, Investitionen, Anlagemöglichkeiten und Marktfreiheiten von transnational agierenden Wirtschaftsakteuren sowie die Separierung dieser von demokratischer Kontrolle (Bieling 2007: 150; Deppe 2013: 145f). Nationalstaatliche Politik wird dahingehend eingeschränkt, dass wirtschaftspolitische Steuerung und soziale Umverteilung nur noch im Rahmen der trans- bzw. internationalen Arrangements möglich sind. Gleichzeitig erweitern diese jedoch die staatlichen Regulationsmöglichkeiten, weil sie die territoriale Begrenztheit staatlichen Handelns partiell aufheben.

Damit agiert der „Neue Konstitutionalismus" als wichtiges „Vermittlungsscharnier in der derzeitigen Internationalisierung des Staates", bzw. als eine spezifische „Form hegemonialer Verstaatlichung" (Bieling 2007: 151f). Denn die Internationalisierung des Staates äußert sich nicht nur in einer räumlich-sozialen Diversifizierung staatlicher Ebenen und Formen, sondern ebenfalls in einer Neukonfiguration des Verhältnisses der Staatsapparate und ihrer Funktionsbestimmung. Durch die Veränderung der Kräfteverhältnisse in den nationalen Machtblöcken sowie durch die verstärkte Abhängigkeit der einzelnen Staatsapparate von den internationalen Kapital- und Finanzmärkten kommt es ebenfalls zu einer Rekonfiguration des Verhältnisses der Staatsapparate untereinander. Während die Staatsapparate der alten fordistischen Regulationsweise stark an Gewicht und Einfluss sowie ihre eigenständige Problemdefinition- und Gestaltungsmacht verlieren, gewinnen vor allem jene Staatsapparate, welche durch ihre Arbeitsweise eng an die transnationalen Wirtschafts- und Finanzkreisläufen gebunden sind (ebd.). Diese Verschiebungen im staatsapparatlichen Gefüge korrespondiert ebenfalls mit einer Neudefinition der internen Funktionsweisen der Apparate. Durch die verstärkte grenzüberschreitende Flexibilität des transnationalen Kapitals wird der Spielraum sozialstaatlicher Politik weiter verengt. Sozialstaatliche (De-)Regulationen werden nicht mehr zur Stärkung der sozialer Kohäsion vorgenommen, sondern vielmehr zielt staatliche Politik heute auf die Herstellung „flexibler, marktnaher und wirtschaftsfreundlicher Regulationsformen zur Schaffung günstiger Investitionsbedingungen für das anlagesuchende Kapital" (Bieling

2007: 152; Hirsch 2005a: 145). Der fordistisch-keynsianistische Wohlfahrtsstaat wird mithilfe des Neuen Konstitutionalismus als neue Form hegemonialer Verstaatlichung durch den postfordistischen nationalen Wettbewerbsstaat abgelöst (Hirsch 2005a: 145).

2.2.4 Die Europäische Union als Verdichtung 2. Ordnung

Eine staatstheoretische Erklärung der Europäischen Union steht vor dem Problem, dass der Integrationsprozess in den letzten Jahrzehnten, angefangen bei der Einheitlichen Europäischen Akte bis zum Lissabon Vertrag, viele Politikbereiche partiell oder vollständig vergemeinschaftet und politische Kompetenzen auf die transnationale Ebene der EU verlagert hat, bisher jedoch kein europäischer Staat mitsamt einem eigenen Gewaltmonopol entstanden ist (Bieling 2010a: 45).

Dennoch macht es Sinn, die theoretischen Überlegungen zur Internationalisierung des Staates auf den spezifischen Fall der Europäischen Union anzuwenden und die EU, im Anschluss an Brand et al. (2007: 226f), theoretisch als eine materielle Verdichtung gesellschaftlicher Kräfteverhältnisse zweiter Ordnung zu begreifen. Damit wird zum einen auf die immer noch bestehende Zentralität der Nationalstaaten in der Politikformulierung verwiesen, gleichzeitig jedoch den europäischen Apparaturen eine eigene Dichte und Widerstandskraft sowie eine relative Eigenständigkeit zugestanden (Brand 2014: 309). Hervorzuheben ist hier die Tatsache, dass die europäischen Institutionen und Apparate wie auch die auf der europäischen Ebene ausgehandelten Kompromisse selbst wiederum auf die nationalen Kräfteverhältnisse zurückwirken (Brand et al. 2007: 226). Zudem impliziert das Verständnis der EU, als eine Verdichtung zweiter Ordnung, „nicht den Begriff des Staates, sondern der Staatlichkeit zu verwenden" (Bieling 2010a: 46).

Dies ist auch insofern sinnvoll, da es sich bei der EU nicht um einen voll ausgebildeten Staatskomplex, wie beim Nationalstaat, handelt, sondern „nur um die Form einer fragmentierten supranationalen Rechtsstaatlichkeit, die sich primär auf die Gewährung bürgerlicher Freiheitsrechte konzentriert" (ebd.). Mit Jens Wissel (2010) lässt sich das System der europäischen Staatlichkeit als ein Ensemble aus nationalen Staatsapparaten, europäischen Institutionen und Organisationen fassen, welches auf der Grundlage einer europäisierten rechtlichen Struktur agiert (Wissel 2010: 88f).

Die Europäische Integration kann demnach auch als ein Prozess der Rekonfiguration nationaler Staatsapparate und europäischer Organisationen und Institutionen gefasst werden, in dem neue europäisierte Staatsapparate bzw. Quasistaatsapparate entstehen und sich nationale Staatsapparate innerlich europäisieren (ebd.). Das europäische Staatsapparatenensemble hat jedoch noch keine gefestigte Struktur und eine Einheit und Kohärenz der einzelnen Apparate ist aufgrund des fehlenden europäischen Staatsprojektes noch nicht gegeben, sondern vielmehr umkämpft und kontingent (Buckel et al. 2013: 37f; Wissel 2010: 88). Diese Inkohärenz und die bisher nur prekäre Trennung zwischen Politik und Ökonomie führen oftmals zu starken Verflechtungen von partikularen ökonomischen Interessen und staatlichen Politiken (Felder 2001: 137). Stark geprägt ist das System europäischer Staatlichkeit durch den „Neuen Konstitutionalismus", d.h. die institutionelle Struktur wie auch der Charakter des Integrationsprozesses sind maßgeblich durch das Ziel einer europäischen Markt- und Währungsintegration bestimmt (Bieling 2010a: 46). Ebenfalls stützt sich die Europäische Union auf einen technokratischen und entpolitisierten „Modus der Kommunikation und Entscheidungsfindung" (ebd.), oder anders ausgedrückt, auf eine autonomisierte, exekutivlastige und technokratisch begründete Entscheidungsfindungs- und Regierungstätigkeit. Die Durchsetzung, Absicherung und Förderung der europäischen Markt- und Währungsintegration stützte sich dabei auf eine Vielzahl von Integrationsprojekten, wie bspw. dem EG-Binnenmarkt, die WWU, die Finanzmarktintegration oder die Osterweiterung (Bieling 2013b: 38). Diese Integrationsprojekte verfestigten die asymmetrischen ökonomischen Verflechtungsmuster und schrieben die ungleiche Entwicklung innerhalb des Euroraums strukturell fest (ebd.: 40).

Im Zuge der Krisenprozesse ab 2007ff knüpften auch die europäischen Krisenbearbeitungspolitiken, mit der Stärkung der disziplinierenden Elemente in der europäischen Rechts- und Institutionenordnung, an den „Neuen Konstitutionalismus" der Vorkrisenjahre an, setzten zugleich aber eigene Akzente (Bieling 2013a: 97). So ist der europäische Krisenkonstitutionalismus viel stärker politisiert und beschränkt sich nicht nur darauf, „systemische Vorgaben der (Finanzmarkt-) Globalisierung technokratisch zu flankieren" (ebd.: 98), sondern vielmehr implementiert er eigene Interventions- und Stabilisierungsinstrumente, um der Instabilität des europäischen Kapitalismus entgegenzuwirken.

2.3 Zwischenfazit

Mit Blick auf die oben formulierte Forschungsfrage lässt sich feststellen, dass mithilfe der materialistischen Staatstheorie die französische Reformpolitik nicht einfach als Ausdruck der Leitlinienkompetenz des französischen Präsidenten verstanden werden kann, sondern vielmehr analytisch als Ergebnis eines instabilen Kompromissgleichgewichtes zwischen gesellschaftlichen Kräften zu fassen ist. Ein Wandel in der staatlichen Politik, in diesem Fall der französischen Reformpolitik, ist damit auf Veränderungen im Block an der Macht, als Ergebnis inner(integral)staatlicher Auseinandersetzungen, zurückzuführen. Auch wurde deutlich, dass eine umfassende Analyse der französischen Reformpolitik ihren Fokus nicht nur auf staatliche Akteure im engeren Sinne legen sollte, sondern

vielmehr auch zivilgesellschaftliche Akteure in ihre Überlegungen mit einbezie-
hen muss. Gleichzeitig machten die Überlegungen zur Internationalisierung des
Staates deutlich, dass eine Untersuchung der französischen Reformpolitik nicht
nur auf den französischen Nationalstaat und seinen nationalen Block an der Macht
beschränkt bleiben darf. Vielmehr sind die französischen Staatsapparate, durch
die zentrale Stellung innerhalb der imperialistischen Kette, nicht nur vielfach mit
anderen Staatsapparaten anderer europäischer Mitgliedsstaaten vernetzt, sondern
haben sich oftmals auch selbst europäisiert. Durch die EU, verstanden als materielle Verdichtung zweiten Grades, ist eine Struktur oberhalb des französischen
Nationalstaates entstanden, welche diesen in seiner Politikformulierung, v.a. in
der Wirtschafts- und Fiskalpolitik, erheblich einschränkt und in Folge der Krisenpolitik zahlreiche Interventionsinstrumente dazugewonnen hat (ebd.).

Gleichzeitig ist die EU jedoch auch grundlegend abhängig von den dominanten europäischen Mitgliedsstaaten, zu denen Frankreich, neben der Bundesrepublik Deutschland, zu zählen ist. Die beiden Sachverhalte weisen darauf hin,
dass die EU nicht einfach als Summe nationaler Interessen verstanden werden
kann, sondern das nationale Interesse der dominanten Mitgliedsstaaten in der europäischen Politikformulierung eine zentrale Rolle spielt. Das Verhältnis zwischen der Europäischen Union und dem Nationalstaat muss somit als ein komplexes Wechselspiel verstanden werden, in dem auch transnationale Netzwerke und
zivilgesellschaftliche Akteursgruppen mitwirken. Es wird in dieser Arbeit zu klä-
ren sein, inwiefern dieses komplexe Wechselverhältnis Einfluss auf die sich ver-
dichtenden Kräfteverhältnisse in Bezug auf die französische Reformpolitik hatten.

Zugleich hat die materialistische Staatstheorie offengelegt, dass die Interessen des transnationalen Kapitals nicht von außen auf die Nationalstaaten herein-
brechen, sondern das diese selbst Teil des nationalen Machtblocks sind und sich
mit ihren Interessen in das nationalstaatliche Kräfteverhältnis einschreiben und
verdichten. Damit sind die Interessen der transnationalen Kapitalfraktionen auf
der europäischen Ebene mehrfach im Verdichtungsprozess vertreten, da sie sich
zum einen in die nationalen Interessen der europäischen Mitgliedsstaaten einschreiben und zum anderen durch ihre transnationalen politischen Interessenorganisationen an den Verdichtungsprozessen auf der europäischen Scale mitwirken. Dies ist dahingehend für die Forschungsthese von Relevanz, als das die transnationalen Kapitalfraktionen einerseits ihre Interessen, in Bezug auf die französische Reformpolitik, innerhalb des französischen Blocks an der Macht verdichten
und diese gleichzeitig auch auf der europäischen Ebene präsent sind, d.h. dass
sich diese über die transnationalen Interessenorganisationen in den Politikbil-
dungsprozess der europäischen Staatsapparate wie bspw. der Europäischen Kommission bzw. der Generaldirektion für Wirtschaft und Finanzen (GD ECFIN) mit
ihren spezifischen Selektivitätsmustern einschreiben können (Wissel 2010: 92f).

Im Folgenden soll daher mithilfe der begrifflichen „Produktionsmittel" (Althusser 2011: 215) der materialistischen Staatstheorie herausgearbeitet werden, welche konkreten gesellschaftlichen Auseinandersetzungen mit der französische Reformpolitik im Bereich der Arbeitsmarkt- und Sozialpolitik vor dem Hintergrund der europäischen Krisenpolitik verbunden waren und welchen Einfluss die europäischen Staatsapparate auf Formulierung und Herausbildung der Reformpolitik hatten.

3. Historisch - Materialistische Politikanalyse

Die VertreterInnen der historisch-materialistischen Forschung haben sich in den letzten Jahrzehnten schwer damit getan, die Erkenntnisse der materialistischen Staatstheorie zu operationalisieren und in empirische Begriffe zu übersetzen. So stellte sich oftmals die Frage, wie sich die gesellschaftlichen Kräfteverhältnisse, die tendenziell unendlichen Kräfte- und Akteurskonstellationen sowie die Wechselwirkung zwischen Struktur und Handlung, also die Entstehung und Reproduktion konkreter Politiken empirisch gefasst werden können. Zur Beantwortung dieser Frage schlagen Brand (2013) sowie Buckel et al (2013: 43ff) vor, die staats- und hegemonietheoretischen Ansätze mithilfe einer „Historisch-Materialistischen Politikanalyse" (HMPA) sowie mit Bezugnahme auf die Konzepte der hegemonialen Projekte als soziale Handlungsdimension von Politik zu operationalisieren. Dieser vorgeschlagene methodische Ansatz ist auch für den hier gewählten Untersuchungsgegenstand dahingehend sinnvoll, leistet er zum einen Impulse für eine historische Einbettung und Konkretisierung des Konfliktfeldes und schafft zum anderen ein schematisches Analyseraster zur Untersuchung der konkreten Konflikte, in Bezug auf die Reformpolitik Frankreichs, vor dem Hintergrund der europäischen Krisenprozesse. Jedoch scheint die methodische Typologisierung von Strategien in sogenannten „Hegemonieprojekten"[18] (Buckel et al. 2013: 44f; Kannankulam/Georgi 2014: 63ff), in Bezug auf den hier gewählten Untersuchungsgegenstand, nur bedingt geeignet. Zum einen neigt der Hegemonieprojekteansatz zum clustern großflächiger Akteurskonstellationen und übersieht damit oftmals die spezifischen Unterschiede und Konflikte innerhalb der ausgewählten Hegemonieprojekte. Zwar entgegnet Kannankulam/Georgi (2012: 38) diesem Kritikpunkt damit, dass die Bündelung von Strategien der Reduktion von Komplexität dient, jedoch erscheint dieses Argument hauptsächlich nur gegenüber komplexeren Forschungsprojekten mit einem größeren Forschungszeitraum sinnvoll. Zum anderen erweist sich das Konzept der Hegemonieprojekte dahingehend als zu statisch, als dass die konkreten Politiken und Strategien der jeweiligen Akteure unabhängig ihrer jeweiligen Handlungsmacht zusammengefasst werden und gleichzeitig spezifische Strategien einzelner Akteure, in Bezug auf unterschiedliche Auseinandersetzungen, keine Beachtung finden.

Für eine Analyse der gesellschaftlichen Auseinandersetzungen, bezüglich der französische Reformpolitik, scheint es daher sinnvoll, die jeweiligen sozialen Kräfte und ihre Strategien in Bezug auf konkrete politische Projekte, welche den hier gewählten Forschungsgegenstand betreffen, herauszuarbeiten. Dabei wird sich auf die oben ausgeführten theoretischen Überlegungen von Jessop (1990:

---

[18] Buckel et al. (2013: 46) verstehen Hegemonieprojekte als „Bündel von Strategien, die ähnliche Ziele verfolgen".

208f) und Bieling/Steinhilber (2000: 106f) bezogen. Diese fassen unter dem Begriff der politischen Projekte konkrete politisch-strategische Vorhaben und Initiativen, welche sich selbst als Lösung von drängenden politischen, ökonomischen
und sozialen Problemen darstellen und versuchen, die partikularen Interessen sozialer Kräfte zu universalisieren, also hegemonial innerhalb des französischen
Staates zu verankern (siehe auch Abschnitt 2.2.2).

    Da die jeweiligen Akteure jedoch in den politischen Auseinandersetzungen
nicht allein stehen und sich oftmals spezifische Akteurskonstellationen, bezogen
auf den Untersuchungsgegenstand, herausbilden, sollen die untersuchten Akteure, in Anlehnung an den Hegemonieprojektansatz typologisiert werden. Um
eine globale Analyse der unterschiedlichen gesellschaftlichen Akteure, in Bezug
auf den Untersuchungsgegenstand, gewährleisten zu können, müssen die jeweiligen Akteure, auf der Grundlage ihrer strategischen aber auch inhaltlich-ideologischen und strukturellen Gemeinsamkeiten, in spezielle Akteursgruppen zusammengefasst werden. Diese Typologisierung dient zum einen einer Strukturierung
der Auseinandersetzungen in der französischen Arbeitsmarkt- und Sozialpolitik
und zum anderen der Abbildung realer Akteurskonstellationen. Gleichzeitig wird
mit dieser analytischen Vorgehensweise die starke Fokussierung auf die Global-
strategien sowie die Komplexität des Hegemonieprojektansatzes vermieden. Zudem wird mit dem Blick auf die konkreten Akteure und realen sozialen Kräfte
einer zu starken Verallgemeinerung entgegengewirkt.

    Die Identifizierung der konkreten politischen Projekte und der sich darauf
beziehenden sozialen Kräfte soll analog zum vorgeschlagenen schematischen
Analyseraster innerhalb der Kontextanalyse passieren. Als Akteure werden dabei
nicht nur staatliche Akteure im engeren Sinne, wie bspw. Parteien, PolitikerInnen
oder Staatsapparate gefasst, sondern ebenfalls französische wie europäische zivilgesellschaftliche Akteure, wie bspw. Unternehmensverbände, Gewerkschaften, politische Stiftungen etc. Die Kontextanalyse als *erster Schritt* der HMPA
soll die geschichtlichen und materiellen Bedingungen für die zu untersuchenden
Konflikte erfassen sowie ihren historischen Gehalt herausarbeiten. Ziel der Kontextanalyse ist es, die Elemente einer konkreten historischen Situation zu identi-
fizieren, auf die die verschiedenen sozialen Kräfte unterschiedlich und teils ge-
gensätzlich reagierten (Buckel et al. 2013: 54). Ebenfalls soll mit der Kontextanalyse ein Einblick in die Funktionsweise und die historischen Wandlungsprozesse
der französischen Arbeitsmarkt- und Sozialpolitik gegeben werden, in welcher
sich die spezifischen Akteure bewegen. Im *zweiten Schritt* der HMPA wird in
einer Prozessanalyse die französische Reformpolitik zwischen 2007 und 2015
analysiert und die spezifischen Konflikte, welche mit dieser verbunden waren,
systematisch untersucht und zerlegt. Die Prozessanalyse stellt eine Rekonstruk-
tion des untersuchten Konfliktfeldes dar. Sie soll die Erkenntnisse für die Akteursanalyse sowie die relative Position der am Konflikt beteiligten Akteure im
gesellschaftlichen Kräfteverhältnis herausarbeiten. In diesem zweiten Schritt

werden die konkreten Auseinandersetzungen um die Arbeitsmarkt- und Sozialpolitik nachgezeichnet und die spezifischen Strategien der jeweiligen daran beteiligten Akteure aufgezeigt. Im *letzten Schritt* werden in einer Akteursanalyse
die jeweiligen Akteure und sozialen Kräfte, welche sich auf die entsprechenden
konkreten politischen Projekte innerhalb des Konfliktfeldes beziehen analysiert
und ihre jeweiligen globalen Strategien in Bezug auf den Untersuchungsgegenstand im Zeitraum zwischen 2007 bis 2015 herausgearbeitet. Dabei sollen die jeweiligen Akteure auf der Grundlage ihrer politischen Strategien als auch ihrer
inhaltlich-ideologischen wie strukturellen Gemeinsamkeiten in analytisch weniger komplexe Einheiten zusammengefasst und geclustert werden. Zudem werden
in der Akteursanalyse nicht nur die jeweiligen Strategien und Praktiken herausgearbeitet, sondern gleichzeitig auch die jeweiligen Machtressourcen und Hand-
lungskapazitäten, welche für eine weitere Analyse des mit der spezifischen Reformpolitik verbundenen Kräfteverhältnisses notwendig sind (Arbeitskreis Strategic Unionism 2013; Buckel et al. 2013: 50; Offe 2006: 34ff).

Die hier vorgenommene Historisch-Materialistische Politikanalyse basiert
dabei auf den Daten, welche mithilfe von qualitativen leitfaden-geführten Experteninterviews und durch eine qualitative Dokumentenanalyse, d.h. einer systematischen Sichtung, Klassifizierung und Analyse verschiedenster Dokumente wie
Policy Paper oder Protokolle gewonnen wurden (Kaiser 2014; Mayring 2015;
Rössler 2005). Dabei wurden die Ergebnissen der leitfaden-geführten Experteninterviews im Sinne eines Methodenpluralismus, d.h. „der Nutzung verschiedener
Zugänge zu Quellen, welche für eine qualitative Politikanalyse relevant sind"
(Kaiser 2014: 31), als Ergänzung und inhaltliche Stütze zur qualitativen Doku-
mentenanalyse verwendet. Gleichzeitig können, mit Blick auf die Defizite der
qualitativen Datenerhebung durch einen methodenpluralistischen Zugang zum
Untersuchungsgegenstand, mögliche Fehlerquellen und methodeninhärente Män-
gel neutralisiert werden (ebd.: 32). So wurden in der qualitativen Dokumentenanalyse die öffentlich zugänglichen Sitzungsdokumente, Verordnungen,
Richtlinien, Vertragsdokumente, Gesetze, Positions- und Arbeitspapiere, Flyer,
Broschüren und Pressemitteilungen systematisch untersucht und zusammen mit
den Ergebnissen einer umfassenden Literatur- und Zeitungsrecherche als Grundlage für die qualitativen leitfaden-geführten Interviews genutzt. Diese wurden mit
VertreterInnen der Gewerkschaft CGT, den Unternehmensverbänden MEDEF
und afep, den Pariser Vertretungen der deutschen Stiftungen Friedrich-Ebert-Stiftung und Konrad-Adenauer-Stiftung sowie der Partei PCF durchgeführt. Alle Interviews wurden zur Wahrung der Persönlichkeitsrechte der jeweiligen InterviewpartnerInnen anonymisiert. Die Interviews mit der Friedrich-Ebert-Stiftung
sowie mit der Konrad-Adenauer-Stiftung durften aufgrund der Nichtautorisierung
von Seiten der beiden Stiftungen nicht direkt in der vorliegenden Arbeit verwendet werden, dienten dem Autor jedoch als Hintergrundinformationen über die Par-

teien PS und UMP. Interviews mit weiteren Akteuren waren aufgrund der geringen Antwortquote der angefragten InterviewpartnerInnen nicht möglich, wobei es für die Untersuchung von Vorteil gewesen wäre, wenn ExpertInneninterviews mit der Gewerkschaft CFDT und den Staatsparteien PS und UMP hätten durchgeführt werden können. Das Fehlen dieser InterviewpartnerInnen konnte jedoch durch die Ergebnisse der qualitativen Dokumentenanalyse und den Erkenntnissen aus den Interviews mit den deutschen Parteistiftungen ausgeglichen werden. Die Interviews wurden transkribiert und nach dem Auswertungsschema der rekonstruktiven Sozialforschung, d.h. nach einem festgelegten Kodierschema ausgewertet.

Die Experten-Befragungen wurden im Mai 2015 in Paris durchgeführt und umfassten mehrere Themenblöcke zur Krisenanalyse, zur Struktur, Organisation und Bündnispolitik der eigenen Organisation, zur globalen und spezifischen Strategie sowie zur Einschätzung der Regierungs- und Reformpolitik. Dabei handelte es sich sowohl um offene als auch geschlossene Fragen, welche in einem gemeinsamen Fragebogen enthalten waren.

4. Frankreich in der Krise – Reformen und Reformstau

Die Reformpolitik Frankreichs vor dem Hintergrund der europäischen Krisenprozesse und die daran anknüpfenden gesellschaftlichen Auseinandersetzungen werden erst verständlich, wenn sie innerhalb ihres historischen Kontextes verortet werden. Das französische Modell in seiner heutigen Gestalt muss dabei als historisches Ergebnis von vielfältigen Kämpfen und Auseinandersetzungen verschiedener sozialer Kräfte gefasst werden. Daher wird im folgenden Kapitel im ersten Schritt knapp die historische Entwicklung des französischen Kapitalismusmodells dargestellt. Dies ist notwendig, um einen Einblick in die Entwicklungsgeschichte und die Besonderheiten des französischen Kapitalismusmodells zu bekommen. Daran anknüpfend wird der Aufbau und die Funktionsweise der französischen Sozialversicherungen beschrieben sowie die reforminduzierten Veränderungen seit den 1990er Jahren im Bereich der Arbeitsmarkt- und Sozialpolitik bis zum Ausbruch der weltweiten Wirtschafts- und Finanzkrise 2007 nachgezeichnet. Darauffolgend werden die krisenkonstitutionalistischen Prozesse auf der Ebene der Europäischen Union dargestellt und die Auswirkungen der weltweiten Finanz- und Wirtschaftskrise in Frankreich erläutert, um die nachfolgende Analyse der Reformpolitik, vor dem Hintergrund jener kontextuellen Prozesse, verstehen zu können.

4.1 Die Transformationen der französischen Ausprägung des Kapitalismus

In der wissenschaftlichen Diskussion wird das französische Kapitalismusmodell oft als idealtypische Ausprägung eines „State capitalism", also eines staatlich dirigierten Kapitalismus charakterisiert (Schmidt 2002: 137). Diese Charakterisierung trifft heute jedoch nur noch begrenzt zu, unterliegt der französische Kapitalismus seit Mitte der 1980er Jahre erheblichen Transformationen (Guillaud/Palombarini 2011). Vielmehr kann die historische Entwicklung des französischen Modells in der Nachkriegszeit in drei Phasen unterschieden werden: 1.) Fordismus/Trende Glorieuse, 2.) Übergangsphase/Krise des Fordismus und 3.) Postfordismus / staatlich geförderter Kapitalismus (Lux 2015b: 60).

Das fordistische Akkumulationsregime entwickelte sich in Frankreich nach dem Zweiten Weltkrieg auf der Grundlage eines umfassenden Klassenkompromisses und führte zu einer rund dreißig Jahre andauernden Phase wirtschaftlicher Prosperität, Vollbeschäftigung und gesellschaftlichem Wohlstands. Die Grundlage dafür lag zum einen in der starken Stellung der Arbeiterklasse, welche sich aus ihrer wichtigen Rolle in der Resistance ableitete und sich in einer antikapitalistischen gesellschaftlichen Grundstimmung sowie in starken (kommunistischen) Gewerkschaften und einer gut organisierten und verankerten Kommunistischen Partei ausdrückten (Beckmann 2008: 127; Palier 2006: 108). Zum anderen entwickelte sich innerhalb der französischen Bürokratie eine „Elite des Sachverstandes" (Rosanvallon 2000: 179), welche ein grundlegendes Misstrauen gegenüber der französischen Wirtschaft verinnerlichte und für eine starke staatliche Steuerung der Wirtschaft eintrat (Rehfeld 1989: 74f). Diese sogenannten Modernisten, eine Gruppe um Jean Monnet, sahen im Staat den zentralen Akteur für den Wiederaufbau Frankreichs und die Modernisierung der französischen Industrie. Denn Frankreich stand nach dem Krieg, anders als etwa Westdeutschland[19], nicht nur vor der Herausforderung eines Wiederaufbaus des Landes, sondern gleichzeitig vor dem Problem eines erheblichen industriellen Entwicklungsrückstandes. Frankreich war Ende des zweiten Weltkrieges quasi noch ein Agrarland und die industrielle Produktion im Vergleich zu den westeuropäischen Nachbarn stark unterentwickelt (Uterwedde 2012a: 174). Die Notwendigkeit einer Modernisierung als Grundlage für die zukünftige Entwicklung des Landes wurde zum Grundkonsens der fordistischen Periode und legitimierte bis in die 1970er Jahre hinein die zentrale Stellung des Staates als Akteurs der gesellschaftlichen und wirtschaftlichen Steuerung. Diese etatistisch geprägte Modernisierungsstrategie implizierte eine Politik der langfristigen Planung und Strukturreformen, welche sich in der großen Nationalisierungswelle nach dem zweiten Weltkrieg sowie in der Politik der systematischen Planung, der sogenannten *Planfication* ausdrückte (Rosanvallon 2000: 170).

Von 1944 bis 1946 wurden große Teile des Banken- und Versicherungssektors, des Transportwesens und des Energiesektors verstaatlicht oder neue staatliche Unternehmen, wie etwa AirFrance, gegründet. Das Ensemble staatlicher Unternehmen beschäftigte 1946 1,2 Millionen Menschen und mehr als ein Viertel der industriellen Investitionen wurde in diesen Unternehmen getätigt (ebd.: 171). Der Staat wuchs bis in die 1980er Jahre zum größten Arbeitgeber des Landes heran, welcher zusammen mit dem öffentlichen Dienst knapp fünf Millionen Menschen beschäftigte (Cour de Compte 2009: 10f). Gleichzeitig wurde unter der Leitung von Jean Monnet ein System der staatlichen Planung entwickelt, welches kurzfristig durch interventionistische Maßnahmen den Wiederaufbau des Landes organisierte und mittel- und langfristig als Basis für die Modernisierung der Wirtschaft durch eine staatliche Investitionsplanung diente (Uterwedde 2012a: 176). Die *Planfication* beruhte auf einem System der indikativen und branchenzentrierten Planung, welches Vorschläge für die wirtschaftliche und produktive Entwicklung artikulierte und keine konkreten Pläne administrativ von oben in den Departements durchsetzte (Vail 2010: 37). Während der erste Plan noch auf die

---

[19] Anders als Westdeutschland, welches durch den Faschismus und die Kriegsindustrie nach dem Krieg auf eine hochentwickelte und wettbewerbsfähige Industrie zurückgreifen konnte, war vor allem der industrielle Norden Frankreichs nach dem Krieg nicht nur stark zerstört, sondern auch stark unterentwickelt (Altvater/Hübner 1988). Der durch den Krieg entstandene Rückstand in der Industrie gegenüber Westdeutschland war nach 1945 teils erheblich.

Beseitigung der Kriegsschäden und den Wiederaufbau des Landes zielte, formulierte der zweite Plan als Ziel schon die Erhöhung der industriellen und agrarischen Produktivität durch eine umfassende Transformation und Modernisierung dieser Sektoren sowie stärkere Investitionen in den staatlichen Wohnungsbau (Massé 1964: 114). Zentrale Institution der *Planification* war das *Commisssariats général au Plan* (CGP), welches 24 anderen Commissionen übergeordnet war und die Pläne für die wirtschaftliche und technologische Entwicklung des Landes ausarbeitete (ebd.: 120).

Die CGP selbst wiederum war dem Wirtschafts- und Finanzministerium untergeordnet, welchem die Entscheidungskompetenz über die staatlichen Investitionen zukam und welches sich durch die zentrale Stellung innerhalb des Systems der staatlichen Planung zu einer Art „Superministerium" mit einem kohärenten und machtvollen Ensemble an Interventionsinstrumenten entwickelte (Vail 2010: 38). Es konnte autonom Kapitalströme limitieren und ausweiten und hatte ebenfalls die Entscheidungskompetenz über die direkte Vergabe von Krediten an die Industrie inne (Steinhilber 2000: 36). Ergänzt wurde die staatliche Wirtschaftsplanung durch einen *Dirigismus*, welcher sich in Form eines starken wirtschaftlichen Protektionismus und einer ausgeprägten Regulation der Güter- und Finanzmärkte äußerte. Die Preise wurden ebenso durch staatliche Behörden kontrolliert, wie die Wechselkurse, die Kreditvergabe, die Regulierungsbehörden und auch die französische Zentralbank (Cohen 2004). Der Staat legte die Zinsrate fest, bestimmte administrativ den Kreditrahmen, reglementierte private Schuldverschreibungen und verbot ausländische Kapitalbeteiligungen (Steinhilber 2000: 36). Einzig die französischen Banken boten die Möglichkeit für französische Unternehmen, sich zu refinanzieren und Kredite für Investitionen zu erhalten. Dieser weitgehend verstaatlichte Banken- und Finanzsektor unterlag jedoch ebenfalls starken staatlichen Regulierungen und war mit der Trennung von Kredit- und Investitionsbanken sowie speziellen Zinssubventionen hauptsächlich auf die Finanzierung von Modernisierungsprojekten und der industriellen Expansion ausgerichtet (Coudrec 2010: 74; Uterwedde 2012a: 174). Die Zentralbank spielte innerhalb des französischen Modells eine untergeordnete Rolle und war vielmehr abhängig von der Politik des Finanzministeriums. Die durch die relativ hohe Inflation entstandenen internationalen preislichen Wettbewerbsnachteile für französische Produkte wurden durch eine Abwertungsstrategie ausgeglichen und abgefedert (Vail 2010: 37).

Der auf die Finanzierung staatlicher Modernisierungsprojekte ausgerichtete Finanzsektor sowie die staatliche sektorale Planungspolitik waren die Bedingung für ein weiteres zentrales Element der staatlichen Investitionspolitik, den sogenannten *Colbertismus*. Mit der Unterzeichnung der Römischen Verträge 1957 und der damit einhergehenden partiellen Öffnung der französischen Wirtschaft gerieten die französischen Unternehmen unter den Druck ausländischer Konkurrenz. Als Reaktion auf diese Öffnung sowie auf den Verlust des Kolonialreiches, welches bis dahin einer der wichtigsten Absatzmärkte der französischen Wirtschaft darstellte, förderte der französische Staat den Konzentrations- und Neustrukturierungsprozess im Industriesektor zur Schaffung konkurrenzfähiger Einheiten (Rosanvallon 2000: 184). Parallel dazu begann Ende der 1950er Jahre die Förderung sogenannter *grand projets*, d.h. Leuchtturmprojekten in ausgewählten und als strategisch sinnvoll erachteten Sektoren. So erlebte die französische Industriepolitik in den 1960er und 1970er Jahren eine ganze Reihe von technisch-industriellen Großprojekten, welche sich über die Bereiche der Luft- und Raumfahrtindustrie, der Kybernetik, Telekommunikations- und Informationstechnik, des Fernverkehr oder der Rüstungs- und Militärindustrie erstreckten. Mithilfe von Subventionen, Technologietransfer aus öffentlichen Forschungseinrichtungen und monopolistischen Märkten gelangte die französische Industrie „to positions of global leadership in such sectors switches" (Levy 2008: 419).

Die Politik des Colbertismus, d.h. die staatliche Förderung von Fusionen und Übernahmen sowie der *grand projects*, kreierte eine Vielzahl an internationalen und nationalen Champions, welche auf den Weltmärkten ökonomisch und technologisch führend wurden. Vor allem die in der Nationalisierungswelle zwischen 1944 – 1946 verstaatlichten Unternehmen, wie France Télecom, Gaz de France oder Electricité de France, wurden zu Musterbeispielen der technischen Modernisierung (Uterwedde 2012a: 174). Gleichzeitig wurde mit der Politik des Colbertismus eine bis heute existierende fragmentierte und asymmetrische Unternehmenslandschaft geschaffen, welche kaum mittelständische Betriebe kennt, sondern hauptsächlich Groß- und Kleinstunternehmen (Lux 2015b: 58). Dennoch war die zentrale Stellung des Staates in der fordistischen Periode des französischen Kapitalismusmodells grundlegend, ermöglichte dies doch die Herstellung einer „modern capitalist economy in the absence of a modern capitalist class" (Levy 2008: 419). Der Staatskapitalismus war keinesfalls realsozialistischer Natur, sondern vielmehr dahingehend von einem liberalen Geist geprägt, dass er die Schaffung und Wiederherstellung eines privaten Unternehmertums und einer modernen Marktwirtschaft sowie die Wiedereingliederung der französischen Wirtschaft in den Welthandel fokussierte und vorbereitete (Kuisel 1990: 118).

Flankiert wurde dieses Modell durch eine umfassende keynesianische, antizyklische und binnenmarktkonzentrierte Konjunkturpolitik und einem Wohlfahrtsstaat, welcher bis in die 1990er Jahre immer mehr soziale Risiken abdeckte. Der Ausbau der Sozialsysteme spielte in der fordistischen Periode des französischen Models eine zentrale Rolle, wurde der Wohlfahrtsstaat doch als eine der wichtigsten gesellschaftlichen Errungenschaften der Nachkriegszeit angesehen, dessen Ausgaben nicht hinderlich, sondern vielmehr förderlich für das nationale Wirtschaftswachstum waren (Hassenteufel 2008: 228; Palier 2006: 111). Zwischen 1950 und 1985 stiegen die Sozialausgaben von 19,3 % auf 36,9 % des französischen Haushaltes, ebenso wurde eine Vielzahl an Arbeitsplätzen im Sozialsektor geschaffen. Allein in den staatlichen Krankenhäusern waren 1980 17,8 %

aller Angestellten des öffentlichen Dienstes beschäftigt (Cour de Compte 2009: 9). Zudem wurden die Löhne und Gehälter bis Anfang der 1980er Jahre an den Anstieg der Lebenshaltungskosten automatisch angepasst und die ArbeitnehmerInnen im Rahmen des Programms der *„Participation"* an den Gewinnen der Unternehmen beteiligt. Dadurch, dass das französische Sozialsystem durch ein bismarcksches Umlageverfahren finanziert wurde und bis 1970 quasi Vollbeschäftigung in Frankreich herrschte, hatten die Sozialsysteme einen relativ großen Spielraum zur Finanzierung von unterschiedlichen Sozialleistungen (Estèbe 2012: 209f). So umfasste die französische *Securité social* eine umfassende gesetzliche Alterssicherung und Krankenversicherung. Dazu kamen 1946 eine Familienkasse und eine Unfallversicherung. Seit 1958 besteht eine Arbeitslosenversicherung, welche zwar formal nicht zur *Securité social* dazugezählt wird, jedoch faktisch ebenfalls eine wichtige Säule im sozialen Schutz Frankreichs darstellt.

Mitte der 1970er Jahre geriet das fordistische System auch in Frankreich in die Krise. Das tayloristischen System der Arbeitsteilung hatte seine Produktivitätsgrenze erreicht und ebenfalls bedingt durch internationale Umbrüche und Krisen (Ölkrise, Ende von Bretton Woods) kam es auch in Frankreich zum Ende einer dreißigjährigen Wachstumsperiode. In den großen Industrieunternehmen erodierte die Kapitalrentabilität bei gleichzeitigem Anstieg der Lohnquote (Boltanski/Chiapello 2006: 238). In der Folge sanken die Unternehmensgewinne, die Produktivitätsfortschritte wurden geringer bei gleichzeitig kontinuierlichem Anstieg der Staatsverschuldung. Zwischen 1974 und 1981 stieg die Arbeitslosigkeit sprunghaft von 2,4 % auf 7,4 % an, während im selben Zeitraum die durchschnittliche Inflation mit 11,4 % deutlich über der Durchschnittinflation der Jahre 1950 – 1970 (4,6 %) lag. Die Kritik an dem etatistische Wachstumsmodell wurde immer lauter und äußerte sich in zweierlei Hinsicht.

Zum einen wurden von Seiten der Arbeitgeber die hohen Arbeitskosten und die damit verbundenen geringen Gewinne kritisiert und eine grundlegende Reform des Systems der Sozialversicherungen sowie eine Liberalisierung und Deregulierung des Wirtschaftssystems gefordert (Uterwedde 1988: 115). Im Bündnis mit neoliberalen Ökonomen wurde vor allem von den großen Wachstumsindustrien eine weitgehende und freihändlerische Internationalisierung der französischen Wirtschaft und eine Anpassung des französischen Sozialsystems an die Anforderungen der internationalen Konkurrenz verlangt, was jedoch nicht nur bei den Gewerkschaften, sondern auch in Teilen der traditionellen kleinen Unternehmen auf Widerstand stieß (Heither 1991: 76). Gualmini/Schmidt (2013: 362) betonen, dass sich ab den 1970er Jahren in Frankreich neoliberale Akteure stärker organisierten, sich neoliberale Ideen im politischen Diskurs verfingen und sich auch in den Staatsapparaten institutionalisierten. So wurde in der zweiten Hälfte der 1970er Jahre eine ganze Generation an Wirtschaftsplanern durch eine Gruppe hochqualifizierter und international erfahrener Wirtschaftswissenschaftler abgelöst, welche eine Annäherung an ein angelsächsisches Modell propagierten

(Boltanski/Chiapello 2006: 253). Dennoch war bis Ende der 1970er Jahre noch keine politische und soziale Basis für einen neoliberalen Umbruch vorhanden, was sich auch im Scheitern der ersten „marktliberalen Regierung in Frankreich" (Steinhilber 2000: 12) unter Premierminister Raymond Barre zwischen 1976 – 81, niederschlug (Boyer 1984: 41f).

Zum anderen wurde der etatististische Fordismus französischer Prägung von Seiten einer aus der 1968er Bewegung hervorgegangenen, intellektuellen Kritik angegriffen, welche die Lage und die Arbeitsbedingungen des Fließbandarbeiters beanstandete und mehr Flexibilität, Hierarchieabbau in der Produktion sowie Autonomie und Verantwortung für die einzelnen ArbeitnehmerInnen forderte[20]. Diese Kritik an den Arbeitsbedingung wurde Ende der 1960er und Anfang der 1970er Jahre zusammen mit Forderungen nach einer Demokratisierung der Betriebe und Selbstverwaltungen artikuliert, welche jedoch in der zweiten Hälfte der 1970er Jahre immer mehr wegfielen (Boltanski/Chiapello 2006: 226). Vielmehr entwickelten sich Mitte der 1970er Jahre aus dem ultralinken v.a. maoistischen Spektrum die selbsternannten „Neuen Philosophen" um Bernard-Henri Lévy und André Glucksmann, welche eine radikale Frontstellung gegen die dirigistische Wirtschaftspolitik des französischen Staates bezogen und einen starken Einfluss auf den intellektuellen Diskurs in Frankreich ausübten (Deppe 2014: 116f).

Die „Neuen Philosophen", welche sich selbst als „anti-etatistisch" bezeichneten, sahen im französischen Interventions- und Planungsstaat eine starke Einschränkung für die Freiheit und Selbstverwirklichung des Individuums. Für sie stellte vielmehr der freie Markt und die liberale Wirtschaftsordnung die Grundbedingung für die Entfaltung der individuellen und politischen Freiheit dar (Deppe 2014: 117; Gualmini/Schmidt 2013: 362). Die „Neuen Philosophen" gewannen mit ihren Thesen im öffentlichen Diskurs an Einfluss und führten mit

---

[20] Boltanski/Chiapello (2006: 82ff; 226ff) zeigen sehr detailliert, wie sich diese „Künstlerkritik" in Abgrenzung zur „Sozialkritik" in den 1980er Jahren entwickeln und gesamtgesellschaftlich wirkungsmächtig werden konnte. So sind der Krise 1974/75, in der Frankreich erstmals seit dem zweiten Weltkrieg ein Minuswachstums verzeichnete, harte Arbeits- und Verteilungskämpfe vorrausgegangen. Die ersten Reaktionen des Kapitals in Form von Lohnerhöhungen sowie im Ausbau weiterer Leistungen, wie bspw. der Zustimmung zu arbeitspolitischen Maßnahmen, wie die Gewährung von vier bezahlten Urlaubswochen (1969), die Einführung eines Mindestlohns (1970) oder einer einjährigen und vollständigen Arbeitslosenentschädigung, konnten den Konflikt nicht befrieden, vielmehr nahmen die Auseinandersetzungen noch an Intensivität zu. Dieser Zustand führte bei Teilen des Kapitals zu einer Interpretationsveränderung der Auseinandersetzungen, als eine Revolte gegen die herrschenden Arbeitsbedingungen und vor allem gegen den Taylorismus (ebd.: 236). Zur gleichen Zeit verloren die wesentlichen Träger der Sozialkritik massiv an Einfluss (wie der CGT) oder befanden sich im Niedergang (wie die PCF). So konnte die „Künstlerkritik" am Kapitalismus die Deutungshoheit gewinnen, auf die sich heute, so die These, der „neue Geist des Kapitalismus auf Abstand zum Sozialkapitalismus" (ebd.: 257) stützen kann.

ihrem Engagement zu einer unwiderruflichen Trennung zwischen den akademischen Intellektuellen und der klassischen Linken, welche bis dahin der bedeutendste Träger des fordistischen Kompromisses war.

Der endgültige Bruch mit dem fordistischen Entwicklungsmodell wurde jedoch erst 1983 unter dem sozialistischen Präsidenten Francois Mitterand vollzogen. Entgegen des allgemeinen westeuropäischen Trends gewann 1981 ein Linksbündnis aus *Parti Socialist* (PS) und *Parti Communiste Francaise* (PCF) die Präsidentschafts- und Parlamentswahlen, welches mit dem Versprechen eines *„rupture avec le capitalisme"* angetreten war (Angenot 2010: 11). Die neue Regierung verfolgte zunächst eine nachfrageorientierte Strategie zur Eindämmung der Massenarbeitslosigkeit, indem sie die sozialstaatlichen Leistungen ausbaute (Erhöhung der Renten sowie der Familien- und Wohnungsbeihilfen) und den Mindestlohn (SMIC) um 10 % erhöhte (Vail 2010: 54). Gleichzeitig wurde die Wochenarbeitszeit von 40 auf 39 Stunden reduziert, die ArbeitnehmerInnenrechte massiv ausgebaut und eine fünfte bezahlte Urlaubswoche eingeführt, das Renteneintrittsalter von 62 Jahren auf 60 Jahre reduziert und der Beschäftigungssektor im öffentlichen Dienst auf 180.000 Arbeitsplätze erweitert (Howell 2009: 244; Loriaux 1991: 215). Ebenfalls startete die sozialistische Regierung unter Mitterand ein weit angelegtes Nationalisierungsprogramm, in dem neben großen Industrie- und Rüstungskonzernen auch die restlichen Banken verstaatlicht wurden (1982 kontrollierte der Staat knapp 90 % des französischen Finanzsektors). Nach der Nationalisierung umfasste der staatliche Industriesektor 60 % der Industrieinvestitionen, 30 % der französischen Exporte und 21 % der Belegschaften (Hall

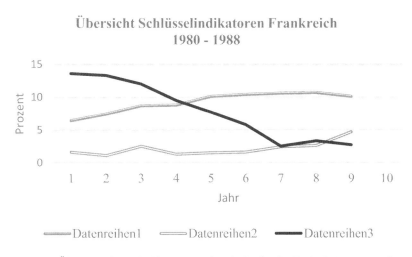

Diagramm 1: *Übersicht Schlüsselindikatoren Frankreich. Quelle: OECD, IWF, Eigene Berechnung*

1986: 89; Heither 1991: 79). Dreizehn der zwanzig wichtigsten französischen Unternehmen waren 1982 im Staatsbesitz (Stützle 2013: 163).

Die expansive Wirtschaftspolitik führte jedoch nicht zu einer Verringerung der Massenarbeitslosigkeit durch die Förderung der Kaufkraft, sondern vielmehr zu einem starken Anstieg der Importquote (+15,8 %). Gleichzeitig wuchs das Handelsdefizit innerhalb eines Jahres um 66,1 % auf die Rekordsumme von 93 Millionen Franc an und auch die Inflationsrate blieb konstant auf einem hohen Niveau (Vail 2010: 55). Trotz des binnenwirtschaftlichen Wachstumsprogramms hatte die französische Regierung an der Einbindung in den Weltmarkt und der Europäischen Integration, im speziellen des Europäischen Währungssystems, festgehalten. Die außenwirtschaftlichen Liberalisierungsschritte der Vorgängerregierung Barre (Lockerungen der Investitionsbedingungen für ausländisches Kapital und Abbau von Kapitalverkehrskontrollen) wurden nicht rückgängig gemacht und auch der „acquis communitaire" der europäischen Ebene nicht in Frage gestellt (Steinhilber 2000: 14).

Diese Doppelstrategie eines binnenwirtschaftlichen industriellen Voluntarismus und einer liberalen Außenwirtschaftspolitik scheiterte jedoch, je mehr die Auslandsverschuldung sowie das Handelsdefizit anstiegen und der Franc unter Druck geriet. Zwischen 1981 und 1983 halbierten sich die französischen Devisenreserven; allein im März 1981 verlor die französische Zentralbank 38 Milliarden Franc bei dem Versuch, die festen Wechselkursparitäten des EWS zu halten (Stützle 2013: 165). Um den Spielraum für eine keynesianische Politik bei sinkenden Devisenreserven nicht weiter zu verkleinern, musste der Franc abgewertet werden. Gegenüber der D-Mark wurde der Franc bereits 1981 um 8,5 % sowie im Herbst 1982 um 10 % abgewertet[21] (Steinhilber 2000: 15). Dadurch verteuerten sich auch die Importe und die in Fremdwährung gehaltenen Außenhandelsschulden massiv. So sah sich die sozialistische Regierung 1982 gezwungen, ihre expansive Strategie zu korrigieren und versuchte, mithilfe einer strikten Kontrolle der Staatsausgaben und einem Einfrieren der Löhne im öffentlichen Dienst, eine weitere Abwertung des Franc zu verhindern (Vail 2010: 55f). Durch die Weigerung der Deutschen Bundesbank, mit einer Zinssenkung und einer Aufwertung der unterbewerteten D-Mark für Entspannung zu sorgen, war Frankreich im März

---

[21] Der im EWS vereinbarte Schwankungskorridor, in welchem sich die Währungen bewegen durften, betrug +/- 2,25 %. Ebenso einigte man sich in dem 1979 vereinbarten Europäischen Währungssystem auf einen gemeinsamem Währungskorb, eine Europäische Währungseinheit (ECU) sowie einen Divergenz-Indikator (Brunn 2009: 228). Darüber hinaus verpflichteten sich die Notenbanken der Mitgliedsländer, im Falle von Schwankungen durch Stützungskäufe zu intervenieren. Diese Institutionen und Mechanismen sollten garantieren, dass die Anpassungslasten symmetrisch verteilt werden. Nach der Einführung des EWS zeigte sich jedoch eine grundlegende Asymmetrie durch das Gewicht der deutschen Ökonomie und der starken Rolle der DM als Ankerwährung, die es der deutschen Bundesbank ermöglichte, geldpolitische Standards zu setzen und sich ihren Interventionsverpflichtungen zu entziehen (Bieling 2014a: 138; Le Cacheux 2010: 59).

1983 ein weiteres Mal dazu gezwungen, den Franc abzuwerten, was gleichzeitig die Frage nach dem Verbleib Frankreichs im EWS aufbrachte (FAZ 1983a: 13). Denn das französische Wirtschaftsmodell kollidierte mit den Vorgaben des EWS und der darin festgeschriebenen Währungsstabilität. Gleichzeitig hätten ein Ausstieg aus dem EWS und eine protektionistische Außenhandelspolitik weitere Abwertungen und in dessen Folge auch höhere Auslandsschulden, hohe Kreditzinsen und auch eine deutliche Einschränkung der keynesianischen Politik bedeutet (Stützle 2013: 166f). Ebenfalls, spekuliert Steinhilber (2000: 15), hätte ein Austritt aus dem EWS wohl zu einer politischen Isolation des Landes geführt, mit der man auch der Möglichkeit beraubt gewesen wäre, die Macht Westdeutschlands in Europa besser zu kontrollieren. Daher entschied sich Francois Mitterand Ende März 1983, nach heftigen Auseinandersetzungen innerhalb seiner eigenen Regierung, gegen einen Austritt aus dem EWS und für eine austeritätspolitische Wende in der Wirtschaftspolitik (FAZ 1983b: 1).

Dieser schnelle und rabiate Kurswechsel machte deutlich, wie prekär der Konsens für das sozialistische Experiment war. Der Wahlerfolg 1981 war kein Ausdruck eines hegemonialen Konsenses für ein linkskeynsianisches Projekt, sondern war vor allem der Zersplitterung und Zerstrittenheit der gaullistischen Rechten geschuldet. Dies zeigte sich nicht zuletzt darin, dass die Regierung Mitterand, nach der neoliberalen Reorganisation der Gaullisten[22], ab 1982 innenpolitisch massiv unter Druck gerieten. So gelang es neoliberalen Akteuren vor dem Hintergrund der hohen Arbeitslosigkeit und Inflation mit ihren Problemdeutungen in die Offensive zu gelangen und diese spätestens in der Wirtschaftskrise 1982/83 gesamtgesellschaftlich zu universalisieren (Gualmini/Schmidt 2013: 362). Und auch innerhalb der sozialistischen Regierung war der Konsens für das sozialistische Projekt stark umkämpft. Gerade die „gemäßigten" Modernisierer in der sozialistischen Partei um Jaques Delors und Jaques Attali konnten bis 1983 mit einer neoliberal-konservative Neuformulierung des Modernisierungsdiskurses die Deutungshoheit über den weiteren wirtschaftspolitischen Kurs der Regierung gewinnen und damit einen Ausstieg aus dem EWS verhindern und einen austeritätspolitischen Kurs durchsetzen (Steinhilber 2000: 19). Das Projekt eines „redistributive Keynesianism" (Vail 2010: 54) war damit endgültig gescheitert.

Der auf die Wechselkursanpassungen im März 1983 folgende wirtschaftspolitische Kurswechsel stellte eine „historische wirtschaftspolitische Wende" (Uterwedde 2012a: 180) dar, mit der ein fundamentaler Paradigmenwechsel einherging, der die wirtschaftspolitischen Prioritäten komplett verschob. Lagen diese

---

[22] Levy (2008: 420) zeigt auf, dass mit den Protesten im Mai 1968 die Hegemonie von Charles de Gaulle, welcher bis dahin innerhalb des politischen Diskurses eine herausgehobene Stellung einnahm, gebrochen wurde, was sich in der Ablehnung seiner Regionalreform 1969 äußerte. Sein Rücktritt 1969 und sein Tod 1970 führten innerhalb der gaullistischen Rechten zu Machtkämpfen und Streitereien, welche 1976 in der Abspaltung der RPR von der UDR sowie in dem Zerwürfnis zwischen Jaques Chirac und Giscard d'Estaing seinen Ausdruck fand.

bis zum März 1983 auf der Förderung von Wirtschaftswachstum und Produktivitätssteigerung, so wurde nun der wirtschaftspolitische Fokus auf die Geldwertstabilität gelegt. Da das Instrument der Abwertung durch den Verbleib im EWS wegfiel, mussten nun die Anpassungsleistungen über die Löhne, Sozialleistungen und Lohnnebenkosten vollzogen werden. Fortan wurde ein angebotspolitischer Kurs in der Wirtschaftspolitik verfolgt, der eine grundlegende Transformation des französischen Modells einleitete. Der „französische Sonderweg" (Heither 1991: 81) wurde aufgegeben und eine Angleichung an die angebotsorientierte Modernisierungspolitik der anderen westeuropäischen Staaten vollzogen. Schon kurz nach den Wechselkursanpassungen kündigte die sozialistische Regierung eine Modernisierung „*à la américain*" (Stützle 2013: 168) an und begann mit einer Abwertungspolitik, welche darauf abzielte, die Wettbewerbsfähigkeit der französischen Unternehmen zu verbessern. Neben massiven Haushaltskürzungen kam es zu einer Privatisierungs- und Liberalisierungswelle. Die sozialistische Regierung leitete durch ihren Kurswechsel eine grundlegende Neuausrichtung der französischen Wirtschaftspolitik ein, welche keine der folgenden Regierungen mehr in Frage stellen sollte.

Damit transformierte sich jedoch auch das klassische französische Modell, welches spätestens seit Mitte der 1980er Jahre nicht mehr als „state capitalism" gefasst werden kann (Schmidt 2002: 204). Der französische Staat ist heute im Vergleich zur fordistischen Periode „a pale shadow of its former self with regard to business and labor, which are no longer state-led but indirectly state-influenced" (ebd.). Aus dem staatlich dirigierten ist ein staatlich geförderter Kapitalismus geworden. Die grundlegenden Veränderungen seit dem Kurswechsel 1983 können wie folgt zusammengefasst werden:

1.) Es kam zu einem umfassenden Abbau staatlicher Reglementierungen zugunsten marktwirtschaftlicher Strukturen (Uterwedde 2012a: 180). Davon war vor allem der bislang stark reglementierte Finanzsektor betroffen, der ab 1985 vollständig liberalisiert und dereguliert wurde. Nicolas Coudrec (2010: 76ff) fasst die Veränderungen im Finanzsektor mit den „*3D*" (*Déréglementation, Désintermédiation, Décloisonnement*) zusammen. So wurden bspw. 1983 der Kreditmarkt vereinheitlicht und 1987 komplett dereguliert, 1985 die Wechselkurskontrollen aufgehoben und das staatliche Maklermonopol sowie die Zinssubventionen abgeschafft (*déréglementation*). Gleichzeitig hob das 1984 verabschiedete „*loi bancaire*" das Trennbankensystem auf und beendete die zentrale staatliche Überwachung der Banken. 1994 wurde im Zuge des Maastrichter Vertrages die französische Zentralbank von der politischen Abhängigkeit gelöst (*décloisonnement*). Durch die starke Öffnung des Finanzmarktes änderte sich die Unternehmensfinanzierung, da die Unternehmen sich immer weniger über Bankenkredite, sondern sich immer öfters direkt über die Kapitalmärkte refinanzierten (*désin-*

terméditaion). Wurden in den 1970er Jahren noch mehr als 92 % aller Unterneh-
mensinvestitionen über Banken abgewickelt, so waren es 1994 nur noch 55 %
(Jany-Catrice/Lallement 2013: 161). Die Marktkapitalisierung des französischen
Aktienmarktes stieg von 5,6 % des BIP im Jahr 1982 auf 37,2 % im Jahr 1993,
während sich das jährliche Transaktionsvolumen im selben Zeitraum von 1,8 %
auf 13,7 % erhöhte (Schmidt 2002: 188).

Nach einem Hoch 2006 mit einer Marktkapitalisierung des französischen
Aktienmarkts von 106,9 % am BIP, lag die Marktkapitalisierung 2012 in der französischen Wirtschaftskrise immer noch bei 67 %. Mit der Finanzialisierung
wuchsen auch die internationalen Verflechtungen. So stiegen die ausländischen
Direktinvestitionen in der Zeit von 1990 bis zum Ausbruch der Krise 2007 kontinuierlich um 454 % auf 164 Milliarden US-Dollar im Jahr 2007 (OECD 2014b:
80). Und anders als noch zu Beginn der 2000er Jahre, in denen ein Großteil der
Bevölkerung von den Finanzialisierungsprozessen ausgeschlossen waren, umfassten diese nun, wenn auch im Vergleich zu anderen OECD-Ländern in gerin-
gerem Maße, auch die privaten Haushalte. So besaßen im Jahr 2011 knapp 15 %
der französische Bevölkerung Aktien oder andere Finanzmarktprodukte
(Deutschland: 5,6 %), während gleichzeitig die Verschuldungsquote privater
Haushalte, gemessen am Einkommen, von 54 % im Jahr 2002 auf 86 % im Jahr
2013 stieg (eurostat 2013). Dies ist zwar im Vergleich zu anderen europäischen
Staaten ein relativ niedriges Niveau (bspw. Dänemark mit 255 %), jedoch ist der
Anstieg zwischen den Jahren 2009 und 2013 der höchste in der EU
(Ahearne/Wolff 2012: 11). Hier scheint es eine starke Veränderung seit dem Aus-
bruch der weltweiten Wirtschafts- und Finanzkrise gegeben zu haben. Frankreich
gilt heute daher als eines der am stärksten finanzialisierten Länder der EU, hinter
Luxemburg, Irland und Großbritannien (Erturk/Solari 2007: 380; Jany-
Catrice/Lallement 2013: 161). Daher kann man spätestens seit der Jahrtausend-
wende von einem „finanzgetriebenen Akkumulationsregime" (Sablowski 2008)
sprechen, welches nach dem Kurswechsel der Regierung Mitterand und befördert
durch den Prozess der Europäischen Integration, sukzessiv in Frankreich durchgesetzt wurde (Bieling/Steinhilber 2002: 60f; Lux 2015a: 88).

Vor allem die europäische Wirtschafts- und Währungsintegration, welche
von den französischen Eliten begrüßt und gefordert wurde, war prägend für die
Herausbildung des finanzgetriebenen Akkumulationsregimes, führte doch nicht
nur die europäische Finanzintegration zu einer stärkeren Deregulierung der französischen Finanzmärkte, sondern auch der Druck des gemeinsamen europäischen
Binnenmarktes (Hall 2006: 6; Morin 2000: 46).

2.) Die Finanzialisierungsprozesse in Frankreich wurden durch eine Abkehr in
der staatlichen Unternehmenspolitik unterstützt. Die Regierung Chirac (1986 –
1988) führte nicht nur die Politik der *„rigeur"*, der radikalen Sparpolitik ihrer

Vorgängerregierung weiter, sondern führte ergänzend dazu ein „lagre-scale pro-
gram of privatization in the industrial and financial sector" (Vail 2010: 59) durch.
Insgesamt wurden 13 Unternehmensgruppen mit mehr als 1100 daran angeschlos-
senen Unternehmen und rund 500.000 Beschäftigten privatisiert (Beckmann
2008: 130). Darunter waren die sechs Unternehmen, welche 1982 von der Regierung Mitterand verstaatlicht wurden sowie Unternehmen wie TF1, Paribas, Saint-
Gobain und Suez, welche innerhalb des französischen Staatskapitalismus eine
wichtige Rolle gespielt hatten. Die Privatisierungspolitik der Regierung Chirac
war in ihrem Umfang und ihrem finanziellen Ergebniss umfassender und intensi-
ver als diejenige von Margaret Thatcher, stieß jedoch auf deutlich weniger Wie-
derstand als in Großbritannien (Uterwedde 2009a: 89; Vail 2010: 59). War die
Reprivatisierung der durch die sozialistische Regierung 1982 verstaatlichten Unternehmen zu Beginn vor allem als symbolische Maßnahme begonnen worden,
wurde sie in der Folge stark ausgeweitet und letztendlich auch von den nachfolgenden konservativen und sozialistischen Regierungen weitergeführt. So wurden
zwischen 1993 und 2008, 2081 Unternehmen mit mehr als 794.000 MitarbeiterInnen privatisiert, was eine Reduktion des staatlichen Sektors um fast zwei Drittel darstellte (INSEE 2011b: 7). Unter der sozialistischen Regierung Jospin, welche noch im Wahlkampf angekündigt hatte, die Privatisierungspolitik zu stoppen,
erreichte die Privatisierungswelle ihren bis heute unerreichten Höhepunkt. Zwischen 1997 und 2002 wurden Staatsbeteiligungen im Wert von insgesamt 31 Milliarden Euro oder 2,15 % des BIP (aus dem Jahr 2000) veräußert und 683 Unternehmen mit mehr als 153.800 MitarbeiterInnen in den privaten Sektor überführt
(Bräuniger 2013: 4; INSEE 2011b: 7). Zu den größten Projekten der (Teil-)
Privatisierungen dieser Periode gehörten vor allem Infrastrukturunternehmen wie
France Télécom, Air France, Autoroutes du Sud aber auch große Unternehmen

Diagramm 2: *Firmen mit Mehrheitsbeteiligung des Staates. Quelle: INSEE*

und ehemalige französische Leuchtturmprojekte wie Thomson-CSF, EADS und Crédit Lyonnais (Bräuniger 2013: 4). Ebenfalls änderte sich mit der Regierungsübernahme durch Jospin auch die Art der Privatisierungen. Bis dahin war die Privatisierungspolitik vor allem durch das „*système noyaux durs*" (Morin 1996: 1254) gekennzeichnet, welches in dem Bestreben der Regierung bestand, sogenannte „*noyaux durs*" (*Harte Kerne*) an Anteilseignern zu bilden und durch ein Geflecht an Überkreuzbeteiligungen zwischen verschiedenen Staats- und Privatunternehmen weiterhin einen gewissen staatlichen Einfluss auf die Betriebe sicherzustellen und diese vor äußeren aggressiven Einflüssen zu schützen[23]. Ab 1997 wurde diese Privatisierungspraxis jedoch auf Druck der französischen Unternehmensverbände aufgegeben und stärkere Beteiligungsmöglichkeiten für ausländische Investoren eingeführt (Siehe dazu v.a. Bieling/Steinhilber 2002: 59). Dies hatte erhebliche Auswirkungen auf die Finanzmärkte, wurden diese doch durch die neue Privatisierungspraxis stark aufgewertet. So stiegen bspw. die ausländischen Direktinvestitionen zwischen 1997 und 2002, gemessen am BIP, von 1,6 % auf 3,3 % (Worldbank 2015). Bis zum Beginn der Krise 2007ff wurde die Politik der Privatisierung öffentlichen Eigentums weiter verfolgt, so dass seit 1986 bis zum Ausbruch der Krise im Jahr 2007 mehr als 66% der staatlichen Mehrheitsbeteiligungen privatisiert worden waren. Seit 2009 wurden jedoch unter dem Eindruck der weltweiten Wirtschafts- und Finanzkrise keine öffentlichen Betriebe mehr von der französischen Regierung privatisiert.

3.) Mit dem U-Turn der Regierung Miterand wurde ebenfalls die sukzessive Rücknahme der staatlichen Wirtschaftslenkung eingeleitet. Vor allem die staatliche Industrieförderung, welche aufgrund ihrer engen Verknüpfung mit dem französischen Souveränitätsdiskurs zu den Grundpfeilern des französischen fordistischen Modells gehörte, wurde strukturell wie auch finanziell massiv reduziert. Gegen Ende der 1980er Jahre war der Colbertismus, wie auch der gesamte staatliche Dirigismus diskreditiert (Mayer 2006: 124). Vor allem die oftmals negative finanzielle Bilanz des *grand projets* belastete die öffentlichen Finanzen stark, während gleichzeitig eine breite Unternehmensförderung vernachlässigt wurde. Mit dem Umschwenken der Regierung Mitterand auf einen angebotsorientierten („*politique de rigeur*") und auf Währungsstabilität („*France fort*") fixierten wirtschaftspolitischen Kurs, wurden auch die finanziellen Ausgaben für die Industrieförderung in Frage gestellt (Uterwedde 2006: 163f). Gleichzeitig führte die Binnenmarktintegration dazu, dass sich die nationalstaatliche „Lokomotivfunktion" der Großprojekte für andere wirtschaftliche Sektoren erschöpfte, stellte doch die zunehmende Transnationalisierung und Europäisierung des Kapitals die

---

[23] Einen sehr guten Überblick über das System der Überkreuzbeteiligungen liefert das Schaubild im Aufsatz von Francois Morin (1996: 1265).

nationalstaatliche Steuerung in Frage und begrenzte die Möglichkeiten einer effektiven Industrieförderung (Steinhilber 2000: 39). So folgten der großen Liberalisierungs- und Privatisierungswellen der 1980er und 1990er Jahre ebenfalls einer Abkehr von der interventionistischen und sektorlenkenden Industriepolitik, hin zu einer horizontalen und sich hauptsächlich auf die infrastrukturellen Rahmenbedingungen konzentrierenden Politik. Die Unternehmen selbst wurden fortan als zentrale Akteure der industriellen Entwicklung angesehen, welche es durch den Staat aus der Perspektive einer *„compétitive globale"* zu fördern gelte (bspw. Gandois 1992).

Ähnlich erging es auch der *Planification* und des damit verbundenen CGP, welche schon ab Ende der 1960er Jahren massiv an Einfluss verloren (Vail 2010: 37). Nach den Konjunktureinbrüchen 1974/75 und dem Anstieg der Arbeitslosigkeit offenbarten sich jedoch die strukturellen Probleme der *Planification* (Altvater et al. 1983: 91). Die Wirtschaftsentwicklung stimmte ab den 1970er Jahren immer weniger mit den Planansätzen überein, so dass diese in der französischen Öffentlichkeit vermehrt als ein „Sammelsurium wirtschafts- und sozialpolitischer Wunschvorstellungen" (ebd.: 91 Fn 3) wahrgenommen wurde, nicht jedoch als ernstzunehmende Vorgaben in der Wirtschaftsplanung. Damit verlor die *Planification* in der Wirtschaftskrise der 1970er Jahre nicht nur stark an Einfluss, sondern veränderte auch ihren Charakter als zentrales Steuerungs- und Planungsinstrument hin zu einer staatlichen Beratungsinstanz. Ab Mitte der 1980er Jahre wurde die CGP in ein Planungsbüro ohne klaren Aufgabenbereich umgewandelt und existiert heute als *Centre d'analyse stratégique*, mit beratender Funktion (Boltanski/Chiapello 2006: 253)

Durch die Rücknahme der staatlichen Industrieförderung, der Privatisierungs- und Deregulierungswellen in den 1980er und 1990er Jahren sowie der europäischen Integration der französischen Wirtschaft wurden die strukturellen Probleme der französischen Industrie offensichtlich, in deren Folge es zu einer massiven Deindustrialisierung des Landes kam. Vor allem die internationalen Umstellungen auf neue Produktionsorganisationen und –technologien offenbarten die strukturellen Schwächen und Wettbewerbsnachteile der französischen Industrie, welche seit den 1980er Jahren in eine massive Krise geraten war. Seit 1980 wurden mehr als zwei Millionen Arbeitsplätze im industriellen Sektor abgebaut. Vor allem gegen Ende der 1990er Jahre erreichte die Deindustrialisierung in Frankreich eine neue Dimension. So sind in der letzten Dekade mehr als 750.000 Arbeitsplätze in der Industrie verschwunden, während gleichzeitig der Anteil des produzierenden Gewerbes an der Gesamtwertschöpfung von 17,8 % im Jahr 2000 auf nur noch 12,6 % im Jahr 2011 sank, was damit nicht nur deutlich unter dem EU-Durchschnitt (19,5 %) liegt, sondern ebenfalls auch die südeuropäischen Krisenländer Spanien (16,1 %) und Griechenland (13,3 %) unterbietet (Schild 2013: 7). Insgesamt lag die Produktionsleistung der französischen Industrie im Jahr 2011 – in jeweiligen Preise gerechnet – auf dem gleichen Niveau wie

Ende der 1990er Jahre (Brenke 2012: 4). Dieser starke Deindustrialisierungsprozess hatte massive Auswirkungen auf die soziale und territoriale Entwicklung des Landes. So ist es vor allem der ehemals industrialisierte Norden des Landes, welcher seit den 1990er Jahren an einer, im Vergleich des Landes, hohen Arbeitslosigkeit und damit verbunden an einer Verschärfung der räumlichen Ungleichheit beim Zugang zu öffentlichen Dienstleistungen leidet. So liegt bspw. die Lebenserwartung in der Region Nord-Pas-De-Calais mit 79 Jahren rund vier Jahre unter derjenigen des Großraums Paris (eurostat 2015c).

Unternehmensart	grande entreprise	petite ou moyenne entreprise	Microentreprise
Anzahl der MitarbeiterInnen	500 +	9 - 500	1 – 9
Anteil an der frz. Unternehmenslandschaft	0,165 %	4,3 %	95,5 %
Anteil an der Gesamtbeschäftigung im Privatsektor	52 %	27,8 %	19,6 %

Tabelle 1: *Französische Unternehmenslandschaft. Eigene Darstellung nach INSEE*

Die Privatisierungen und das Ende des staatlichen Dirigismus und der sektoralen Wirtschaftsförderung hatten zugleich eine Transformation des privaten Unternehmenssektors zur Folge, wobei eine Angleichung der stark fragmentierten Unternehmenslandschaft nicht gelang. Zwar umfasste die französische Wirtschaftsförderung ab den 1980er Jahren auch die kleinen und mittelständischen Betriebe (*petit et moyenne entreprise – PME*), jedoch konnte der Dualismus zwischen den großen sowie global agierenden Unternehmen und der Vielzahl an kleinen und sehr kleinen Betrieben nicht überwunden werden (Uterwedde 2006: 201). So verfügt Frankreich noch heute über keinen ausgeprägten Mittelstand, wie er bspw. in Deutschland vorhanden ist. Vielmehr ist die französische Unternehmenslandschaft durch sogenannte „*microentreprise*", Kleinstunternehmen mit bis zu 9 MitarbeiterInnen, geprägt, welche 95,5 % aller französischen Unternehmen darstellen, jedoch nur jeden fünften ArbeitnehmerInnen in Frankreich beschäftigen. Dagegen haben die großen Unternehmen mit mehr als 500 Angestellten nur einen Anteil von 0,165 % an der französischen Unternehmenslandschaft, beschäftigen jedoch mehr als jeden zweiten (52 %) französischen ArbeitnehmerInnen. Im Vergleich dazu ist der Unternehmenssektor der PMEs stark unterrepräsentiert, beträgt sein Anteil an der Unternehmenslandschaft gerade einmal 4,3 %, während sein Anteil an den beschäftigten ArbeitnehmerInnen in Frankreich bei 27,8 % liegt (INSEE 2011a). Hier zeigt sich die starke Fragmentierung und Asymmetrie der französischen Unternehmenslandschaft, welche hauptsächlich aus Groß- und Kleinstunternehmen besteht, während der Sektor der mittelgroßen Unternehmen stark unterrepräsentiert ist (Lux 2015b: 58). Diese Fragmentierung wird noch deutlicher, wenn man die rechtliche Abhängigkeit der PMEs in die Betrachtung miteinbezieht. So gehören knapp 55 % der mittelständischen Unternehmen zu den großen Konzerngruppen, während nur knapp 30 % der PMEs als wirklich eigenständig und unabhängig angesehen werden können (Levratto 2007: 75). Gleichzeitig verlieren die unabhängigen gegenüber den konzerngebundenen PMEs weiter an Terrain und sind in den Bereichen Exportaufkommen oder Investitionsvolumen deutlich abgeschlagen (ebd.).

Der Dualismus zwischen den großen Unternehmen mitsamt den konzerngebundenen PMEs und den Kleinstunternehmen zeigt sich auch in der wirtschaftlichen Ausrichtung und dem Internationalisierungsgrad der Unternehmen. So sind die großen Unternehmen mit mehr als 500 Beschäftigten in ihrer strategischen Ausrichtung viel mehr auf den europäischen bzw. globalen Markt konzentriert und in ihrer Produktionsstruktur hochgradig transnationalisiert. Mehr als 70 % des Exportaufkommens des Landes wird von den großen Unternehmen getragen. Dagegen sind die überwiegende Mehrheit der (unabhängigen) PMEs und „*Micro-entreprise*" in Frankreich verankert, da ihre Produktionsbasis wie auch ihr Hauptabsatzmarkt überwiegend in Frankreich liegt, während ihre Exportorientierung deutlich geringer ausgeprägt ist (Ceci/Valersteinas 2006: 143). So exportieren nur 22 % der PMEs und nur 2 % der Kleinstunternehmen ihre Waren oder Dienstleistungen (ebd.: 141). Und auch im Bereich der Forschung und Entwicklung ist dieser Dualismus existent, ist Frankreich doch „*caractérisée par la concentration de l'innovation dans les grandes entreprises, et la relative faiblesse des capacités d'innovation des PME dans l'industrie*" (Jacquin 2003: 33).

4.) Mit der Öffnung der französischen Wirtschaft und dem Ende des staatlichen Dirigismus veränderten sich auch die Arbeitsbeziehungen. In der Nachkriegsordnung waren diese noch durch eine strikte Hierarchie geprägt. Tarifvereinbarungen wurden zwischen den Tarifparteien mithilfe des Staates zentral auf nationaler Ebene geschlossen, welche alle untergliederten Ebenen bis zur Betriebsebene determinierten (Thoemmes 2011: 267). Diese zentrale Prämisse der französischen Arbeitsbeziehungen wurde ab den 1980er Jahren durch verschiedene Reformen in Frage gestellt. Howell (2009: 237) spricht davon, dass die drei grundlegenden Elemente dieser Reformen nach 1981:

„[…] *were the decentralization of bargaining to the firm, the creation of new institutions of worker representation, and linkage between the use of these micro-corporatist institutions and practices and the achievement of flexibility.*"

Die erste Reform, die diese drei Elemente beinhaltete, war das Auroux-Gesetz von 1982, was einen Bruch mit dem bisherigen System der Industriellen Beziehungen vollzog. Das nach dem damaligen Arbeitsminister Jean Auroux benannte Gesetz war hauptsächlich darauf ausgerichtet, die Rechte der ArbeitnehmerInnen innerhalb des Betriebes sowie die bisher nur schwach ausgebildeten betrieblichen und regionalen Tarifstrukturen zu stärken (Howell 1992: 85f). Das Gesetz umfasste auf der einen Seite eine ganze Reihe von Demokratisierungen innerhalb des Betriebs, bspw. die Einführung des betrieblichen Mitspracherechts der Beschäftigten oder eine Stärkung der Informationsrechte der Gewerkschaften. Auf der anderen Seite verpflichtete das Gesetz die Betriebsleitung, mit einer oder mehreren Gewerkschaften jährliche Lohnverhandlungen zu führen (Moss 1988: 324). Zudem verfügte das Gesetz jedoch auch, dass in bestimmten Fällen die zentralen, auf nationaler Ebene geschlossenen Tarifvereinbarungen durch die betrieblichen Tarifvereinbarungen unterlaufen werden können, was letztendlich eine massive Aufwertung der betrieblichen Ebene zur Folge hatte (Steinhilber 2000: 21). Diese Verschiebung in den Tarifbeziehungen hatte Auswirkungen auf das traditionelle zentralistische und staatlich stark beeinflusste System der Arbeitsbeziehungen und führte zu einer Ausweitung der betrieblichen Ebene über die Tarifverhandlungen hinaus und zu einer deutlichen Schwächung[24] der Gewerkschaften. So wurden aufgrund der schwachen gewerkschaftlichen Strukturen in den Betrieben, die Verhandlungen auf der betrieblichen Ebene zunehmend dazu genutzt, um Flexibilisierungen in den Unternehmen voranzutreiben (Howell 1992: 88, 2009: 243ff). Gleichzeitig wurden mit der Aufwertung der *Comité d'entreprise* (CE) die betrieblichen ArbeitnehmerInnenvertretungen gestärkt, welche aufgrund der schlechten betrieblichen Verankerung der Gewerkschaften oftmals unabhängig von diesen agieren und dadurch von den Gewerkschaftsstrukturen nur unzureichend bis gar nicht kontrolliert werden können (vgl. dazu: Hege/Dufour 2009). Die betriebliche Ebene wurde 1995 weiter gestärkt, indem gesetzlich festgeschrieben wurde, dass die Branchenvereinbarungen nur dann Geltung besitzen, wenn die Verhandlungen auf betrieblicher Ebene scheiterten (Lallement 2006: 58). Insgesamt erwies sich das Auroux-Gesetz als „Trojanisches Pferd" (Steinhilber 2000: 21) zur Deregulierung und Flexibilisierung des Arbeitsmarktes.

Gleichzeitig stellte es mit der Aufwertung der betrieblichen Ebene als Arena für Tarifverhandlungen den Ausgangspunkt für weitere Deregulierungsschritte dar. So wurden die Hürden für die Wahl von Gewerkschaftsdelegierten (*Délégués du syndicaux)* in den Jahren 2004 und 2008 stark erhöht. Während diese bis 2004

---

[24]Wobei betont werden muss, dass die heutige Schwäche der Gewerkschaften nicht allein von dem Gesetz herrührt. Vielmehr hat das Auroux-Gesetz als Verstärker einer tendenziellen Entwicklung seit 1980 fungiert, welche spezifische Organisationsprobleme sowie die ideologischen Differenzen innerhalb der Gewerkschaftsbewegung zum Vorschein brachte (Steinhilber 2000: 21).

noch unabhängig von ihrer tatsächlichen Bedeutung im Unternehmen (Wahlergebnis, Mitgliederzahl, etc.) Vereinbarungen abschließen konnten, ist ihr Mandat heute an das Wahlergebnis der eigenen Gewerkschaftsliste (mind. 30 %) bei den Wahlen zum Personaldelegierten und dem CE[25] sowie an das personenbezogene Wahlergebnis (mind. 10 % in der ersten Runde) gebunden (Thoemmes 2011: 266). Gleichzeitig erlaubt seit 1998 das *Loi Aubry*, welches die Einführung der 35-Stunden-Woche in Frankreich regelt, in Betrieben ohne Gewerkschaften, anstelle von klassischen Betriebsvereinbarungen über die Arbeitszeitverkürzung, mit den gewählten Gewerkschaftsdelegierten auch auf ein Mandatserteilungsverfahren zurückzugreifen, d.h. die Ernennung eines gewerkschaftlich nicht-organisierten Mitarbeiters, welcher das Mandat besitzt mit dem Arbeitgeber eine Betriebsvereinbarung zu schließen[26] (ebd.: 267). Dieses Verfahren wurde 2004 durch das *Loi Fillion* auch auf weitere betriebliche Bereiche ausgeweitet und seit 2010 ist kein Branchentarifvertrag mehr erforderlich, so dass Betriebsvereinbarungen heute auch ohne GewerkschaftsvertreterInnen in allen betrieblichen Fragen geschlossen werden können (Howell 2009: 242). Die Einführung und Stärkung des Mandatierungsverfahrens führte zu einer weiteren Schwächung der Gewerkschaften, stellt es doch das Monopol der gewählten betrieblichen GewerkschaftsvertreterInnen auf die Verhandlungsführung grundlegend in Frage.

Diese staatlich forcierten Änderungen in den industriellen Beziehungen zu Lasten der Gewerkschaften korrespondierten mit der seit den 1980er Jahren anhaltenden Krise der Gewerkschaftsbewegung. So verloren die Gewerkschaften seit 1981 stark an Mitgliedern, so dass der gewerkschaftliche Organisationsgrad von knapp 20 % auf heute nur noch zwischen 5 % und 7 % gesunken ist (OECD 2012b). Allein zwischen 1980 und 1987 verlor die größte französische Gewerkschaft CGT mehr als die Hälfte ihrer Mitglieder (von 1,4 Mill. auf 798.000) (Steinhilber 2000: 20). Dazu kommt eine große Zersplitterung der Gewerkschaftsbewegung in fünf auf nationaler Ebene als repräsentativ anerkannte Gewerkschaftsbünde und unzählige kleine Gewerkschaften, welche zum größten Teil aus Abspaltungen von den großen Gewerkschaften entstanden sind (Pernot 2012: 3): Diese Gewerkschaften stehen bei den betrieblichen Wahlen in einem

---

[25] An den Wahlen zum CE hängt ebenfalls das Repräsentativitätsprädikat der Gewerkschaften auf nationaler Ebene (Hege/Dufour 2009: 159). Um als repräsentativ zu gelten, mussten die Gewerkschaften bei allen CE-Wahlen der letzten drei Jahre, mindestens 8 % der Stimmen erreichen. Die derzeit „repräsentativen" Gewerkschaften auf der nationaler Ebene sind: CGT, CFDT, FO, CFE-CFE-CGC und CFTC. Die Basisgewerkschaft SUD wird mit 3,47 % bei den landesweiten CE-Wahlen als nicht repräsentativ angesehen.
[26] Das Mandatserteilungsverfahren wurde schon 1995 erstmals für ein Jahr getestet und ab 1996 ins Arbeitsgesetz aufgenommen, jedoch vom nationalen Branchentarifvertrag streng reglementiert und eine Zustimmung der MitarbeiterInnen innerhalb eines Referendums vorausgesetzt (Thoemmes 2011: 269). Seit 1998 kann das Verfahren der Mandatserteilung in allen Unternehmen ohne Gewerkschaften ohne Reglementierungen angewandt werden.

Konkurrenzverhältnis zueinander, sind jedoch aufgrund der staatlichen Unterstützungsleistungen und Organisationsgarantien dennoch vergleichsweise unabhängig von der Mitgliederrekrutierung in den Betrieben. Damit kam es jedoch zu einer Abkopplung zwischen den nationalen Dachverbänden und den betrieblichen AktivistInnen an der Basis, welche bis heute oftmals völlig autonom innerhalb der Unternehmen agieren, was gleichzeitig zu der strukturellen Schwäche der Gewerkschaften auf der betrieblichen Ebene führt (Artus/Holland 2013: 136).

Durch die Aufwertung von Betriebsvereinbarungen kam es zu einer Flexibilisierung der internen Arbeitsorganisation und zu einer allgemeinen Veränderung der Arbeitswelt. Wie Boltanski/Chiapello (2006: 262ff) darlegen, wurde seit den 1980er Jahren ein radikaler Umbau des Produktionssystems forciert, womit es ebenso zu einer Veränderung der Arbeitsverhältnisse selber kam. So gab es seit den 1980er Jahren einen massiven Anstieg der Leiharbeit und der befristeten Arbeitsverhältnisse. Die Anzahl der durch Leiharbeit geleisteten Stunden stieg um 506 % zwischen 1985 und 2001 und der Anteil an der gesamten französischen Lohnarbeit vor dem Ausbruch der Wirtschaftskrise auf 2,1 % (Delbar/Léonard 2002: 6; Vanselow/Weinkopf 2009: 18). Seit 1980 ist die Anzahl an befristeten Arbeitsverhältnissen an den Gesamtarbeitsverhältnissen auf 14,2 % gestiegen, wobei der Anteil der befristeten Arbeitsverträge bei Neueinstellungen im Jahr 2014 bei 84 % lag. Dies stellt EU-weit den höchsten Wert dar (DARES 2014: 2; Erhel 2009: 57). Gleichzeitig kam es zu einem Abbau von regulären Jobs und einer qualitativen Verdichtung der Arbeitsintensivität, welche mit einer stärkeren Individualisierung der Arbeit und der Löhne korrespondiert (Lallement 2006: 55f). Insgesamt ist der französische Arbeitsmarkt heute stark fragmentiert und durch eine hohe strukturelle Arbeitslosigkeit geprägt. Vor allem junge Menschen, Menschen mit Migrationshintergrund und Frauen werden durch dieses System der unsicheren Beschäftigungsverhältnisse diskriminiert und sind im besonderen Maße von Arbeitslosigkeit betroffen (Lux 2015b: 59).

Die vier dargestellten Veränderungen haben insgesamt zu einer grundlegenden Transformation des französischen Modells geführt, welches heute nicht mehr als Staatskapitalismus gefasst werden kann. Dennoch zeigen Vergleiche mit Deutschland oder Großbritannien, dass der Einfluss des Staates dennoch relativ hoch ist (Gualmini/Schmidt 2013: 369). Interessanterweise wurden nach dem U-Turn der sozialistischen Regierung die sozialen Sicherungssysteme weiter ausgebaut. So wurde 1985 eine Reduzierung des Renteneintrittsalters beschlossen, welche es Erwerbslosen über 55 Jahren ermöglicht bei vollen Bezügen in Rente zu gehen (Vail 2010: 61). Drei Jahre später führte die Regierung Rocard mit dem „*Revenu minimum d'insertion*" (RMI) eine nationale Grundsicherung ein, um zu verhindern, dass Langzeitarbeitslose nach der maximalen Bezugsdauer aus dem sozialen Netz fallen (Estèbe 2012: 215; Palier 2006: 120). Und im Jahr 2000 wurde durch die sozialistische Regierung Jospin eine allgemeine Krankenversicherung eingeführt, welche die grundlegende medizinische Versorgung der Bevölkerung sicherstellen sollte. Gleichzeitig stieg der Anteil der Sozialausgaben am BIP von 20,6 % im Jahr 1980 auf 29,6 % im Jahr 2005. Levy (2008: 424) und Vail (2010: 60f) begründen die Ausweitung des französischen Sozialstaates einerseits mit den sozialen Herausforderungen, welche durch den Umbau des französischen staatskapitalistischen Systems entstanden und andererseits mit der Einbindungswirkung, welche solche Maßnahmen auf die Gewerkschaften und Bevölkerung haben. So spricht Levy (2008) von einer Transformation des „Dirigiste State to the Social Anaesthesia State". Anders als bei den anderen Säulen des fordistischen Systems Frankreichs wurden am Sozialstaat keine grundlegenden Änderungen vorgenommen, sondern er wurde vielmehr in seiner Funktion gestärkt. Dennoch wurden ab den 1990er Jahren die Stimmen nach einer radikalen Reform der sozialen Sicherungssysteme immer lauter (Hassenteufel 2008: 236). Für den weiteren Verlauf der Arbeit soll daher im Folgenden die grundlegende Funktionsweise des sozialen Sicherungssystems in Frankreich und daran anknüpfend die jeweiligen reforminduzierten Veränderungen seit 1990 dargestellt werden.

4.2 La Securité Social und ihre Reformen bis zur Krise

Die sozialen Sicherungssysteme wurden in Frankreich erst nach dem zweiten Weltkrieg flächendeckend eingeführt, was im europäischen Vergleich relativ spät war. Bis dahin existierten hauptsächlich genossenschaftlich organisierte und oftmals an Berufsstände geknüpfte Einrichtungen zur Selbsthilfe (*mutuelles*) sowie ein System der v.a. durch religiöse Einrichtungen organisierten Armenführsorge (*aides sociale*) (Montalembert 2013a: 7). Der Großteil der französischen Bevölkerung blieb jedoch bis zur Verabschiedung der Sozialgesetzgebung 1945 ohne jeglichen sozialen Schutz. Die flächendeckende Einführung der Securité Social stellte vor diesem Hintergrund einen wesentlichen Fortschritt dar, dessen Umsetzung ganz wesentlich auf den Vorstellungen und Forderungen des Résistance-Rates (CNR) beruhte und welche durch die starken Gewerkschaften und einer starken kommunistischen Partei geprägt waren (Grillmayer 2012: 223; Veil 2004: 57). Anders jedoch als im Programm des CNR festgeschrieben, orientierte sich der damalige Arbeitsminister und ehemaliger Resistancekämpfer, Pierre Laroque, in der Konzeption der Sozialversicherung an dem deutschen bismarckschen Sozialmodel. Während der CNR-Plan eine durch Steuern finanzierte universale soziale Grundsicherung vorsah, beruht die Finanzierung des französische Sozialsystem seit 1945 ganz wesentlich und bis 1991 einzig auf den Sozialversicherungsbeiträgen der 17,8 Millionen BeitragszahlerInnen (Matt 2013: 42). Die Finanzierung basiert dabei auf dem Solidaritätsprinzip, d.h. es handelt sich ähnlich wie in Deutschland um ein umlagefinanziertes Finanzierungsmodell, in dem die Beiträge nicht zur Bildung von Rücklagen, sondern zur Finanzierung der laufenden Sozialausgaben verwendet werden. Mit der Einführung der *contribution sociale géneralisée* (CSG), der Allgemeinen Sozialabgabe im Jahr 1991 wurde jedoch damit begonnen, die sozialen Leistungen teilweise auch über Steuern zu finanzieren. Der steuerfinanzierte Anteil der Sozialversicherung beträgt heute rund 35 % und fließt hauptsächlich in das Renten- und Krankenversicherungssystem (Ferras 2013: 55; Kufer 2010: 6). Diese relativ hohe Zahl muss jedoch im Zusammenhang mit der Einführung des sog. „Solidaritätsfonds für das Alter", über den die Mindestrente finanziert wird, sowie der allgemeinen Krankenversicherung für GeringverdienerInnen (CMU) gesehen werden, welche beide vollständig aus Steuermitteln finanziert werden. Die Höhe der Beiträge, wie auch die möglichen ausgezahlten Leistungen, hängen im französischen Sozialsystem wesentlich vom Einkommen der Beschäftigten ab, womit die Sozialversicherungen strukturell an die Konjunktur des Arbeitsmarktes gekoppelt sind.

Das französische Sicherungssystem weist darüber hinaus die Besonderheit auf, dass die Sozialversicherungen teilweise[27] unabhängig vom Staat sind und durch die Sozialpartner, d.h. durch gewählte VertreterInnen der Gewerkschaften und der Unternehmensverbände paritätisch[28] verwaltet werden. Dieses korporatistische Element im Sozialversicherungsmodell, die sogenannte *démocratie social,* begründete sich v.a. aus der starken Stellung der Arbeiterbewegung nach dem Zweiten Weltkrieg und sollte den sozialen Frieden durch die Einbindung der ArbeiterInnen in die Verwaltungsstruktur der Sozialversicherung gewährleisten (Matt 2013: 46; Palier 2006: 110). Die korporatistische Verwaltung des sogenannten *Paritatismus* ist dabei sowohl bei den Arbeitnehmer- wie auch bei den Arbeitgeberverbänden durch ein ausgeprägtes Misstrauen gegenüber staatlichen Interventionen geprägt, was sich nicht selten auch in den Auseinandersetzungen um Reformen im Sozialsystem darstellte (Veil 2004: 57). Aufgrund dieser beiden strukturprägenden Merkmale wird das französische Sozialversicherungssystem, zusammen mit dem deutschen sowie dem niederländischen System, oftmals dem konservativen bzw. kontinentalen Wohlfahrtsstaatsmodell zugerechnet (Esping-Andersen 1990: 24f; Martinache 2013: 24). Der französische Politikwissenschaftler Bruno Palier (2003; 2005; 2006) spezifiziert dies aufgrund der starken strukturellen Kopplung der Leistungen an die Löhne und Beiträge und ordnet das französische System dem bismarckschen System zu.

---

[27] Als Ausnahmen gelten hier die Sozialversicherungssysteme für die Beschäftigten des öffentlichen Dienstes.
[28] Zwischen 1945 und 1967 sowie zwischen 1983 und 1996 waren die VertreterInnen der ArbeitnehmerInnen stärker vertreten als die VertreterInnen der ArbeitgeberInnen, was mit der zentralen Stellung und der starken Abhängigkeiten der ArbeitnehmerInnen von den Sozialversicherungen begründet wurde (Matt 2013: 46).

Ebenfalls anders als im CNR-Plan vorgesehen, konnte 1945 keine einheitliche Pflichtversicherung für alle ArbeitnehmerInnen eingeführt werden. Vielmehr spiegelte das französische System der Sozialversicherungen die Vielfalt der schon bestehenden genossenschaftlichen Selbsthilfevereine wider, welche den sozialen Schutz in Frankreich begründet hatten. Dadurch ist das französische Sozialversicherungssystem noch heute zum Teil stark fragmentiert (Grillmayer 2012: 224). So existieren neben dem allgemeinen Sozialversicherungssystem, verschiedene Sonderversicherungssysteme für spezifische Berufsgruppen (bspw. Angestellte im öffentlichen Dienst), ein spezielles Versicherungssystem für Freiberufler sowie ein Sozialversicherungssystem für Beschäftigte in der Landwirtschaft (Matt 2013: 42). Diese verschiedenen Versicherungssysteme decken dabei oftmals nur Teile der verpflichtenden Versicherungsleistungen ab, so dass sehr viele Versicherte neben ihrer berufsgruppenspezifischen auch in der allgemeinen Sozialversicherung versichert sind (vgl. bspw. für Landwirtschaft: Mehl 2011: ii). Die Fragmentierung ist je nach Versicherung unterschiedlich ausgeprägt und wird im Folgenden anhand der Arbeitslosen- und Rentenversicherung dargestellt.

Insgesamt umfasst die Sozialversicherung, als institutioneller Kern des französischen Wohlfahrtsstaates, die Alterssicherung sowie die Krankenversicherung. Beide Versicherungen existieren seit der Verabschiedung der Sozialgesetzgebung im Jahr 1945 und stellen die maßgeblichen Pfeiler der gesetzlichen Sozialversicherung dar. Ergänzt wurde das Sozialversicherungssystem schon ein Jahr später durch eine Unfallversicherung und eine Familienkasse[29] und ab 1958 gehört auch die Arbeitslosenversicherung zum Versicherungsensemble des französischen Sozialstaates. Diese ist formal zwar selbstständig und wurde bis 2007 nicht durch die *Agence central des organismes de sécurité sociale* (ACOSS) verwaltet, jedoch wird sie oftmals in einem Zusammenhang mit den anderen Sozialversicherungskassen genannt (Lux 2015a; Montalembert 2013b).

Im Folgenden wird sich, aufgrund der geringen Veränderungen in der Krankenversicherung im Untersuchungszeitraum 2007 – 2015, auf die Veränderungen in der Arbeitslosen- und Rentenversicherung konzentriert. Dazu werden die Strukturierung und Funktionsweise der beiden Versicherungsarten mitsamt der ihnen reforminduzierten Veränderungen bis zum Jahr 2007 knapp dargestellt.

4.2.1 Rentenversicherung

Das französische Rentensystem gilt durch seine Vielzahl an Rentenkassen und verschiedenen Berechnungsformeln als relativ unübersichtlich, fragmentiert und

---

[29] Die Krankenversicherung und Unfallversicherung sowie die Familienversicherung sind nicht Gegenstand der vorliegenden Untersuchung.

intransparent (Kufer 2010: 6; Palier 2003: 52; Veil 2004: 53). Diese Unübersichtlichkeit ergibt sich vor allem aus dem historisch spezifischen Aufbau der Rentenversicherung (siehe dazu: Argoud 2013: 223). Die Rentenversicherung in Frankreich ist nach dem 3-Säulen-System organisiert und umfasst neben einer gesetzlich verpflichtenden Ebene der Altersvorsorge (*1. Säule*), auch Instrumente einer betrieblichen Zusatzversicherung (*2. Säule*) sowie einer individuellen privaten Altersvorsorge durch Finanzdienstleistungen (Lebensversicherung, Sparpläne, Fonds etc.) (*3. Säule*) (Kufer 2010: 4). Auf der Ebene der gesetzlich verpflichtenden Rentenversicherung (*1. Säule*) kann wiederum in zwei Niveaus unterschieden werden: Zum einen in das sog. *régimes de base*, der Grundversorgung, und zum anderen in die ebenso gesetzlich verpflichtende Rentenzusatzversorgung, dem sog. *régimes complémentaire*[30]. Die Rentenzusatzversicherung selbst wird wiederum nach dem Beschäftigungsfeld und der eigenen Beschäftigungsposition unterschieden. So sind bspw. für die im Privatsektor angestellten abhängigen Beschäftigten die Einrichtungen ARRCO und AGIRC[31] zuständig, während die Einrichtung INCANTEC für die Beschäftigten im öffentlichen Dienst die gesetzliche Zusatzrentenversicherung verwaltet. Diese Verbände werden von den Sozialpartnern geführt, welche eigenständig über die Beitragssatzhöhe sowie die Berechnungsgrundlage der Rentenansprüche verhandeln und diese gemeinsam festlegen (Argoud 2013: 226). Innerhalb des öffentlichen Sektors wie auch für die Landwirtschaft existieren weitere Sondersysteme, welche ebenfalls aus den älteren Alterssicherungsstrukturen von vor 1945 resultieren und sowohl die Grundsicherung als auch die Zusatzversicherung umfassen können. So gibt es Sondersysteme für unterschiedliche Berufszweige und für Berufe, welche einem beamtenrechtlichen Status unterworfen sind, in der Landwirtschaft oder im öffentlichen Dienst arbeiten. So existieren u.a. auch spezielle Sondersysteme für einzelne Unternehmen, wie bspw. für die französische Staatsbahn (SNCF) oder den Pariser Nahverkehr (RATP). Die verschiedenen Kasse und Sondersysteme unterscheiden sich teils erheblich in ihren spezifischen Bedingungen oder Berechnungen des Rentenanspruchs (Rentenalter, Beitragssätze, Bewertung der Beiträge), so dass bspw.

---

[30] Anders als in Deutschland oder anderen EU-Ländern kann in Frankreich zwischen einer obligatorischen beruflichen Zusatzversicherung und einer freiwilligen betrieblichen und kapitalgedeckten Zusatzversorgung unterschieden werden (Veil 2004: 53). Erstere zählt dabei noch zur ersten Säule der gesetzlichen Pflichtversicherung, während Letztere wiederum der zweiten Säule zuzurechnen ist. In den anderen nach dem 3-Säulen-System organisierten EU-Rentensystemen, sind Zusatzversicherungen immer freiwillig und damit automatisch in der zweiten Säule zu verorten.

[31] Während ARRCO (*Association pour le régime de retraite complémentaire des salariés*) für alle abhängig Beschäftigten zuständig ist, bleibt die Beitragspflicht aber auch der Rentenanspruch gegenüber AGIRC (*Association générale des institutions de retraite des cadres*) nur leitenden Angestellten, sog. Cadres vorbehalten. Insgesamt sind von den 17,8 Millionen Beitragspflichtigen, 11,8 Millionen Menschen ausschließlich bei ARRCO zusatzversichert, während 2,6 Millionen Menschen jeweils bei ARRCO und bei AGIRC versichert sind (Argoud 2013: 226).

in einigen Rentensystemen Beitragsjahre erreicht und in anderen wiederum spezielle Rentenpunkte gesammelt werden müssen. Zudem ist bestimmten Berufsgruppen, wie bspw. Polizisten, Feuerwehr oder Militär gestattet, zum Teil deutlich früher als andere Versicherte in Rente zu gehen[32]. Gleichzeitig unterscheiden sich die verschiedenen Rentensysteme in ihrer Finanzierung. Hierbei ist der Unterschied vor allem zwischen Beschäftigten in der Privatwirtschaft und Beschäftigten im öffentlichen Sektor besonders stark. Während die Renten in der Privatwirtschaft durch die Beiträge der ArbeitnehmerInnen und ArbeitgeberInnen im Umlageverfahren ausgezahlt werden, wird im öffentlichen Sektor der größte Teil der Renten aus Steuermitteln finanziert (Wrobel 2009: 152).

---

[32] Diese Feinabstimmung des französischen Rentensystems orientiert sich nach den beruflichen, d.h. körperlichen oder geistigen Belastungen in einem Beruf. Als besonders belastete Berufsgruppen zählen u.a. ErzieherInnen, LehrerInnen, Feuerwehrmänner, PolizistInnen, Müllabfuhr oder LokführerInnen. Diese Berufsgruppen können teilweise deutlich früher, zwischen dem 50. und dem 60. Lebensjahr, in Rente gehen.

	Grundversorgung *(régimes de base)*	**Zusatzversicherung** *(régimes complimentaire)*	
Landwirtschaft	MSA 650.000 BeitragszahlerInnen 2,17 Mil. RentnerInnen	ARRCO 18,1 Mil. Bei- tragszahlerInnen 11,9 Mil. Rent- nerInnen	AGIRC 4 Mil. Beitrags- zahlerInnen 2,7 Mil. Rentne- rInnen
Industrie, Handel, Dienstleistungen	CNAV		
Teilgruppe von Beschäftigten im öffentlichen Dienst		IRCANTEC 2,79 Mil. BeitragszahlerInnen 1,92 Mil. RentnerInnen	
Unternehmen mit Sonderstatus		Diverse Sonderkassen 45.000 BeitragszahlerInnen 25.000 RentnerInnen	
	17,7 Mil. BeitragszahlerInnen 13,5 Mil. RentnerInnen		
Beamte und Angestellte im öffentlichen Dienst	Sondersysteme der Sécurité Sociale 4,7 Mil. BeitragszahlerInnen 3,5 Mil. RentnerInnen Beamte, staatliche Krankenhäuser, Staatsadministration, Bergbaubehörde, Schiffsleute, Notare und notarielle Angestellte, EDF, RATP, SNCF, Banque de France, Opéra, Comédie Francaise etc.		

Tabelle 2:*Übersicht der Rentenversicherungen für abhängig Beschäftigte in Frankreich. Quelle: Veil 2004:52 und eigene Darstellung*

Insgesamt bestehen allein auf der gesetzlichen Ebene der Rentenversicherung mehr als 35 verschiedene Rentenkassen und mehr als 300 Sondersysteme, wobei jeder und jede französischer RentnerIn durchschnittlich aus 2,8 Kassen seine gesetzliche Rente bezieht (Kaufmann 2000: 8; Kufer 2010: 6). Dies führt jedoch nicht zu einer überdurchschnittlichen Rente, sondern vielmehr stellt erst die aus verschiedenen Rentenansprüchen zusammengesetzte Gesamtrente eine ausreichende Alterssicherung dar. Dabei macht die Grundrente rund 70 % und die gesetzliche Zusatzversicherung durchschnittlich 30 % des Gesamtrentenvolumens aus (Palier 2003: 54). Die zweite Säule der freiwilligen betrieblichen Rentenvorsorge spielt, aufgrund der geringen betrieblichen Rückstellungen französischer Unternehmen, dagegen für das Gesamtrentenvolumen nur eine sehr geringe Rolle. Ähnlich sieht es bei der individuellen und privaten Altersvorsorge (*3.Säule*) aus, welche aufgrund der im europäischen Vergleich relativ hohen gesetzlichen Rentenbeiträge für viele Franzosen eine weitere finanzielle Belastung darstellt (Grillmayer 2012: 226). Nach Angaben der OECD (2014c: 201) hatten

im Jahr 2013 nur 16,5 % der französischen Bevölkerung eine betriebliche Altersvorsorge abgeschlossen und nur 5,4 %[33] verfügten über eine individuelle kapitalgedeckte Zusatzvorsorge.

Das französische Rentensystem hat sich in seiner heutigen Ausprägung und
der starken Dualisierung der ersten Säule zu Beginn der 1970er Jahre herausgebildet. Die Einführung der *Caisse nationale d'assurance vieillesse* (CNAV) als
eigenständige Rentenkasse im Jahr 1967, das *Loi Bolin* aus dem Jahr 1971, welches die Berechnungsgrundlage der Rente grundlegend reformierte und damit
die Rentenansprüche bedeutend aufwertete und die Herabsetzung des Renteneintrittsalters von 62 auf 60 Jahre im Jahr 1982, waren entscheidende Schritte zum
heutigen französischen Rentensystem (Wrobel 2009: 153). Vor allem aber die
verpflichtende Ausdehnung der vorher freiwilligen Zusatzversicherung auf alle
abhängig Beschäftigten im Jahr 1972, hatte an der Herausbildung des heutigen
Systems erheblichen Anteil (Stöger 2011: 16). Nach dem U-Turn der Regierung
Mitterand und der stark ansteigenden Arbeitslosigkeit wurden die Beitragssätze
der Rentenversicherung ab den 1980er Jahren jedoch mehrfach angehoben.
Gleichzeitig begann eine Diskussion über die Finanzierbarkeit des Rentensystems, wobei v.a. der Fokus auf die demographische Entwicklung und die hohe
Arbeitslosigkeit gelegt wurde. So wurden allein zwischen 1985 und 1993 insgesamt sechs Expertenberichte von den Regierungen in Auftrag gegeben, welche
sich mit der Zukunft des Rentensystems beschäftigten und einen massiven Anstieg des Defizits der Rentenkasse prognostizierten (Argoud 2013: 230; Palier
2005: 437).

Nach der Unterzeichnung des Maastricht-Vertrags 1992 auf europäischer
Ebene war die französische Regierung gezwungen, das Haushaltsdefizit zu reduzieren und die Zuschüsse für die Sozialversicherungen und die allgemeinen Sozialausgaben, zu verringern. Zusammen mit den verschiedenen Expertenberichten,
v.a. dem Weißbuch zur Rentenpolitik (*Livre Blanc sur les retraites*) von 1991,
führten die haushaltspolitischen Maßgaben von Maastricht dazu, dass die Ausga-
benentwicklung der Sozialversicherung in den Mittelpunkt der französischen Reformpolitik rückte (Palier 2006: 114f). So war es die Regierung Balladur, welche
1993 mit der Vorstellung ihres Reformprogramms für die Rentenversicherung an
diesen Diskurs anknüpfen konnte und somit gleichzeitig die Grundlage für einen
bis heute andauernden Reformeifer im Rentensystem schaffte. Nachdem es schon
seit Beginn der 1990er Jahre Kürzungen bei der jährlichen Rentenanpassung gab,
stellten die Reformen der konservativen Regierung Balladur einen ersten wirklichen Einschnitt in das bisherige Rentensystem dar (Bonoli 1997: 115). So wurde

---

[33] Dieser Wert ist im OECD-Vergleich einer der geringsten überhaupt. Nur in der Türkei (4,7 %)
und in Portugal (5,1 %) verfügen weniger Menschen über eine private kapitalgedeckte Altersvorsorge. In Deutschland sind es im Vergleich dazu mehr als 35 % der erwerbstätigen Bevölkerung,
welche über eine solche kapitalgedeckte Altersvorsorge verfügen.

die Beitragszeit für eine abschlagsfreie Rente von 37,5 Jahren auf 40 Jahre erhöht, die Bemessungsgrundlage von den besten zehn auf die besten 25 Jahre des Berufsleben erweitert und die Rentenberechnung bzw. die jährliche Rentenanpassung von der Lohn- auf die Preisindexierung umgestellt (Argoud 2013: 230). Gleichzeitig wurde auf Drängen der Gewerkschaften[34] der „Solidaritätsfonds für das Alter" eingerichtet, welcher über die ebenfalls neu erhobene Sozialsteuer CSG finanziert wird und aus dem die nicht beitragsfinanzierten Rentenausgaben, wie für die Mindestrente, abgedeckt werden.

Die Reformen der Regierung Balladur stellten die dahin stärksten Kürzungen im französischen Rentensystem dar und bewirkten, dass die Renten gegenüber den Gehältern langsamer stiegen, bei gleichzeitigem kontinuierlichem Sinken des Rentenniveaus (Veil 2004: 25). Das Defizit im Rentensystem konnte durch die Reformen zwar kurzfristig reduziert werden, jedoch mittel- und langfristig das Defizit in der Rentenfinanzierung nicht stabilisieren, was auch daran lag, dass die Reformen den öffentlichen Dienst wie auch die Sonderrentensystemen[35] nicht berührten (Wrobel 2009: 154). Die Aussparung des öffentlichen Dienstes und der Sonderrentensysteme führte jedoch dazu, dass sich der Unterschied zwischen dem öffentlichen und dem privaten Sektor in den Rentenleistungen weiter vergrößerte. Die nachfolgende Regierung, unter dem ebenfalls konservativen Premierminister Juppé, versuchte 1995, zusammen mit einer generellen und grundlegenden Strukturreform der gesamten Sozialversicherung, die Rentenversicherungssysteme im öffentlichen Sektor an die schlechteren Regelungen des privaten Sektors anzugleichen, die Selbstverwaltung der Rentenversicherung durch die Sozialpartner einzuschränken und dadurch den staatliche Einfluss auf die Ausgestaltung der Renten im öffentlichen Sektor zu vergrößern. Zudem sollte die Finanzierungsbasis durch eine Steuer auf Finanz- und Kapitalmarktgeschäfte, die sogn. RDS-Steuer (*remboursement des dettes sociales*), erweitert werden (Bonoli 1997: 120).

Der Reformplan scheiterte jedoch an den heftigen Protesten und Streiks der Beschäftigten, v.a. der französischen Bahn (SNCF) und des Pariser Nahverkehrs (RATP), welche das ganze Land zum Erliegen brachten. (Egle 2008: 140; Palier 2003: 59f). Einzig die Einführung der RDS konnte von den Reformplänen durchgesetzt werden (Vail 2010: 120). Nach dem Scheitern der Reformen versuchte die Regierung Juppé zwei Jahre später einen weiteren Anlauf zur Reform des Rentensystems. Das *Loi Thomas* führte eine private aber staatlich subventionierte und

---

[34] Eigentlich hatte die Regierung Balladur geplant, einen Rentenpensionsfonds auf betrieblicher Ebene einzuführen, scheiterte jedoch am Widerstand der Gewerkschaften, welche in dieser Initiative eine Aushöhlung des Umlageprinzips in der Rentenversicherung fürchteten (Veil 2004: 66).
[35] Schludi (2001: 40) weist daraufhin, dass 50 % des Defizits in den Rentenkassen auf Rentenleistungen des öffentlichen Dienst zurückzuführen waren, obwohl die Gruppe des öffentlichen Dienstes selbst nur 20 % aller Rentenversicherten darstellte.

kapitalgedeckte Zusatzrente ein, welche jedoch noch im selben Jahr von der neugewählten sozialistischen Regierung Jospin zurückgenommen wurde. Bis zur Abwahl der Regierung Jospin im Jahr 2002 blieb das Rentensystem, auch aus Angst
vor erneutem Widerstand der Gewerkschaften und der Bevölkerung, unangetastet[36]. Die Wiederaufnahme des Reformprozesses im Rentensystem, welcher
durch das Scheitern des Plan Juppé zum Stillstand gekommen war, begann erst
wieder 2003 unter der nachfolgenden konservativen Regierung Raffarin und mit
Druck der Europäische Kommission (Gordon/Mathers 2004: 11; Hacker 2011:
237). Mit der Ausweitung der Methode der Offenen Koordinierung im Bereich
der Rentenpolitik im Jahr 2001[37] geriet Frankreich, v.a. aufgrund des niedrigen
durchschnittlichen Renteneintrittsalters sowie der relative Ungleichheit zwischen
privaten und öffentlichen Sektor, von Seiten der EU unter Druck.

Mit der 2003 verabschiedeten Rentenreform knüpfte die Regierung Raffrain
an die Reformpläne der Regierung Juppé in der Rentenversicherung an. Unter der
Losung der „équité" in der Alterssicherung konnte die Regierung im öffentlichen
Sektor eine Erhöhung der benötigten Beitragsjahre (von 37,5 auf 40 Jahre) für
eine abschlagsfreie Rente und damit eine Angleichung an die Regelungen des
privaten Sektors durchsetzen. Zudem wurde eine schrittweise Erhöhung der Beitragsjahre im öffentlichen wie im privaten Sektor auf 42 Jahre bis 2020 sowie
eine Rentenprämie von 3 % für Menschen, die länger als 40 Jahre in die Rentenversicherung eingezahlt haben, beschlossen (Hassenteufel 2008: 230f; Palier
2005: 242ff). Nach massiven Protesten der Gewerkschaften, bei der im Mai 2003
mehr als 2 Millionen Menschen und damit deutlich mehr Protestierende als 1995
gegen den Plan Juppé auf der Straße waren, entschied sich die Regierung mit den
reformorientierten und regierungsnahen Gewerkschaften CFDT und CFE-CGC[38]
zu verhandeln und diese durch materielle Zugeständnisse in die Rentenreform
einzubinden (Gordon/Mathers 2004: 14f). So wurden die Rentenabschläge pro

---

[36] Die sozialistische Regierung Jospin versuchte vielmehr, Debatten für eine grundlegende Reform
der Rentenversicherung zu initiieren. So fällt in die Amtszeit Jospin der 1998 erschienene Rapport
Charpin, welcher eine Verdreifachung der Rentenausgaben bis 2040 prognostizierte und eine Vereinheitlichung der Lohnersatzquote für alle Rentensysteme sowie eine einheitliche Erhöhung des
Renteneintrittsalters auf 65 Jahre vorschlug (Charpin 1998). Ebenso wurde unter Jospin ein Renten-
sachverständigenrat (*conseil d'orientation des retraites - COR*) zur Lösung grundlegender Fragen
des Rentensystems einberufen.

[37] Die Methode der offenen Koordinierung wurde 1997 im Vertrag von Amsterdam für die Beschäftigungspolitik beschlossen, im Vertrag von Lissabon im Jahr 2000 rechtlich verankert und auf dem
Gipfel von Stockholm u.a. auch auf die Alterssicherung ausgeweitet. Der Europäische Rat beschloss
auf seiner Sitzung in Laeken insgesamt 11 Ziele für die Offene Koordinierung im Bereich Rente,
u.a. die Erhöhung der Erwerbstätigkeit älterer Menschen, die Abschaffung von Anreizen für einen
vorzeitigen Ruhestand, sowie die Nachhaltigkeit öffentlicher Finanzen (ER 2001: 6).

[38] Die *Confédération française de l'encadrement - Confédération générale des cadres* (CFE-CGC)
organisiert ausschließlich leitende Angestellte und gehört zu den fünf großen und repräsentativen
Gewerkschaften.

fehlendem erwerbstätigen Arbeitsjahr von 10 % auf 5 % reduziert, das Renteneintrittsalter von sehr jungen Erwerbstätigen, welche schon mit 14 bis 16 Jahren
zu arbeiten angefangen haben, bei 56 Jahren belassen und das Rentenniveau von
MindestlohnempfängerInnen auf 85 % des SMIC erhöht (Veil 2004: 80). Ebenso
blieben die Sonderrentensysteme der großen öffentlichen Unternehmen, welche
traditionell gewerkschaftliche Hochburgen waren, mitsamt ihren Vorteilen von
der Reform unberührt[39]. Mit der Zustimmung der reformorientierten Gewerkschaften wurde die Rentenreform im Jahr 1993 beschlossen.

Die Rentenreform von 2003 zielte auf zwei grundlegende Veränderungen in
der Rentenversicherung ab. Zum einen sollte mit der Reform das Defizit in der
Rentenkasse durch eine Anhebung der benötigten Beitragsjahre abgebaut werden.
So stellte eine solche Anhebung in einem Land, in dem lediglich 85 % der Männer
und nur 39 % der Frauen die benötigten Beitragsjahre erreichten, eine effektive
Rentenkürzung dar, da diese nun höhere Abschläge hinnehmen mussten (COR
2004: 25f). Zum anderen zielten die Reformen von 2003 auf eine Aufwertung der
kapitalgedeckten privaten Altersvorsorge. Zusammen mit der Anhebung der Beitragsjahre wurde 2003 eine Förderung von Betriebsrenten und der kapitalgedeckten Altersvorsorge beschlossen (Palier 2005: 248). So wurde ein rechtlicher Rahmen für private Rentensparpläne (*Plan d'espargne retraite populaire - PERP*)
geschaffen und eine steuerliche Förderung dieser Finanzmarktprodukte vereinbart.

Gesamtgenommen zielten die Reformen im Rentensystem bis zum Jahr 2007
vor allem auf eine Veränderung der Bedingungen des Rentenanspruchs. So können die Maßnahmen der Reformen hauptsächlich auf eine Erhöhung der Beitragsjahre, des Renteneintrittsalters (im Rentensystem des öffentlichen Sektors) und
einer Angleichung des öffentlichen und des privaten Sektors zusammengefasst
werden. Zudem führten die Rentenreformen bis 2007 zu einer Erweiterung der
Finanzierungsgrundlage des Rentensystems durch Steuern sowie zu einer Ausweitung der Grundsicherung in der Alterssicherung.

Trotz der starken Veränderungen in der Rentenversicherung, konnten viele
Reformpläne aufgrund der starken Proteste nicht durchgesetzt werden. Das Schei-
tern des Plans Juppé, im Jahr 1995, verhinderte eine negative Angleichung der
Renten des öffentlichen an den privaten Sektors und offenbarte die herausragende

---

[39] In den Streiks 1995 waren es gerade die Beschäftigten der großen öffentlichen Unternehmen (v.a.
SNCF und RATP), welche durch ihre Streiks den stärksten Druck auf die Regierung erzeugen konnten. Durch die Ausklammerung der Sonderrentensysteme reagierte die Regierung somit präventiv
auf mögliche Streiks in den öffentlichen Versorgungsunternehmen. Interessanterweise waren es jedoch gerade die Privilegien dieser Sonderrentensysteme, welche der französische Rechnungshof
2003 im sogenannten Rapport Briet kritisierte. Dieser Bericht wiederum war Anlass für die Regierung Raffarain, eine erneute Reform der Altersvorsorge im öffentlichen Sektor anzustreben (Veil
2004: 78f).

Bedeutung der politischen Selbstverwaltung des Rentensystems für die französische Bevölkerung (Veil 2004: 67). Zudem muss auch die Finanzialisierung des Rentensystems aufgrund der, im europäischen Vergleich, sehr niedrigen Verbreitung kapitalgedeckter Rentensparpläne und anderer privater Finanzprodukte als vorerst gescheitert angesehen werden. Somit blieben bis 2007 Finanzialisierungs- und Responsibilisierungsprozesse in der Altersvorsorge, wie sie bspw. ab Mitte der 1980er Jahre in Großbritannien oder Anfang der 2000er Jahre in Deutschland politisch forciert wurden, in Frankreich zu großen Teilen aus.

4.2.2 Aktive und passive Arbeitsmarktpolitik

Die Arbeitslosenversicherung als passiver Teil der Arbeitsmarkt- und Beschäftigungspolitik unterlag, ähnlich wie auch die anderen Versicherungen im französischen Sozialsystem, in den letzten Jahrzehnten einer mehr oder weniger ambitionierten Reformpolitik. Aufgrund der strukturellen Kopplung zwischen dem Arbeitseinkommen und der Finanzierung der anderen Sozialversicherungen stand die Arbeitslosenversicherung wie auch andere arbeitsmarktpolitische Maßnahmen spätestens mit Beginn der 1980er Jahre, aufgrund des massiven Anstiegs der Arbeitslosenzahlen, im Zentrum der öffentlichen Debatte und im Fokus politischer Reformbemühungen unterschiedlicher französischer Regierungen (Clegg 2011: 35f). Zwar ist die obligatorische[40] gesetzliche Arbeitslosenversicherung[41] (*Union national interprofessionelle pour l'emploi dans l'industrie et le commerce- UNEDIC*) offiziell nicht Teil der *Securité Social*, wird aber ähnlich wie diese von den Sozialpartnern verwaltet und über die Beiträge der ArbeitgeberInnen und ArbeitnehmerInnen finanziert (Neumann 2004: 139).

Bei der UNEDIC sind es auch die Sozialpartner, welche alle zwei Jahre in Verhandlungen über die Bezugsdauer und die Höhe des Arbeitslosengeldes bestimmen. Die Ausgestaltung der Arbeitslosenversicherung ist jedoch nicht autonom von der Regierung, da die Umsetzung der Verhandlungsergebnisse die Zustimmung durch den Arbeitsminister voraussetzen, womit die Möglichkeit eines staatlichen Eingriffs in die Arbeitslosenversicherung grundlegend gegeben ist. Die Verwaltung und Auszahlung der Versicherungsbeiträge übernahm bis 2008 die *associations pour l'emploi dans l'industrie et le commerce* (ASSÈDIC), welche über rund 30 regionale Kassen verfügte, die wiederum auch von den Sozial-

---

[40] Ausgenommen sind Selbständige und Teile der Beschäftigten des öffentlichen Sektors.
[41] Die UNEDIC umfasst hauptsächlich die Angestellten im privaten Sektor und zum Teil auch des öffentlichen Sektors. Ähnlich wie bei den anderen Sozialversicherungen, gibt es auch im Bereich der Arbeitslosenversicherung Sonderregelungen und –systeme für Bedienstete im öffentlichen Sektor. Da diese bisher jedoch nicht von Reformen betroffen waren, werden sie in dieser Arbeit auch nicht Gegenstand der Untersuchung sein.

partnern geführt wurden. Die Betreuung und Vermittlung der Erwerbslosen erfolgte jedoch nicht durch eine sozialpartnerschaftliche Institution, sondern wurde auch bis 2008 durch staatlich geführte Arbeitsämter, sogenannte *l'Agence nationale pour l'emploi* (ANPE) übernommen (Lizé 2013: 134). Die UNEDIC selbst stellt nur die eine Ebene der Arbeitslosenversicherung dar, besteht doch, aufgrund der zeitlich begrenzten Bezugsdauer, mit der steuerfinanzierte Grundsicherung *Allocation de Solidarité Specifique* (ASS) eine zweite Ebene der Arbeitslosenversicherung. Anrecht auf die ASS oder das Mindesteinkommen RMI haben jene Erwerbslosen, welche nach Ablauf der zeitlich begrenzten Auszahlung der Arbeitslosenversicherung keine Anstellung gefunden haben.

Die französische Arbeitsmarkt- und Beschäftigungspolitik unterlag in den letzten Jahrzehnten, ähnlich wie auch die Sozialversicherungen, einem erhöhten Reformdruck, auch wenn die durchgesetzten Reformen mehr auf Kontinuität ausgerichtet waren, als einen tiefgreifenden Wandel einzuleiten (Neumann 2004: 152). So zählt die Arbeitslosigkeit spätestens seit dem U-Turn der Regierung Mitterand zu den drängendsten Problemen in Frankreich. Die Arbeitslosenquote überschritt seit Anfang der 1990er Jahre, und beschleunigt durch die weltwirtschaftliche Krise nach dem Ende des Eisernen Vorhangs, die 10 % Marke (OECD 2015c; Steinhilber 2000: 47).

Nachdem in den 1980er Jahren eine aktive Arbeitsmarktpolitik von der Regierung nur noch eingeschränkt verfolgt wurde und sich die arbeitsmarktpolitischen Maßnahmen hauptsächlich auf die künstliche Verknappung des Arbeitskräfteangebots durch Vorruhestandsregelungen für ältere ArbeitnehmerInnen oder Arbeitsbeschaffungsmaßnahmen beschränkten, wurden Ende der 1980er Jahre die Lohnnebenkosten als Problem des französischen Arbeitsmarktes ausgemacht (Palier 2005: 349; Steinhilber 1995: 91). Mit der Regierung Balladur begann eine Phase, welche der Politikwissenschaftler Lizé (2013: 136) als *Entlastungsphase* für die Arbeitgeberseite bezeichnet und welche er bis zur Wahl der Regierung Jospin 1997 terminiert. Diese Phase ist vor allem durch Senkungen und Subventionierungen der Sozialabgaben für Unternehmen sowie durch eine Flexibilisierung der Arbeitszeiten geprägt. So legte die Regierung Balladur zu Beginn des Jahres 1993 einen 5-Jahres-Plan zur Bekämpfung der Arbeitslosigkeit vor, welcher neben einer Zusammenfassung bisher bestehender Sonderförderprogramme[42] vor allem eine Reduktion der Lohnnebenkosten vorsah (Vail 2010: 89).

---

[42] Staatliche Interventionen zur Beschäftigungsförderung wurden seit den 1980er Jahren nach dem „Trial and Error"-Prinzip eingeführt, verändert und angepasst. Teilweise entwickeln verschiedene Institutionen teils konkurrierende Programme, wodurch eine fast unüberschaubare Anzahl an Programmen parallel existiert und teilweise für bestimmte NutzerInnen zugeschnitten ist (bspw. Jugendliche, Langzeitarbeitslose, Niedrigqualifizierte etc.). Eine gute Übersicht über die verschiedensten Programme bietet Neumann (2004: 138). Im Folgenden werde ich auf die Einführung oder Veränderungen einzelner Sonderprogramme nicht eingehen, da sie den Umfang dieser Arbeit sprengen würden.

Im Juli 1993 wurden die Beiträge der Arbeitgeber zur Familienversicherung bis zum 1,1fachen des Mindestlohnes vom Staat übernommen, wenn diese im Bereich des Mindestlohnes oder der Teilzeitarbeit neue Jobs schafften. Gleichzeitig wurde versucht, die Senkung der Sozialabgaben für Unternehmen mit einer Flexibilisierung der Arbeitszeit zu verbinden. So wurden die Arbeitgebersozialbeiträge für Unternehmen (teilweise) übernommen, welche eine Arbeitszeitverkürzung ohne Lohnausgleich von mindestens 15 % und eine Erhöhung der Beschäftigten um 10 % durchsetzten (Egle 2008: 103). Ebenfalls wurde Anfang der 1990er Jahre die Kurzarbeit ausgeweitet, die Dauer von befristeten Verträgen von 12 auf 24 Monate erhöht und eine staatliche Subventionierung für Stellen, deren Lohnhöhe unterhalb des Arbeitslosengeldes lagen, erhöht (Steinhilber 1995: 92). Letzteres ist dahingehend erwähnenswert, als das die staatliche Finanzierung von Beschäftigten im unteren Lohnbereich bisher ein Novum darstellte. Mit dem Reformprojekt der Regierung ging gleichzeitig auch eine Änderung in der sozialpartnerschaftlich verwalteten Arbeitslosenversicherung einher. Unter der Führung des Arbeitgeberverbandes CNPF (*Conseil national du patronat francais*) und der Gewerkschaft CFDT (*Confédération française démocratique du travail*) wurde von den Sozialpartnern in der UNEDIC eine Begrenzung der Bezugsdauer des Arbeitslosengeldes auf maximal 30 Monate eingeführt und eine automatische Reduzierung des Arbeitslosegeldes um 17 % pro Quartal (Degressivität) implementiert (Egle 2008: 101). Dies entlastete langfristig die Arbeitslosenversicherung, führte aber gleichzeitig zu einem starken Anstieg der staatlichen finanzierten Grundsicherungen ASS und RMI. Die Balladur-Reformen wurden von der nachfolgenden Regierung Juppé bis zu ihrer Abwahl 1997 weiter umgesetzt und nur minimal[43] verändert.

Nach dem Scheitern der Regierung Juppé und dem Wahlsieg der sozialistischen Partei unter Lionel Jospin änderte sich die Ausrichtung der Arbeitsmarkt- und Beschäftigungspolitik hin zur Förderung der wirtschaftlichen Nachfrage. Lizé (2013: 137) nennt die Regierungszeit des sozialistischen Premierminister Jospin von 1997 bis ins Jahr 2002 daher auch die *Phase der nachfrageorientierten Beschäftigungspolitik* (*côte demande de travail*). Diese ist vor allem durch drei Schwerpunkte geprägt: 1.) die Senkung der Wochenarbeitszeit von 39 auf 35 Stunden, 2.) der staatlichen Förderung des unteren Lohnsegments[44] und 3.) die Implementierung von Aktivierungselementen in die Arbeitslosenversicherung. Die 35-Stunden-Woche war das Hauptprojekt und eines der großen Wahlverspre-

---

[43] Senkung der Beiträge für Arbeitgeber und Arbeitnehmer um 0,42 %, eine Erhöhung des Arbeitslosengeldes um 10 %, eine Festsetzung der Senkung der Arbeitgeberbeiträge an der Familienversicherung auf 1,33 SMIC sowie eine Lockerung der Degressivität von 4 auf 6 Monate.
[44] Die Regierung Jospin startete in den ersten Jahren ihrer Regierungszeit ein umfassendes Beschäftigungsprogramm für Jugendliche, welches rund 350.000 Jugendliche in Arbeit brachte und als relativ erfolgreich angesehen werden kann (Lizé 2013: 138).

chen der 1997 gewählten sozialistischen Regierung Jospin. Sie wurde 1998 beschlossen und im Jahr 2000[45] eingeführt. Die 35-Stunden-Woche stellte in jener Zeit eine nachfrageorientierte Alternative zu den angebotsorientierten Arbeitsmarktreformen der anderen europäischen Länder dar. Während auf der internationalen Ebene durch die OECD oder die EU vor allem die Flexibilisierung des Arbeitsmarktes und die Reduktion der Lohnkosten propagiert wurde, wählte die sozialistische Regierung Jospin mit der Reduzierung der Wochenarbeitszeit eine vollkommen andere Stoßrichtung (ebd.: 138).

Das Gesetz reduzierte die gesetzlich vorgeschriebene Wochenarbeitszeit von 39 Stunden auf 35 Stunden bei vollem Lohnausgleich und führte zur Schaffung von rund 350.000 neuer Arbeitsplätzen (Gubian et al. 2004: 51). Innerhalb der Unternehmen wurde die 35-Stunde-Woche durch Betriebsvereinbarungen der Sozialpartner eingeführt, welche die spezifische Situation des einzelnen Unternehmens bei der Umsetzung der Arbeitszeitverkürzung mitbeachten sollte. Das im Jahr 2000 verabschiedete zweite Gesetz zur 35-Stunden-Woche sah weitere Vereinfachungen und einen deutlich flexibleren Spielraum für die Unternehmen bei der Umsetzung vor. So wurde die Überstundenregelung vereinfacht und die Arbeitskontenregelung auf mehrere Jahre ausgeweitet (Egle 2008: 162). Mit einher ging eine weitere Entlastung der ArbeitgeberInnen von Sozialversicherungsbeiträgen im unteren Lohnsegment. So wurde in Kontinuität zu den Reformen der Regierungen Balladur und Juppé, Löhne im Rahmen der 35-Stunden-Woche bis zum 1,8 fachen des SMIC (teilweise) von den Arbeitgebersozialbeiträgen entbunden[46] (Crépon et al. 2004: 59). Die staatliche Förderung des unteren Lohnsegmentes wurde gleichzeitig durch die Einführung einer negativen Einkommenssteuer (*Prime pour l'emploi*) für Menschen mit geringem Einkommen im Jahr 2001 unterstützt.

Da die 35-Stunden-Woche gegen den expliziten Willen der französischen Arbeitgeberverbände durchgesetzt wurde, reagierten diese mit mehreren Reformvorstößen in der gesetzlichen aber durch die Sozialpartner verwalteten Arbeitslosenversicherung. Der größte nationale Arbeitgeberverband MEDEF (*Mouvement des Entreprise de France*) forderte die Implementierung von aktivierenden und sanktionierenden Elementen in der Arbeitslosenversicherung und drohte damit, sich aus den Gremien der paritätischen Selbstverwaltung herauszuziehen (Clegg/van Wijnbergen 2011: 340). Mit dieser Drohung zwang MEDEF die Gewerkschaften in die Verhandlungen, welche sich, mit Ausnahme der CGT und FO, nach anfänglichen Widerständen als kompromissbereit in den Fragen einer

---

[45] Für Betriebe unter 20 MitarbeiterInnen galt die 35-Stunden-Woche erst ab dem 1.1.2002.
[46] Die Entbindung von den Sozialabgaben ist auf dem Niveau des Mindestlohns am höchsten und wird dann bis auf null zurückgeführt, so dass auch Firmen von der Regelung profitieren, welche ArbeitnehmerInnen knapp über dem SMIC beschäftigen.

stärkeren Verbindlichkeit der Eingliederungspläne und möglichen Sanktionsmaß-
nahmen gegen die Bezieher der Arbeitslosenversicherung zeigten. Interessanterweise war es die französische Regierung Jospin, welche die Vereinbarungen zwischen MEDEF und der sozialdemokratischen Gewerkschaft CFDT mehrfach zu-
rückwies und sich weigerte diese, aufgrund der darin vorgesehenen Implementierung von starken Zwangselementen[47], umzusetzen (Egle 2008: 166).

So scheiterte, anders als in anderen europäischen Ländern, die stärkere Im-
plementierung von Aktivierungsmechanismen nicht an den Gewerkschaften, sondern am Widerstand der sozialistischen Regierung. Im Jahr 2001 einigten sich die
Sozialpartner, mit Ausnahme der linken Gewerkschaften FO und CGT, mit der
Regierung Jospin auf eine Reform der Arbeitslosenversicherung, welche als
Herzstück die Einführung persönlicher Eingliederungspläne (*Plan d'aide auch
retour á l'emploi – PARE*) vorsah. Die Eingliederungspläne waren als freiwilliges
Instrument konzipiert und galten sowohl für die gesetzliche Arbeitslosenversicherung als auch für die steuerfinanzierte ASS und den RMI (Tuchszirer 2002: 67;
74). Der Leistungsbezug der Arbeitslosenversicherung und -hilfe war jedoch
nicht zwangsläufig an den Abschluss eines individuellen Eingliederungsplans gebunden, womit die PARE eher als freiwilliges Instrument konzipiert wurde. Allerdings war der Abschluss eines PARE mit erheblichen Erleichterungen, wie die
Aufhebung der Degressivität oder Lohnkostenzuschüsse und Mobilitätshilfen
verbunden. Gleichzeitig waren Sanktionen in Form von Leistungskürzungen, entgegen den Forderungen von MEDEF, nur in Ausnahmefällen vorgesehen
(Neumann 2004: 143). Jedoch ist die Einführung der Eingliederungspläne vor allem eine Implementierung von Aktivierungsinstrumenten in die Arbeitslosenversicherung und somit eine Startschuss für eine „aktivierende" Arbeitsmarktpolitik.

So ist es schon die nachfolgende Regierung Raffrain, welche weitere Schritte
in Richtung einer „Aktivierung" in der Arbeitslosenversicherung geht. Lizé
(2013: 136; 138) spricht daher ab dem Jahr 2002 von der *Phase der Arbeitsmarkt-
aktivierung*, welche stark durch die beschäftigungspolitischen Leitlinien der Europäischen Union geprägt ist. Die Regierung Raffrain begann gleich nach der
Übernahme der Regierungsgeschäfte mit einer partiellen Rücknahme der 35-
Stunden Woche. Die wöchentliche Arbeitszeit blieb zwar bei 35 Stunden bestehen, jedoch erhöhte die Regierung die maximalen jährlichen Überstunden von
130 auf 180 Stunden und setzte die Ausweitung der Arbeitszeitverkürzung für
kleine und mittlere Betriebe, welche für das Jahr 2002 geplant war, aus (Vail
2010: 92). Ebenso wurden die Subventionierungen der Arbeitgebersozialbeiträge
weiter angehoben und von der Umsetzung der 35-Stunden-Woche abgekoppelt,
womit vor allem Unternehmen entlastet wurden, welche die 35-Stunden-Woche
noch nicht eingeführt hatten (Egle 2008: 196).

---

[47] Die Einigungen zwischen MEDEF und dem CFDT sahen u.a. vor, dass das Arbeitslosengeld im
Fall einer Ablehnung eines Jobangebots komplett gestrichen werden kann (Egle 2008: 166).

So wurden die unterschiedlichen Abstufungen der Subventionen für die Arbeitgebersozialbeiträge vereinheitlicht und auf das 1,7fache des SMIC festgelegt. Gleichzeitig setzte die Regierung Raffrain zusammen mit den Arbeitgebern und den christlichen und sozialdemokratischen Gewerkschaften, eine Kürzung der maximalen Bezugsdauer der Arbeitslosenversicherung von 30 auf 23 Monate gegen den Widerstand der linken und basisnahen Gewerkschaften durch. Die Macht letzterer wurde ebenfalls durch das 2004 verabschiedete *Loi Fillon* weiter eingeschränkt, erleichterte dieses nicht nur den Abschluss von Betriebsvereinbarungen sondern machte die Gültigkeit von Tarifverträgen von der Mehrheit der als repräsentativ geltenden Gewerkschaften abhängig (Howell 2009: 248). Vor allem aber zielten die arbeitsmarktpolitischen Reformen der Regierung Raffrain auf die Umstrukturierung der steuerfinanzierten Wiedereingliederungshilfe RMI. Diese ist eine sozialhilfeähnliche Transferleistung, dessen Höhe durch die Regierung bestimmt und welche durch Steuermittel finanziert wird. Bisher wurde der RMI durch den Zentralstaat ausgezahlt, die LeistungsempfängerInnen jedoch durch die Departements betreut. Mit den Reformen wurden nun alle Kompetenzen auf der Ebene der Departements konzentriert, welche auch für die Auszahlung des RMI sowie den Abschluss und die Überwachung der obligatorischen Wiedereingliederungsverträge zuständig waren (Avenel 2005: 71). Zudem wurde innerhalb des RMI-Systems ein spezielles Kombilohnprogramm für Langzeitarbeitslose eingeführt.

Das sog. *Revenu Minimum d'Activité* (RMA) transformierte die Transferleistung in eine Lohnsubvention für Unternehmer, welche RMI-EmpfängerInnen befristet auf sechs Monate auf SMIC-Niveau anstellten. Während die Departements weiterhin den RMI zahlten, musste der Arbeitgeber nur die Differenz zwischen dem RMI und SMIC zahlen, so dass er rund Dreiviertel des Lohnes einsparen konnte. Das RMA wurde von den Gewerkschaften scharf kritisiert, da sie das Prinzip der Lohngleichheit bei gleicher Arbeit verletzt sahen und eine Förderung von Lohndumping befürchteten (CGT 2004). Allerdings war das RMA nicht sonderlich erfolgreich, so waren 2005, ein Jahr nach der Verabschiedung lediglich 1600 Personen von rund 1,2 Millionen RMI-EmpfängerInnen in einem RMA-Job beschäftigt (Palier 2005: 341). Dennoch stellte das RMA eine weitere Stärkung des Dispositivs einer aktivierenden Arbeitsmarktpolitik dar, welche die Auszahlung des Arbeitslosengeldes an die Erfüllung spezifischer Kriterien koppelte.

Im Vergleich zu anderen europäischen Ländern, wie bspw. Deutschland, war dieses Dispositiv in Frankreich jedoch deutlich geringer ausgeprägt, waren doch Sanktionsmöglichkeiten und Zwangsinstrumente gegenüber Erwerbslosen bis 2007 kaum vorhanden. Ebenso ist der Unterschied der Lohnersatzquote zwischen dem Arbeitslosengeld und der staatlichen Arbeitslosenhilfe ASS nicht so stark wie er bspw. in Deutschland zwischen dem Arbeitslosengeld I und II ist (Vail 2010: 114). Zudem galt der französische Arbeitsmarkt auch im Jahr 2008 als einer der am stärksten regulierten Arbeitsmärkte im Vergleich der OECD-Länder (Venn 2009: 8).

4.2.3 Zwischenfazit

Wie oben dargestellt, konnte sich auch Frankreich den neoliberalen Tendenzen in Europa nicht entziehen. Während die sozialen Sicherungssysteme nach dem U-Turn der Regierung Mitterand von neoliberalen Reformen vorerst unberührt geblieben waren, wurde der Reformdruck Anfang der 1990er Jahre durch die hohen Defizite in den Sozialkassen und der Ratifizierung der Maastricht-Kriterien deutlich stärker. Nach dem Politikwechsel in der Wirtschafts- und Finanzpolitik Anfang der 1980er Jahre vollzog sich nun zeitversetzt in den Staatsapparaten der sozialen Sicherungssysteme eine Verschiebung der Kräfteverhältnisse zugunsten spezifischer Kapitalfraktionen. Diese Verschiebung des Kräfteverhältnisses zeigte sich nicht zuletzt in dem Aufstieg einer neuen „élite du welfare" (Genieys/Hassenteufel 2004), welche ab Mitte der 1980er Jahre in der Verwaltung der Sozialversicherungssysteme Karriere machte und zahlreiche wichtige Positionen besetzte (Hassenteufel et al. 1999: 17ff). Vor allem in der Krankenversicherung und in der Arbeitsmarkt- und Beschäftigungspolitik besetzten diese „organischen Intellektuellen" zentrale Positionen für die staatliche Reform- und Politikformulierung und verfolgten dort eine relativ kohärente Politik der staatlichen Steuerung der sozialen Sicherungssysteme bei gleichzeitiger Implementierung von Wettbewerbs- und Aktivierungsmomenten (Hassenteufel/Lartigot-Hervier 2015: 88). Innerhalb des Renten- und Gesundheitssystems ging diese Verschiebung der Kräfteverhältnisse schon Mitte der 1990er Jahre mit einer zunehmenden Entmachtung der Sozialpartner und stärkeren Steuerungsmöglichkeiten staatlicher Apparaturen einher, während in der Arbeitsmarktpolitik die Implementierung von Aktivierungselementen erst zu Beginn der 2000er Jahre vor dem Hintergrund der europäischen Koordinierung in der Beschäftigungspolitik langsam begann (Lizé 2013: 138).

Seit den 1990er Jahren hat sich dadurch der Blick auf die Sozialversicherungen im Elitendiskurs stark gewandelt. Wurden Sozialausgaben noch bis Mitte der 1980er Jahre als förderlich für das wirtschaftliche Wachstum betrachtet, galten sie nun öffentlich als hinderlich für eine prosperierende Wirtschaft (Palier 2006: 111). Vor allem die Sozialausgaben für die Arbeitgeber wurden zunehmend als Ursache der hohen Arbeitslosigkeit gesehen, weshalb es gerade im Bereich der Arbeits- und Sozialpolitik seit den 1990er Jahren darum ging, Lohnnebenkosten zu reduzieren. So hat sich die Abgabenreduzierung für die Arbeitgeber, vor allem in den unteren Lohnsegmenten, als zentrales Instrument in der Beschäftigungspolitik herausgebildet. Gleichzeitig wurden aufgrund der hohen Defizite in den Sozialkassen die beitragsfinanzierten Versicherungssysteme exklusiver und konnten aufgrund der Kostenreduzierungen immer weniger wohlfahrtsstaatliche Leistungen übernehmen. So wurden im Rentensystem die notwendigen Beitragsjahre erhöht, im Gesundheitsbereich die Patientenzuzahlungen ausgeweitet und in der Arbeitslosenversicherung die maximale Bezugsdauer reduziert. Dies hatte nicht nur die Herausbildung eines privaten Versicherungsmarktes zufolge, welcher jedoch im Vergleich zu anderen EU-Mitgliedsländer sehr klein blieb, sondern gleichzeitig führte diese Entwicklung auch zu einer Aufwertung und zu einem Ausbau steuerfinanzierter und staatlich gelenkter Sicherungssysteme. Dieser Prozess der Aufspaltung der sozialen Sicherungssysteme in ein beitragsfinanziertes Versicherungssystem und ein steuerfinanziertes Grundversorgungssystem, welcher in allen dargestellten sozialen Sicherungssystemen zu beobachten war, kann mit Palier (2005: 420ff) als ein Prozess der Dualisierung begriffen werden.

Anders jedoch als die beitragsfinanzierten Sozialsysteme decken die steuerfinanzierten Grundversorgungssysteme nur noch die grundlegenden Bedürfnisse ab und zielen mehr auf eine soziale Inklusion als die Ersetzung des vorherigen Lohns. So ist der RMI oder das ASS keine Lohnersatzleistung, sondern lediglich ein finanzielles Existenzminimum, ähnlich wie die Mindestrente. Dies jedoch führt zu einer verstärkten Fragmentierung der französischen Bevölkerung in diejenigen, welche sich eine private Vorsorge leisten können und noch durch die Sozialversicherungen geschützt werden und jenen rund 10 % bis 15 % der Bevölkerung, die am Existenzminimum leben (Palier 2006: 24). Vor allem aber hat die Entwicklung der Dualisierung seit den 1990er zu einer Entlastung der ArbeitgeberInnen geführt. Durch das Herausfallen von Bevölkerungsteilen aus dem Versicherungssystem und deren Eingliederung in die steuerlich finanzierten Grundversorgungssysteme konnten die Versicherungskassen entlastet und die Beiträge dafür teilweise gesenkt werden. Gleichzeitig hat der Ausbau der Grundversicherungssysteme zu einer ungleich stärkeren Belastung der ArbeitnehmerInnen geführt, welche nun neben den allgemeinen Kassenbeiträgen eine Extrasteuer bezahlen müssen und dazu angehalten werden, privat Versicherungen abzuschließen. Exemplarisch für diesen Prozess in Frankreich steht die Einführung der CSG als Steuer für die Finanzierung der Sozialsysteme, welche ausschließlich von den ArbeitnehmerInnen gezahlt werden muss.

Trotz dieser Entwicklungen und Tendenzen muss betont werden, dass die „neoliberale Welle" (Jany-Catrice/Lallement 2013: 160) die sozialen Sicherungssysteme in Frankreich bis zum Ausbruch der Krise nur peripher gestreift hatte. So gab es bis zum Ausbruch der Krise keinen Konsens für einen neoliberalen Umbau der Sozialsysteme. Die seit den 1990er durchgesetzten Reformen sind in ihrer Qualität und ihrem Umfang nicht vergleichbar mit Sozialreformen in den europäischen Nachbarländern. Vielmehr weisen die durchgesetzten Reformen in ihrer Ausprägung eine starke Kontinuität auf, welche sich vor allem auf einen Erhalt der geschaffenen Institutionen als auf einen radikalen Bruch mit diesen konzentrierten. So war das durchschnittliche Renteneintrittsalter im Jahr 2007 mit

58,7 Jahren noch immer das Niedrigste im OECD-Vergleich und auch die Netto-ersatzquote der Rentenversicherung war zum Beginn des Untersuchungszeit-raums mit 72,3 % eine der höchsten in der EU (OECD 2014c: 263; 153). Und auch die Arbeitgebersozialbeiträge sowie die durchschnittlichen Arbeitskosten la-gen 2007 im oberen Drittel aller OECD-Nationen (OECD 2015b). Das dies so war, konnte oftmals auf den Protest und den teils heftigen Widerstand der Ge-werkschaften und der sozialen Bewegungen zurückgeführt werden, welche den Handlungsspielraum der Regierungen erheblich einschränkten (Clegg/van Wijn-bergen 2011: 340; Egle 2008: 89).

Zudem schafften es die progressiven Kräfte bis zum Ausbruch der Krise 2007, die Deutungsmacht der herrschenden Kräfte über die Sozial- und Arbeits-marktpolitik zumindest in Frage zu stellen und somit immer wieder Einfluss auf die konkrete Ausgestaltung der Reformpolitik zu gewinnen. So konnte eine stär-kere Aktivierung in der Arbeitsmarktpolitik genauso verhindert werden wie Pri-vatisierungen im Gesundheitssektor, die Abschaffung der 35-Stunden-Woche o-der eine Anhebung des Renteneintrittsalters. Entgegen des europäischen Trends und den Forderungen der französischen Arbeitgeberverbände nach Vermarktli-chung und Aktivierung, zielten die Reformen in der Arbeitsmarkt- und Sozialpo-litik seit den 1990er Jahren vor allem auf eine Stärkung der staatlichen Steuerung (Neumann/Veil 2004: 16).

Die Vorgaben der Europäischen Union über die beschäftigungspolitischen Richtlinien sowie die Maastricht-Kriterien konnten nicht in ihrer Gänze auf die französische Arbeitsmarkt- und Sozialpolitik übertragen werden (Lizé 2013: 139). Zwar gab es in der gesetzlichen Altersvorsorge sowie im Sekundärsektor des Gesundheitsbereichs Versuche einer Deregulierung und einer marktliberalen Öffnung, jedoch waren diese oftmals nur begrenzt erfolgreich. In ihrem Ausmaß und Umfang sind sie somit kaum vergleichbar mit Privatisierungs- und Deregu-lierungsprozessen im Bereich der Arbeitsmarkt- und Sozialpolitik in anderen Ländern der EU (Bode 2004: 259ff; Vail 2010; van Berkel et al. 2007: 331). Je-doch gelang es dem hegemonialen Block, Teile der Gewerkschaften in ihre Re-formprojekte mit einzubinden und somit oftmals eine konsensual abgesicherte Politik formulieren zu können. Gerade die sozialdemokratische Gewerkschaft CFDT spielte dahingehend eine zentrale Rolle, stimmte sie doch allen wichtigen Reformprojekten seit den 1990er Jahren zu. Ohne ihre Zustimmung und die Spal-tung der Gewerkschaftsbewegung in einen reformorientierten Teil (CFDT, CFE-CGC, CFTC) und einen linken Teil (CGT, FO und SUD) wären die dargestellten Reformen so nicht möglich gewesen. Die Proteste gegen die Rentenreformen des Plans Juppé hatten gezeigt, welche Mobilisierungskraft von den Gewerkschaften ausgehen kann, wenn diese gemeinsam agierten. Die Spaltung der Gewerk-schaftsbewegung muss daher bei allen erfolgreichen Reformen als Grundlage für ihre Umsetzung betrachtet werden (Egle 2008: 213f).

Dennoch konnten sich aufgrund des Widerstands der Gewerkschaften und sozialen Bewegungen die Projekte und Vorschläge der führenden Kapitalfraktionen bis zum Ausbruch der Krise kaum durchsetzen. Die Forderung nach einer Implementierung von harten Sanktionen im Arbeitsmarkt, einer stärkeren Vermarktlichung der Kranken- und Rentenversicherung oder der Abschaffung der 35-Stunden-Woche wurden immer wieder mit Verweis auf die sozialen Errungenschaften Frankreichs zurückgewiesen (Vail 2010: 87). Die Strategien in der Arbeitsmarkt- und Sozialpolitik der führenden Kapitalfraktionen im Block an der Macht konnten sich trotz des Drucks durch die Europäische Union und anderer internationaler Organisationen, wie der OECD (vgl. bspw. den OECD Bericht „Making Work Pay" von 1997), nur in stark gebrochener Form in die staatliche Politikformulierung einschreiben. Vielmehr führte der Widerstand der Gewerkschaften und sozialen Bewegungen dazu, dass eine fundamentale Reform der Sozial- und Arbeitslosenversicherung, wie sie bspw. in Deutschland mit der Agenda2010 durchgesetzt wurde, bis zum Ausbruch der Krise unmöglich war.

5. Die Krisenpolitik der Europäischen Union

Die Krisenpolitik der Europäischen Union seit dem Ausbruch der weltweiten Wirtschafts- und Finanzkrise, welche durch den Zusammenbruch des US-amerikanischen Immobilienmarktes im Jahr 2007 ausgelöst wurde, kann in zwei Phasen unterschieden werden. Zum einen in die Politik der Bankenrettung 2008 bis 2010 und in eine darauffolgende Phase der europaweiten Austeritätspolitik, welche seit 2010 nach einem Baukastenmodell in europäisches Recht implementiert wurde. Der Übergang zwischen diesen Phasen ist dabei durch eine Transformation unterschiedlicher Krisendeutungen und -erzählungen in ein einheitliches europäisches Krisennarrativ geprägt, welches ebenfalls in die Nationalstaaten hinein wirkte (Heinrich/Jessop 2013: 26). Im Folgenden sollen der Übergang von der Bankenrettung zur autoritären Austeritätspolitik auf dem europäischen Scale erläutert und die austeritätspolitischen Instrumente des europäischen Krisenkonstitutionalismus, in welchem die französischen Reformpolitik eingebettet ist, darstellt werden.

5.1 Der Krisenverlauf der Wirtschafts- und Finanzkrise 2007ff

Die starken Verflechtungen der internationalen Finanzmärkte führten dazu, dass die US-amerikanische Subprime-Krise relativ schnell auf die weltweiten Derivatenmärkte durchbrechen und sich zu einer internationalen Finanzkrise entwickeln konnte, welche im Sommer 2008 auch die europäischen Finanzzentren erreichte (Huke/Syrovatka 2012: 25). Durch die vorrangegangene Deregulierungen der europäischen Finanzmärkte im Zuge der Finanzmarktintegration, schlug die Finanzkrise mit einer solchen Wucht im europäischen Finanzsystem ein, dass fast alle großen privaten und staatlichen europäischen Banken Abschreibungen in Milliardenhöhe vermelden mussten. Es kam zu großen Refinanzierungs- und Liquiditätsproblemen im europäischen Bankensektor und zu einem Zusammenbruch des Interbankenmarktes. Die Banken parkten ihre Einlagen bei der Europäischen Zentralbank (EZB) anstatt sich gegenseitig Kredite zu vergeben. Daraus resultierte eine Kreditklemme, welche relativ schnell auf die Realwirtschaft übergriff und zu einer Refinanzierungskrise des Industriekapitals führte (Becker/Jäger 2009: 541). Diese hatte, zusammen mit dem krisenbedingten Einbruch der Exporte in der gesamten EU, einen Einbruch der Konjunktur und der Produktion zur Folge.

Vor allem Mitgliedsstaaten mit einer hohen Exportabhängigkeit, wie bspw. Deutschland, wurden von dem Konjunktureinbruch relativ hart getroffen, während sich im Vergleich dazu die Krise in Frankreich oder Polen nur stark abgeschwächt entfaltete (Lux 2015a: 90; Woll 2011: 23). Durch die unterschiedliche

Stärke der kriseninduzierten Konjunktureinbrüche wurde von den wirtschaftlichen und politischen Eliten immer wieder betont, dass der Schwerpunkt der Krise in den USA und nicht in der EU liege, weshalb sich zu Beginn der Krise kein gesamteuropäisch koordiniertes Krisenmanagement herausbilden konnte. Vielmehr konzentrierte sich die Krisenbearbeitung in der EU auf die jeweiligen Maßnahmen der einzelnen Mitgliedsstaaten, welche sich hauptsächlich auf die Rettung sogenannter systemrelevanter Banken zur Stabilisierung der Kredit- und Finanzmärkte konzentrierten (Heinrich 2012: 398).

Parallel dazu verabschiedeten fast alle europäischen Mitgliedsländer Konjunktur- und Investitionspakete, welche jedoch hauptsächlich angebotsorientiert und nur mit geringen sozialpolitischen und ökologischen Gestaltungsmöglichkeiten ausgestattet waren (Huke/Syrovatka 2013: 25). Die EU verhielt sich gegenüber der Krisenmaßnahmen der europäischen Mitgliedsstaaten relativ passiv und verabschiedete im Herbst 2007 nur allgemeine Richtlinien zur Bankenrettung. Nachdem jedoch ein Jahr später die nationalen Regierungen einen gemeinsamen Aktionsplan (*European Economic Recovery Plan - EERP*) verabschiedeten, welcher die nationalen Konjunkturprogramme bündeln und koordinieren sollte, beteiligte sich auch die Europäische Kommission mit 30 Milliarden Euro an den Rettungsmaßnahmen auf europäischer Ebene und passte die europäische Struktur- und Kohäsionspolitik der neuen Krisensituation an (Bieling 2011: 176; COM 2008b). Jedoch stellten diese auf europäischer Ebene koordinierten Krisenmaßnahmen nach dem Ausbruch der Krise in der EU nicht mehr als eine nachträgliche Absicherung der schon im Vorfeld beschlossenen nationalen Bankenrettungen und Konjunkturmaßnahmen dar, welche nun vielmehr mit den offiziellen EU-Wettbewerbs- und Stabilitätsvorgaben in Einklang gebracht wurden (Heinrich 2015: 8). Während der französische Vorschlag für ein gesamteuropäisches Konjunkturpaket nach US-amerikanischem Vorbild von der Mehrheit der europäischen Mitgliedsländer abgelehnt wurde, beschränkte sich die EU auf die Koordinierung der nationalen Konjunkturpakete und die Rahmensetzung für die nationalen Bankenrettungspakete (Becker/Jäger 2009: 552).

5.1.1 Die Durchsetzung eines gemeinsamen Krisennarrativs

Die Kosten für die nationalen Konjunkturprogramme im Zusammenspiel mit den sogenannten „automatischen Stabilisatoren" – d.h. den kriseninduzierten Anstieg der Sozialausgaben in Folge steigender Arbeitslosigkeit bei gleichzeitigem Einbrechen der Steuereinnahmen – führte zu einer europaweiten Ausweitung der nationalen Staatsverschuldung und infolge der starken Konjunktureinbrüche zu einem deutlichen Anstieg der Staatschuldenquote. Vor allem in den südeuropäischen Staaten und in Irland, aber auch in den europäischen Zentrumsstaaten, wie

Deutschland oder Frankreich, kam es im Zuge der Bankenrettungen zu einer explosionsartigen Ausweitung der öffentlichen Schulden. So stieg die Staatsschuldenquote in Frankreich von 72,3 % des BIP im Jahr 2007 auf 94,1 % des BIP im Jahr 2010 sprunghaft an (OECD 2012a: 232). In Griechenland war der Anstieg im selben Zeitraum von 112,9 % des BIP auf 147,3 % noch stärker (ebd.). Dieser sprunghafte Anstieg der Staatsschuldenquote hatte zur Folge, dass vor allem die südeuropäischen Länder von unterschiedlichen Rating-Agenturen in ihrer Kreditwürdigkeit herabgestuft wurden und somit auf den internationalen Kapitalmärkten deutliche Aufschläge für ihre Anleihen hinnehmen mussten.

Die steigenden Zinsen für langjährige Staatsanleihen führten im Zusammenspiel mit zunehmenden Liquiditätsengpässen europäischer Banken zu massiven Refinanzierungsproblemen bei den betroffenen Staaten in der südeuropäischen Peripherie. Schon im Jahr 2008 hatten ausländische Investoren damit begonnen, ihr Geld aus Spanien, Portugal, Irland und Griechenland abzuziehen (Heinrich 2015: 14). Im März 2010 schränkte eine erneute Herabstufung der Kreditwürdigkeit von Portugal und Griechenland die Refinanzierungsmöglichkeiten dieser Staaten so weit ein, dass v.a. Griechenland der Staatsbankrott drohte. In Folge der dramatischen Situation schnürten die Mitgliedsländer der EU, unter Einbezug des IWF, Kreditpakete, um einen Konkurs der Staaten abzuwenden aber vor allem um eine erneute Erschütterung des europäischen Bankensektors zu vermeiden. Denn der Großteil der Verbindlichkeiten südeuropäischer Staaten wurde vor allem von französischen und deutschen Banken gehalten, welche bei einem Staatsbankrott oder einen Schuldenschnitt in massive Refinanzierungsschwierigkeiten gekommen wären (Heinrich 2012: 401; Howarth 2013: 377). So lagen die Zinsen für die sogenannten „Rettungskredite" nur leicht unterhalb der damaligen Zinssätze auf den Kapitalmärkten und waren gleichzeitig an strenge fiskalpolitische Austeritätsmaßnahmen gebunden.

Schon kurz nach dem ersten Kreditpaket für Griechenland wurde diese Form der bilateralen Kredithilfe auf der europäischen Ebene durch die Einrichtung eines sogenannten „Rettungsschirms" institutionalisiert, welcher hauptsächlich auf die Initiative der beiden größten Gläubigerstaaten Frankreich und Deutschland zurückgeht (Heinrich 2015: 16). Nachdem sich die Europäischen Finanzstabilisierungsfazilität (EFSF) in Höhe von 750 Mrd. Euro als zu klein und vor allem auf eine zu kurze Laufzeit angelegt erwies, beschloss im Dezember 2010 der Europäische Rat einen automatischen Stabilitätsmechanismus (ESM), welcher den EFSF im September 2012 ablöste. Die Institutionalisierung von innereuropäischen Transferleistungen durch den EFSF und ESM sowie die damit einhergehende starke Erweiterung der Kompetenzen, Ressourcen und Überwachungsfunktionen der Europäischen Kommission, stellte dabei einen Kompromiss zwischen der strikten Ablehnung einer Transferunion durch die deutsche Bundesregierung und den französischen Vorschlägen nach einer weitreichenden Reform der EU dar, mit dem Ziel einer einheitlichen Wirtschaftsregierung (Heinrich 2012: 401; Young 2011).

Mit der stärkeren europäischen Koordinierung in der Krise begannen die Europäische Kommission und die Europäische Zentralbank, die verschiedenen und teils divergierenden Krisendeutungen zu moderieren und in ein einheitliches Denkmuster zu überführen (Heinrich 2015: 14). Noch zu Beginn der Krise konnte man eine tiefgreifende und stark polarisierte Debatte der politischen Eliten in der EU über die wesentlichen Krisenursachen und einen möglichen Ausweg aus der Krise beobachten, welche nicht zuletzt die unterschiedlichen Akkumulationsregime und Regulationsweisen sowie die Gläubiger-Schuldner-Beziehung in der EU wiederspiegelte (Heinrich/Jessop 2013: 25). So waren es auf der einen Seite vor allem die südeuropäischen Staaten unter der Führung Frankreichs, welche die wesentlichen Krisenursachen in den strukturellen Asymmetrien der Währungsunion und in den hohen Handelsüberschüssen der exportorientierten Mitgliedsländer sahen (Bieling 2011: 185). Diese Länder forderten daher eine stärkere wirtschaftspolitische Koordinierung durch eine europäische Wirtschaftsregierung, die Einführung von Eurobonds und einen kollektiven Mechanismus zur finanziellen Unterstützung von Mitgliedsländern, die in Zahlungsschwierigkeiten geraten waren (Dyson 2010: 604).

Dem gegenüber standen auf der anderen Seite die sogenannten „nordischen" oder Überschussländer unter der Führung Deutschlands, welche die Krise auf die hohen nationalstaatlichen Verschuldungen im Euroraum zurückführten. Diese Länder sind hauptsächlich dadurch gekennzeichnet, dass sie selbst hohe Leistungsbilanzüberschüsse aufgebaut haben und ihre Banken eine starke internationale Gläubigerposition u.a. in den südeuropäischen Ländern besitzen (Bieling 2011: 185). Die politischen Eliten dieser Länder versuchten, kollektive Transfermechanismen mit Berufung auf die „no-bail-out"-Klausel des Lissabon-Vertrages sowie eine gemeinsame Wirtschaftsregierung zu verhindern. Vielmehr sprachen sie sich für eine Weiterführung der bisherigen Arrangements mit verschärften austeritätspolitischen Kriterien sowie für einen stabilitätsorientierten Kurs der EZB aus (Dyson 2010: 605). In den „nordischen" Ländern verschob sich in dieser Zeit der öffentliche Diskurs und konzentrierte sich fortan auf die nationalen Staatsschulden der peripheren Länder. Aus den vormaligen „Musterschülern" der monetaristischen Integrationsweise wurden die sogenannten „PIIGS", welche aufgrund ihres vermeintlichen übermäßigen Konsums und dem ausschweifenden Lebensstil ihrer Bevölkerung für die Krise verantwortlich seien sollten.

In dieser Atmosphäre der divergierenden nationalen Krisendeutungen und Konflikten waren es die von den ökonomischen und politischen Eliten der EU artikulierten Krisennarrative, welche die nationalen Interessenunterschiede kombinierten und in ein gemeinsames neoliberales und wettbewerbsorientiertes Denkmuster überführten (Heinrich/Jessop 2013: 25). Mit der im März 2010 for-

mulierten Europa-2020-Strategie – welche keinen direkten Bezug auf die Eurokrise nahm, jedoch schon die Rahmenbedingungen für eine krisenbedingte Reform der europäischen Wirtschafts- und Währungsunion absteckte – konnte der
bereits in der Lissabon-Strategie artikulierte Wettbewerbsdiskurs wiederbelebt
und intensiviert werden (Dräger 2010: 85). Die Überwindung der Krise wurde
dabei diskursiv an die Überwindung der Unterschiede in der Wettbewerbsfähigkeit zwischen den Mitgliedsstaaten gekoppelt, dessen Ursachen einseitig in den
hohen Leistungsbilanzdefiziten sowie in den hohen Lohnstückkosten verortet
wurden. Die fiskalpolitische Konsolidierung der nationalen Haushalte sowie die
Einhaltung der im Stabilitäts- und Wachstumspakt festgeschriebenen Defizitgrenze wird darin als einer der wichtigsten Eckpfeiler der europäischen Wirtschaftspolitik herausgehoben, die durch eine weitreichende Überwachung der nationalen Wirtschaftspolitiken erreicht werden sollte (COM 2010b: 30).

Damit wurden die verschiedenen Krisendeutungen auf die bereits institutionalisierten EU-Strukturen bezogen, womit eine weitreichende Technokratisie-
rung des Diskurses, eine Anknüpfung an die Wettbewerbsorientierung der Lissabon-Strategie und der mit dieser verbundenen Kompromisskonstellation erreicht
werden konnte (Heinrich 2015: 15f). Durch die diskursive Beschränkung der Krisenursachen auf die Staatverschuldung und Verschiebung der hegemonialen Auseinandersetzung, weg von den vorrangegangenen Phasen der Krise, konnten alternative Politikansätze, wie bspw. eine keynesianische Nachfragepolitik delegitimiert und zurückgewiesen werden (Bieling 2010b; Heinrich/Jessop 2013: 26).
Je mehr sich also die Finanzkrise in die Staaten selbst verschob, umso mehr traten
die disziplinierenden Aspekte im europäischen Krisenmanagement in den Vordergrund (Huke/Syrovatka 2013: 25). Durch die Transformation der differieren-
den Krisennarrative in einen gemeinsamen Wettbewerbsdiskurs wurden zugleich
auch ein krisenkonstitutionalistischer Umbau der WWU durch die Implementierung eines systematischen Kontrollsystems autoritärer Austeritätspolitik bei
gleichzeitigem Ausbau exekutiver Gestaltungsmacht auf europäischer Ebene ermöglicht (Bieling 2014b: 102).

5.1.2 Krisenkonstitutionalistische Reformprozesse

Der krisenkonstitutionalistische Umbau der europäischen Wirtschafts- und Währungsunion wurde mit verschiedenen Initiativen in Form eines Bausteinsystems
seit Anfang des Jahres 2010 umgesetzt. Über verschiedene aufeinander aufbau-
ende Teileelemente konnte ein wirtschaftspolitisches Kontrollsystem zur Überwachung der nationalen Politiken etabliert werden, welches teils über europäische
Verordnungen, teils über zwischenstaatliche Verträge verankert wurde (Bieling
2013a: 103ff).

Der *erste wichtige Baustein* im krisenkonstitutionalistischen Reformprozess stellt das bereits im Frühjahr 2010 beschlossene Europäische Semester dar. Diese Initiative, welche auf eine vom Europäischen Rat eingesetzte „Task Force", unter der Führung von Herman van Rompuy, zurückgeht, zielte hauptsächlich auf die präventive Verhinderung von Verstößen gegen den Stabilitäts- und Wachstumspakt (SWP) mithilfe einer strengeren Überwachung der nationalen Haushalte durch die Europäische Kommission (ER 2010a). Mögliche Ungleichgewichte sollen schon vor ihrem Entstehen in der Haushaltsplanung der nationalen Parlamente erkannt und durch die Europäische Kommission verhindert werden. Die ex-ante Koordination der nationalen Wirtschaftspolitiken sieht dabei einen festen jährlichen Überwachungsrhythmus vor, welcher sowohl die nationale Haushalts-, wie auch die nationalen Struktur- und Makropolitiken umfasst. Damit rücken nicht nur die nationalen wirtschafts- und finanzpolitischen, sondern ebenso auch die nationalen arbeitsmarkt- und sozialpolitischen Strategien in den Fokus europäischer Überwachung (Bieling 2014a: 102). So beginnt etwa das im Jahr 2011 eingeführte Europäische Semester im November jeden Jahres mit der Vorlage eines sogenannten Jahreswachstumsberichts durch die Europäische Kommission, welcher die wirtschaftliche Lage der EU analysiert und die von der Kommission identifizierten Handlungsprioritäten aufzeigt. Auf Grundlage des Jahreswachstumsberichts formuliert der Europäische Rat jeweils im März für die einzelnen Mitgliedsländer politische Leitlinien, auf deren Grundlage diese im Folgemonat ihre jeweiligen Stabilitäts- und Konvergenzprogramme sowie die nationalen Reformprogramme der Europäischen Kommission vorlegen müssen. Diese wiederum entwickelt im Juni zusammen mit dem Europäischen Rat und auf Grundlage der nationalstaatlichen Berichte sogenannte länderspezifische Empfehlungen, die in der zweiten Hälfte des Jahres, dem sogenannten. nationalen Semester operationalisiert und im darauffolgenden Haushaltsjahr umgesetzt werden sollen (COM 2010a; ER 2010b).

Der *zweite Baustein* im krisenkonstitutionalistischen Reformensemble stellen die beiden Gesetzespakete zur Verschärfung des Stabilitäts- und Wachstumspaktes dar, welche in den Jahren 2011 und 2012 verabschiedet wurden. Das *erste*, im Juli 2011 verabschiedete Gesetzespaket, das sogenannte „Six-Pack", aus fünf Verordnungen und einer Richtlinie, zielt auf eine Reformulierung des SWP, in dem es diesen erweitert und verschärft. Der Fokus wird damit stärker auf die staatliche Gesamtverschuldung und die makroökonomischen Ungleichgewichte gelegt, die durch die Einführung einer präventiven Komponente nun stärker überwacht werden. Dieser präventive Arm des SWP definiert mit 3 % des BIP die Grenze des Haushaltsdefizits und mit 60 % des BIP eine Höchstgrenze der staatlichen Verschuldung. Beim Übertreten dieser Grenzen wird automatisch einen Mechanismus ausgelöst, welcher die betroffenen Mitgliedsstaaten zu einer jährlichen prozentualen Reduktion der staatlichen Gesamtverschuldung anhält.

Ebenso werden haushaltspolitische Mindestanforderungen für die einzelnen Mitgliedsstaaten formuliert, welche u.a. fiskalpolitische Empfehlungen wie die Schuldenbremse miteinschließen. Für die makroökonomische Überwachung erstellt die Europäische Kommission ein selbstgewähltes Indikatorenset (das sog. „Scoreboard"), anhand dessen makroökonomische Ungleichgewichte identifiziert werden. Sollten „schwerwiegende Ungleichgewichte" von der Kommission festgestellt werden, so wird automatisch der korrektive Arm des SWP aktiv. Was genau unter „schwerwiegenden Ungleichgewichten" zu verstehen ist, obliegt ausschließlich der europäischen Exekutiven (Oberndorfer 2012b: 62). Der korrektive Arm des SWPs umfasst das sog. Excessive Imbalance Procedure (EIP), welches für Länder mit "schwerwiegenden Ungleichgewichten" strikte Vorgaben und politische Empfehlungen zum Schuldenabbau vorsieht. Diese Empfehlungen und Vorgaben werden von der Europäischen Kommission entwickelt und gelten vom Europäischen Rat als angenommen, wenn dieser nicht innerhalb von 10 Tagen diese mit einer qualifizierten Mehrheit ablehnt (VO 176/2011 Art. 10). Diese Umkehrung der bisherigen demokratischen Abstimmungsmodalitäten durch das sogenannte „reverse majority voting" findet auch in der Entscheidung über die Verhängung von Sanktionen (Strafzahlungen bis 0,1 % des BIP) gegenüber Mitgliedsstaaten Anwendung, welche zum wiederholten Male die Empfehlungen in Folge des EIPs missachtet haben. Das „SixPack" wurde im Sommer 2012 durch ein *zweites* Gesetzespaket, dem sogenannten „TwoPack", verschärft. Dadurch erhält die Europäische Kommission die Kompetenzen, die Haushaltsentwürfe der Regierung, noch vor ihrer Abstimmung in den nationalen Parlamenten, zu prüfen, Änderungsvorschläge zu formulieren sowie eine gänzlich neue Version einzufordern, wenn diese nicht mit den makroökonomischen Zielen der EU vereinbar sind (Huke/Syrovatka 2012: 11). Zusätzlich erhält die Europäische Kommission die Möglichkeit, im Rahmen der makroökonomischen Überwachung, einzelnen Mitgliedsstaaten „finanzielle Schwierigkeiten" zu attestieren. Diese werden dann, ebenso wie die Länder, welche schon Gelder aus den europäischen Rettungsschirmen erhalten haben, strenger von der Europäischen Kommission überwacht.

Den *dritten* Baustein stellt der Euro-Plus-Pakt dar, welcher als eine Antwort auf die wiederholten Forderungen der französischen Regierung nach einer europäischen Wirtschaftsregierung verstanden werden muss (Bieling 2014b: 103). In dem im März 2011 vom Europäischen Rat verabschiedeten Vertrag, verpflichten sich die Mitgliedsstaaten, auf eine wettbewerbsorientierte Lohn-, Arbeitsmarkt-, Steuer-, und Sozialpolitik hinzuwirken (Bieling 2013c: 41). Insgesamt ist der Pakt und seine darin enthaltenen Empfehlungen stark angebotsorientiert, wobei seine Effekte nur als vage einzuschätzen sind, basiert er verfahrenstechnisch doch auf der Selbstverpflichtung der Mitgliedsstaaten.

Den *vierten* Baustein in der Reform der Economic Governance stellt der Fiskalpakt dar, welcher inhaltlich nahtlos an das SixPack anschließt, jedoch die Verpflichtungen zur Einhaltung der Haushaltsdisziplin von der europäischen auf die nationale Ebene verlagert (Bieling 2013b: 41). So zielt der Fiskalpakt, welcher vor allem auf die Initiative der französischen und deutschen Regierung zurückgeht, insbesondere auf eine Festschreibung des austeritätspolitischen Kurses in den nationalen Verfassungen, um diesen unumkehrbar zu machen. Der Fiskalpakt ist juristisch umstritten, stellt er doch einen völkerrechtlichen Vertrag dar, der sich europäischen Institutionen ebenso bedient wie er in europäisches Primärrecht eingreift und dieses modifiziert (Fischer-Lescano 2012: 6f; Rodi 2015: 744). Kern des „Vertrags über Stabilität, Koordinierung und Steuerung in der Wirtschafts- und Währungsunion" (VSKS) ist die Implementierung der „Schuldenbremse" in die nationalstaatlichen Verfassungen sowie die Verpflichtung der Vertragsparteien (VP) zu einem ausgeglichenen oder überschüssigen gesamtstaatlichen Haushalt (VSKS Art. 3 Abs. 1 Satz a). Als ausgeglichen wird ein Haushalt angesehen, wenn das länderspezifische mittelfristige Haushaltsziel, die Grenze des strukturelle Defizits von - 0,5 % des BIP zu Marktpreisen nicht verletzt (ebd. Satz b). Dies stellt eine Verschärfung der im „SixPack" vereinbarten Regelung dar, welche selbst noch geringe konjunkturbereinigte Abweichungen von bis zu -1 % des BIP akzeptiert (Oberndorfer 2012a: 170). Der Fiskalpakt verschärft diesen Korridor noch einmal und führt einen Korrekturmechanismus ein, der automatisch und ohne Beteiligung von Parlamenten ausgelöst wird, sollte die definierte Untergrenze des mittelfristigen Haushaltsziels verletzt werden (VSKS Art. 3 Abs. 1 Satz e). Die genaue Ausgestaltung des Korrekturmechanismus fällt dabei in den Kompetenzbereich der Europäischen Kommission. Darüber hinaus sieht der Fiskalpakt vor, dass die VP ihren Schuldenstand um jährlich ein zwanzigstel verringern müssen, sollte dieser den im VSKS festgeschriebenen Referenzwert von 60 % des BIP überschreiten. Ebenso verpflichten sich die Vertragsstaaten im Falle eines laufenden Defizitverfahrens, ihre Haushalts- und Wirtschaftsprogramme dem Europäischen Rat und der Europäischen Kommission „zur Genehmigung" (ebd. Art. 5) vorzulegen.

Insgesamt stellen die krisenkonstitutionalistischen Initiativen im Einzelnen aber vor allem zusammengenommen, eine Übertragung nationalstaatlicher Souveränität im Bereich der Wirtschafts- und Finanzpolitik auf die europäische Ebene dar, was ebenso eine erhebliche Einschränkung der nationalen Handlungsmöglichkeiten in der Arbeitsmarkt- und Sozialpolitik impliziert. Durch die Maßnahmen auf europäischer Ebene (Europäisches Semester, SixPack, TwoPack) wie auch durch die internationalen Vereinbarungen (Fiskalpaktes) ist es der europäischen Exekutive möglich, nicht nur Einfluss auf die konkrete Ausgestaltung möglicher Reformen im Bereich der Arbeitsmarkt- und Sozialpolitik zu nehmen, sondern ebenfalls konkrete Reformen in spezifischen Bereichen, bspw. durch die länderspezifischen Empfehlungen anzustoßen bzw. von den Mitgliedsländern zu verlangen.

Während die bisherige französische Reformpolitik in der Arbeitsmarkt- und Sozialpolitik - wie oben dargestellt wurde - sich relativ unverbindlich an den

Maastricht-Kriterien und den europäischen Leitlinien orientierte, so ist sie nun durch die, im Zuge des Krisenmanagement entstandenen, krisenkonstitutionalistischen Agreements, dazu verpflichtet, sich sowohl an die Kriterien des SWP als auch an die Empfehlungen der Europäischen Kommission, nicht nur zu orientieren, sondern diesen auch Folge zu leisten. Damit haben sich die Ausgangsbedingungen für eine Reformpolitik in der Arbeitsmarkt- und Sozialpolitik dahingehend verändert, dass nun die Europäische Exekutive, d.h. im konkreten vor allem die Europäische Kommission, zu einem wichtigen Akteur in der spezifischen Ausgestaltung der nationalen Reformpolitik geworden ist. Oder mit anderen Worten formuliert, sind Reformen in der Arbeitsmarkt und Sozialpolitik, welche offiziell im Kompetenzbereich der europäischen Mitgliedsstaaten liegen, nicht mehr gegen die Vorgaben und Institutionen der Europäischen Union durchsetzbar. Damit stellt die europäische Ebene, verstanden als Verdichtung 2. Ordnung ein weiteres Kampffeld für die Ausgestaltung der nationalen Reformpolitik dar

5.2 Die Krise in Frankreich

Nach dem Zusammenbruch des US-amerikanischen Immobilienmarktes schlug sich die weltweite Finanzkrise in Frankreich weniger stark auf das nationalen Banken- und Finanzsystem nieder als in anderen europäischen Staaten, obwohl das französische Bankensystem zu den internationalisiertesten Europas gehört. (Hardie/Howarth 2009: 1037). Dies hatte mehrere Gründe.

Zum einen besitzen die französischen Banken neben einem internationalisierten Investmentgeschäft ein nahezu ebenso großes und internationalisiertes Privatkundengeschäft (Xiao 2009: 3). Während sich Anfang der 2000er Jahre viele europäischen Banken auf das internationale Investmentgeschäft konzentrierten und das Privatkundengeschäft vernachlässigten oder verkleinerten, bauten die drei größten französischen Banken das internationale Privatkundengeschäft aus. Als die internationalen Finanzmärkte mit der Pleite von Lehmann Brothers zusammenbrachen, war es nun das starke Privatkundengeschäft im sogenannten „balance business model", welches stärkere Auswirkungen der Finanzkrise auf das französische Banken- und Finanzsystem verhinderte (Hardie/Howarth 2009: 1023).

Zum anderen hatten die französischen Banken nur begrenzt in amerikanische Wertpapiere und in hochspekulative Geschäfte investiert, was hauptsächlich auf die Geschichte des französischen Bankensektors sowie auf die spezifische Eigentumsstruktur vieler französischer Banken zurückgeführt werden kann[48] (Howarth

---

[48] Howarth (2013) betont, dass ein Großteil der französischen Banken genossenschaftlich organisiert ist und sich deshalb nur wenige Banken für ausländischen Investoren geöffnet haben. Auch weist er

2013: 382ff). Gleichzeitig profitierten diejenigen französischen Banken wie
Crédit Agricole oder Société Général, welche eine deutlich riskantere Anlagestrategie verfolgten, von den Finanzhilfen der amerikanischen Regierung für den an-
geschlagenen Versicherungskonzern AIG (ebd.: 380).

Viele französische Banken waren daher von der Weltfinanzkrise nur begrenzt betroffen. So beliefen sich die Abschreibungen der fünf größten französischen Banken zwischen 2007 und 2010 auf 72,4 Milliarden Euro, was im europäischen Vergleich, relativ gering war. Trotz dieser schwachen Betroffenheit der
französischen Banken entwickelte die französische Regierung im Oktober 2008
in enger Zusammenarbeit mit den sechs Großbanken ein umfangreiches Banken-
rettungsprogramm, welches sich in seinem Finanzvolumen auf rund 18 % des BIP
bezog (Grossman/Woll 2014: 584; Jabko/Massoc 2012: 566). Das Rettungsprogramm konzentrierte sich vor allem auf die Refinanzierung der Banken über den
Ankauf von Aktien durch die extra dafür gegründete *Société de Prise de Pariti-
pation de l'Etat* (SPPE) sowie auf die Bereitstellung von Garantien (Gross-
man/Woll 2014: 591). Letzteres übernahm die ebenso extra dafür geschaffene Fi-
nanzinstitution *Société de Financement de l'Economie Française* (SFEF), welche
nicht nur durch den Staat, sondern zu zwei Dritteln von drei Großbanken selbst
verwaltet wurde (ebd.). Mit einer Refinanzierung, welche von der Regierung für
alle Großbanken gefordert wurde, waren spezifische Bedingungen (u.a. Streichungen von Dividenden und Bonuszahlungen an MitarbeiterInnen) verbunden
(Hardie/Howarth 2009: 1031). Insgesamt kostete die Bankenrettung rund 2,4 Milliarden Euro, was 5,4 % des französischen BIP darstellte, womit Frankreich im
europäischen Vergleich die niedrigsten Kosten für die Bankenrettung aufwenden
musste (Grossman/Woll 2014: 585).

---

mit Blick auf die Geschichte des französischen Bankensektors nach, dass bis 2001, durch Staatsin-
terventionen oder dem sogn. „cross shareholdig" keine französische Bank durch ausländische Investoren übernommen werden konnte, was ebenfalls erheblichen Einfluss auf die Anlagestrategie hatte,
die sich weniger stark am Shareholder Value orientierte. So zeigt Howarth (ebd: 387) ebenfalls auf,
dass vor allem jene Kreditinstitute wie Crédit Agricole oder Société Général, an denen sich ab 2001
ausländische Investoren beteiligten, eine deutlich aggressivere und spekulativere Anlagestrategie
verfolgten.

Neben der geringen Krisenbetroffenheit des französischen Bankensektors sorgten auch die geringe Exportabhängigkeit und die binnenmarktorientierte Akkumulationsstrategie dafür, dass die Weltwirtschafskrise sich zu Beginn in Frankreich nur eher schwach entfaltete. Anders als in den exportorientierten Mitgliedsstaaten der EU, brach das Wirtschaftswachstum im Krisenjahr 2009 nur um 2,9 % ein, was im europäischen Vergleich als gering bewertet werden kann (vgl. Diagramm 3). In den folgenden Jahren zog das Wirtschaftswachstum sogar wieder auf rund 2 % an. Jany-Catrice/Lallement (2013: 163) erklären diese relative Stabilität der französischen Wirtschaft mit der stabilen Lohnentwicklung, gemessen an der Produktivität sowie mit der relativ hohe Sparquote (rund 15 %) und einer Kontinuität staatlicher Investitionen seit den 1990er. Diese drei Faktoren zusammengenommen führten dazu, dass der Einbruch der Exportentwicklung durch die weltweite Rezession besser ausgeglichen werden konnte als in Deutschland.

Diagramm 3:: *BIP in Prozentveränderung zum Vorjahr. Quelle OECD 2015*

Staatliche Investitionen waren dann auch Hauptbestandteil des zu Beginn des Jahres 2009 durch die Regierung Fillon verabschiedeten Konjunktur- und Investitionspaket in Höhe von 26 Milliarden Euro (Cour de Compte 2010: 1). Davon waren 11,6 Milliarden Euro für die Unterstützung von Unternehmen, 10,5 Milliarden Euro für öffentliche und private Investitionen, zwei Milliarden zur Stabilisierung besonders gefährdeter Sektoren wie dem Wohnungsbau und dem Automobilsektor, sowie weitere zwei Milliarden zur Unterstützung von Beschäftigung und der Einkommen der ärmsten Haushalte (ebd.). Zentrale Maßnahmen dieses Paketes waren ähnlich wie in Deutschland, die Einführung einer Abwrack-

prämie von 1000 Euro sowie die Ausweitung der Kurzarbeit, aber auch die Ver-
teilung von 200-Euro-Gutscheine für Haushaltsdienstleitstungen an GeringverdienerInnen und Einmalzahlungen an arme Haushalte. Ebenfalls wurden Investitionen in das Schienensystem, Stromnetze und den nationalen Krankenhäuser
vorgezogen, um die krisenhafte Wirtschaft zu stabilisieren. Die französische
Wirtschaft reagierte auf die Krise vor allem mit einer Flexibilisierung ihrer Beschäftigung und begannen damit vor allem ihre qualifizierten Beschäftigten durch
eine Ausweitung der Kurzarbeit langfristig zu halten (Calavrezo/Lodin 2012:
305f). Dabei waren es hauptsächlich die großen französischen Unternehmen der
Industrie und der Baubranche, welche auf das Flexibilitätsinstrument der Kurzarbeit zurückgriffen, während die kleinen Betriebe die Kurzarbeit kaum nutzten
(Charpail 2012: 216). So wurden etwa im ersten Quartal 2010 mehr als 10 % der
Beschäftigten in der Automobilbranche in die Kurzarbeit geschickt (ebd.). Zudem
wurden parallel zur Kurzarbeit der Kernbelegschaften in den französischen Unternehmen die Randbelegschaften stark abgebaut. So wurde allein im Jahr 2009
die Zahl der Leiharbeiter um ein Drittel reduziert (Jany-Catrice/Lallement 2013:
165). Ebenso wurde vor allem im Dienstleistungssektor der Anteil der ArbeiterInnen mit befristeten Beschäftigungsverhältnissen stark abgebaut (ebd.).

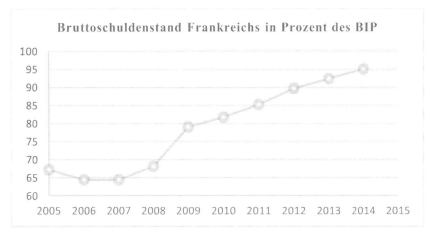

Diagramm 4::*Bruttoschuldenstand Frankreich in %. Quelle Eurostat 2015 und eigene Darstellung*

In der öffentlichen Diskussion wurde das „französische Modell" aufgrund
seiner Stabilität in der Krise von verschiedenen BeobachterInnen gelobt und als
Beispiel für andere europäische Volkswirtschaften herangezogen (The Economist
2009). Auch die politischen Eliten des Landes knüpften an diesen Diskurs an und
versuchten auf der europäischen Ebene eine stärkere Regulation der Finanzmärkte und eine gemeinsame nachfrageorientierte Wirtschaftspolitik vor allem

gegen Deutschland durchzusetzen (Clift/Ryner 2014; Stützle 2013: 298). Und auch auf der nationalen Ebene gebarten sich viele französischen PolitikerInnen als antikapitalistische Aktivisten. Allen voran der damalige französische Präsident Nicolas Sarkozy (2008), welcher aufgrund seiner neoliberalen Ausrichtung in den Medien oftmals als *„Sarkozy l'Americain"* bezeichnet wurde, entwickelte eine starke kapitalismuskritische Rhetorik und kündigte kurz nach dem Zusammenbruch von Lehmann Brothers im September 2008 das Ende des Finanzmarktkapitalismus an[49] (Schmidt 2014: 191). Mit dem Eintritt in die zweite Krisenphase und der Einbettung der divergierenden Krisennarrativen auf europäischer Ebene in einen gemeinsamen Wettbewerbsdiskurs, verändert sich auch in Frankreich die Krisenwahrnehmung. Die Bankenrettung, das Konjunkturpaket sowie zusätzliche Ausgaben für sozialstaatliche Leistungen, verbunden mit einem Einbruch des Steueraufkommens, führten zu einem sprunghaften Anstieg der Staatsverschuldung. So stieg zwischen 2007 und 2009 der konsolidierte Bruttoschuldenstand Frankreichs von 64,4 % auf 79 % gemessen am BIP (vgl. Diagramm 4). In Verbindung mit den Leistungsbilanzdefiziten und unter dem Eindruck der europäischen Schuldenkrise trat die Staatsverschuldung vermehrt in den Fokus der politischen Öffentlichkeit (Lux 2015a: 91). Während die politischen Eliten Frankreichs anfangs noch versuchten an einer Wachstumsstrategie festzuhalten, lenkten sie spätestens zu Beginn des Jahres 2011 mit den aufkommenden Diskussionen über eine Herabstufung der Kreditwürdigkeit durch die großen Ratingagenturen, ebenfalls auf einen Austeritätskurs ein. Im April 2011 legte die Regierung Fillon ein detailliertes Stabilitätsprogramm vor, welches für die Haushaltsjahre 2011 und 2012 jeweils Einsparungen in Höhe von mehr als 10 Milliarden Euro vorsah (Clift/Ryner 2014: 147).

---

[49] *"L'autorégulation pour régler tous les problèmes, c'est fini. Le laissez-faire, c'est fini. Le marché qui a toujours raison, c'est fini"* (Sarkozy 2008).

Frankreich befand sich nun in der Krise. Seit 2011 stagnierte das Wachstum auf deutlich unter einem Prozent, während das Leistungsbilanzdefizit und der Schuldenstand rasant anwuchsen. Die Investitionstätigkeiten französischer Unternehmen ist seit 2011 ebenso rückläufig wie der Zustrom ausländischer Direktinvestitionen, welcher im Jahr 2013 erstmals negativ war und um 0,2 % gemessen am BIP zurückging (eurostat 2015a, 2015b). Durch die sich nun verstärkende Krise treten ebenfalls die oben dargestellten strukturellen Probleme und Widersprüche des französischen Modells an die Oberfläche und verstärkten sich durch die Auswirkungen der Krise. Vor allem die hohe Arbeitslosigkeit und der stark fragmentierte Arbeitsmarkt werden spätestens seit dem Eintritt in die zweite Krisenphase von fast allen politischen Akteuren als grundlegendes Problem der derzeitigen französischen Krise gedeutet. In der Krise stieg die Arbeitslosenrate von 7,4 % im Jahr 2008 auf 10,3 % im Jahr 2014 (vgl. Diagramm 5). Die Jugendarbeitslosigkeit wuchs im selben Zeitraum von 13,3 % auf 18,9 % und war damit eine der höchsten in Europa. Daneben besteht mit der geringsten Investitionsquote der EU ein weiteres strukturelles Problem, das auf die fragmentierte Unternehmenslandschaft und den fehlenden bzw. nur schwach ausgeprägten unternehmerischen Mittelstand zurückgeführt werden kann.

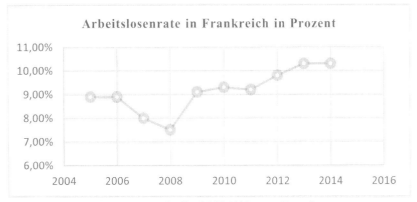

Diagramm 5: *Arbeitslosenrate in %. Quelle: OECD 2015;eigene Darstellung*

Die unter Nicolas Sarkozy begonnene Austeritätspolitik wurde durch den Nachfolger im französischen Präsidentenamt, Francois Hollande fortgesetzt. So legte der französische Präsident im Zuge des *pacté de responsabilité* im Jahr 2014 einen Haushaltsplan vor, welcher Einsparungen von mehr als 50 Milliarden Euro bis zum Jahr 2017 vorsieht. In den folgenden Abschnitten sollen daher die Reformen in der Arbeitsmarkt- und Sozialpolitik zwischen 2007 und 2015 dargestellt und die damit verknüpften gesellschaftlichen Auseinandersetzungen analysiert werden.

6. Die französische Reformpolitik zwischen 2007 und 2015

Mit dem Ausbruch der weltweiten Wirtschafts- und Finanzkrise im Jahr 2007 hat sich nicht nur der sozioökonomische Kontext für die Umsetzung von Reformen in der Arbeitsmarkt- und Sozialpolitik verändert, sondern ebenfalls auch die politischen und ökonomischen Handlungsmöglichkeiten der involvierten Akteure. Durch die oben dargestellte Krisenpolitik der Europäischen Union verengte sich der Spielraum für die Durchsetzung und Ausgestaltung möglicher Reformen erneut. Im Folgenden soll daher die französische Reformpolitik im Kontext der weltweiten Wirtschafts- und Finanzkrise sowie vor dem Hintergrund des europäischen Krisenkonstitutionalismus nachgezeichnet und im Speziellen auf die Auseinandersetzungen der unterschiedlichen Akteure eingegangen werden. Dazu kann der Zeitraum ab der französischen Präsidentschaftswahl 2007 bis zum Mai 2015 in vier Abschnitte unterschieden werden, in denen sich sowohl der sozioökonomische Hintergrund wie auch die politischen und ökonomischen Handlungsspielräume veränderten (Lux 2015b: 67). Der erste Abschnitt umfasst mit den Jahren 2007 bis 2010 die erste Hälfte der Präsidentschaft von Nicolas Sarkozy, während der zweite Abschnitt ebenso die zweite Hälfte seiner Amtszeit bis zum Jahr 2012 mit einschließt. Im dritten Abschnitt werden die ersten anderthalb Jahre der Präsidentschaft Francois Hollande eingeordnet, in denen er nicht nur viele Reformen seines Vorgängers modifizierte, sondern auch versuchte eigene Akzente in der Reformpolitik zu setzen. Der vierte Abschnitt beginnt mit dem Politikwechsel von Francois Hollande, welcher sich u.a. in der Kabinettsumgestaltung und der Benennung Manuel Valls zum neuen Ministerpräsidenten manifestierte. Sie endet im Mai 2015 mit der Verabschiedung des *Loi Macron* durch die zweite Kammer des französischen Parlaments.

6.1 Die Reformpolitik zu Beginn der Krise - Sarkozy I

6.1.1 Kontext

Der Präsidentschaftswahlkampf 2007 war stark von den innenpolitischen Ereignissen seit 2005 und einer breiten Mediendebatte über die Zukunft des französischen Sozialmodells geprägt. Das Nein zum europäischen Verfassungsvertrag, die gewalttätigen Ausschreitungen in den französischen Vorstädten (*Banlieues*) sowie die massiven Proteste von Studierenden und SchülerInnen gegen Flexibilisierungen auf dem Arbeitsmarkt und im Hochschulbereich, ließen die französische Öffentlichkeit verstärkt über die Notwendigkeit struktureller Reformen in der französischen Wirtschaft, v.a. in der Arbeitsmarkt- und Sozialpolitik diskutieren (Eckhardt 2007: 53). Dabei gerieten neben den massiven Deindustrialisierungsprozessen, v.a. die strukturellen Grenzen des französischen Entwicklungsmodells ins Zentrum des öffentlichen Diskurses. Insbesondere die Kapitalseite forderte einen Neuanfang in der Wirtschaftspolitik und intervenierte stark in die öffentliche Diskussion. Frankreich war 2007 das Land mit den höchsten Sozialabgaben für Unternehmen und gehörte auch allgemein zu den Ländern mit der höchsten staatlichen Abgabenquote im OECD-Raum (OECD 2015b).

Der französische Arbeitgeberverband MEDEF nutzte diesen Umstand, um mit einer Kampagne in den anlaufenden Präsidentschaftswahlkampf zu intervenieren. Unter dem Titel „Wir brauchen Luft" (*Besoin d'air*) veröffentlichte MEDEF ein Buch, worin die Arbeitgeberpräsidentin Laurence Parisot (2007) u.a. massive Entlastungen für die Arbeitgeber sowie umfassende und radikale Reformen in der Arbeitsmarkt- und Sozialpolitik einforderte. Parisot verknüpfte darin die Wettbewerbsfähigkeit der französischen Unternehmen mit der hohen Abgabenbelastung und den relativ hohen französischen (Mindest-)Löhnen. Dieses Paradigma der preislichen Wettbewerbsfähigkeit und der Lohnstückkosten wurden von MEDEF als Grundproblem der französischen Wirtschaft und als Ursache für deren Krise ausgemacht, die es zu beheben galt. Aber auch Teile der Gewerkschaften und der sozialdemokratischen Intellektuellen sprachen sich offen für Veränderungen im französischen Wirtschaftssystem und für eine Verstärkung der eingeschlagenen Angebotspolitik aus. Sie sahen die Ursache für die lahmende französische Wirtschaft vor allem in der fehlenden Innovationsfähigkeit der französischen Unternehmen und in den Deindustrialisierungsprozessen. So kam etwa die linksliberale Wirtschaftszeitung *Alternatives Èconomiques* zu dem Urteil, dass die französische Wirtschaft nicht an einem Nachfragedefizit leidet, sondern vielmehr an einer massiven Angebotsschwäche, welche aus einer grundlegenden Innovationsschwäche der französischen Unternehmen aber auch aus den etatistisch-orientierten Strukturen des französischen Kapitalismusmodels resultiere:

> *„La plupart des économistes, à droite comme à gauche, s'accordent pour recon-naître que l'activité bute aujourd'hui en France non sur un déficit de demande - la consommation est au contraire le principal moteur de la croissance - mais sur des contraintes d'offre"* (Moatti 2007: 7)

Im Vorfeld der Präsidentschaftswahlen verlangten 63 % der Unternehmen aber auch 53 % der ArbeitnehmerInnen einen Neuanfang in der Wirtschaftspolitik und eine verstärkte Reformpolitik (Berschens 2007a: 8). So standen auch die Wahlkampagnen der Präsidentschaftskandidaten ganz im Zeichen der wirtschaftlichen Erneuerung. Vor allem Nicolas Sarkozy, der sich innerhalb der UMP als Präsidentschaftskandidat durchsetzen konnte, sprach sich im Wahlkampf vehement für einen radikalen Bruch (*„rupture"*) mit dem französischen Wohlfahrtsstaat aus. So forderte er, dass Frankreich wieder den „Wert der Arbeit" (*valeur travail*) erkennen solle und versprach, dass diejenigen die in Zukunft mehr arbeiten auch mehr bekommen sollen (*„travailler plus, ganger plus"*) (Labbé/Moniére 2008: 440f).

Das Land, so Sarkozy, müsse seine moralische Krise überwinden, indem es Leistung und Eigenverantwortung in den Mittelpunkt stelle (ebd.). Schon vor seiner Wahl zum französischen Präsidenten formulierte Nicolas Sarkozy ein umfassendes und ambitioniertes Paket struktureller Reformen, dessen erfolgreiche Umsetzung er an sein politisches Mandat knüpfte. So kündigte er weitreichende Sozialstaatsreformen, eine Flexibilisierung des Arbeitsmarktes, die Senkung der Staatsquote und der Staatsverschuldung und eine allgemeine Senkung der Steuer- und Sozialabgaben an. In seinem rund 70-Seiten langen und sehr detaillierten Wahlprogramm *„Mon Projet – Ensemble tout devient possible"* stehen neben der Migrationspolitik vor allem die Wirtschafts- und Arbeitsmarktpolitik im Zentrum. So versprach das Programm ein einheitliches und flexibleres Model des unbefristeten Arbeitsvertrages einzuführen, eine grundlegende Reform der Arbeitslosenversicherung und eine Implementierung von Aktivierungs- und Zwangselementen, eine Angleichung der Renten, die Abschaffung der Sonderregelungen im *regime speciaux* sowie eine umfassende Entlastung kleiner und mittelständischer Betriebe von Steuern und Sozialabgaben (Sarkozy 2007a).

Im Wahlkampf erhielt Sarkozy dann auch starke Unterstützung durch den Unternehmensverband MEDEF, welcher sich in verschiedenen Medien immer wieder offen für das Wahlprogramm der UMP und gegen dasjenige der Sozialistin Ségolène Royal aussprach (Le Nouvelle Observateur 2007a). Vor allem die damalige Vorsitzende von MEDEF, Laurence Parisot, setzte sich stark für Sarkozy ein und betonte die Kompatibilität der wirtschaftspolitischen Vorschläge Sarkozys mit den Interessen der französischen Wirtschaft. Die Wahl Sarkozys im Mai 2007 wurde dann auch von der Kapitalseite als eine "*révolution stratégique pour France"* (Le Nouvelle Observateur 2007b) begrüßt und der neue Präsident sogleich zur Sommerakademie des Unternehmensverbandes eingeladen. Dagegen lehnten fast alle Gewerkschaften (bis auf die CFE-CGC) die Reformpläne des neuen Präsidenten ab, auch wenn sie im Präsidentschaftswahlkampf keine klare Wahlempfehlung für einen der Kandidaten abgegeben hatten (Barroux 2007: 12). Die Wahl gewann Sarkozy überraschend eindeutig. Schon in der ersten Runde der Präsidentschaftswahl ließ er seine Konkurrentin Ségolène Royal mehr als fünf Prozentpunkte hinter sich und konnte diesen Vorsprung auch in die zweite Runde mitnehmen. Sarkozy bekam mit 53,1 % in der zweiten Runde eines der besten Ergebnisse der fünften Republik[50], was als Stärkung für die Reformpläne des Präsidenten aufgefasst wurde. So wählten die WählerInnen von Nicolas Sarkozy diesen vor allem aufgrund seiner Reformagenda und seiner Ankündigung eines „ruptures" mit dem französischen Wohlfahrtsstaat (Strudel 2007: 470). Zudem stärkten die im Juni folgenden Parlamentswahlen den neugewählten Präsidenten, denn die konservative UMP wurde mit 45,58 %, ebenfalls mit einem der besten Ergebnis in der Geschichte der fünften Republik, in die Assemblée Nationale gewählt, womit die neue Regierung Fillon auf eine starke Mehrheit im Parlament bei der Umsetzung der Reformpläne Sarkozys bauen konnte (Cautrés/Cole 2008: 38).

Die erste Phase der Präsidentschaft von Nicolas Sarkozy war wirtschaftlich vor allem durch den Ausbruch der weltweiten Finanzkrise geprägt. Waren die wirtschaftlichen Ausgangsbedingungen bei seinem Amtsantritt relativ positiv, verschlechterten sich die wirtschaftlichen Daten vor dem Hintergrund der weltweiten Wirtschafts- und Finanzkrise. Zwar war Frankreich, wie oben schon erläutert, im Verhältnis zu anderen europäischen Mitgliedsstaaten vom Ausbruch der Finanzkrise nur schwach betroffen, jedoch wurden die strukturellen Schwächen der französischen Wirtschaft durch die Krise offensichtlich. Während durch die ersten Maßnahmen der Regierung Fillon - welche v.a. eine Abgaben- und Steuerentlastung im Gesamtumfang von 11 Milliarden Euro umfassten - die Arbeitslosigkeit von 8,8 % auf 7,4 % sank, stieg sie im Krisenjahr 2009 zugleich auf 9,1 % und 2010 auf 9,3 % (Berschens 2007b: 6; Diagramm 5). Ähnliches lässt sich mit einem Blick auf das Bruttoinlandsprodukt erkennen, welches 2009 um 2,9 % schrumpfte, aber durch die auf den Weg gebrachten Konjunkturpakete in den europäischen Krisenjahren 2010 und 2011 ein im Vergleich zu anderen europäischen Ländern beachtliches Wachstum von 2,0 % bzw. 2,1 % aufweisen konnte. Die Konjunkturpakete sowie die Bankenrettung hatten jedoch auch eine höhere Staatsverschuldung zur Folge. So stieg die Bruttoverschuldung Frankreichs seit dem Amtsantritt von Nicolas Sarkozy von 64,4 % im Jahr 2007 auf 81,7 % im Jahr 2010.

---

[50] Strudel (2007) weist darauf hin, dass Nicolas Sarkozy mit diesem Ergebnis, nach Charles de Gaulles und Valéry Giscard d'Estaing, das drittbeste Wahlergebnis in der Geschichte der fünften Republik erringen konnte.

Der starke Anstieg der Staatsverschuldung führte schon im Mai 2008 dazu, dass die Europäische Kommission, im Rahmen des 2005 verschärften Stabilitäts- und Wachstumspaktes, politische Empfehlungen gegenüber der französischen Regierung ausspruch (COM 2008a). In diesen droht die Kommission der französische Regierung, ein Defizitverfahren einzuleiten, wenn der seit 2007 begonnenen Reformkurs nicht beibehalten und das Haushaltsdefizit nicht durch spezifische Maßnahmen, wie einen Stellenabbau im öffentlichen Dienst oder durch Reformen im Gesundheits- und Rentensystem, reduziert wird (ebd.: 5). Schon im Februar 2008 hatte der Europäische Rat auf Vorschlag der Europäischen Kommission in seiner Stellungnahme zum französischen Stabilitätsprogramm das Haushaltsdefizit angemahnt und auf eine schnellere Umsetzung der Strukturreformen gedrängt (ER 2008: C 49/35). Nachdem auch im Krisenjahr 2008 die Staatsverschuldung aufgrund der Konjunkturpakte und der Bankenrettung deutlich stärker anstieg als 2007, leitete die Kommission im Februar 2009 ein Defizitverfahren ein. Dieses beschränkte sich jedoch aufgrund der europaweiten Krisenprozessen nur auf fiskalpolitische Empfehlungen und Mahnungen und sah vor, dass Haushaltsdefizit bis 2012 auf 2,9 % des BIP zu senken (COM 2009: 4).

Am Ende der ersten Phase der Präsidentschaft Sarkozys verschlechterte sich nicht nur die wirtschaftliche Lage durch die Krise, sondern ebenfalls wurden durch die Einleitung des Defizitverfahrens durch die Europäische Kommission, die sozioökonomischen Handlungsspielräume der Regierung für die Ausgestaltung der Reformen eingeschränkt. Zwar waren mit dem Defizitverfahren aufgrund der anhaltenden Krise des Euroraums keine Restriktionen verbunden, jedoch erhöhte es den Druck auf die Regierung, die im Wahlkampf versprochenen Reformen umzusetzen und gleichzeitig Einschnitte im Staatshaushalt zu vollziehen. Dies zeigte sich nicht zuletzt am Reformtempo der Regierung Fillion. Während die Regierung zu Beginn ihrer Amtszeit eine ganze Batterie von Reformen und Maßnahmen, teilweise gleichzeitig, auf den Weg brachte und eine sehr widersprüchliche Wirtschaftspolitik aus zum Teil nachfrage-, aber auch angebotsorientierten Elementen verfolgte, schwächte sich der Reformeifer zum Ende des ersten Abschnitts deutlich ab (Uterwedde 2009a: 111).

Dies lag neben dem kriseninduzierten Einbruch der Wirtschaft und dem Defizitverfahren der EU-Kommission auch daran, dass sich bis 2010 innerhalb der Bevölkerung zunehmend Widerstand gegen die Politik von Nicolas Sarkozy formierte. So musste Nicolas Sarkozy 2009 bspw. seine im Wahlkampf angekündigte Schulreform und die damit einhergehenden geplanten Stellenstreichungen im Hochschul- und Schulbereich nach massenhaften Protesten durch SchülerInnen und Studierende aufgeben. Zudem war die Regierung nach den starken Protesten, auch innerhalb der Regierungspartei UMP, gezwungen, die geplante Einführung der Sonntagsarbeit fallen zu lassen. Und auch die Steuerpolitik der Regierung geriet immer mehr unter Druck und wurde in der Öffentlichkeit als „Keynsianismus für Reiche" kritisiert.

6.1.2 Reformen in der Renten- und Gesundheitspolitik

Im Präsidentschaftswahlkampf hatte Nicolas Sarkozy die Sonderrentensysteme der großen öffentlichen Unternehmen mit ihren Vorzügen und Besonderheiten mehrfach scharf angegriffen und diese als unfair, teuer und unberechtigt bezeichnet (Le Monde 2007). Sein im Wahlkampf formuliertes Ziel war es, die Sonderrentensysteme an die schlechteren Rentenbedingungen des privaten Sektors anzugleichen und somit an die Reformvorstöße seines, 1995 an den *regimes speciaux* gescheiterten, Vorgängers Alain Juppé anzuschließen. Nach seiner Wahl im Juni 2007 erklärte Sarkozy die Reform der Sonderrentensysteme zu seinem ersten wichtigen Reformprojekt, an dem sich die „Methode Sarkozy" verdeutlichen sollte: Verhandlungsbereit gegenüber den Sozialpartnern bei jenen Reformen, die sie betrafen, aber entschlossen in der Durchsetzung der eigenen Reformprojekte (Uterwedde 2009b: 12). So bekräftigte er im September 2007 in einer Rede sein Vorgehen:

> „*On me demande : "voulez-vous passer en force?" Si, par "passer en force", on entend l'absence de concertation, notamment au niveau des entreprises, je réponds "non". On me demande alors : "ne craignez-vous pas que tout cela n'aboutisse qu'à une apparence de réforme?". A cette question, je réponds encore "non". Dans quelques mois, une étape décisive dans l'harmonisation des régimes de retraites aura été franchie.*" (Sarkozy 2007b).

Der klare Wahlsieg bei den Präsidentschaftswahlen wurde zur Legitimationsressource der neuen französischen Regierung für die Umsetzung der Reformen der Sonderrentensysteme. Gleichzeitig versuchte die Regierung, die öffentliche Unterstützung für die Beschäftigten in den *regimes speciaux*, welche 1995 einer der wichtigsten Gründe für das Scheitern der Rentenreform darstellte, durch die Betonung der Sonderstellung dieser Rentensysteme, einzudämmen bzw. umzukehren. Wie auch schon im Wahlkampf argumentierte Sarkozy, dass die Sondersysteme durch das niedrige Renteneintrittsalters und den geringeren Beitragsjahren eine starke Ungerechtigkeit darstellten. Die Sonderrentensysteme wurden von der Regierung als ein überkommenes System aus den *Trente Glouriouses* beschrieben, in dem die rund 1,1 Millionen EmpfängerInnen auf Kosten des gemeinen Steuerzahlers schon mit Anfang fünfzig und bei vollen Bezügen in Rente gehen können (Bertrand 2007: 6; Smith 2013: 195). Außerdem versprach Nicolas Sarkozy ebenfalls, dass er mit dem, durch die Angleichung eingesparten Geld, die Mindestrente anheben und somit eine Art der Umverteilung betreiben werde (Les Echos 2007).

Gegenüber den Gewerkschaften, welche in den öffentlichen Betrieben sehr stark verankert und organisiert sind, verfolgte die Regierung Fillon die Strategie der kleinen Zugeständnisse, wobei sie an der allgemeinen Notwendigkeit der Reformen festhielt[51]. So betonte der damalige Arbeitsminister Xavier Bertrand bei der Vorstellung des Reformentwurfes im Oktober 2007 die allgemeine Bereitschaft, auf die Sozialpartner zuzugehen und über die Einzelheiten und Details der Harmonisierung der Rentensysteme zu verhandeln (Vail 2010: 128). Auch in der Debatte um die Reform der Sonderrentensysteme am 3. Oktober 2007 im französischen Parlament erklärte Bertrand, dass weder geplant sei, die „Angleichungen […] über Nacht einzuführen, noch brutale Strafmechanismen" zu implementieren[52] (Bertrand 2007: 8). Dennoch machte der Premierminister Fillon auch in den folgenden Monaten immer wieder deutlich, dass die Regierung zu Zugeständnissen in Detailfragen bereit sei, jedoch in der Grundsatzfrage der Angleichung der Sonderrentensysteme an den privaten Sektor keine Kompromisse eingehen werde.

Der von der Regierung vorgelegte Gesetzentwurf sah eine sofortige Erhöhung bzw. Angleichung des Renteneintrittsalters auf 60 Jahre[53] sowie eine langsame Erhöhung der obligatorischen Beitragsjahre für eine abschlagsfreie Rente für die Versicherten in den Sonderrentensystemen von 37,5 auf 41 Beitragsjahre bis zum Jahr 2012 vor. Damit wurde ebenfalls die 2003 im *Loi Fillon* beschlossene Erhöhung der notwendigen Beitragszeit für die Renten im privaten Sektor für die Anhebung der Beitragsjahre in den Sonderrentensystemen mitberücksichtigt. Ab 2010 sah der Gesetzentwurf im Fall eines Renteneintritts mit weniger Beitragsjahren, Rentenabzüge von 5 % pro Jahr vor. Anders jedoch als der Rentenanspruch im privaten Sektor, würde die Rentenhöhe in den Sonderrentensystemen weiterhin auf den letzten sechs Arbeitsmonaten beruhen. Zudem sah der Gesetzesentwurf beim Renteneintrittsalter Ausnahmen für körperlich schwere Arbeit vor (ebd.).

Nach der Ankündigung des Gesetzes reagierten die Gewerkschaften mit scharfer Kritik und starkem Protest. Die CGT, der innerhalb der öffentlichen Unternehmen die höchste Organisationsdichte aufweist, rief nach mehreren kurzen Streiks am 18. Oktober 2007 zu einem landesweiten und unbefristeten Ausstand

---

[51] Damit konnte sich die Regierung Fillion ebenfalls von der Vorgängerregierung de Villepin und der Amtszeit von Jaques Chiraces absetzen, welche in der französischen Öffentlichkeit, aufgrund der gescheiterten Reformen (bspw. die gescheiterte Einführung des Ersteinstellungsvertrages CPE), als politisch schwach angesehen wurden.

[52] *« Ce ne sera pas une réforme-couperet. Une chose est claire : nous n'harmoniserons pas les durées de cotisation du jour au lendemain, pas plus que nous n'introduirons brutalement un mécanisme de décote qui bouleverserait, du jour au lendemain, les projets de vie des agents de ces entreprises. » (Bertrand 2007: 8)*

[53] Wie in Kapitel 4.2.1 dargelegt, gab es auch innerhalb der *regimes speciaux* unterschiedliche Regelungen betreffend dem Renteneintrittsalter. Während das Renteneintrittsalter für Beschäftigte der Banque de France schon bei 60 Jahren lag, konnten bestimmte Beschäftigte der RATP oder der SNCF bereits mit 50 Jahren in Rente gehen.

in den betroffenen Unternehmen auf, dem sich alle anderen großen und auch kleineren Gewerkschaften anschlossen. Vor allem in den Transportunternehmen RATP (58 %) und SNCF (78 %) gab es eine starke Beteiligung, so dass der öffentliche Nah- und Fernverkehr landesweit fast komplett zum Erliegen kam. Und auch in den staatlichen Betrieben Electricité de France-Gaz de France (EDF-GDF) gab es eine Streikbeteiligung von nahezu 50 % (Chevallard/Comarmond 2007: 2). Die starke Streikbeteiligung und die Massivität der Streiks im öffentlichen Nah- und Fernverkehr führten zu einer deutlichen Stärkung der Verhandlungsposition der Gewerkschaften. Der Vorsitzende der CGT, Bernard Thilbault erklärte zum Beginn des Streiks: *„La réforme, dans ses contours actuels, ne passera pas. La balle est dans le camp du gouvernement"* (ebd.).

Die Gewerkschaften verfolgten zu Beginn der Verhandlungen eine einheitliche Strategie der Ablehnung der Sonderrentenreform. Dabei verweigerten sie sich einer Kooperation und Einbindung auf der staatlichen Ebene und zielten mit den Streiks und Demonstrationen vor allem auf die Auseinandersetzungen auf der zivilgesellschaftlichen Ebene, wo sie mit der Unterstützung anderer Akteure, wie dem linken Flügel der PS aber auch der PCF und anderer linken Gruppierungen, rechnen konnten. Die Gewerkschaften argumentierten, dass die Sonderregelungen vor allem für die Beschäftigten des französischen Fernverkehrs und des Pariser Nahverkehrs, aufgrund der hohen Arbeitsbelastung wie auch aufgrund der geringen Rentenansprüche gerechtfertigt seien (CGT 2007). In Anlehnung an den Wahlkampfslogan von Nicolas Sarkozy starteten sie ihre Streikkampagne unter dem Motto: „Mehr arbeiten und weniger verdienen – ohne uns!" (*travailler plus pour gagner moins – pas avec nous!*). Zwar ließen sich die Gewerkschaften auf die Verhandlungen ein und unterbrachen dafür auch den Streik, jedoch lehnten sie Verschlechterungen in den Sonderrentensystemen ab. Vor allem Bernard Thilbault als CGT-Chef war sehr darum bemüht, in dem Konflikt eine einheitliche Position der fünf Gewerkschaften herzustellen und diese gegenüber der Regierung zu vertreten (vgl. I/PCF 2015). Innerhalb des Gewerkschaftsblocks hatte die CGT, aufgrund ihres starken Organisierungsgrades eine führende Rolle inne und war v.a. für den Arbeitsminister der erste Ansprech- und Verhandlungspartner (Vail 2010: 130 Fn 60; I/CGT 2015). Insbesondere zu Beginn des Streiks schien diese Strategie der einheitlichen Ablehnung aufzugehen, da die Regierung nicht mit der Stärke des Streiks gerechnet hatte und gezwungen war, weitere Verhandlungen über die konkrete Ausgestaltung der Reform zu führen (Chevallard/Comarmond 2007).

Infolge der Verhandlungen bröckelte die öffentliche Unterstützung für die Gewerkschaften und den Streiks. Weite Teile der Bevölkerung wurden in das politische Projekt der negativen Rentenangleichung miteingebunden und unterstützten die Regierung in ihrem Vorgehen. Als die Gewerkschaften nach den gescheiterten Verhandlungen am 9. November zu einem zweiten landesweiten Streik am 13. November 2007 aufriefen, sprachen sich bei einer Umfrage rund 55 % der

französischen Bevölkerung gegen den Streik aus und bezeichneten ihn als ungerechtfertigt (Cornudet 2007: 2). Andere Umfragen sprachen von einer Unterstützung von mehr als 70 % für die Pläne der Regierung, eine Angleichung der Sonderrentensysteme durchzusetzen (Jaigu 2007: 9). Die gesellschaftliche Stimmung
war zu großen Teilen auch aus dem Grund gegen den Streik gekippt, weil eine
Mehrheit eine ähnliche Situation wie 1995 befürchtete, in der das gesamte Land
für mehrere Wochen bestreikt wurde.

　　Der Arbeitgeberverband MEDEF startete eine große Kampagne gegen den
Streik und appellierte an das Verantwortungsbewusstsein der Streikenden für die
französische Wirtschaft, welche durch den Streik geschädigt werden würde. Die
konfrontative Strategie der Gewerkschaften wurde von MEDEF, mit einem Verweis auf die „nationale Verantwortung" für die französische Wirtschaft, zurückgewiesen und die Streikenden für die Eskalation der Auseinandersetzung, für damit verbundene mögliche volkswirtschaftliche Schäden und damit auch direkt für
Arbeitsplatzverluste verantwortlich gemacht. Die MEDEF-Vorsitzende nannte
den Streik ungerechtfertigt und unfair gegenüber den normalen ArbeiterInnen:
„*On joue à celui qui a le plus de biceps*" (Mayer 2007: 10). Gleichzeitig forderte
MEDEF eine allgemeine Diskussion über das Rentensystem und schlug eine allgemeine Erhöhung des Renteneintrittsalters auf 65 Jahre vor (Parisot 2007: 120).
Trotz dieses starken Gegenwindes der öffentlichen Meinung war die Streikbetei-
ligung mit rund 70 % in den ersten zwei Tagen des Streiks noch höher als am 18.
Oktober 2007 und führte ein weiteres Mal zu einem Erliegen des französischen
Nah- und Fernverkehrs. Wie sich jedoch in den Verhandlungen schon abzeich-
nete, waren viele Gewerkschaften nun bereit, die Vorschläge der Betriebsleitun-
gen in den begleitenden Verhandlungen auf der Unternehmensebene zu den
Lohn- und Rentenzusatzleistungen als Kompensation für die längeren Beitragsjahre zu akzeptieren (Bostnavaron 2007: 13).

　　Nachdem der Arbeitsminister Xavier Bertrand die Gewerkschaftsführer einen Tag nach dem Streikbeginn, am 13. November aufforderte, wieder an den
Verhandlungstisch zu gehen und ihnen anbot, das Verhandlungsverfahren nach
Unternehmen bzw. nach Branchen gestückelt und unter Beteiligung des Staates
wie den einzelnen Unternehmen weiter zu führen, bröckelte die gemeinsame Strategie der Gewerkschaften. Unter dem Druck der öffentlichen Meinung war es die
sozialdemokratische Gewerkschaft CFDT, welche schon kurz nach dem Angebot
des Arbeitsministers und nur zwei Tage nach Streikbeginn ihre Mitglieder wieder
zur Beendigung des Streiks aufrief, da sie die grundlegenden Bedingungen der
Reformen akzeptierte (Barroux et al. 2007: 1). Und auch die CGT stimmte dem
Verfahren am 16. November zu, beendete jedoch erst am 21. November 2007

ihren Streik, nachdem die Regierung der Ausnahmeregelung für Zugführer zugestimmt hatte[54] (Vail 2010: 130). Zudem konnten die Gewerkschaften auf der Unternehmensebene eine ganze Reihe von Zugeständnissen in Form von deutlichen Lohnerhöhungen oder Rentenzusatzleistungen durchsetzen (Argoud 2013: 232). Die Gewerkschaften waren vor allem durch die feindliche öffentliche Meinung stark unter Druck geraten. Die Zeitungen berichteten über den wirtschaftlichen Schaden, den der Streik anrichtete und schrieben gegen einen „Streik der Minderheiten", welcher sich den Entscheidungen der demokratischen Mehrheit widersetzte (Barré 2007: 19).

Die Angleichung der Sonderrentensysteme an die Bedingungen der Renten im privaten Sektor wurde Ende Dezember 2007 angenommen und trat zu Beginn des Jahres 2008 in Kraft. Die Reform basierte, abgesehen von ein paar Ausnahmen[55], im Groben auf den Vorschlägen, welche der Arbeitsminister Xavier Bertrand im September 2007 vorgelegt hatte (Smith 2013: 195). Trotz der Ausnahmen sowie der kompensatorischen Maßnahmen, war die Durchsetzung der Reform ein wichtiger Erfolg für die Regierung Fillon und dem Präsidenten Sarkozy, welche dadurch gestärkt in weitere Auseinandersetzungen gehen konnten. Sarkozy konnte sich mit dem Sieg in der „*Mutter aller Schlachten*" (Cahuc/Zylberberg 2010: 29) nicht nur von seinen Vorgänger absetzen, welche seit dem Reformrückzieher der Regierung Juppé auf eine Reform der Sonderrentensysteme verzichtet hatten, sondern sich ebenfalls als ein Präsident darstellen, welcher nicht vor den Gewerkschaften zurückschreckte (Hassenteufel/Lartigot-Hervier 2015). Und auch MEDEF konnte die Auseinandersetzung um die Angleichung der Sonderrentensysteme als Erfolg verbuchen, wurde doch die Forderung nach einer Erhöhung des Renteneintrittsalters auf 65 Jahre im öffentlichen Diskurs nun ernsthaft diskutiert. So lud etwa Xavier Bertrand im April 2008 zu einer Anhörung der Sozialpartner über eine mögliche Rentenreform ein und auch die im November 2008 beschlossene Erhöhung des erlaubten Arbeitsalters auf 70 Jahren nahm die Argumentation von MEDEF auf.

6.1.3 Reformen in der Arbeitsmarktpolitik

Kurz vor der Wahl von Nicolas Sarkozy veröffentlichte die Europäische Kommission ein Green Paper zur Arbeitsmarktpolitik, in dem sie eine Modernisierung

---

[54] Viele kleinere Gewerkschaften, wie die FO, die SUD und Teile der CGT-SNCF, sahen diese Einigung der CGT und der CFDT mit der Regierung und den Unternehmen jedoch als Verrat an und führten ihren Streik gegen die Reformen bis in den Dezember 2007 hinein weiter, trotz der feindlichen öffentlichen Stimmung und nur geringen Auswirkungen auf den Schienenverkehr.

[55] Die Ausnahmen umfassten sowohl spezifische Berufe mit einer hohen physischen Belastung sowie den Familienstand der Beschäftigten. So ist es bspw. Vätern mit drei Kindern erlaubt, schon deutlich früher in Rente zu gehen (Smith 2013: 195).

und Flexibilisierung des Arbeitsrechtes empfahl und gemeinsame europäische Flexicurity-Grundsätze erarbeitete (COM 2006, 2007). Ziel der Flexicurity-Offensive war es, die Mitgliedsstaaten im Zuge der Reformulierung des Lissabon-Vertrages im Jahr 2005 zu einer Reform des Arbeitsmarktes anzuregen:

> *"This Green Paper looks at the role labour law might play in advancing a "flexicurity" agenda in support of a labour market which is fairer, more responsive and more inclusive, and which contributes to making Europe more competitive" (COM 2006: 4)*

Die vorgeschlagenen Flexicurity-Grundsätze der Europäischen Kommission umfassten daher eine Reihe von Empfehlungen für mögliche Reformen in der Arbeitsmarktpolitik der europäischen Mitgliedsländer. Die nationalen Reformstrategien sollten u.a. eine Flexibilisierung der Arbeitszeiten und Standardarbeitsverträge, aktivierende arbeitsmarktpolitische Maßnahmen sowie eine grundlegende Modernisierung der sozialen Sicherungssysteme beinhalten (COM 2007: 12).

Im Präsidentschaftswahlkampf 2007 stand die Arbeitsmarktpolitik im Zentrum der wirtschaftspolitischen Reformagenda von Nicolas Sarkozy. Sein im Wahlkampf angekündigter Paradigmenwechsel zu einer liberalen Beschäftigungspolitik - welche die Polarisierung von Flexibilität und Mehrarbeit statt Sicherheit und die 35-Stunden-Woche in den Vordergrund stellte - wurde, ganz im Einklang mit der europäischen Flexicurity-Strategie, als Grundlage für mehr Wachstum, Kaufkraft und einen ausgeglichenen Haushalt definiert und von der Regierung Fillon propagiert (Uterwedde 2009b: 5). Nicolas Sarkozy versprach im Wahlkampf daher ein umfangreiches Reformprogramm in der Arbeitsmarktpolitik, welches mit den „ideas, the habits and the behaviour of the past" (The Economist 2007: 24) brechen sollte. Sarkozy begann dementsprechend schon kurz nach seiner Wahl mit einer Vielzahl von Reformvorstößen.

Aufweichung der 35-Stunden-Woche

Der Wahlkampfslogan von Nicolas Sarkozy *„Travaillier plus, ganger plus"* zielte im Kontext seiner Reformagenda nicht nur auf eine Vereinfachung und Flexibilisierung des Arbeitsgesetzes, sondern vor allem auf eine Aushöhlung der 35-Stunden-Woche, welche eine zentrale Errungenschaft der Regierung Jospin war, jedoch seit der Einführung immer wieder Ziel von Angriffen der UMP und der Unternehmensverbände wurde (Parisot 2007: 94). In seinem Wahlkampfkonzept für eine liberale Beschäftigungspolitik wurde die 35-Stunden-Woche als zentrales Wachstumshemmnis betrachtet. So kündigte die Regierung Fillon schon kurz nach der Parlamentswahl im Juli 2007 eine Reform des *Loi Aubry* an, welche eine generelle Lockerung der Arbeitszeiten vorsah und die Unternehmensebene weiter stärken sollte.

"C'est pour ça que le carcan des 35 heures me paraît désuet et daté d'époque" sagte die zuständige Wirtschaftsministerin Christine Lagarde bei der Vorstellung erster Pläne einer Reform für eine Flexibilität der Arbeitszeit (AFP 2007). Der Gesetzesentwurf für das *loi sur la rénovation de la démocratie sociale et réforme du temps de travail (Loi 2008-789 2008),* welches das erste große Reformpaket[56] in der Arbeitsmarktpolitik der neuen Regierung darstellte, zielte vordergründig auf eine Neuregelung des Gewerkschaftsstatus und die Einführung einer Repräsentativitätsklausel. Neben der Veränderung des repräsentativen Gewerkschaftsstatus[57] sah der Gesetzesentwurf der Regierung jedoch auch eine weitere Aufweichung der 35-Stunden-Woche vor. Dabei verfolgte die Regierung Fillon eine Doppelstrategie, welche vor allem auf die Liberalisierung des Arbeitsmarktes zielte, gleichzeitig jedoch die 35-Stunden-Woche auf dem Papier beibehielt. Dies hatte vor allem den Grund, dass die 35-Stunden-Woche in Frankreich als eine der wichtigsten soziale Errungenschaften der jüngeren Geschichte angesehen wurde (Vail 2010: 92).

So sprachen sich in einer repräsentativen Umfrage der Wirtschaftszeitung *Les Echos* im Juni 2008, 79 % aller Beschäftigten für eine Beibehaltung der 35-Stunden-Woche aus (Bellan 2007: 13). Daher entschied sich die Regierung Fillon für eine Lockerung und Aufwertung der Überstundenregelung, womit sie an die Reformen der Regierung Raffrain anknüpfte, welche 2003 die Anzahl möglicher Überstunden ausgeweitet hatte. Der Gesetzesentwurf der Regierung Fillon sah ebenso eine deutliche Erhöhung der zulässigen jährlichen Arbeitstage von 218 auf 245 vor. Zudem wurde erlaubt, dass die Zahl der Überstunden durch Unternehmensvereinbarungen ausgehandelt werden könne, womit die Flexibilität innerhalb der Unternehmen ausgeweitet wurde (ebd.). Gleichzeitig wurden die

---

[56] Das erste Reformpaket wurde mit dem *loi pour le travail, l'emploi et le pouvoir d'achat (*kurz *Loi TEPA)* schon kurz nach den Parlamentswahlen im Juli 2007 verabschiedet und enthielt starke Steuer- und Abgabenentlastungen für die Unternehmen. Der Unternehmensverband MEDEF begrüßte damals dieses Gesetzespaket sehr, gingen viele Entlastungen auf die Initiative von MEDEF zurück (Delacroix 2007: 4).

[57] Der Teil des Gesetzes ging auf die Vereinbarung zur Reform des sozialen Dialogs zurück, welcher von den beiden großen Gewerkschaften CFDT und CGT mit den Vertretern der Unternehmensverbände MEDEF und CGPME geschlossen wurde. Seit der Verabschiedung des Gesetzes gelten nur noch Gewerkschaften als repräsentativ, welche mindestens 10 % der Stimmen bei den firmeninternen GewerkschaftsvertreterInnenwahlen auf sich vereinigen können. Eine Vereinbarung der Sozialpartner gilt nur dann als unterzeichnet, wenn die unterzeichnenden Gewerkschaften mindestens 30 % der Beschäftigten in einer Fima/einem Sektor repräsentieren und die anderen Gewerkschaften die Vereinbarung mit mehr als 50 % akzeptieren. Dieses Gesetz hat zu starken Auseinandersetzungen geführt, sahen sich doch vor allem die kleineren Gewerkschaften in ihrer Existenz bedroht. Trotz dieses Gesetzes ist es jedoch nicht zu einem Gewerkschaftssterben gekommen, auch wenn die kleineren Gewerkschaften wie SUD stark an Einfluss verloren haben (Vail 2010: 102; Artus/Holland 2013).

Überstunden durch Lohnzuschüsse (25 % für die ersten acht, 50 % für alle weiteren Überstunden) wie auch durch eine allgemeine Abgaben- und Steuerbefreiung staatlich subventioniert (Smith 2013: 197).

Die Initiative für die Neuregelung der Arbeitszeiten ging dabei vom Unternehmensverband MEDEF aus. Die MEDEF-Vorsitzende Laurence Parisot hatte schon vor der Wahl eine Ausweitung der Überstundenregelungen und eine Flexibilisierung der 35-Stunden-Woche gefordert und immer wieder einen Zusammenhang zwischen der Arbeitszeitregelung und der französischen Wirtschaftskrise konstruiert (Parisot 2007: 95). Nun war in den Verhandlungen des Sozialen Dialogs über die Reform, für die Unternehmensverbände die Möglichkeit gegeben, auch eine Aufweichung der 35-Stunden-Woche zu erreichen. Am 19. Dezember 2007, kurz nach dem Streik gegen die Reform der Sonderrentensysteme, hatte Nicolas Sarkozy die Sozialpartner in den Elysee Palast geladen, um Ihnen seine Pläne in Bezug auf die Reform in der Wirtschafts- und Arbeitsmarktpolitik darzulegen: Modernisierung des Arbeitsmarktes und die Neuregelung des Repräsentativitätsstatus der Gewerkschaften sowie in diesem Zusammenhang auch die Vereinfachung der Vorschriften über die Arbeitszeit (Wenz-Dumas 2008). Sarkozy verfolgte die Strategie, die Sozialpartner über eine Neuregelung des Repräsentativitätsstatus verhandeln zu lassen, erklärte aber auch, dass die Regierung im Fall eines Scheiterns der Verhandlungen selbst einen Gesetzesentwurf formulieren würde.

Am 24. Januar 2008 begannen die Verhandlungen über die Neuregelungen des Repräsentativitätsstatus der Gewerkschaften, jedoch nur zwischen den beiden großen Gewerkschaften CGT und CFDT sowie den beiden großen Unternehmensverbänden MEDEF und CGPME. Während die sozialdemokratische CFDT eine Neuregelung der seit 1945 geltenden Repräsentativitätsregelung der Gewerkschaften seit längerem favorisierte, waren die CGT sowie MEDEF gegenüber solchen Reformen eher skeptisch (Vail 2010: 100). Die CGT sah in einer Neuregelung der Repräsentativität eine Aufwertung der Unternehmensebene für Verhandlungen, sollte die Repräsentativität doch an den Wahlergebnissen in den einzelnen Firmen geknüpft sein. MEDEF dagegen lehnte bis dahin jede Diskussion ab, welche nicht eine vollständige Verschiebung von Verhandlungen auf die Ebene der Unternehmen selbst beinhaltete (ebd.).

Nach den ersten Verhandlungen wurde jedoch offensichtlich, dass diese Verhandlungen vor einem anderen Hintergrund stattfanden und somit die Möglichkeit für eine Einigung deutlich höher war. Die Drohung der Regierung Fillon, dass sie im Falle eines Scheiterns der Verhandlungen ein eigenes Gesetz zum Repräsentativitätsstatus erlassen würde, ebenso wie die Aussicht, durch eine einheitliche Regelung einen deutlichen Machtzugewinn zu erzielen, ließen die CGT offener gegenüber den Verhandlungen werden. Auf der anderen Seite war es der MEDEF-Vorsitzenden Laurence Perisot gelungen, aus dem Schwarzgeldskandal des Metall- und Industrieverbandes UIMM (*Union des Industries et des Métiers de la Métallurgie*) politisches Kapital zu schlagen (Frémeaux 2008). Die UIMM repräsentiert innerhalb von MEDEF die stärkste Fraktion und stellte lange Zeit den „hard-line neoliberal power broker" (Vail 2010: 100) dar, welcher sich vor allem gegen eine allgemeine Anerkennung der Gewerkschaften als Verhandlungspartner wehrte. Mit der UIMM wurde durch den Finanzskandal der gesamte exportorientierte Flügel innerhalb von MEDEF geschwächt, was der Vorsitzenden Laurence Perisot deutlich mehr Handlungsspielraum in den Verhandlungen eröffnete. So ergänzte MEDEF kurz vor dem Ende der Verhandlungen das abzustimmende Dokument mit einem Artikel zur 35-Stunden-Woche und der Neuregelung der Arbeitszeiten, welcher eine experimentelle Ausweitung der Überstundenregelungen auf der Unternehmensebene durch Betriebsvereinbarungen regeln sollte (Wenz-Dumas 2008). Die als *„position commun"* bezeichnete Vereinbarung wurde am 9. April 2008 von den vier Verbänden unterzeichnet und schon im Mai 2008 als Gesetzesentwurf von Nicolas Sarkozy, als ein Beispiel für einen gelungenen und konstruktiven Sozialen Dialog, vorgestellt (Vail 2010: 101). Der Arbeitsminister Xavier Bertrand versicherte, dass das Gesetz vollständig der Vereinbarung zwischen den Sozialpartner entspricht und *„l'esprit et la lettre"* (Jouan 2008b) übereinstimmen.

Die Gewerkschaften jedoch sahen sich kurz nach der Veröffentlichung des Gesetzentwurfes am 22. Mai 2008 von der Regierung hintergangen. Schon kurze Zeit nach der Veröffentlichung des Gesetzentwurfes erklärten die Generalsekretäre die CGT und des CFDT, Bernard Thibault und François Chérèque, dass der Artikel 17 des Gesetzentwurfes nicht mit der sozialpartnerschaftlichen Vereinbarung übereinstimme und der Gesetzentwurf *„mesures de déréglementation du temps de travail"* (Delacroix 2008a: 4) beinhalte. Ebenso wiesen sie ihre Schuld an der Aufweichung der 35-Stunden-Woche zurück, sei doch in der *„position commun"* lediglich eine Lockerung der Überstundenregelung auf experimenteller Basis und nicht in einer allgemeinen Form vereinbart worden. Für sie stellten die nun in Gesetzesform gegossenen Regelungen zur Arbeitszeitregelung eine faktische Abschaffung der 35-Stunden-Woche dar. Außerdem argumentierten die Gewerkschaften, führe die Subventionierung der Überstunden nicht zu Neueinstellungen, sondern zu weiteren Entlassungen, da Überstunden nun deutlich günstiger seien als Neueinstellungen. Zudem seien die volkswirtschaftlichen Effekte minimal, da auch schon heute unbezahlte Überstunden geleistet würden (Balle 2009). Von den anderen Gewerkschaften wurden die beiden Verhandlungsgewerkschaften CGT und CFDT jedoch scharf angegriffen.

Der Generalsekretär der Force Ouvrière (FO) warf den beiden Gewerkschaften vor, sich über den Tisch gezogen und aus eigenem Interesse und Machtstreben der Vereinbarung zugestimmt zu haben (Wenz-Dumas 2008). Aus diesem Grund verweigerte sich die FO, auch zusammmen mit dem CGT und der CFDT, zu einer gemeinsamen Demonstration gegen die Aufweichung der 35-Stunden-Woche aufzurufen. Es kam zu einer Spaltung der Gewerkschaftsbewegung in dieser

Frage, da sich auch die anderen Gewerkschaften der Kritik der FO anschlossen. Einzig die SUD und die LehrerInnengewerkschaft FSU mobilisierten zur Demonstration am 17. Juli 2008. Aber auch das Kapital war in seiner Einschätzung über das Vorgehen der Regierung gespalten. Die MEDEF-Vorsitzende Laurence Parisot kritisierte in der Öffentlichkeit das Vorgehen der Regierung und ermahnte diese, die sozialpartnerschaftliche Vereinbarung zu respektieren. Für MEDEF war eine korporatistische Perspektive, den sozialen Dialog als staatliche Aushandlungsarena langfristig zu etablieren, attraktiver als einen kurzfristigen „Pyrrhussieg" in der Auseinandersetzung um die 35-Stunden-Woche zu erringen (Delberghe 2008). Dagegen lobte der CGPME-Vorsitzende Jean-François Roubaud das Vorgehen der Regierung und polterte gegen MEDEF[58]: *„Madame Parisot défend les intérêts des grandes entreprises, pour lesquelles les 35 heures ont été plutôt une bonne affaire"* (Delacroix/Perrotte 2008: 4). Und auch die Regierung reagierte auf die Kritik der beiden Gewerkschaften mit Unverständnis. Der Arbeitsminister Xavier Bertrand erinnerte die Gewerkschaften daran, dass die Regierung schon vor den Verhandlungen ihren Willen zur Flexibilisierung der Arbeitszeiten offen gelegt habe und das die *„partenaires sociaux étaient prévenus que nous irions plus loin ; nous assumons"* (Perrotte 2008: 4).

Die Strategie der herrschenden Kräfte ging auf: Durch die Verknüpfung des Repräsentativitätsstatus der Gewerkschaften mit der Arbeitszeitenregelung sowie die exklusive und spezifische Einbindung die CGT und der CFDT auf Ebene des Staates im engeren Sinne, gelang es die Gewerkschaftsbewegung und damit auch den Widerstand gegen die faktische Abschaffung der 35-Stunden-Woche zu spalten und zu schwächen. Die großen Gewerkschaften hatten ein materielles Interesse daran, eine offizielle Regelung zum Repräsentativitätsstatus durchzusetzen, um den eigenen Einfluss- und Machtbereich auszuweiten und gleichzeitig kleinere Konkurrenzgewerkschaften, v.a. auf der Betriebsebene zu schwächen bzw. sich dieser gänzlich zu entledigen. Die Verknüpfung zwischen der Repräsentativitäts- und den Arbeitszeitregelungen führte letztendlich dazu, dass die beiden größten französischen Gewerkschaften sich bereit erklärten, einer - wenn auch experimentellen - Aufweichung der 35-Stunden-Woche zuzustimmen.

---

[58] Inwiefern der Gesetzesentwurf wiederum selbst von Laurence Parisot mitgeschrieben wurde und in ob MEDEF in der Frage der 35-Stunden-Woche selbst Einfluss auf die Regierung Fillon hatte, bleibt in Frankreich umstritten. Während sie die Entscheidung mit der 35-Stunden-Woche der Regierung kurz nach der Gesetzesvorlage noch als Rückschlag für die soziale Befriedung des Landes kritisierte, lobte sie schon wenig später das Vorgehen der Regierung und forderte diese auf *"tordre le cou aux 35 heures"* (Delacroix/Perrotte 2008: 4). Dieser Umschwung in der Strategie von MEDEF deutet auf eine Veränderung der Kräfteverhältnisse innerhalb von MEDEF selber hin. Zwar war der neoliberale Flügel in MEDEF nach dem UIMM-Skandal stark geschwächt, jedoch fand die Forderung nach einer Abschaffung der 35-Stunden Woche innerhalb von MEDEF über den exportorientierten Flügel hinweg eine breite Zustimmung (Delberghe 2008).

Die Stärkung der CGT und der CFDT auf betrieblicher Ebene durch die Repräsentativitätsregelungen hatte jedoch eine deutliche Schwächung der Gewerkschaftsbewegung zur Folge. Zu der Demonstration am 17. Juni 2008 kamen landesweit nur rund 500.000 Menschen um gegen die faktische Abschaffung der 35-Stunden-Woche zu demonstrieren. Die daraufhin, aus einem Moment der Schwäche und der Machtlosigkeit heraus initiierte Kampagne der CGT und der CFDT gegen das Gesetz, konnte aufgrund der Spaltung der Gewerkschaften kaum Öffentlichkeit und Wirksamkeit entfalten (Vail 2010: 93). Der Versuch der beiden Gewerkschaften, die Deutungsmacht über die Vereinbarung der *„position commun"* wiederzuerlangen, um somit die Spaltung der Gewerkschaften in dieser Frage zu überwinden, schlug fehl. Das Gesetz wurde daher im Juli 2008, aufgrund der komfortablen Mehrheit der UMP in der Assemblée Nationale , gegen die Stimmen der PS und der PCF angenommen und trat im August 2008 in Kraft.

Die Aufweichung der 35-Stunden-Woche im August 2008 stellte einen wichtigen Sieg in der Auseinandersetzung über die weitere Ausgestaltung der französischen Reformpolitik für den herrschenden Block dar. Dies stellte die Gewerkschaften vor eine ambivalente Situation, wurden sie zum einen durch das Gesetz des Repräsentationsstatus viel stärker in das politische System eingebunden und erhielten innerhalb des Staatsapparates größere politische Handlungsspielräume. Zum anderen zeigte die Verabschiedung des Gesetzes jedoch auch die institutionellen Zwänge und strukturellen Selektivitäten dieses Staatsapparates für die Gewerkschaften auf (Poulantzas 2002: 172).

Die Konfrontationsstrategie der Regierung war auch dahingehend überraschend, wurde die sozialpartnerschaftliche Zusammenarbeit bei der Reform des einheitlichen Arbeitsvertrages[59] im Januar desselben Jahres noch von allen Seiten gelobt. Zwar waren damals keine großen Änderungen vereinbart worden, jedoch galt die ausgehandelte Vereinbarung als eine historische Annäherung der Sozialpartner und als erster Schritt in ein korporatistisches System. Mit der offenen Konfrontation der Regierung gegenüber den Gewerkschaften war jedoch dieser Schritt vorerst hinfällig geworden. Vielmehr führte das Verhalten der Regierung und der Kapitalverbände zu einem Misstrauen der Gewerkschaften gegenüber der Regierung und zu einer stärkeren Verlagerung der politischen Aktivitäten in die zivilgesellschaftlichen Arenen.

---

[59] Die Vereinbarung sah vor, den einheitlichen Arbeitsvertrag (*contrat de travail unique*) als Norm festzuschreiben und gleichzeitig eine neue Form der Kündigung, die sogenannten einvernehmlichen Kündigung *„rupture conventionnelle"* einzuführen. Die Vereinbarung wurde von allen sozialen Partnern mit Ausnahme der CGT unterschrieben. Der CGT sah in der einvernehmlichen Kündigung eine weitere Flexibilisierung des Kündigungsschutzes.

Reform der Arbeitslosenversicherung

Nicolas Sarkozy hatte schon im Präsidentschaftswahlkampf angekündigt, radikale Veränderungen in der Arbeitslosenversicherung anzustreben. Sein formuliertes Ziel war es, durch die „Aktivierung" der Arbeitsuchenden die durchschnittliche Dauer der Arbeitslosigkeit deutlich zu senken und damit das Defizit in der Arbeitslosenversicherung zu reduzieren. Schon kurz nach der Wahl initiierte die Regierung Fillon eine öffentliche Debatte über die Zukunft der Arbeitslosenversicherung und machte deutlich, dass die Reform der Arbeitslosenversicherung in zwei Richtungen gehen sollte: Zum einen in die Richtung einer Implementierung stärkerer „Aktivierungselemente" sowie zum anderen in die Richtung einer strukturellen Reform bzw. einer Zusammenlegung der beiden Institutionen der Arbeitslosenversicherung UNEDIC und ANPE. Und so beauftragte Nicolas Sarkozy schon einen Tag später, am 18. September 2007 die Wirtschaftsministerin Christine Lagarde mit der Erarbeitung von Verfahrenvorschlägen für eine Fusion der beiden Institutionen, welche bereits am 2. Oktober 2007 öffentlich verkündet wurde (Sarkozy 2007c). Der Gesetzesvorschlag der Wirtschaftsministerin Christine Lagarde strebte eine komplette Verschmelzung zwischen Arbeitslosenversicherung und Arbeitslosenvermittlung und die Schaffung von sogenannten *pôle emploi* an. Der Gesetzesentwurf sah als Aufgabe für die neuen Einrichtungen sowohl die Vermittlung, Überwachung und Registrierung von Arbeitsuchenden ebenso wie die Auszahlung der Versicherungsleistungen vor. Zudem intendierte der Gesetzentwurf, dass die Verwaltung und der Einzug der Sozialbeiträge von nun an von der ACOSS übernommen werden sollte (Vie publique 2008).

Der Arbeitgeberverband MEDEF sowie die sozialdemokratische Gewerkschaft CFDT begrüßten die Reformen und kündigten ihre Unterstützung an. Die Fusion der beiden Institutionen war schon vor der Präsidentschaftswahl eine Grundforderung von MEDEF gewesen, prognostizierte der Unternehmensverband doch durch die Zusammenlegung große Einspar- und Effizienzpotenziale. Gleichzeitig intendierte MEDEF die Möglichkeit, bei der Zusammenlegung der Arbeitslosenvermittlung (ANPE) und der Arbeitslosenversicherung (UNEDIC) eine bessere Implementation von Aktivierungs- bzw. Zwangselementen durchsetzen zu können (Parisot 2007: 102). Die CFDT dagegen sah in der Zusammenlegung hauptsächlich die Chance, eine neue Art der paritätischen Verwaltung und damit auch eine andere Art der Einflussnahme auf die Ausgestaltung der Arbeitslosenversicherung zu entwickeln (Hassenteufel/Lartigot-Hervier 2015: 90). Zudem befürwortete die CFDT allgemein Maßnahmen zur Aufnahme von Beschäftigung für Arbeitslose.

Die anderen Gewerkschaften, allen voran die Gewerkschaft *Force Ouvriér* (FO), lehnten eine Fusion der beiden Institutionen ab, da sie dadurch einen noch stärkeren Einfluss des Staates und somit eine faktische Abschaffung der paritätischen Verwaltung der Arbeitslosenversicherung befürchteten. Auch sahen die anderen Gewerkschaften die Gefahr, dass durch die Zusammenlegung der beiden Institutionen die Arbeitslosenvermittlung personell weiter abgebaut und privatisiert werden könnte. Die Gewerkschaften argumentierten, dass eine Fusion mit allen Sozialpartnern vereinbart werden müsste, würde doch rund 60 % der Finanzierung der neugeschaffenen *pôle emploi* durch die Sozialbeiträge der ArbeitnehmerInnen und ArbeitgeberInnen getragen. Außerdem warnten die anderen Gewerkschaften davor, die Fusion der UNEDIC und der ANPE nicht vor dem Hintergrund einer stärkeren Implementierung von Zwangsmaßnahmen zu betrachten (Lemahieu 2007: 7). In der Zeit der Gesetzesberatung versuchte die FO mit Unterstützung anderer Gewerkschaften, wie der CGT, mehrfach durch Streiks und andere Aktionen in der ANPE oder der UNEDIC die Regierung unter Druck zu setzen und eine Veränderung des Gesetzentwurfes zu erreichen. So legten am 18. und 19. Oktober 2007 rund 80 % der Beschäftigten in der Arbeitslosenvermittlung wie in der Verwaltung der Arbeitslosenversicherung ihre Arbeit nieder und besetzten das Wirtschaftsministerium (ebd.). Trotz der hohen Streikbeteiligung und der kreativen Aktionen konnten die oppositionellen Gewerkschaften keinen wirklichen Einfluss auf die Ausgestaltung der Reform nehmen.

Ganz im Gegenteil zur CFDT, welche ihre Unterstützung für die Reform an die Forderung nach Erhalt der paritätisch verwalteten UNEDIC knüpfte und auch durchsetzen konnte. Kurz vor der Verabschiedung im Parlament wurde diese Bedingung der CFDT in den Gesetzesentwurf aufgenommen und die Anwesenheit der Sozialpartner im Verwaltungsrat der *pôle emploi* sowie die eigenständige Rolle der UNEDIC als Aushandlungsinstanz für die Höhe der Beiträge und der Versicherungsleistung berücksichtigt (Hassenteufel/Lartigot-Hervier 2015: 91). Aus Protest gegen das Vorgehen der Regierung und der CFDT kündigten die linken Gewerkschaften FO und CGT an, ihre Plätze im neu geschaffenen Verwaltungsrat der Arbeitslosenversicherung nicht besetzen zu wollen[60].

Die Verabschiedung des Gesetzentwurfes fand dann im Eiltempo statt: Zwischen der Ankündigung der Fusion durch Christine Lagarde und der Verabschiedung des Gesetzes in der Assemblée Nationale am 31. Januar 2008 lagen nicht einmal fünf Monate. Im April 2008 unterzeichneten VertreterInnen des Staates, der UNEDIC sowie der ANPE eine Vereinbarung, welche die genauen Aufgabenbereiche der einzelnen Partner in der neuen Organisation sowie die Zusammenlegung des Personals regelte (Weyrauch 2012: 351). Die 32 regionalen ASSEDICs wurden abgeschafft und durch 26 regionale paritätische Instanzen ersetzt, welche die UNEDIC nun weiterhin auf der lokalen Ebene vertreten. Ebenso wurde die Besetzung des Verwaltungsrates beschlossen, welcher fortan tripartistisch aus jeweils fünf VertreterInnen der Regierung, der Gewerkschaften und der

---

[60] Was sie jedoch schon nach kurzer Zeit taten (Weyrauch 2012: 351).

Unternehmensverbände sowie zwei qualifizierten Persönlichkeiten[61] besetzt ist. Während der Präsident der *pôle emploi* durch den Verwaltungsrat gewählt wird, wird der Generaldirektor durch ein Dekret der Regierung eingesetzt. Die vollständige Fusion der beiden Institutionen wurde am 1.1.2009 abgeschlossen.

Schon kurz nach der Verabschiedung des Gesetzes über die Fusion der Arbeitslosenversicherung und Arbeitslosenvermittlung im Februar 2008 forderte die Regierung Fillon die Sozialpartner auf, über eine Reform der Arbeitslosenversicherung, eine Implementierung von Zwangsmaßnahmen sowie über die Erstellung von Zumutbarkeitsregelungen zu verhandeln und drohte damit, im Falle einer Nichteinigung der beiden Parteien einen eigenen Legislativvorschlag auszuarbeiten (Finkenzeller 2008).

Im April 2008 begannen die sozialpartnerschaftlichen Verhandlungen, jedoch divergierten die Positionen der Gewerkschaften und der Kapitalverbände stark. MEDEF wie auch die CGPME forderten eine stärkere Implementierung von Zwangsmechanismen in der Arbeitslosenvermittlung, um die Dauer der Arbeitslosigkeit deutlich zu verkürzen und somit langfristig die Arbeitgeberbeiträge zur UNEDIC reduzieren zu können. So schlugen die Kapitalverbände vor, dass Arbeitsuchende jede „zumutbare Arbeit" annehmen müssten. Im Falle der Verweigerung eines zumutbaren Arbeitsangebotes sollte als Strafe die Leistungen der Arbeitslosenversicherung sukzessiv reduziert werden (Lefebvre 2008: 4). Der Arbeitgeberverband der Handwerksbetriebe UPA (*Union Professionnelle Artisanale*) schloss sich diesen Forderungen der beiden großen Kapitalverbände an, forderte jedoch ein abgestuftes System zur Verpflichtung und Sanktionierung der Arbeitsuchenden, in dem die Anforderungen nach der Länge der Arbeitslosigkeit anstiegen (ebd.) Die Gewerkschaften waren dagegen in der Frage nach einer Reform der Kriterien zum Leistungsempfang der Arbeitslosenversicherung gespalten. Während die konservativen und sozialdemokratischen Gewerkschaften unter der Führung der CFDT eine stärkere Betreuung und auch eine Implementierung von Beschäftigungsprogrammen befürworteten, lehnten die linken Gewerkschaften, v.a. die CGT und die FO, jegliche Sanktionen und Veränderungen in der Arbeitslosenversicherung ab.

Noch während der Verhandlungen der Sozialpartner legte die Regierung Fillon einen Gesetzesvorschlag vor, welcher zu großen Teilen den Forderungen von MEDEF und den anderen Kapitalverbänden entsprach (Vail 2010: 96). Dieser Vorschlag sah ein Stufenmodell vor, welches die Definition einer „angemessenen Arbeit" nach der Dauer der Arbeitslosigkeit reduzierte. So sollte ein Arbeitssuchender nach drei Monaten Arbeitslosigkeit verpflichtet werden, eine Arbeit anzunehmen, welche mit seiner Qualifikation kompatibel ist, nicht weniger als 95 % des vorigen Gehalts entspricht und in der vorher vom *pôle emplôi* definierten

---

[61] Die zwei qualifizierten Persönlichkeiten werden jeweils vom Arbeitsminister ernannt.

geographischen Zone liegt. Nach sechs Monaten reduzieren sich diese Anforderungen auf 80 % des vorherigen Gehalts und höchstens 30km Entfernung vom eigenen Wohnort. Nach zwölf Monaten dann gilt jeder Job als zumutbar, dessen Gehalt höher ist als die Leistungen der Arbeitslosenversicherung[62] (Jouan 2008a: 19). Die damalige Wirtschaftsministerin Christine Lagarde unterstrich in der Vorstellung des Gesetzentwurfes, mit Blick auf die deutsche Agenda 2010, die Haltung der Regierung zur Arbeitslosenversicherung: "Wir versuchen, die Arbeitslosigkeit zu verringern. Die Arbeitslosen haben Rechte, aber auch Pflichten" (FAZ 2008: 12; La Tribune 2008: 27). Fast alle Gewerkschaften (mit Ausnahme der CFE-CGC) zeigten sich über die Vorschlägen der Regierung empört, zumal die Festlegung der Leistungskriterien bisher im Kompetenzbereich der Sozialpartner lag und nicht allein durch die Regierung bestimmt werden konnte. Jedoch war die Begründung für die Ablehnung des Gesetzesvorschlages durch die Gewerkschaften nicht einheitlich: Während der CGT-Vorsitzende Bernard Thibault von einer „*forme de dumping social*" sprach und die Vorschläge generell ablehnte, kritisierte die CFDT die Reichweite und Universalität der Sanktionen, lehnte diese jedoch nicht generell ab (Jouan 2008a: 19).

Nachdem die Verhandlungen zwischen den Sozialpartnern im Mai 2008 scheiterten, versuchten die Gewerkschaften Druck auf die Regierung und die Abgeordneten auszuüben, in dem sie versuchten, in den Staatsapparaten für eine Ablehnung des von der Regierung eingebrachten Gesetzentwurfs zu werben. Die Gewerkschaften argumentierten, dass die neuen Regelungen zum einen zu Sozialdumping führen und vor allem die Langzeitarbeitslosen treffen werde. In den zivilgesellschaftlichen Arenen blieben die Aktionen der Gewerkschaften jedoch schwach. Weder in den Medien noch auf der Straße konnten sie wirkliche Akzente setzen. Einzig die CGT und die SUD versuchten landesweit Bündnisse mit Arbeitslosenverbänden, linken Parteien und anderen zivilgesellschaftlichen Kräften wie bspw. attac aufzubauen, jedoch blieben auch diese Aktivitäten relativ erfolglos (Perrin 2009).

Im Mai 2008 veröffentlichte die Europäische Kommission aufgrund des erwarteten Haushaltsdefizits ihre „politischen Empfehlungen" gegenüber Frankreich. Darin nahm die Europäische Kommission positiven Bezug auf die angestrebten Reformen im Arbeitsmarkt, da sie auf eine Implementierung von Flexicurity-Maßnahmen zielten (COM 2008a: 5). Sie empfahl der französischen Regierung daher, ihre Reformpolitik mit der gleichen Entschlossenheit fortzuführen, weitere strukturelle Reformen in der Arbeitsmarktpolitik durchzusetzen und gleichzeitig weitere Reformen im Renten- und Gesundheitssystem durchzuführen (ebd.).

---

[62] Das Arbeitslosengeld in Frankreich entspricht rund 57 % des letzten Gehalts.

Am 18. Juli 2008 wurde der Gesetzesvorschlag von Christine Lagarde mit kleineren Änderungen[63] im Parlament angenommen und trat am 1. Oktober 2008 in Kraft. Auf Initiative von MEDEF waren nun noch die Sanktionierungsmaßnahmen gegen LeistungsbezieherInnen verschärft worden. Im Fall einer zweimaligen Ablehnung eines „zumutbaren" Arbeitsangebots sah das Gesetz eine zweimonatige und im Fall einer weiteren Weigerung eine zeitlich unbegrenzte Streichung des Arbeitslosengeldes vor (Vail 2010: 97). Ebenfalls intendierte das *loi sur les droits et le devoirs des demandeurs d'emploi* neben der Erhöhung des Drucks eine intensive und individuelle Begleitung und Betreuung der Arbeitssuchenden durch das *pôle emploi*[64]. Damit kam die Regierung vor allem den Forderungen der CFDT entgegen, welche eine bessere Betreuung der Arbeitssuchenden gefordert hatte.

Auch deshalb stimmte die CFDT als einzige Gewerkschaft im Januar 2009 einer durch die Sozialpartner im Dezember 2008 ausgehandelten Vereinbarung zur Neuregelung der Arbeitslosenversicherung zu, welche die beschlossenen Sanktionen modifizierte und eine Ausweitung der Arbeitslosenversicherung auch auf ältere ArbeitnehmerInnen[65] festlegte (Rèau 2008). Neben der Implementierung von Sanktionsinstrumenten sah die Vereinbarung auch eine Neuregelung des Versicherungsgrundsatzes vor, der zum einen die Mindestbeitragszeit von sechs auf vier Monate verkürzte, jedoch gleichzeitig auch die Bezugsdauer der Leistungen an die Beitragszeiten koppelte (Perrin 2009). Fortan konnte nun die Bezugsdauer der Arbeitslosenversicherung von vier bis dreiundzwanzig Monaten variieren, je nachdem wie lange ein Leistungsbezieher vorher in die UNEDIC eingezahlt hatte. Während die Gewerkschaften (mit Ausnahme der CFDT) die Vereinbarung nicht unterschrieben und diese als Sozialdumping bezeichneten, jedoch auch kein Veto gegen die Entscheidung aussprachen[66], feierte die CFDT die Vereinbarung als *„avancées concrètes pour les demandeurs d'emploi"* (CFDT 2009a, 2009b).

Die Reformen stellten einen Einschnitt in die Organisation der Arbeitslosenversicherung dar. Allein die Fusion von UNEDIC und ANPE kennzeichneten eine grundlegende Reform der französischen Arbeitslosenversicherung, schaffte die

---

[63] Eine Arbeit gilt nun als zumutbar, wenn sie nach drei Monaten Arbeitslosigkeit 95 % des vorherigen Gehalts und nach sechs Monaten 85 % des Gehaltes entspricht. Außerdem muss das Arbeitsangebot der Qualifikation des Arbeitsuchenden entsprechen. Gleichzeitig muss der Arbeitsuchende nach sechs Monaten ebenfalls bereit sein, täglich zwei Stunden Fahrtzeit in Kauf zu nehmen.
[64] Hierbei handelt es sich um das sogenannte *projet personnalisé d'accès à l'emploi* (PPAE), welches jedoch aufgrund des massiven Personalmangels kaum bzw. nur sehr begrenzt umgesetzt werden konnte (Steinmann 2008: 2).
[65] So wurde die Dauer des möglichen Erwerbslebens von Älteren ausgeweitet.
[66] Ausschließlich die CGT forderte eine Neuverhandlung des *l'accord de assurance chômage*, da mit der CFDT nur eine Gewerkschaft der Vereinbarung zugestimmt hätte und somit die Vereinbarung nicht rechtens sei. Die Arbeitgeber lehnten eine Neuverhandlung jedoch ab (Comarmond/Perrotte 2009: 2).

Regierung durch die Konzentration von Arbeitsvermittlung und Leistungsauszahlung in einer Institution doch erst die Voraussetzung für eine effektive Sanktionierung und „Aktivierung" von Arbeitssuchenden. Dabei zeigt die Ausgestaltung der Reform starke Ähnlichkeiten mit den Hartz-Reformen der Agenda2010 aus Deutschland, ist doch die strukturelle Ausgestaltung des *pôle emploi* derjenigen der Arbeitsagentur für Arbeit nachempfunden. Auch die beschlossenen Sanktionen gegen Arbeitssuchende haben deutliche Ähnlichkeiten mit denen, welche in der sogenannten Hartz IV-Reform verabschiedet wurden[67]. Zudem existiert eine Kontinuität in der Reformpolitik, gab es doch seit den 1990er Jahren immer wieder Versuche, restriktive Maßnahmen in der Arbeitslosenversicherung zu implementieren. Anders als seine Vorgänger war Nicolas Sarkozy diesmal jedoch in der Lage, diese weitreichende Reform der Arbeitslosenversicherung durchzusetzen. Nach Vail (2010: 97) lag dies an verschiedenen Gründen: Zum einen an der starken Unterstützung der Arbeitgeber und auch der Mehrheit der Bevölkerung. Vor allem aber war die Spaltung der Gewerkschaften in dieser Frage und die Schwäche der gesellschaftlichen Linken ausschlaggebend, dass diese Reform ohne größere Proteste verabschiedet werden konnte (vgl. I/PCF 2015; CGT 244 – 246). Vor allem der Alleingang der CFDT in dieser Frage hat zu größeren Spannungen innerhalb der Gewerkschaftsbewegung geführt und den gemeinsamen Widerstand geschwächt. Zwar gab es Versuche, Bündnisse zwischen Gewerkschaften, Parteien und außerparlamentarischen Initiativen aufzubauen, jedoch hatten diese weder die Größe noch die gesellschaftliche Wirkungsmacht, um die Reformen zu verhindern. Eine rein zivilgesellschaftliche Strategie wie 1995 zur Verhinderung der Reformen konnte so nicht erfolgreich sein. Das Ergebnis der Verhandlungen im Sozialen Dialog und in der Assemblée Nationale zeigen jedoch auch, dass die Arenen des Staates im engeren Sinne stark vermachtet waren und durch ihre spezifischen Strukturen keine Verhinderung bzw. positive Umgestaltung der Reformen ermöglichten. Zwar verhinderte das Agieren der Gewerkschaften auf der Ebene des Staates im engeren Sinne, dass die Reformen in ihrer spezifischen Ausgestaltung und ihrem Umfang deutlich weniger dem deutschen Vorbild glichen, jedoch wurde auch deutlich, dass die Staatsapparate in ihrer strukturellen Verdichtung starke Selektivitäten gegenüber den Interessen der einzelnen, v.a. der transnationalen und exportorientierten Kapitalfraktionen aufwiesen. Durch die fehlende zivilgesellschaftliche Bewegung auf der Straße, vom „Kampf auf Distanz" (Poulantzas 2002: 288), konnte innerhalb dieser Staatsap-

---

[67] Wobei betont werden muss, dass das Ausmaß der Sanktionsinstrumente deutlich geringer war als bei den deutschen Arbeitsmarktreformen. Zudem konnten viele Sanktions- und Aktivierungselemente aufgrund eines hohen Personalmangels in den pôle emploi nicht umgesetzt werden.

parate nicht genügend Druck für eine Veränderung der Reformen ausgeübt werden[68]. Vielmehr hat sich das Instrument des tripartistischen Korporatismus als dahingehend nützlich erwiesen, zumindest Teile der Gewerkschaften in das politische Projekt zu inkorporieren und die Arbeiterklasse für die Wiederherstellung der französischen Wettbewerbsfähigkeit in die Pflicht zu nehmen (Buci-Glucksmann/Therborn 1982: 148).

---

[68] So schreibt Poulantzas (2002: 288), dass „[...] ein auf Distanz geführter Kampf mit den Staatsapparaten diesseits und jenseits der Grenze des durch die institutionellen Orte umrissenen physischen Raums immer und in jedem Fall notwendig bleibt".

Reform der Grundsicherung

Die Reform der französischen Grundsicherung RMI war einer der zentralen Punkte im Wahlprogramm von Nicolas Sarkozy aber auch seiner sozialdemokratischen Kontrahentin Segoléne Royal. In dieser Frage existierte im Präsidentschaftswahlkampf ein parteienübergreifender Konsens, war die Diskussion über eine Reform des RMI bereits im Jahr 2005 begonnen worden. Damals hatte eine Kommission unter der Leitung von Martin Hirsch[69] als Reaktion auf den Kinderarmutsbericht 2004[70] eine Reihe von konkreten Maßnahmen entwickelt, welche zu einer Reduktion von Kinderarmut in Frankreich beitragen sollten (Hirsch 2005b). Von den fünfzehn Lösungsvorschlägen sah der zweite Lösungsvorschlag eine Kombination von Arbeitseinkommen und der Sozialhilfe vor, um Armut trotz Arbeit zu verhindern (ebd.: 29). So schlug Hirsch vor, die verschiedenen Grundsicherungen durch eine einheitliche Grundsicherung namens *„revenu de solidarité active - RSA"* (ebd.) zu ersetzen. In diese Grundsicherung sollten die Wohnungsbeihilfe einfließen und mit einem geringen Arbeitseinkommen kombiniert werden können. Gleichzeitig schlug Hirsch vor, dass die Arbeitgeber, welche EmpfängerInnen des RSA einstellten, steuerlich entlastet werden sollten und deutlich weniger als den nationalen Mindestlohn (0,7 des SMIC) zahlen müssten (ebd.). Die Maßnahmen sowie diese Form des Kombilohns sollten zu einer Aktivierung bisher inaktivier Langzeitsarbeitsloser führen, welche wieder für den Arbeitsmarkt gewonnen werden könnten, so Hirsch in seinem Bericht (ebd.: 25).

Die Vorschläge der Hirsch-Kommission wurden von beiden großen französischen Parteien positiv aufgenommen und die vorgeschlagenen Maßnahmen in die Wahlkampfprogramme der beiden Kandidaten integriert (Clegg 2014: 151). Nach der Wahl von Nicolas Sarkozy legte Martin Hirsch als hoher Kommissar[71] der Regierung Fillon im Februar 2008 einen zweiten Bericht vor, der sich nun jedoch ausschließlich der spezifischen Ausgestaltung und gesetzlichen Implementierung der RSA widmete (Hirsch 2008). In Anknüpfung an seinen ersten Bericht, argumentiert Hirsch in dem vorgelegten Grünbuch (*livre vert*), dass es durch die starke Ausweitung atypischer und prekärer Arbeitsverhältnisse in Frankreich eine grundlegende Veränderung des französischen Wohlfahrtsstaatssystems bedürfe, da die vorhandenen Instrumente weder zu einer Rückkehr in den Arbeitsmarkt führen würden, noch vor dem Abrutschen in die Armut wirklich

---

[69] Damaliger Leiter der französischen Wohltätigkeitsorganisation Emmaus, welche sich gegen Obdachlosigkeit und Armut einsetzte.

[70] Der Kinderarmutsbericht schätzte die Zahl der von Armut betroffenen Kinder auf ein bis zwei Millionen und löste in Frankreich eine breite Diskussion über die Ursachen der Kinderarmut aus (CERC 2004: 7). Als Reaktion auf die Diskussion beauftragte die damalige konservative Regierung de Villepin die Hirsch-Kommission mit der Erarbeitung konkreter Vorschläge zur Bekämpfung von Kinderarmut.

[71] *Haut-commissaire aux solidarités actives contre la pauvreté*

schützten (ebd.: 11). Daher umfasst das Konzept des RSA für Hirsch sowohl Maßnahmen zur Aufstockung und Kombination der Grundsicherung und des Arbeitseinkommen, als auch Maßnahmen zur Vereinfachung des Grundsicherungssystems sowie zur umfassenden persönlichen Betreuung und Hilfe[72] (ebd.: 12ff).

Die Regierung Fillon hatte schon im August 2007, basierend auf dem ersten Bericht von Martin Hirsch, ein Gesetz erlassen, welches es den Departements ermöglichte, mit dem RSA zu experimentieren und daraus mögliche Erkenntnisse für eine Generalisierung des RSA zu gewinnen (Vlandas 2013: 121). Der zweite Bericht, welcher auf den ersten Erkenntnissen dieser Experimente beruhte, wurde die Grundlage für ein umfassendes Gesetz zur Reformation der sozialen Grundsicherung, welches schon kurz nach der Veröffentlichung des Grünbuchs der Öffentlichkeit präsentiert wurde.

Der Gesetzentwurf sah vor, dass das RSA verschiedene Hilfsinstrumente wie das RMI, die Alleinerziehendenhilfe API (*allocation pour le parent isolé*) oder die Wiedereingliederungshilfe PRE (*prime der retour á l'emploi*) zusammenfasst und damit jedem Bedürftigen, egal ob er arbeitet oder nicht, ein Grundeinkommen garantiert[73] (Loi 2008-789 2008: 1). Daher waren zwei verschiedene Arten des RSA im Gesetzentwurf enthalten: Zum einen das *RSA socle*, welches eine Art Grundeinkommen für nichterwerbstätige Personen darstellt und von den Departements bezahlt wird und zum anderen das *RSA Majoré,* das vom Zentralstaat bezahlt wird und das einer Form des Kombilohns entspricht, d.h. ein degressiver Lohnzuschuss, welcher bis zu einem Lohnniveau des 1,04fachen SMIC auszahlt wird (Uterwedde 2012b: 7). Zudem sah der Gesetzentwurf im Sinne der Rechte und Pflichten der LeistungsempfängerInnen, vor, dass die RSA-EmpfängerInnen automatisch als arbeitsuchend registriert und angehalten werden, einen persönlichen Eingliederungsvertrag (*project personalisé d'access a l'emploi)* zu unterzeichnen (L'Horty 2013: 88f). Im Fall eines Verstoßes gegen den Eingliederungsvertrag oder der zweimaligen Ablehnung eines Arbeitsangebots sah der Gesetzentwurf die Möglichkeit einer unbefristeten Leistungskürzung vor.

Die Regierung Fillon und vor allem Nicolas Sarkozy präsentierten die Reformpläne als Bruch mit dem bisherigen französischen Wohlfahrtsstaat. Der RMI galt ihnen als eine Wohlfahrtsfalle, welche Arbeitslose für immer von den sozialen Leistungen des Staates abhängig machte und somit langfristig dem Arbeitsmarkt entzog (Smith 2013: 198). Ganz im Sinne seiner Wahlkampagne, welche den „Wert der Arbeit" als Lösung für die Probleme Frankreichs herausstellte, war

---

[72] Clegg (2014: 151) weist darauf hin, dass sich der zweite Hirsch-Bericht in seinen Formulierungen stark vom ersten Bericht unterscheidet, obwohl er im Groben über dasselbe Thema handelt. So wird im zweiten Bericht nicht weniger als 28-mal von einer notwendigen „Balance zwischen Rechten und Pflichten der EmpfängerInnen der Grundsicherung geschrieben, während im ersten Bericht von dem Wort Pflicht (*devoir*) nicht die Rede war.

[73] Das RSA ersetzte jedoch nicht die Lohnbeihilfe PPE, womit nun zwei Lohnbeihilfen parallel zueinander existieren.

der RSA für Nicolas Sarkozy das richtige Instrument, durch finanzielle Anreize die Abhängigkeit von sozialstaatlichen Leistungen zu reduzieren, Menschen in Arbeit zu bringen und somit auch den Staatshaushalt langfristig zu entlasten (Sarkozy 2008). Kurz vor der Implementierung des Gesetzes rechnete die Regierung Fillon jedoch mit zusätzlichen Mehrkosten in Höhe von 1,5 Milliarden Euro, welche mithilfe einer Zusatzsteuer von 1,1 % auf Kapitalerträge und Spareinlagen gegenfinanziert werden sollten (Guélaud 2008: 9). Die Konzeption dieser Zusatzsteuer ähnelte also sehr stark dem allgemeinen Sozialbeitrag CSG, wird jedoch ausschließlich für die Finanzierung des RSA verwendet.

Unterstützt wurde die Regierung durch die sozialdemokratische Opposition. Der damalige Generalsekretär der PS, Francois Hollande, sagte, dass „cette mesure va dans le bon sens" (Le Monde 2008a: 2) gehen, jedoch gab es auch in der PS kritische Stimmen, welche die Finanzierung über eine Kapitaleinkommenssteuer kritisierten, da diese die Mittelschicht überdurchschnittlich belasten würde (Vlandas 2013: 129). Die grundlegende Konzeption der RSA wurde jedoch von der PS nicht in Frage gestellt, sondern vielmehr auf die Notwendigkeit einer Weiterentwicklung des 1988 eingeführten RMI hingewiesen[74]. Ähnlich argumentierte die sozialdemokratische Gewerkschaft CFDT, welche in dem RSA ein wichtiges Instrument zur Unterstützung prekär Beschäftigter und zur Bekämpfung der Armut sah (Gasté-Peclers/Montvalon 2009). Zudem sei das RSA ein konkreter Schritt, um arme Menschen am gesellschaftlichen Leben teilhaben zu lassen und sie zur Aufnahme einer Arbeit zu motivieren, womit das RSA ebenfalls zur gesellschaftlichen Inklusion beitrage (CFDT 2008). Und auch MEDEF unterstützte die Reform des RMI, lag ihre Hauptkritik an der vorherigen Grundsicherung vor allem darin, dass es darin kaum Anreizmechanismen gab, eine Arbeitsstelle aufzunehmen (Vlandas 2013: 130). Jedoch kritisierte MEDEF die Gegenfinanzierung der RSA durch eine zusätzliche Steuer scharf. Diese Sozialabgabe sei „d'une taxe de plus" und würde gerade in der Krise zu einer weiteren Belastung der französischen Unternehmen führen, die dadurch weiter an Wettbewerbsfähigkeit verlieren würden: „Il n'a pas d'argent parce qu'il n'a pas fait les réformes permettant de dégager des économies" (Delacroix 2008b: 3). Trotz der Kritik an der Finanzierung der Reform, wurde auch von MEDEF die Konzeption des RSA begrüßt.

Kritik kam ausschließlich von der radikalen Linken und den Gewerkschaften CGT, FO, FSU und SUD. Die radikale Linke (u.a. die PCF) stimmte im Parlament als einzige Fraktion geschlossen gegen das RSA, da sie es als Subventionierung von Lohndumping ansahen (Melenchon 2008). Vor allem die PCF argumentierte, dass der RSA zu einer Förderung prekärer Arbeitsverhältnisse beitragen und gleichzeitig zu einer allgemeinen Verschlechterung der Löhne führen würde

---

[74] Was zum einen auch daran liegen kann, dass Martin Hirsch in der Zeit der Jospin-Regierung zwischen 1997 und 2002 ein führendes Mitglied der PS war.

(Housson 2008: 2). Zudem stellte das RSA mit dem Kombilohnmodell den Mindestlohn SMIC ganz grundlegend in Frage. Sehr ähnlich argumentierte auch die CGT, welche durch den RSA mit negativen strukturellen Auswirkungen auf die Löhne rechnete (Barroux/Fressoz 2008: 11). Durch den RSA fände eine Aushöhlung des Mindestlohnes statt und eine Subventionierung der Arbeitgeber, welche durch das Kombilohnmodell mit mehr als 31 Milliarden Euro entlastet würden. Ebenso argumentierte die CGT, dass die RSA durch die Implementierung von Sanktionen ein Zwangssystem für die Armen schaffe, welche allgemein Schwierigkeiten hätten, einen Job zu finden und nun verpflichtet seien, fast jede Arbeit anzunehmen. Auch kritisierte die CGT die pauschale Stigmatisierung von Armen, Arbeitslosen und RentnerInnen als faul und unehrlich, welche durch das Gesetz festgeschrieben werde (Naton 2009: 1).

Trotz dieser starken Kritik an der RSA konnte die CGT und die PCF keinen großen Widerstand gegen die Verabschiedung der RSA am 1.Dezember 2008 in der Assemblée Nationale mobilisieren. Dies lag auch an dem damit einhergehenden Dilemma für die Gewerkschaften, dass durch den RSA vor allem diejenigen profitierten, welche durch die starke strukturelle Fragmentierung des französischen Arbeitsmarktes überhaupt keinen Zugang zu einer Arbeit hatten. Durch die Einführung des RSA konnten diese Personen die Grundsicherung durch zusätzliche, prekäre Arbeit zumindest aufstocken. Außerdem stellte die staatliche Zuzahlung zu den Mindestlöhnen für die Gewerkschaften eine zusätzliche Investition in die Kaufkraft dar, womit die Einführung der RSA zumindest konvergent mit der eigenen Krisenlösungsstrategie war. (Barroux/Fressoz 2008).

Auch im Fall der RSA zeigte sich wieder eine Spaltung der Gewerkschaften, die letztendlich dazu führte, dass eine effektive Opposition gegen die Reform der Grundsicherung nicht möglich war. Vielmehr gab es einen Konsens zwischen den Akteuren des (wettbewerbs-)„korporatistischen Blocks[75]" (Buci-Glucksmann/Therborn 1982: 149) aus der Regierung, der PS, den Arbeitgeberverbänden und einem Großteil der Gewerkschaften unter der Führung der CFDT[76], welcher gerade in der Krise eine starke Ausstrahlungskraft erzeugte und im Fall des RSA weite Teile der Bevölkerung konsensual einbinden konnte. So befürworteten in einer Umfrage von Le Monde (2008b: 10) rund 71 % der Befragten die Reform der Grundsicherung und die Einführung des RSA. Dieser starke Konsens war jedoch dahingehend brüchig, als das mehr als 61 % der Befragten (davon mehr als 70 % der ArbeitgeberInnen) die Art der Gegenfinanzierung ablehnten. Hier zeigt

---

[75] In Anlehnung an Buci-Glucksmann/Therborn (1982: 149) wird im Folgenden von einem wettbewerbskorporatistischen Block, als Einheit von Gewerkschaften, Regierung, Unternehmensverbände und anderen Akteuren, welcher sich unter dem Dispositiv der Sicherung des „Wirtschaftsstandorts Frankreichs" und der Verbesserung der Wettbewerbsfähigkeit formieren (vgl. dazu auch Syrovatka 2012).
[76] Neben der CFDT unterstützten auch die Gewerkschaften CFTC, CFE und CFE-CGC die Reform der Grundsicherung (Vlandas 2013: 134).

sich ebenfalls die Verunsicherung der Bevölkerung über die Reformpolitik der Regierung Sarkozy, welche oftmals als inkonsistent und hektisch wahrgenommen wurde (Timbeau 2008: 11).

6.1.4 Zwischenfazit Sarkozy I

Nicolas Sarkozy hat in der ersten Periode seiner Amtszeit eine Vielzahl von Reformprojekten teilweise gleichzeitig und parallel zueinander begonnen und vor allem in der Arbeitsmarkt- und Sozialpolitik zahlreiche Reformen auch durchgesetzt. Damit konnte sich Sarkozy von seinen Vorgängern abgrenzen, welche vor schwierigen Reformen wie die Angleichung der Rentensysteme oder einer Fusion der Arbeitslosenversicherung zurückgeschreckt waren. Dabei weisen die Reformen in der Arbeitsmarktpolitik deutliche Konvergenzen zu den Empfehlungen der Europäischen Kommission und den Forderungen des Arbeitgeberverbandes MEDEF auf. So bewegte sich die Reformpolitik der Regierung Fillon ausschließlich in dem Handlungsrahmen der Flexicurity.

Die Reformen der Arbeitslosenversicherung und der Grundsicherung sahen jeweils eine Implementierung von sogenannten „aktivierenden Elementen" vor und auch die Aufweichung der 35-Stunden-Woche stellte eine Flexibilisierung der Arbeitszeitregelung auf betrieblicher Ebene dar. Durch die „politischen Empfehlungen" der Kommission 2008 und die Einleitung des Defizitverfahrens im Jahr 2009 war ebenfalls der Druck zur Umsetzungen von „Flexicurity-Reformen" auch von Seiten der EU vorhanden. Gleichzeitig war die Wahl von Nicolas Sarkozy ein neuer Höhenpunkt der neoliberalen Hegemonie in Frankreich, stellte Sarkozy nicht nur den Wunschkandidaten der hegemonialen Kapitalfraktionen dar, sondern zudem muss seine Wahl als Ausdruck einer historischen Mehrheit für die Durchsetzung neoliberaler Reformen gewertet werden. Somit gab es in Frankreich eine Hegemonie zur Durchsetzung neoliberaler Reformen in der Arbeitsmarkt- und Sozialpolitik, welche in der Wahl Nicolas Sarkozys ihren Ausdruck fand. Die politische aber auch persönliche Nähe zwischen Nicolas Sarkozy und den Kapitalverbänden, vor allem der enge Kontakt mit MEDEF[77], fand sich auch in der Reformpolitik der Regierung Fillon wieder. So stellte die Abschaffung der 35-Stunden-Woche, die Angleichung der Rentensondersysteme, die strukturellen Reformen in der Rentenversicherung sowie die Implementierung

---

[77] So wurde bspw. Nicolas Sarkozy kurz nach seiner Wahl zum französischen Präsidenten im August 2007 als Redner auf die MEDEF-Sommeruniversität eingeladen. Dies war dahingehend ein Novum, da kein vorheriger Präsident eine solche Einladung angenommen hatte.

von „Aktivierungselementen" in die Arbeitslosenversicherung und die Grundsicherung auch schon vor der Wahl Kernforderungen von MEDEF in der Arbeitsmarkt- und Sozialpolitik dar[78] (Parisot 2007).

Dennoch waren große Teile der Kapitalverbände unzufrieden mit der Reformpolitik Sarkozys, hatte dieser doch viele Reformen mit kleineren Zugeständnissen an die Gewerkschaften oder deutlichen staatlichen Mehrausgaben verbunden. So benennt Uterwedde (2013a: 48) die Abgabenfreiheit für Überstunden, welche eine jährliche Mehrbelastung von 4 Milliarden Euro für den Staatshaushalt bedeuteten, oder die Zugeständnisse im Rahmen der Angleichung der Sonderrentensysteme für die Beschäftigten in den öffentlichen Betrieben, als Grenzen für die Politik von Nicolas Sarkozy, welche viele seiner Projekte zu „Rohrkrepierer" (ebd.) werden ließen. Ebenfalls vermissten die Unternehmensverbände eine radikale Reform des Arbeitsmarktes, welche in der Implementierung von Sanktionsmechanismen noch viel enger an dem Vorbild der deutschen Agenda 2010 anknüpft. So schreibt der konservative Politikwissenschaftler Dominique Reynié, dass es Sarkozy in der ersten Phase seiner Amtszeit nicht vermocht hat, „ein neues System mit dem gleichen Ernst zu errichten, mit dem er das alte Modell demontiert hat" (Reynié zit. n. Uterwedde 2013: 49) und auch der ehemalige Sarkozy-Berater und Publizist Nicolas Baverez erklärte: „Wir glaubten, dass Nicolas Sarkozy der französischen Wirtschaft eine Schocktherapie verordnen wollte. Heute sehen wir, dass er sich eher für eine Vermeidungsstrategie entschieden hat" (Baverez zit. n. Timbeau 2008: 11).

Diese Einschätzungen verdeutlichen die widersprüchlichen und divergierenden Interessen im Block an der Macht zwischen den unterschiedlichen Kapitalfraktionen, welche durch den Ausbruch der Krise in Frankreich 2008/9 stärker hervortraten. Die neoliberale Hegemonie, welche 2007 durch die Wahl von Nicolas Sarkozy einen Höhepunkt erreichte, begann spätestens mit dem Ausbruch der Weltwirtschaftskrise zu bröckeln. Die „Widersprüchlichkeit" (Timbeau 2008: 11; Uterwedde 2013a: 48) in der Reformpolitik ist daher Ausdruck dieser widerstreitenden Interessen verschiedener Kapitalfraktionen in den Staatsapparaten aber auch zwischen den Staatsapparaten selbst (Poulantzas 2002: 167). Ebenso weisen die Widersprüchlichkeiten auf den Einfluss der Gewerkschaften vermittelt über die Sozialdemokratie in den Staatsapparaten hin (Buci-Glucksmann/Therborn 1982: 148). Vor allem die CFDT konnte durch ihre korporatistische Strategie und ihre enge Verbindung zur PS einigen Einfluss auf die Reformpolitik ausüben (vgl. I/afep 2015; I/CGT 2015).

---

[78] Eine umfangreiche Gegenüberstellung der unter Nicolas Sarkozy erfüllten Forderungen von MEDEF hat die Tageszeitung L'Humanité (2012) vorgenommen. Die Gegenüberstellung umfasst dabei nicht nur die Arbeitsmarkt- und Sozialpolitik.

Die Gewerkschaften selbst waren in der Frage über die Ausgestaltung der Reformen oftmals gespalten, was es der Regierung vereinfachte, ihre Reformvorschläge in der Arbeitsmarkt- und Sozialpolitik durchzusetzen. Dies war in der ersten Phase der Präsidentschaft eine wesentliche Strategie von Nicolas Sarkozy und der Regierung Fillon. Durch die Einbeziehung der Gewerkschaften in ihre Reformpolitik durch kleinere materielle Konzessionen konnte ein Keil zwischen reformorientierten und sogenannten linken Gewerkschaften getrieben werden, womit sie eine Spaltung der Gewerkschaftsbewegung herbeiführten. Die Formierung eines wettbewerbskorporatistischen Blocks, in dem vor allem die CFDT konsensual miteingebunden war, stellte im Vergleich zu den Reformanstrengungen der vorherigen Regierung eine strategische Neuerung dar, durch die es der Regierung Fillon möglich wurde, auch umstrittene Reformen, wie etwa die Arbeitslosenversicherungsreform, durchzusetzen.

6.2 Reformpolitik in der Krise - Sarkozy II

6.2.1 Kontext

Die zweite Phase der Präsidentschaft von Nicolas Sarkozy war durch die Krisenentwicklungen auf der europäischen wie auf der französischen Ebene geprägt. Während sich Sarkozy außenpolitisch für eine stärkere Koordinierung der Wirtschaftspolitiken der europäischen Mitgliedsländer einsetzte, geriet er innenpolitisch immer mehr unter Druck. Im Januar 2009 riefen die Gewerkschaften zu einem Aktionstag gegen die Krise und die Politik der Regierung auf (Pernot 2010: 64ff). Der Aufruf zum Aktionstag wurde von allen größeren Gewerkschaften unterschrieben, war jedoch inhaltlich eher allgemein gehalten und nahm keinen Bezug auf die Reformpolitik der Regierung. Dennoch wurde der Aufruf in der öffentlichen Diskussion als ökonomisches und politisches Gegenprogramm zur Regierungspolitik des Präsidenten Sarkozy wahrgenommen, weshalb er auch von verschiedenen linken Organisationen und Parteien unterstützt wurde (Artus/Holland 2013: 140). Dies lag auch daran, dass es eine derartige Einheit der Gewerkschaften seit den 1960er Jahren in dieser Form nicht mehr gegeben hatte. Der Aufruf der vereinigten Gewerkschaften fand jedoch nicht nur in der öffentlichen Debatte ein großes Echo. Am 29. Januar 2009 gingen nach Gewerkschaftsangaben mehr als 2,5 Millionen Menschen auf die Straße und eine beindruckende und breite Streikbewegung in den Betrieben begleiteten die landesweiten Demonstrationen (Artus 2010: 467). Der folgende Aktionstag im März 2009, welcher neben allen größeren Gewerkschaften auch von einem breiten linken Parteienspektrum initiiert wurde, fand gemessen an der Zahl der Demonstranten eine sogar noch größere Resonanz, so dass einige BeobachterInnen von der größten Demonstration seit dem Mai 1968 sprachen (ebd.: 468).

Die Zustimmung zur Politik von Nicolas Sarkozy nahm in der Krise merklich ab. Im Januar 2010 waren nur noch 38 % der Bevölkerung zufrieden, während 64 % seine Politik ablehnten (IPSOS 2015a). Sarkozy geriet vor allem wegen seiner Vielzahl an Skandalen und Affären in die Kritik, während seine Reformpolitik weiterhin mehrheitliche Unterstützung erhielt (Hillebrand 2010: 2). Diese gesellschaftliche Ablehnung gegenüber Nicolas Sarkozy und seiner Politik spiegelte sich ebenfalls in den Wahlergebnissen der Präsidentenpartei UMP wider. Bei den Regionalwahlen im März 2010, welche als erster traditioneller Test für die anstehenden Präsidentschaftswahlen gelten, verlor die UMP stark an Zustimmung und erreichte nur knapp 36 % landesweit. Die UMP verlor massiv an Zustimmung und stellte nur noch in drei von sechsundzwanzig Regionalparlamenten die Mehrheit. Resultat dieser deutlichen Niederlage war eine erneute Kabinettsumbildung, in der Sarkozy das Schlüsselressort für seine geplante Rentenreform, das Arbeits- und Sozialministerium, zum dritten Mal neu besetzte[79]. Innenpolitisch geriet Sarkozy damit im beginnenden Vorwahlkampf stark unter Druck, da zum einen die PS bei den Regionalwahlen mit 54 % als deutlicher Sieger hervorgegangen war und auch in Umfragen deutliche Zugewinne verzeichnen konnte. Zum anderen wurde die Kritik innerhalb der UMP an der Politik Sarkozys lauter, welche sich in dem Erstarken seines innerparteilichen Widersachers Dominique de Villepin äußerte.

Neben dem innenpolitischen Druck wuchs auch der Konsolidierungsdruck von Seiten der EU. Frankreich geriet aufgrund seiner relativ hohen Staatsverschuldung von 81,9 % im Jahr 2010 immer stärker in den Fokus der EU: Das im April 2009 eingeleitete Defizitverfahren stellte die französische Wirtschafts- und Fiskalpolitik unter eine stärkere Überwachung der europäischen Exekutive und verpflichtete die französische Regierung, alle sechs Monate ihre Maßnahmen zur Reduzierung des übermäßigen Haushaltsdefizits darzulegen. In den Empfehlungen des Rates vom April sowie vom Dezember 2009 zum Erreichen des Defizitziels werden neben Kürzungen im Staatshaushalt explizit eine stärkere Ausgabenkontrolle im Gesundheitssystem sowie weitere Reformen im Rentensystem verlangt (ER 2009a: 16). Die bisherigen Reformen ebenso wie der Konsolidierungsplan der Regierung wurden von der Kommission als unzureichend eingestuft (COM 2011b: 4ff). So kritisierte die Kommission die personelle Unterbesetzung bei der *pôle emploi*, den zu hohen Mindestlohn und den zu starren Kündigungsschutz. Die Kommission sah die Gründe für die hohe Haushaltsverschuldung weniger in der Stabilisierungspolitik während der Weltfinanzkrise, als vielmehr in den strukturellen Problemen des Landes (ebd.: 3). Ganz im Sinne der Etablierung eines gesamteuropäischen Krisennarrativs wurde in den länderspezifischen Empfehlungen im Rahmen des Europäischen Semesters von der Kommission die Gründe für die hohe Staatsverschuldung in der mangelnden Wettbewerbsfähigkeit der französischen Wirtschaft sowie der relativ hohen Staatsquote und den Lohnstückkosten verortet (COM 2011a: 4f).

Damit sah die Kommission die grundlegenden Herausforderungen nun vor allem in der Reduktion des strukturellen Haushaltsdefizits, der Verbesserung der Wettbewerbsfähigkeit französischer Unternehmen durch eine Senkung der Lohnstückkosten und in einer Liberalisierung der Arbeitsmarktpolitik (ebd.). Diese Empfehlungen im Rahmen des Europäischen Semesters, wie auch im Rahmen des laufenden Defizitverfahrens der Kommission, stellten den europapolitischen Rahmen in der zweiten Periode der Präsidentschaft Sarkozys dar. Dabei erhöhten die Empfehlungen und Weisungen im Zuge des europäischen Krisenkonstitutionalismus den nationalen Reform- und Konsolidierungsdruck ebenso wie die per-

---

[79] Der neuberufene Arbeitsminister Eric Woerth blieb jedoch nur bis November 2009 im Amt, da er wegen der Bettencourt-Affäre zurücktreten musste.

manente Drohung der Ratingagenturen, die Kreditwürdigkeit Frankreichs herab-zustufen. Durch diesen „permanent economic emergency" (Žižek 2010) wurden die Handlungsmöglichkeiten der Regierung für materielle Zugeständnisse im in-nenpolitischen Reformprozess eingeschränkt. Der Korridor für die spezifische Ausgestaltung der Reformen wurde mit der Verfestigung der krisenkonstitutiona-listischen Maßnahmen auf dem europäischen Scale immer enger. Zwar ist Frank-reich, als ein Land im Zentrum der imperialistischen Kette, weniger stark von möglichen Sanktionen der Europäischen Union bedroht, jedoch führte der zuneh-mende Druck von den Finanzmärkten zu einer stärkeren Abhängigkeit von der Europäischen Kommission, da die Akteure des Blocks an der Macht befürchteten, sich auf den Finanzmärkten nicht mehr zu akzeptablen Bedingungen refinanzie-ren zu können und langfristig in eine ähnliche Krisensituation zu gelangen wie Griechenland (Clift/Ryner 2014: 146; I/afep 2015; Hassenteufel/Palier 2015: 118). Dies zeigte sich nicht zuletzt an der abrupten Veränderung des Elitendis-kurses zu Beginn des Jahres 2010, von der Forderung nach einer keynesianische Wirtschaftspolitik, hin zu einer ordoliberalen Politik der fiskalischen Konsolidie-rung und Währungsstabilität (Crespy/Schmidt 2014: 1093).

6.2.2 Reformen in der Rentenpolitik

Im Juni 2009 kündigte Nicolas Sarkozy in einer Regierungserklärung relativ überraschend eine Reform der Rentenversicherung an. Seit der Reform der Son-derrentensysteme und deren Angleichung an die Bedingungen der privaten Ren-tenversicherung war die Diskussion über die finanzielle Tragfähigkeit des Ren-tensystems nicht abgeebbt, sondern rückte vor dem Hintergrund der französi-schen Wirtschaftskrise wieder in den Fokus der öffentlichen Auseinandersetzung. Durch die Abhängigkeit des umlagefinanzierten Rentensystems von der Entwick-lung auf dem Arbeitsmarkt, geriet die französische Rentenversicherung in der Krise, und dem damit einhergehenden Anstieg der Arbeitslosenrate, massiv unter Druck (Smith 2013: 196). Allein für das Jahr 2010 erwartete der COR ein Defizit der Rentenkasse von knapp 30 Milliarden Euro (Kufer 2010: 9).

In diese öffentliche Diskussion lancierte Nicolas Sarkozy seine Ankündi-gung einer Rentenreform und erklärte, dass aufgrund der wirtschaftlichen Situa-tion die Erhöhung des Renteneintrittsalters "*pas une question taboue*" (Barroux 2009: 10) sei. Das erklärte Ziel der Regierung Fillon war es, dass Defizit in den Rentenkassen langfristig abzubauen und gleichzeitig ihre Bereitschaft zum mit-telfristigen Abbau struktureller Defizite gegenüber den transnationalen Finanz-märkten und den europäischen Institutionen zu demonstrieren, welche nur kurze Zeit vorher ein Defizitverfahren gegen Frankreich eingeleitet hatten (Hassenteu-fel/Palier 2015: 121).

Die europäischen Institutionen reagierten auf die Ankündigung einer möglichen Rentenreform positiv und forderten die Regierung auf, diese schnell umzusetzen. In den halbjährlichen Empfehlungen des Rates vom November 2009 werden die Reformankündigungen zur Umsetzung einer langfristigen fiskalischen Nachhaltigkeit herausgehoben (ER 2009b: 12; 16). Der Arbeitgeberverband MEDEF begrüßte ebenso die Ankündigung einer Erhöhung des Renteneintrittsalters, stellte dies doch eine langjährige Forderung dar, welche MEDEF schon vor der Präsidentschaftswahl 2007 vertreten und durch verschiedenen Diskursinterventionen, vor allem seit der Reform der Sonderrentensysteme, immer wieder in die öffentliche Diskussion eingebracht hatte (Verhaeghe 2011: 225ff). MEDEF warb für eine Rückkehr zur Rente mit 65, da nur so eine stärkere Entlastung der Rentenkassen möglich sei und gleichzeitig die Wettbewerbsfähigkeit der französischen Wirtschaft gestärkt werden würde (Parisot 2007: 119). Die Gewerkschaften lehnten eine Debatte über eine Erhöhung des Renteneintrittsalters ab und verweigerten sich innerhalb des sozialen Dialogs mit den Arbeitgebervertretern darüber zu verhandeln (Barroux 2009: 10). Einzig die CFDT war offen für eine Debatte über eine Rentenreform. Auf ihrem Kongress im Juni 2010 billigte die CFDT eine mögliche Erhöhung der Beitragsjahre, lehnte jedoch Gespräche über eine Erhöhung des Renteneintrittsalters vor dem Hintergrund der Wirtschaftskrise ab: *„On ne peut aborder ce débat sereinement dans le contexte anxiogène de la crise"* (ebd.). Dennoch gab es Anfang Juni 2010 erste Gespräche zwischen MEDEF und der CFDT, welche jedoch an der Frage der Sonderregelungen für ArbeitnehmerInnen mit schwerer körperlicher Arbeit schon in der ersten Verhandlungsrunde scheiterten (Malys 2009: 13).

Im April 2010 veröffentlichte der COR seinen Bericht zur zukünftigen Entwicklung der Rentenversicherung, welcher im November 2009 von der Regierung aufgrund der öffentlichen Diskussion über die finanzielle Tragfähigkeit des Rentensystems in Auftrag gegeben wurde. Der Bericht entwarf drei unterschiedliche Szenarien[80] zukünftiger wirtschaftlicher Entwicklungen, wobei der COR in allen drei Fällen eine deutlichere Verschärfung der Defizitentwicklung voraussagte (COR 2010: 18). Im günstigsten Fall (Szenario A) würde das Defizit ohne eine Rentenreform, nach den Berechnungen des COR, im Jahr 2020 rund 40 Milliarden Euro betragen (ebd.). Im schlechtesten Fall (Szenario C) berechnete der COR für das Jahr 2020 ein Defizit von knapp 48,5 Milliarden Euro (ebd.).

---

[80] Die drei Szenarien basieren auf der Annahme einer jährlichen Geburtenrate von 1,9 Kindern, einem Anstieg der Lebenserwartung auf 83,8 (Männer) bzw. 89 (Frauen) Jahren bis 2050 sowie eine positive Einwanderungsrate. Das wirtschaftlich günstige Szenario A geht von einer Arbeitslosigkeit von 4,5 % ab 2024 und einer durchschnittlichen Produktivitätssteigerung von 1,8 % aus. Das mittlere Szenario B sowie das schlechteste Szenario C gehen jeweils von einer Arbeitslosigkeit ab 2024 bzw. 2022 von 4,5 % bzw. 7 % und einer durchschnittlichen Produktivitätssteigerung von jeweils 1,5 % aus.

Die erste Phase der Auseinandersetzungen um die Rentenreform

Nach der Ablehnung der Gewerkschaften weiter im Rahmen des Sozialen Dialogs über eine Anhebung des Renteneintrittsalters zu verhandeln, legte die Regierung Fillon auf der Grundlage des COR-Berichtes im Juni 2010 einen ersten Gesetzentwurf zur Reform der Rentenversicherung vor. Dieser sah vor, das Renteneintrittsalter von 60 auf 62 Jahre bis zum Jahr 2018 und das Regelpensionsalter bis zum Jahr 2023 von 65 auf 67 Jahre[81] zu erhöhen. Gleichzeitig sollten die ArbeitnehmerInnenbeiträge von BeamtInnen und Beschäftigten des öffentlichen Dienstes an die Beiträge der BeamtInnen bis 2020 von 7,85 % auf 10,55 % angeglichen und die notwendigen Beitragsjahre auf 41,5 Jahre progressiv erhöht werden (Kufer 2010: 12). Neben dieser allgemeinen Regelung sah der Gesetzesentwurf die Einführung einer Sonderregelung für Menschen in körperlicher Schwerstarbeit vor. Die sogenannte *pénibilité* Regelung sah vor, dass Menschen mit spezifischen Arbeitsbedingungen wie Schichtarbeit, Lärm, Umgang mit schweren Objekten etc. in Folge von Einzelfallprüfungen das Anrecht erhalten können, schon früher in Rente zu gehen[82] (Jolivet 2011: 49). Die Prüfung des Anrechts sollte durch eine Kommission aus Ärzten und VertreterInnen der Sozialpartner erfolgen, welche auf Grundlage von Datensammlungen und der körperlichen Verfasstheit des Antragsstellers entscheidet, ob mindestens eine 20 %ige Beeinträchtigung der Arbeitsfähigkeit vorliegt (ebd.). Ebenso soll durch die Reform mit dem *Comité de pilotage des régimes de retraite* eine neue Behörde geschaffen werden, welche die Haushaltslage der Rentenkassen überwacht, jährlich beurteilt und Korrekturmaßnahmen durchsetzen kann. Flankiert wurden diese Reformvorschläge durch die Ankündigung von Steuererhöhungen auf Aktienoptionen sowie durch eine Erhöhung der Einkommens- und Kapitalsteuer (Hassenteufel/Palier 2015: 122).

Die Arbeitgeberverbände MEDEF und CGPME begrüßten die Anhebung des Renteneintrittsalters und forderten auf lange Sicht eine Reduzierung der Arbeitgeberbeiträge zur Rentenversicherung. Die Reformen seien der richtige Weg, um das Haushaltsdefizit zu reduzieren und somit die Schuldentragfähigkeit und die Kreditfähigkeit Frankreichs zu erhöhen (Visot 2010: 19). Jedoch zweifelte MEDEF an dem wirtschaftlichen Szenario, auf dem die Berechnungen der Regierung basierten und prognostizierte weitere Defizite, da die Anhebung des Renteneintrittsalters zu gering ausgefallen sei. Zwar sei die Erhöhung des Rentenalters auf 62 Jahre ein erster Schritt, jedoch müsse langfristig eine Erhöhung auf 65

---

[81] Das Regelpensionsalter ist das Alter, in dem eine Person unabhängig der gezahlten Beitragsjahre in Rente gehen kann.

[82] Der Gesetzentwurf lies die genaue Definition der spezifischen Arbeitsbedingungen im Gesetzestext relativ wage. Erst am 30. März 2011 wurde per Dekret eine genaue Spezifizierung von Schwerstarbeit vorgelegt (Jolivet 2011: 36).

Jahre erfolgen, um die finanzielle Tragfähigkeit der Rentenversicherung sowie niedrige Rentenbeiträge für eine bessere Wettbewerbsfähigkeit französischer Unternehmen zu gewährleisten (Verhaeghe 2011: 228). Ebenfalls kritisierte MEDEF, dass die Reformen nicht tiefer greifen und die strukturellen Probleme der Rentenversicherung lösen würden (Kufer 2010: 14). Für MEDEF läge die Lösung der strukturellen Probleme in einer stärkeren Förderung der privaten Altersvorsorge mithilfe von Anreizsystemen (Auguste 2010: 5). Der größte Kritikpunkt jedoch waren die, mit der Reform einhergehenden, Steuererhöhungen, da diese nach Ansicht von MEDEF die Wettbewerbsfähigkeit der französischen Unternehmen schwächten (Parisot 2010: 4). Die Steuererhöhungen würden vor allem die Attraktivität französischer Unternehmen für ausländische InvestorInnen weiter verschlechtern und somit auch zu einer geringeren Innovationsfähigkeit der Unternehmen führen (ebd.).

Die Gewerkschaften reagierten dagegen empört über die im Vorfeld veröffentlichten Pläne und den vorgestellten Gesetzesentwurf und lehnten diese geschlossen ab. Die CGT verurteilte den Reformvorschlag als *„une réforme brutale pour un recul social sans précédent"* und die angekündigten Steuererhöhungen als Illusion von sozialer Gerechtigkeit, um die Rentenreform als fair erscheinen zu lassen (CGT 2010). Die Erhöhung des Renteneintrittsalters würde keine neuen Arbeitsplätze schaffen, sondern langfristig durch die längere Lebensarbeitszeit mehr als eine Millionen Arbeitsplätze vernichten (ebd.). Weiter argumentierte die CGT, dass die Defizite in der Rentenkasse durch die Wirtschaftskrise entstanden seien und daher ein Abbau der Defizite langfristig mit einer Verringerung der Arbeitgeberbeiträge einhergehen würde. Und auch die zweite große Gewerkschaft CFDT empfand den Gesetzesvorschlag als Provokation, da er einzig das Rentenalter erhöhe, nicht aber eine grundlegende strukturelle Reform des Rentensystems vorsehe (Landré 2010: 18). Die CFDT argumentierte, dass die vorgesehene Reform die Ungerechtigkeiten, welche das Rentensystem bisher produziere, nicht vermindere, sondern vielmehr noch weiter vergrößere, weshalb sie sich stattdessen für einen langfristigen Diskussionsprozess im Rahmen des Sozialen Dialogs über die zukünftigen Anforderungen und Ansprüche an die Rentenversicherung plädiere (CFDT 2010).

Als Reaktion auf die Pläne der Regierung riefen die Gewerkschaften schon vor der offiziellen Vorstellung des Gesetzentwurfes durch die Regierung Fillon gemeinsam zu einem landesweiten Aktionstag am 24. Juni 2010[83] auf. Vor allem

---

[83] Der 24. Juni 2010 war der insgesamt dritte gemeinsame Aktionstag der Gewerkschaften gegen die Rentenreform, jedoch der erste, welcher sich gegen den konkreten Gesetzentwurf der Regierung richtete und von allen Gewerkschaften, außer der CFE-CGC, unterstützt wurde. Dies zeigte sich auch an der TeilnehmerInnenzahl, da an den vorherigen Aktionstagen deutlich weniger als 1 Millionen Menschen teilnahmen.

die CGT und die CFDT stimmten sich relativ eng miteinander ab und versuchten, mit einer Stimme gegenüber der Regierung in der Öffentlichkeit zu agieren:

> *"We can't say that any trade union was supporting the Sarkozy Government, even some confederations, they are more moderate, have more common positions with us. I think the CFDT and us we were at one position. Of the pension reform maybe CGC, a liberal union with some members of the right-wing parties, but it was not a problem to get with their union some common positions."* (I/CGT 2015).

So traten die Vorsitzenden der CGT und der CFDT noch am Tag der Veröffentlichung des Gesetzentwurfes gemeinsam in der TV-Sendung *20 heure* auf France2 auf, verurteilten die Reformen als unfair und riefen zu Protesten auf. Es war vor allem die CGT, welcher eine gemeinsame Strategie der Gewerkschaftsverbände anstrebte, aus dem Wissen, dass nur eine, von allen fünf Gewerkschaften getragene, Mobilisierung den nötigen Druck zur Rücknahme der Rentenreform ausüben konnte (I/PCF 2015). Auch lehrten die Erfahrungen aus den Protesten gegen die Rentenreform 2003, dass die Proteste nur im Bündnis mit der CFDT Erfolg versprechend waren. Diese Strategie führte jedoch auch zu einem Verlust an Radikalität der Forderungen. Während die CGT selbst die komplette Rücknahme der Rentenreform forderte und offensiv den Gesetzentwurf als „*l'empreinte du MEDEF*" (CGT 2010) bezeichnete, wirkte das gemeinsame Communique der sechs[84] Gewerkschaften CGT, CFDT, CFTC, FSU, SUD, UNSA dagegen relativ harmlos (CGT et al. 2010). So fehlen in der gemeinsamen Erklärung etwa die arbeitsmarktpolitischen Folgen, welche die CGT als ein Hauptargument gegen die Rentenreform ins Felde führte. Vielmehr fokussierten sich das gemeinsame Communiqué auf die Forderung eines Rückzugs der Gesetzesvorlage und einer Neuverhandlung der Reform der Rentenversicherung.

Zu den landesweiten Demonstrationen und Kundgebungen wurden die Gewerkschaften in der Mobilisierung durch linke Gruppen und Parteien unterstützt, welche auch schon 2009 gegen die Krisenpolitik der Regierung demonstrierten. Neben der Front de Gauche und einigen kleineren linken Parteien lehnte auch die Parti Socialiste die Reform der Rentenversicherung ab. Francois Hollande sprach von einer „*réforme la plus injuste*" (Mazuir 2010: 4) und kündigte an, im Fall einer Regierungsübernahme der PS im Jahr 2012, die Rentenreform wieder zurückzunehmen. In dieser Frage war die PS intern stark gespalten, jedoch suchte sie, auch aus wahltaktischen Gründen, zwei Jahre vor den Präsidentschaftswahlen, den Schulterschluss mit den Gewerkschaften und den anderen linken Kräften in Frankreich.

---

[84] Die einzige große repräsentative Gewerkschaft, welche sich weigerte gegen die Rentenreform und die Regierung Fillon zu protestieren war die CFE-CGC (I/CGT 2015).

Die breite Mobilisierung war auch ein Grund für die starke Teilnahme an den Protesten gegen die Rentenreform. Mehr als zwei Millionen Menschen gingen nach Gewerkschaftsangaben landesweit auf mehr als 200 Kundgebungen auf die Straße. Begleitet wurden die Proteste durch eine rege Streikbeteiligung im öffentlichen Dienst. Durch die Arbeitsniederlegungen bei der französischen SNCF und der Pariser RATP war vor allem der Nah- und Fernverkehr betroffen. Aber auch in Schulen und Kindergärten sowie auch überraschenderweise in der Privatwirtschaft ruhte die Arbeit. Die starke Streik- und Demonstrationsbeteiligung war überraschend, war die französische Gesellschaft in ihrer Ablehnung gegenüber der Anhebung des Renteneintrittsalters nicht einig. Während sich nach einer Umfrage der linksliberalen Tageszeitung Le Monde rund 60 % gegen die Anhebung des Rentenalters aussprachen, waren es in einer Umfrage der konservativen Tageszeitung Le Figaro einige Tage später nur noch 42 % (Le Monde 2010a, 2010b).

Die zweite Phase der Auseinandersetzung um die Rentenreform

Nach der Sommerpause kam es bei den zwei weiteren Aktionstagen zu einer nochmaligen deutlichen Steigerung der Streik- und Demonstrationsbeteiligung. Über 2,5 Millionen Menschen waren zu Beginn der Parlamentsdebatte über die Rentenreform auf der Straße. Innerhalb der neugegründeten informellen Gewerkschaftskoordination „*Intersyndicale*" gab es starke Auseinandersetzungen über das weitere strategische Vorgehen (Gallas/Nowak 2012: 55). Die Gewerkschaften hatten mit einem Verhandlungsangebot der Regierung gerechnet, doch Nicolas Sarkozy lehnte jede weitere Verhandlung über seine Rentenreform ab. Nach dem Aktionstag am 7. September 2010 gab er zwar kleine Zugeständnisse in Form einer geringen Korrektur der *pénebilité*-Regelungen[85] bekannt, jedoch verkündete Sarkozy ebenfalls, dass er nicht zu weiteren Zugeständnissen bereit sei und es zur Rentenreform keine Alternative geben werde: „*Je ne serai pas le président de la République qui partira sans avoir réglé la question de l'équilibre des régimes de retraite. C'est clair, je suis extrêmement déterminé*" (Guélaud 2010: 10).

Die Blockadehaltung der Regierung gegenüber den Gewerkschaften führte zu einer regen Strategiedebatte zwischen den Gewerkschaften, in der sich einige (FO, SUD) für einen unbefristeten Streik aussprachen, während andere Gewerkschaften weiter auf ein Gesprächsangebot der Regierung warten wollten (CFDT). In den letzten größeren Streikwellen gegen Reformprojekte der Regierung, hatte sich diese nach einiger Zeit gesprächsbereit gezeigt. Dass nun Sarkozy jedoch nicht bereit war, mit den Gewerkschaften auch nur zu verhandeln, rief v.a. in den großen Gewerkschaften wie die CGT und der CFDT einige Irritationen hervor

---

[85]Nach dem Aktionstag am 7. September 2010 reduzierte er die Grenze der körperlichen Beeinträchtigung durch die Lohnarbeit von 20 % auf 10 %.

(Perrotte 2010a: 5). Diese Irritationen lähmten die Gewerkschaften, auf die Mobilisierungserfolge und die breite Zustimmung (ca. 70 % unterstützten den Streik) in der Bevölkerung angemessen zu reagieren. Hinzu kam, dass die CFDT mit der Erhöhung des Renteneintrittsalters nur einen Teil der Reformpläne der Regierung Fillon ablehnte und dass die CGT aus strategischen Gründen einen Absprung der CFDT verhindern wollte, weshalb die CGT hauptsächlich eine Vermittlerrolle einnahm und weniger selbst in die Offensive gehen und eigene Forderungen stellen konnte (Gallas/Nowak 2012: 56, 61; I/PCF 2015). Am 15. September 2010 stimmte dann die Assemblée Nationale mithilfe der deutlichen UMP-Mehrheit, für die Rentenreform. Vorrausgegangen war der Abstimmung eine rund siebzehnstündige Debatte, in der die parlamentarische Linke, d.h. Grüne, Sozialisten und Kommunisten, versuchten, die Parlamentssitzung durch die Wahrnehmung ihres mandatseigenen Rederechts künstlich zu verlängern, um so ihren Protest gegen die Rentenreform auszudrücken und im besten Fall eine Verschiebung der Abstimmung zu erreichen.

Nach dem ein weiterer Aktionstag am 2. Oktober 2010 wieder rund zwei Millionen Menschen auf die Straße gebracht hatte, kam es zu einer Spaltung im strategischen Vorgehen der Gewerkschaftsbewegung. Die linken Gewerkschaften FO und SUD riefen ihre Mitglieder zu einem unbefristeten Streik im öffentlichen Nah- und Fernverkehr sowie in den Raffinerien auf (ebd.: 56). Und auch die CGT, deren Führung einem unbefristeten Streik eher skeptisch gegenüberstand, erlaubte angesichts des Drucks der eigenen Basis den Unterverbänden aus eigener Initiative, sich am Streik zu beteiligen (Schmid 2010a). Die anderen Gewerkschaften sprachen sich jedoch insgesamt gegen einen unbefristeten Streik aus, wobei streikende Unterverbände[86] über eine Fortsetzung ihres Streiks selbst entscheiden konnten (Perrotte 2010b: 2).

Trotz dieser offensichtlichen Spaltung waren die Streiks und Demonstrationen in ihrem Ausmaß massiv und dauerten über drei Wochen an. Der Schwerpunkt der Streiks lag überraschenderweise nicht im öffentlichen Dienst oder im Transportsektor, sondern mit den französischen Raffinerien im privaten Sektor, welcher eine traditionell schwache gewerkschaftliche Organisierung aufweist. Dass sich die Streiks gerade auf die Raffinerien konzentrierten, hatte verschiedene Gründe: Zum einen waren die vorherige Protestschwerpunktsektoren des öffentlichen Dienstes, wie etwa der Transport- und Bildungssektor, durch Niederlagen in der Vergangenheit stark geschwächt worden und zum anderen waren die Beschäftigten in den Raffinerien von Entlassungen und Standortschließungen bedroht (Gallas/Nowak 2012: 60). Unterstützung erhielten die Streikenden in den Raffinerien vor allem von den LKW-FahrerInnen, den EisenbahnerInnen und den Studierenden, welche nicht nur gemeinsam die Benzindepots und Raffinerien blockierten, sondern oftmals selbst durch kleine Protestaktionen das Land vor allem

---

[86] Wie bspw. der Unterverband der UNSA der Pariser Nahverkehrsbetriebe RATP.

in der ersten Woche des Streiks zum Erliegen brachten. Trotz einer sich verbreitenden Kraftstoff- und Benzinknappheit und einer massiven Kampagne der Regierung und des Arbeitgeberverbandes gegen den Streik, konnten sich die Gewerkschaften auf eine breite Unterstützung durch die Bevölkerung berufen. Bei den teilweise mehrmals wöchentlich stattfindenden Demonstrationen beteiligten sich regelmäßig mehr als 2,5 Millionen Menschen, während gleichzeitig laut Umfragen, mehr als 70 % der Bevölkerung die Streiks laut Umfragen weiterhin unterstützen (Krätke 2010).

Die Regierung reagierte auf die Blockade der Raffinerien, welche schon in der zweiten Woche des Streiks zu Treibstoffmangel in der Industrie und zu geschlossenen Tankstellen führte, mit Drohungen und dem Einsatz der Polizei. Die Blockaden der Treibstoffdepots seien kriminell und nicht mit dem Streikrecht vereinbar, so die offizielle Argumentation der Regierung Fillon. Die Streikenden würden das gesamte Land in Geiselhaft (*„prise d'otages"*) nehmen. MEDEF unterstützte die Kampagne gegen den Streik, appellierte an das nationale Verantwortungsbewusstsein der Gewerkschaften und wies auf die Kosten des Ausstandes hin. Die Wirtschaft würde durch den Streik mit täglich rund 200 bis 400 Millionen Euro belastet, wodurch vor allem Arbeitsplätze vernichtet würden (Crouzel 2010: 4). Der ehemalige MEDEF-Vorsitzende Yvon Gattaz forderte gar ein Verbot der Gewerkschaften, da diese der Wirtschaft und dem nationalen Interessen mit den Streiks und Protesten erheblich schaden würden (Perrotte 2010a: 5).

Am 20. Oktober 2010 ordnete Sarkozy an, alle Treibstoffdepots und Raffinerien durch die Polizei räumen zu lassen. Am 23. Oktober 2010 ließ die Regierung die Raffinerie Grandpuits in der Nähe von Paris beschlagnahmen und die MitarbeiterInnen zur Arbeit zwangsverpflichten (Grasland 2010: 5). Falls die teilweise militanten Blockaden der Raffinerien weitergehen würden, drohte Nicolas Sarkozy mit dem Einsatz des Militärs, welches in Marseille schon gegen die Müllberge kämpfte, die sich durch den anhaltenden Streik der Müllabfuhr angesammelt hatten (FAZ 2010: 2). Ebenfalls drohte der Mineralölkonzern TOTAL mit der Schließung der besetzten Raffinerien, sollten die Besetzungen und Blockaden der Gewerkschaften nicht enden. Der herrschende Block versuchte mit der Anwendung von Gewalt und den offenen Drohungen gegenüber den Streikenden, die gemeinsame Streikfront der Gewerkschaften zu spalten und auch den Block aus linken Parteien, Organisationen und den Gewerkschaften zu zermürben (Gramsci 2012: 120). Gleichzeitig jedoch kam die Regierung Fillon den reform-

orientierten und sozialdemokratischen Teil des linken Blocks mit weiteren kleinen Zugeständnisse[87] entgegen und versuchte, sie in das Projekt Rentenreform
konsensual mit einzubinden.

Dies gelang auch dahingehend, dass der linke Block und die gemeinsame
Gewerkschaftsfront mit den gewaltsamen Räumungen der Blockaden zu bröckeln
begannen. So attackierten erst Teile der PS den anhaltenden Streik scharf und
verurteilten ihn als schädlich für die Wirtschaft. Ebenso distanzierte sich die Intersyndicale nach Drängen der sozialdemokratischen Gewerkschaft CFDT und
unter dem Protest der kleineren Gewerkschaft SUD von den Blockaden und anderen „konfrontativen und gewaltsamen" Aktionen (Le Parisien 2010: 7).

Kurz vor der zweiten Abstimmung in der Assemblée Nationale , am 25.
Oktober 2010 erklärte ebenfalls die CFDT, dass sie wieder mit den Kapitalverbänden im Sozialen Dialog über Jugendarbeitslosigkeit und Altersarmut verhandeln möchte. Der entscheidende Wendepunkt für die Auseinandersetzung über
die Rentenreform war jedoch die Beendigung der Streiks in den Raffinerien, kurz
bevor der Treibstoffmangel im Land ernsthafte Auswirkungen auf die französische Wirtschaft haben konnte (Gallas/Nowak 2012: 58). Am Tag der Verabschiedung der Rentenreform, am 27. Oktober 2010, wurden nur noch fünf der zwölf
Raffinerien bestreikt. Die CGT-Führung, welche sich nicht ernsthaft um die Verteidigung der blockierten Benzindepots bemühte, lenkte noch am selben Tag ein
und erklärte, dass es nun darum gehe, in den Tarifverhandlungen auf Branchenebene ein früheres Renteneintrittsalter mit den Unternehmen auszuhandeln (ebd.).
Nach der Verabschiedung des Gesetzes zerbrach die Einheit der Gewerkschaften
in der Rentenfrage. Am 8. November 2010 schieden sowohl die CFTC als auch
die CFE-CGC und die FO aus der *Intersyndicale* aus, weil sie keine weiteren Aktionen gegen die Rentenreform mehr mittragen wollten. Die CFDT verblieb zwar
in dem Zusammenschluss, jedoch forderte sie ihre Mitglieder auf, sich wieder auf
die Auseinandersetzungen in den Betrieben zu konzentrieren (Schmid 2010b).

Die Rentenreform als Niederlage der Linken und die europäische Dimension

Der zunehmende Druck der transnationalen Finanzmärkte und die stärkere Konsolidierungsagenda der Europäischen Union seit dem Ausbruch der Refinanzierungskrise in Griechenland und Irland, führten für die Regierung zu einem erhöhten Konsolidierungs- und Handlungszwang (I/afep 2015). Dass Sarkozy eine
Rentenreform und eine Anhebung des Renteneintrittsalters, welche er im Präsidentschaftswahlkampf noch explizit ausgeschlossen hatte, kurz nach der Eröffnung des Defizitverfahrens der Europäischen Union ankündigte war daher kein

---

[87] Kurz vor der Verabschiedung der Reform im Parlament wurde in den Gesetzesentwurf eine weitere Sonderregelung eingefügt, welche es Müttern mit mehr als drei Kindern erlaubte, auch schon
mit 65 Jahren abschlagsfrei in Rente zu gehen.

Zufall, sondern muss als eine Antwort auf den steigenden Druck von den Finanz-märkten und aus Brüssel gewertet werden (Hassenteufel/Palier 2015: 121). Zwar war die Rentenreform in die nationale Diskussion über die finanzielle Tragfähig-keit der Rentenversicherung infolge der Weltwirtschaftskrise eingebettet, jedoch machten Sarkozy und die Regierung Fillon deutlich, dass die Rentenreform auch als Zeichen an die Ratingagenturen und die Europäische Kommission zu verste-hen war, dass die französische Regierung gewillt ist, ihr Haushaltsdefizit abzu-bauen. Dies stellte auch den Grund für die Härte und die Kompromisslosigkeit dar, mit der die Regierung den Gewerkschaften begegnete. Denn hätte die Regie-rung die Rentenreform nicht durchsetzen können oder wäre sie Kompromisse in Bezug auf das Renteneintrittsalters eingegangen, dann hätte dies Auswirkungen für die Kreditwürdigkeit Frankreichs auf den internationalen Finanzmärkten ge-habt. Zwar konnte die Regierung die Abwertung der Kreditwürdigkeit Frank-reichs nicht abwenden, aber jedoch deutlich verzögern. Gleichzeitig hätte Sar-kozy auf Konfrontation mit der EU und vor allem mit Deutschland gehen müssen, was er jedoch gerade zum Ende seiner Amtszeit vermeiden wollte (Clift/Ryner 2014).

Die Rentenreform konvergierte mit den Zielen der Europa2020-Strategie und den Empfehlungen des Defizitverfahrens, das Haushaltsdefizit mittelfristig zu senken und das strukturelle Defizit abzubauen. Im Nationalen Reformplan für die Jahre 2011 - 2014 wurden die Effekte der Rentenreform daher auch heraus-gestellt. Insgesamt rechnete die französische Regierung gegenüber der Europäi-schen Union damit, dass die Rentenreform im Jahr 2013 das Haushaltsdefizit um 0,5 % und im Jahr 2020 um 1,25 % des BIP reduziert. Insgesamt sollte die Reform zu einer Reduktion von rund 10 % der öffentlichen Staatsverschuldung bis 2020 beitragen (France 2011: 13). Die Rentenreform wird daher auch in den Empfeh-lungen des Rates im Rahmen des Defizitverfahrens wie auch in den länderspezi-fischen Empfehlungen im Rahmen des Europäischen Semesters 2011 positiv er-wähnt und als Schritt in die richtige Richtung bewertet (COM 2010c: 25, 2011a: 7, 9). Im Juli 2010 stellte die Europäische Kommission die makroökonomische Überwachung gegen Frankreich aufgrund der durch die französische Regierung ergriffenen Maßnahmen, v.a. der im Juni vorgestellten Rentenreform, vorläufig ein. Die krisenkonstitutionalistischen Maßnahmen wirkten also direkt auf die Re-formpolitik der französischen Regierung und verhinderten eine andere Ausgestal-tung der Reformen (Hassenteufel/Palier 2015).

Die Durchsetzung der Rentenreform mitsamt der Anhebung des Renteneint-rittsalters war für die Regierung Fillon aufgrund der oben dargestellten europäi-schen und transnationalen ökonomischen Zwänge notwendig, um eine weitere Einschränkung der eigenen Handlungsfähigkeit zu vermeiden. Eine Verwässe-rung der Reform hätte den Druck von den europäischen Staatsapparaten weiter verstärkt, was mittelfristig auch zu einem Verlust der eigenen Handlungsfähigkeit geführt hätte. Zudem wollten Nicolas Sarkozy und die Regierung Fillon kurz vor den Präsidentschaftswahlen eine Abwertung der Kreditwürdigkeit und ein erneutes Defizitverfahren vermeiden. Die französische Regierung war daher gewillt, die Rentenreform nicht nur im Einklang mit den europäischen Verträgen und Vereinbarungen durchzusetzen, sondern gleichzeitig auch die Proteste der Gewerkschaften auszusitzen und eine Eskalation in ihre politische Strategie miteinzukalkulieren (Gallas/Nowak 2012: 63).

Die Regierung verfolgte eine ambivalente Strategie, in der sie versuchte, die reformerischen Akteure des linken Blocks durch kleinere Konzessionen und Versprechungen in ihr politisches Projekt der Rentenreform mit einzubinden, während sie zugleich gegen die Proteste mit Drohungen, Zwang und Gewalt vorging. Die Gewalt gegenüber den Blockierern der Raffinerien und gegenüber den Studierenden und SchülerInnen zielte dabei zum einen auf die Disziplinierung der Protestierenden und gleichzeitig auf eine Delegitimierung der Proteste gegenüber der Öffentlichkeit und Teilen des linken Blocks. Während die Einbindungsstrategie auch aufgrund des engen Handlungskorridors für Verhandlungen und materielle Zugeständnissen klar scheiterte, ging die Strategie des Zwangs und der Gewalt mehr oder weniger auf. Die Drohungen über Raffinerieschließungen, die Zwangsverpflichtung zur Arbeit durch die Regierung und auch die teilweise brutalen Polizeieinsätze brachen den Widerstand in dem für den Streik, strategisch wichtigen Sektor. Zugleich führten die gewalttätigen und eskalativen Auseinandersetzungen zu einem Bruch innerhalb des linken Blocks zwischen den reformorientierten und den konfrontationsorientierten Akteuren. Dennoch gelang es der Regierung nicht, den Großteil der Bevölkerung für ihre Rentenreform konsensual einzubinden, was sich letztendlich auch bei den Präsidentschaftswahlen mit der Wahl von Francois Hollande manifestierte.

Die Strategie der Gewerkschaften und des linken Blocks dagegen war vor allem defensiv, widersprüchlich und reaktiv. Die Gewerkschaften hofften, mit den Protesten und Streiks einen Stimmungswechsel in der Bevölkerung herbeizuführen und somit den öffentlichen Druck auf die Regierung zu erhöhen. Ebenso sollte mit den Streiks in den Raffinerien und der dadurch herbeigeführten Benzinknappheit ein ökonomischer Zwang aufgebaut werden, welcher die Regierung zum Einlenken bewegt. Dies entspricht den bekannten Strategien und Mustern der französischen Gewerkschaften (Pernot 2010: 320ff). Als die Regierung jedoch nicht auf die Mobilisierungskraft der Gewerkschaften reagierte und auch auf die folgenden Proteste und Streiks politisch nicht einging, verpuffte die Wirkungsmacht der Streiks und Proteste. Zu einer Entwicklung neuer Protestformen oder zu einer weiteren Eskalation der Proteste waren die Gewerkschaften jedoch nicht bereit (Gallas/Nowak 2012: 63).

Vor diesem Hintergrund ist die Einheit der Gewerkschaften, also die Existenz der *Intersyndicale*, ambivalent zu betrachten. So war auf der einen Seite die Einheit der Gewerkschaften die Grundlage für die Größe und die Ausdauer der Proteste, welche 2010 deutlich größer waren als bei den letzten großen Protesten

1995 oder 2003. Diese Einheit wurde auch dadurch gestärkt, dass die Regierung zu Gesprächen über den Kern ihrer Reformen – die Anhebung des Renteneintrittsalters – nicht bereit war. Die Institution der *Intersyndicale* verhinderte jedoch auch eine Spaltung des Gewerkschaftsblocks, da sie eine Plattform zur Aushandlung einer gemeinsamen Position der Gewerkschaften darstellte. Gleichzeitig führte die Einheit der Gewerkschaften jedoch zu einer deutlich gemäßigteren Position und Strategie. Vor allem die CGT verfolgte ein Bündnis mit der CFDT und eine gemeinsame Strategie aller Gewerkschaften und vertrat daher auch gemäßigtere Positionen. Die Einheit der Gewerkschaften ging somit auf Kosten der Radikalität. Die fehlende inhaltliche Einigkeit der Gewerkschaften – so lehnte die CFDT nur Teile der Rentenreform ab – hatte auch zur Folge, dass kein gemeinsames Alternativprojekt formuliert und den Reformvorschlägen der Regierung offensiv entgegengesetzt werden konnte.

Gleichzeitig vermieden die Gewerkschaften auch eine offene Konfrontationsstrategie mit der Regierung, da dies den vollkommenen Bruch mit dem Sozialen Dialog und den staatlichen Handlungsfeldern bedeutet hätte. Vor allem die als repräsentativ angesehenen Gewerkschaften, welche seit dem Repräsentativitätsgesetz deutlich stärker in den Staatsapparaturen eingebunden waren, hatten durch eine konfrontative Strategie und einer weiteren Eskalation der Proteste zu viel zu verlieren. Eine direkte Konfrontation zwischen den Gewerkschaften und der Regierung hätte die Rolle der Gewerkschaften als Partner im sozialen Dialog und somit auch die institutionellen Machtgrundlagen der gewerkschaftlichen Dachverbände in Frage gestellt (Artus/Holland 2013: 141). Während die staatlich weniger eingebundenen Gewerkschaften wie die FSU oder die SUD innerhalb der *Intersyndicale* für eine konfrontativere Strategie warben und auch die militanten Blockaden der Raffinerien rechtfertigten, verfolgten die repräsentativen Gewerkschaften eine deutlich gemäßigtere und defensivere Strategie der Auseinandersetzung. Für sie war die Erhaltung des „Geist der Partnerschaft" (Deppe 1972: 161) von einem höheren strategischen Interesse als die Etablierung der Gewerkschaften als „neue Macht in der gesellschaftlichen Auseinandersetzung" (Meier 2010: 12). Für sie war der Verlust ihrer institutionellen Macht zu riskant, auch wenn sie dadurch deutlich an Organisationsmacht sowie strukturelle und gesellschaftliche Machtressourcen gewonnen hätten (Arbeitskreis Strategic Unionism 2013).

Die Durchsetzung der Rentenreform und die Anhebung des Renteneintrittsalters stellte für die Linke und die Gewerkschaften eine herbe politische Niederlage dar, auch wenn das gemeinsame Agieren der Gewerkschaften, die Formierung eines linken Blocks und die hohe Zustimmung in der Bevölkerung von den jeweiligen Akteuren als Erfolg gewertet wurde (Gallas/Nowak 2012: 59; I/PCF 2015). Die breite Mobilisierung wie auch die Einheit der Gewerkschaften konnten jedoch die Rentenreform der Regierung nicht verhindern und hinterließen so bei vielen AktivistInnen Frustrationserfahrungen (Lux 2015b: 71). Zwar konnten die

Proteste und Streiks sich auf eine hohe öffentliche Unterstützung berufen und haben zu einer Verschiebung der gesellschaftlichen Kräfteverhältnisses beigetragen, welche sich letztendlich in den Wahlerfolgen der PS darstellte, jedoch konnten die Proteste, anders als bei vorherigen Umstrukturierungsprojekten, weder essentielle Zugeständnisse erringen, noch die Reform verhindern. Der Gewerkschaftsbewegung gelang es nicht, eine konstruktive Gestaltungsmacht zu erringen, sondern vielmehr verblieb sie in einer defensiven Abwehrstrategie verfangen.

Dies verweist nicht zuletzt auf eine Veränderung der Kräfteverhältnisse innerhalb der Staatsapparate in der Krise und auf die Schaffung eines neuen Modus gesellschaftlicher Auseinandersetzung (Gallas/Nowak 2012: 63). Die nationale Reformpolitik ist durch die krisenkonstiutionalistischen Maßnahmen in ihrer Ausgestaltung und ihren Möglichkeiten beschränkt, so dass die alten Formen gewerkschaftlichen und gesellschaftlichen Protests nicht mehr in gleicher Weise wirken können wie vor der Weltwirtschaftskrise (Bieling 2013a: 97). Gallas/Nowak (2012: 63) sehen daher den Grund für das Scheitern der Proteste in den alten und bekannten Protestformen und –mustern der Gewerkschaften.

6.2.3 Zwischenfazit Sarkozy II

In seiner zweite Amtszeit hat Nicolas Sarkozy stark an Handlungsspielraum in der Reformpolitik verloren. Vor allem durch die Konsolidierungspolitik der EU und die Gefahr einer Abwertung der französischen Kreditwürdigkeit geriet die Regierung Fillon unter Handlungsdruck. Gleichzeitig wollte Sarkozy keine größeren Konflikte provozieren, um seine Chancen auf eine Wiederwahl im Mai 2012 nicht zu verschlechtern. Die Umsetzung und Ausgestaltung der Rentenreform muss daher vor dem Hintergrund der krisenkonstitutionalistischen Entwicklungen auf der europäischen Scale betrachtet werden. Denn es war vor allem jener spezifische Druck von den europäischen Institutionen und den transnationalen Akteuren, welcher die Durchsetzung der Rentenreform zu einem scheinbar objektiven Sachzwang für die Regierung Fillon werden ließ. (Hassenteufel/Palier 2015: 121f).

Die Rentenreform führte jedoch zu starken Protesten innerhalb Frankreichs und zu einem massiven Vertrauensverlust in die Reformpolitik des Präsidenten Nicolas Sarkozy. Der Verlust des gesellschaftlichen Konsens für seine Politik wurde nicht zuletzt bei den Präsidentschaftswahlen 2012 manifest, als nicht nur Francois Hollande knapp gewinnen konnte, sondern ebenfalls auch der Front National erhebliche Stimmengewinne verzeichnen konnte (Mondon 2012). Ebenfalls zeigte sich in den massiven und starken Protesten gegen die Rentenreform eine Krise der neoliberalen Hegemonie, welche mit der Wahl Sarkozys 2007 noch auf ihrem Höhepunkt zu sein schien. Diese Hegemonie des Neoliberalismus begann jedoch schon kurz nach der Wahl Sarkozys durch den Ausbruch der Wirtschaftskrise zu bröckeln und fand in den Protesten gegen Krisenpolitik 2009 und gegen die Rentenreform 2010 ihren ersten Ausdruck. Demgegenüber hatten die Gewerkschaften bzw. die Akteure des linken Blocks auf die kollektive Wut der Proteste keine adäquate Antwort, verhinderte doch ihre institutionelle Einbindung und ihre traditionelle Spaltung die Formulierung eines gegenhegemonialen Projektes. Somit konnten die Proteste nur einen defensiven Charakter annehmen, welcher einzig auf die Verhinderung der Rentenreform zielte, anstatt eigene Vorschläge für eine solidarische Rentenpolitik offensiv zu kommunizieren. Zudem wurde die Abkopplung der Gewerkschaftsfunktionäre von ihrer Basis in den Protesten offensichtlich. Während die Basis aller Gewerkschaften oftmals aktionistischer und offensiver agierte, riefen die Dachverbände zur Mäßigung auf. Diese defensive Politik sowie die zögernde Haltung der Funktionäre in den Auseinandersetzungen um die Rentenreform haben v.a. den großen Gewerkschaften geschadet und eine Vielzahl an Aktivisten langfristig frustriert.

Dennoch konnten die Proteste gegen die Rentenreform das Kräfteverhältnis, wenn auch minimal, verschieben und somit eine politische Ausstrahlungskraft verbreiten. Die politischen Auswirkungen der Proteste zeigten sich bei den folgenden Wahlen, welche allesamt die PS gewinnen konnte und was auf einen gesellschaftlichen Stimmungswechsel hindeutete. So waren mit der Wahl Francois Hollande im Mai 2012 viele Erwartungen für eine sozialere und keynsianische Politik auch auf europäischer Ebene verknüpft.

Die Zustimmungswerte für die Politik von Nicolas Sarkozy sanken auch bei den Kapitalverbänden, zu denen Sarkozy auch in der zweiten Hälfte seiner Amtszeit weiterhin eine enge Beziehung pflegte (L'Humanité 2012: 2). Trotz der engen Zusammenarbeit und den vielfältigen Kontakten zur Regierung Fillon, fiel die Einschätzung der Regierungspolitik eher ernüchternd aus:

> *„And if you look at the political situation at 2007 when Sarkozy was elected, he was elected with the promise, that was "work more to earn more" et "la rupture". It was quiet economical the promise because well [...]. But there was no clear policy, there supportive of that. [...]. It's true that also the government decides to - lets say - restrain public spending but it's more like ... also growing - let's say: Every year your spend ten more and this year your spend not ten more but six more. You still are spending more but less than before. You see my point. It's not you go form a 100 to 90 it goes from 100 to 105 [...]"* (I/afep 2015)

So gab es auch keine offene Unterstützung von MEDEF für die Kandidatur von Nicolas Sarkozy wie noch 2007, auch wenn ihre eigene Kampagne mit den vielen Forderungen von Sarkozy im Einklang stand (Le Billon 2012b: 12).

Die zweite Phase der Präsidentschaft Sarkozys war deutlich weniger durch einen Reformeifer geprägt als noch seine erste Amtszeit. Während Sakrozy in der ersten Phase seiner Amtszeit viele verschiedene und in ihrer Wirkung teils widersprüchliche Reformbaustellen eröffnete, konzentrierte er sich in der zweiten Phase fast ausschließlich auf die Rentenreform. Durch die starken Proteste der Gewerkschaften wie auch aufgrund des Drucks von der europäischen Scale, konnte er jedoch auch kaum neue Reformen angehen, ohne nicht weiter unter Druck zu geraten. Die im Wahlkampf 2007 angekündigte Sozialsteuer *TVA social*[88] ließ er ebenso unangetastet wie die Liberalisierungsempfehlungen des Attali-Berichts von 2008. Dies war auch darin begründet, dass es der Regierung in der zweiten Phase ihrer Amtszeit nicht mehr gelang, durch materielle Zugeständnisse, Teile der Gewerkschaften in einen wettbewerbskorporatistischen Block zu integrieren.

---

[88] Sarkozy erhöhte jedoch die normale Mehrwertsteuer im Februar 2012 um 1,6 % auf 21,2 % und die Kapitaleinkommenssteuer um 2 % auf 15,5 %. Er begründete die Erhöhung damit, dass er die französischen Unternehmen von Sozialabgaben nach seiner Wahl im Mai 2012 entlasten wollte. Der neue Präsident Hollande nahm die Steuererhöhung jedoch im November 2012 wieder zurück und führte im Rahmen des nationalen Wachstumspaktes eine Reform der Mehrwertsteuer durch.

6.3. Wendepunkt in der Reformpolitik? - Hollande I

6.3.1 Kontext

Der Präsidentschaftswahlkampf 2012 war geprägt von den krisenhaften Entwicklungen in Frankreich. Das Wirtschaftswachstum im Jahr 2011 lag zwar bei 2,1 %, brach jedoch im Jahr darauf auf 0,2 % ein (vgl. Diagramm 3). Vor allem aber die steigende Arbeitslosigkeit und Staatsverschuldung machte Frankreich wirtschaftlich zu schaffen. So lag das Haushaltsdefizit im Jahr 2011 mit 5,1 % zwar unter der Zielvorgabe der Europäischen Kommission von 5,7 %, jedoch war dies vor dem Hintergrund des Höhepunkts der europäischen Staatsschuldenkrise für die transnationalen Finanzmarktakteure immer noch zu hoch. Die amerikanische Ratingagentur Standard & Poor's kündigte im November 2011 an, die Kreditwürdigkeit Frankreichs herabzustufen und entzog Frankreich im Januar 2012 dann auch das Spitzenrating AAA. Weitere Ratingagenturen korrigierten ihre Aussichten für die konjunkturelle Entwicklung der französischen Wirtschaft ebenfalls nach unten. Zudem wurde schon Anfang des Jahres offensichtlich, dass Frankreich das Haushaltsziel im Zuge des europäischen Defizitverfahrens der EU für 2013 verfehlen würde. Zwar lag das Haushaltsdefizit im Jahr 2011 unter der Zielvorgabe des Defizitverfahrens, jedoch warnte die Europäische Kommission im Februar 2012 in ihrem Warnmechanismusbericht im Zuge des Europäischen Semesters vor einem übermäßigen Ungleichgewicht der französischen Wirtschaft (COM 2012a: 15). Die Kommission sah die fehlende preisliche und nicht-preisliche Wettbewerbsfähigkeit der französischen Unternehmen als ursächlich für das übermäßige makroökonomische Ungleichgewicht an, weshalb auch die französische Wirtschaft in der Krise stark an Exportanteilen verloren habe.

Vor diesem Hintergrund der krisenhaften Entwicklung universalisierte sich im Präsidentschaftswahlkampf ein Narrativ wirtschaftlicher Analysen in der französischen Politik. Während zu Beginn der Krise die Besonderheiten des französischen Modells von vielen PolitikerInnen und BeobachterInnen gelobt wurden , konnten nun die deutschen Reformen der Agenda 2010 als neues Leitbild für eine Erneuerung des französischen Arbeitsmarktes etabliert werden (Thiériot 2012: 14). So bezogen sich fast alle Präsidentschaftskandidaten im Wahlkampf positiv auf die deutschen Arbeitsmarktreformen unter Gerhard Schröder und lobten die Erneuerung des deutschen Kapitalismusmodells. Vor allem Nicolas Sarkozy wie auch andere VertreterInnen der UMP bezogen sich im Wahlkampf stark auf die deutsche Reformpolitik unter Gerhard Schröder und kündigten nach dessen Vorbild eine große Reformagenda für ein starkes Frankreich (*France forte)* an (Sarkozy 2012). Aber auch der Herausforderer Francois Hollande plädierte im Vorwahlkampf in seinem Buch „*La rêve francais*" für einen deutschen Reformweg und sprach sich ebenfalls für eine stärkere Entlastung der ArbeitgeberInnen aus, um die Wettbewerbsfähigkeit Frankreichs wieder herzustellen[89] (Wiegel 2011: 10).

Der starke Bezug auf die deutschen Reformen der Agenda 2010 im Präsidentschaftswahlkampf etablierten bzw. universalisierten ein Narrativ, das die internationale Wettbewerbsfähigkeit einer Wirtschaft mit der Höhe der Lohnstückkosten verknüpfte und somit die Notwendigkeit von Arbeitsmarktreformen zur Wiederherstellung der Wettbewerbsfähigkeit diskursiv festschrieb. War dieses Narrativ zuvor hauptsächlich von den Kapitalverbänden wie MEDEF, der UMP oder der Europäischen Kommission vertreten worden, so universalisierte es sich nun vor dem Hintergrund der französischen Wirtschaftskrise und der guten wirtschaftlichen Verfassung der Bundesrepublik Deutschland. Das „deutsche Modell" und die Reformen der Agenda 2010 waren im Präsidentschaftswahlkampf allgegenwärtig, auch weil die Medien immer wieder Parallelen zwischen der französischen Situation und den deutschen Reformen zogen (Wagner 2011: 3).

Und auch die Kapitalverbände versuchten, dieses Narrativ weiter zu etablieren. So startete der Arbeitgeberverband MEDEF auch im Präsidentschaftswahlkampf 2012 eine großangelegte Kampagne unter dem Motto „*Besoin d'aires*" (Wir brauchen Platz), in der 23 Maßnahmen für eine Verbesserung der Wettbewerbsfähigkeit Frankreichs vorgeschlagen wurden[90]. Diese Maßnahmen zielten dabei vor allem auf eine Entlastung der Arbeitgeber von Steuern und Sozialabgaben, aber auch nach einer tiefgreifenden strukturellen Reform der Kranken- und Arbeitsversicherung. MEDEF schlägt dabei die Einführung einer *TVA social* vor, um die Lohnstückkosten durch die Abschaffung der Arbeitgebersozialbeiträge entlasten zu können (Parisot 2012: 9). Nur durch eine Entlastung der Arbeitgeber, so der Grundtenor des Papiers, kann Frankreich in Europa wieder wettbewerbsfähig sein: „*Le taux de prélèvements obligatoire de la France est le plus élevé d'Europe après la Suède, soit 24,8 %, pres de 10 points de plus qu'en Allemagne*" (Parisot zit. n. Foucher et al. 2012: 10). Gleichzeitig plädierte der Unternehmensverband für eine ernsthafte Sparpolitik und forderte einen ausgeglichenen Haushalt für das Jahr 2015 und einen Haushaltsüberschuss für 2015. Um dies zu erreichen schlägt MEDEF eine „*règle du deux pour un*" (Parisot 2012: 8) vor, d.h.

---

[89] Wobei in der heißen Phase des Wahlkampfs von möglichen Reformen in der Arbeitsmarktpolitik nach dem Vorbild der Agenda 2010 keine Rede mehr war. Hollande ging vor allem mit einem linken Programm in den Wahlkampf, welches durch ein umfangreiches Investitionsprogramm, anstatt durch Kürzungen, für mehr Wachstum und einer Stärkung der französischen Wirtschaft sorgen möchte.

[90] Die Vorstellung der Wahlkampagne von MEDEF im Februar 2012 durch die Vorsitzende Laurence Parisot glich einer Produktpräsentation amerikanischer IT-Unternehmen. Die Tageszeitung Le Figaro schrieb über die Präsentation: „*Projection sur grand écran, tablette tactile posée sur les genoux, micro cravate à la veste, Lau-rence Parisot a présenté mardi «23 axes pour une compétitivité équitable» dans une mise en scène que feu Steve Jobs n'aurait sans doute pas reniée*" (Toussaint 2012).

zwei Einsparungen im Haushalt statt eine Steuererhöhung. Nur so könne Frankreich den Haushalt sanieren und gleichzeitig die Wettbewerbsfähigkeit der französischen Unternehmen garantieren, so MEDEF in ihrem 23seitigen Papier zum Präsidentschaftswahlkampf. Ebenso schlägt MEDEF eine Vertiefung der Europäischen Union und eine weitere Erhöhung des Rentenalters auf 65 Jahre vor. Anders jedoch als 2007 gab MEDEF keine Wahlempfehlung für einen der Kandidaten ab, sondern betonte, dass man mit jedem Kandidaten zusammenarbeiten werde[91] (Le Billon 2012a: 3).

Klare Unterstützung erhielt der sozialistische Kandidat Francois Hollande durch die Gewerkschaften und den linken Block, welcher sich während den Protesten gegen die Rentenreform gebildet hatte (Lux 2015b: 72). Zwar sprach sich keine Gewerkschaft offen für einen Kandidaten aus, jedoch unterstützte der Großteil der Gewerkschaften (mit Ausnahme der CFE-CGC und der CFTC) indirekt die Kandidatur von Francois Hollande[92] (Schreiber 2013: 2). So forderte der CGT-Vorsitzende Bernard Thilbaut einen Wechsel im Präsidialamt und ging offen auf Konfrontation mit Nicolas Sarkozy (Perrotte 2012a: 5). Mit mehr als 290 Veranstaltungen im Zuge der Präsidentschaftswahlen machte die CGT offen Wahlkampf gegen Nicolas Sarkozy. Die CGT kritisierte nicht nur die Reformpolitik der Regierung, sondern stellte sich auch klar gegen das Wettbewerbsnarrativ. Auch die traditionelle Demonstration am ersten Mai wurde dann auch indirekt eine Anti-Sarkozy-Demonstration, welche relativ offen für die Wahl von Francois Hollande am sechsten Mai warb. Während sich die CFE-CGC, CFTC und der FO aufgrund des politischen Charakters nicht an der Demonstration beteiligten, riefen neben dem CGT, der CFDT, FSU, SUD und UNSA auch viele linke Parteien wie die PCF oder die NPA zur Demonstration auf, an der sich rund 750.000 Menschen landesweit beteiligten (Perrotte 2012b: 3).

Hollande ging daher auch mit einem explizit linken und nachfrageorientierten Programm in die heiße Phase des Wahlkampfes. Er kündigte an, im Fall seines Wahlsieges die Rentenreform von 2010 neu verhandeln zu lassen und das Renteneintrittsalter wieder auf 60 Jahre zu senken (Holland 2012: 16). Gleichzeitig versprach er, die öffentlichen Betriebe nicht zu privatisieren, die öffentliche Gesundheitsversorgung zu fördern und die Krankenversicherung zu reformieren,

---

[91] Auch wenn MEDEF betonte, mit jedem Kandidaten zusammenarbeiten zu wollen, kritisierte die MEDEF-Vorsitzende, Laurence Parisot, die Vorschläge von Francois Hollande bei der Vorstellung der MEDEF-Wahlkampagne scharf (Toussaint 2012). Gleichzeitig lobte sie die bisherige Wirtschaftspolitik Sarkozys, welche unter den gegebenen widrigen Umständen die Wettbewerbsfähigkeit der französischen Wirtschaft erhöht hättte: „Depuis cinq ans, nous avons beaucoup avancé sur la compétitivité hors prix et, très récemment, les initiatives de Nico-las Sarkozy sont favorables à la compétitivité prix" (Le Billon 2012a).
[92] Schreiber (2013: 2) macht ebenfalls die vielfältigen Verbindungen der linken Gewerkschaften mit der PS deutlich, welche neben programmatischen Überschneidungen auch persönliche Kontakte beinhalten.

den Bankensektor zu regulieren sowie die Armut zu bekämpfen. Vor allem aber in der Arbeitsmarktpolitik kündigte Hollande im Wahlkampf Reformen an. So sollten die von Sarkozy eingeführten steuerlichen Vergünstigungen für Überstunden wieder abgeschafft werden und stattdessen das dadurch eingesparte Geld in die Aus- und Weiterbildung sowie in eine bessere personelle Betreuung der Arbeitsuchenden investiert werden (ebd.: 24f). Nach den Parlamentswahlen im Juni 2012, durch die die PS mit einer absoluten Mehrheit in die Assemblée Nationale einzog, band Hollande dann auch den linken Flügel der PS in die Regierung ein. Zwar machte er seinen Vertrauten Jean-Marc Ayrault zum Ministerpräsidenten und nicht die Wortführerin des linken Flügels Martine Aubry, jedoch wurden mit dem Kapitalismuskritiker Arnaud Montebourg sowie mit Christiane Taubira zwei VertreterInnen des linken Flügels in das Kabinett berufen.

Die Politik von Francois Hollande in der ersten Phase seiner Amtszeit zwischen Mai 2012 und Januar 2014 wird jedoch von vielen BeobachterInnen als inkonsistent und unglücklich bezeichnet (Deléage 2013: 11; Sander 2013b). Auf der europäischen Scale scheiterte Hollande daran, sich gegen die Austeritätspolitik der deutschen Regierung durchzusetzen und eigene wirtschaftspolitische Akzente zu setzen. So stimmte Hollande nicht nur dem Fiskalpakt zu, den er im Präsidentschaftswahlkampf noch rigoros ablehnte, sondern gleichzeitig geriet sein geforderter europäischer Wachstumspakt finanziell so klein, dass er in der europäischen Krisenpolitik keine effektiven Auswirkungen hatte. Ebenso schlecht sah seine Bilanz auf der nationalen Ebene aus. Viele im Wahlkampf angekündigten Reformen und Maßnahmen wurden nicht angegangen, verwässerten oder scheiterten. Eines seiner wichtigsten Projekte, die Anhebung des Spitzensteuersatzes auf 75 % entwickelte sich zu einem medialen Skandal und wurde nach der Verabschiedung im Parlament vom Verfassungsrat als ungerecht und nicht mit der Verfassung vereinbar zurückgewiesen (Sterdyniak 2012: 52, 2013). Hinzu kam, dass die im Wahlkampf angekündigten Regulierungen des Banken- und Finanzsektors nicht angegangen wurden.

Die Beliebtheit des Präsidenten brach innerhalb von einem Jahr massiv ein. Während im Juli 2012 noch rund 56 % mit der Arbeit des Präsidenten zufrieden waren, waren es ein Jahr später nur noch 27 %, während 72 % der Befragten die Arbeit von Francois Hollande als schlecht bewerteten (Ifop 2013: 9). Für linke WählerInnen waren seine wenigen progressiven Maßnahmen, wie die Aufhebung der Indexierung des Mindeslohns, zu zaghaft, während er seine konservativen WählerInnen durch die Umsetzung der gleichgeschlechtlichen Ehe verprellte. Neben diesen vielfältigen Gründen, waren vor allem aber die negative Entwicklung der französischen Wirtschaft und der Anstieg der Arbeitslosigkeit mitursächlich für den Ansehensverlust des neuen Präsidenten (Syrovatka 2015: 389ff). Hollande konnte die versprochene nachfrageorientierte Wende ebenso wenig umsetzen wie einen wirtschaftlichen Aufschwung. Vielmehr stagnierte die Wirtschaft bei 0,2 % (2012) und 0,7 % (2013) und die Arbeitslosigkeit kletterte erstmals über die zehn Prozentmarke (OECD 2014a, 2015c).

Die schlechte wirtschaftliche Entwicklung führte zu einer geringeren Reduktion der Neuverschuldung als es von der Europäischen Kommission im Defizitverfahren vorgesehen war. Zwar konnte das Staatsdefizit 2012 und 2013 auf jeweils 4,8 % bzw. 4,1 % des BIP reduziert werden, jedoch führte der wiederholte Verstoß gegen die Maastricht-Kriterien dazu, dass der Druck auf Frankreich durch die Europäische Union ab 2013 wieder deutlich stieg (eurostat 2014). Schon kurz nach den Präsidentschaftswahlen, Ende Mai 2012, hatte die Europäische Kommission einen umfassenden Bericht im Zuge des Europäischen Semesters über die wirtschaftliche Entwicklung Frankreichs vorgelegt. Darin kritisierte sie das starke Wachstum der öffentlichen Verschuldung und die bisherigen Reformschritte als zu gering und zu wenig tiefgreifend (COM 2012b: 4; 8ff). Sie konstatierte, dass bisher zu wenige Empfehlungen des Rates im Zuge des Europäischen Semester umgesetzt und zu wenige Vereinbarungen im Rahmen des Euro-Plus-Pakts und der Europa2020-Strategie, v.a. in Bezug auf die Stabilität der öffentlichen Finanzen, eingehalten wurden (ebd.: 30ff). Ein Jahr später, im Mai 2013 verlängerte der Rat der Europäischen Union die Fristen für das Defizitverfahren bis 2015 und ermahnte Frankreich, strukturelle Reformen zu implementieren, um die Defizitgrenze einzuhalten (ER 2013a: 13). Die Europäische Kommission hatte in ihrem Bericht vom Mai 2012 nämlich festgestellt, dass einige von der Regierung Ayrault geplanten Maßnahmen den Empfehlungen des Rates widersprachen. Daher war die Fristverlängerung des Defizitverfahrens an eine stärkere Überwachung der Wirtschafts- und Haushaltpolitik durch die Europäische Kommission geknüpft, welche nun durch die Verschärfung des SWP im Zuge der Verabschiedung des SixPack und TwoPack möglich wurde. So musste Frankreich im Oktober 2012 sowohl einen „Korrekturmaßnahmenplan" als auch ein sogenanntes „haushaltspolitisches Partnerschaftsprogramm„ vorlegen und jene politischen Maßnahmen und Strukturreformen darstellen, welche zur Reduzierung des übermäßigen Defizits geplant waren (ebd.: 4). Auf der Grundlage der Programme stellt der Rat im Dezember 2012 jedoch fest, dass viele vorgelegte Maßnahmen der Regierung Ayrault, vor allem im Bereich der Steuerpolitik *„not seem to respect the Council Recommendation of 9 July 2013 and create uncertainty about the Gouverment's strategy"* (ER 2013c: C 368/6).

Die erste Phase der Amtszeit von Francois Hollande ist daher sowohl von einem wachsenden innenpolitischen wie auch außenpolitischen Druck geprägt, welcher sowohl die Handlungsmöglichkeiten für die Regierung einschränkte aber sogleich auch den Reformdruck erhöhte. Vor allem durch den starken Druck von der europäischen Scale verringerte sich der Raum für eine progressive nachfrageorientierte Wirtschaftspolitik und einer sozial gerechteren Ausgestaltung der strukturellen Reformen in der Arbeitsmarkt- und Sozialpolitik. Während Hollande im Wahlkampf eine klare linke und progressive Linie verfolgte, wurde

schon zu Beginn seiner Amtszeit deutlich, dass er diese aufgrund des Kräfteverhältnisses innerhalb des europäischen Staatsapparatenensemble, welches einer eigenen von den Vorgaben der EU abweichenden Wirtschafts- und Fiskalpolitik
objektive Grenzen setzte, als auch aufgrund einiger interner Widerstände, nicht
umsetzen konnte (Lux 2015b: 72; Oberndorfer 2012c: 65f).

6.3.2 Reformen in der Sozialpolitik

Teilrücknahme der Rentenreform von 2010

Schon einen Monat nach den Präsidentschaftswahlen kündigte die neue Sozial-
ministerin Marisol Touraine mit der Teilrücknahme der Rentenreform von 2010,
die Einlösung des wichtigsten Wahlversprechens Francois Hollande an. Anders
jedoch als im Wahlkampf versprochen, beinhaltete die neuerliche Reform der
Rentenversicherung nicht die vollständige Rücknahme der 2010 beschlossenen
Reform, sondern nur die Herabsetzung des Renteneintrittsalters auf 60 Jahre für
bestimmte Ausnahmefälle. So können durch die Reform nur diejenigen im Alter
von 60 Jahren ohne Abschläge in Rente gehen, welche schon mit 19 Jahren oder
früher angefangen haben zu arbeiten und mindestens 41,5 Beitragsjahre vorwei-
sen können. Die Mehrheit der RentenbezieherInnen bleibt jedoch von der schritt-
weisen Erhöhung des Regelpensionsalters auf 67 Jahre betroffen. Insgesamt werden von der Reform rund 100.000 Menschen pro Jahr von den Änderungen betroffen sein, was jede sechste RentenempfängerIn darstellt, jedoch aufgrund der
Akademisierung der französischen Bevölkerung in den folgenden Jahren stark
abnehmen wird. Gegenfinanziert wird die Teilrücknahme der Rentenreform, welche Mehrkosten für die Rentenversicherung von rund 5 Milliarden Euro bis 2017
verursachte, durch eine Anhebung der Rentenbeiträge für ArbeitgeberInnen wie
ArbeitnehmerInnen um 0,25 %. Die Teilrücknahme der Rentenreform trat im November 2012 per Dekret in Kraft
 Obwohl Francois Hollande nur Teile der Rentenreform von 2010 zurück-
nahm, begrüßten die Gewerkschaften die Reform als wichtigen Fortschritt. Die
CFDT zeigte sich vollkommen zufrieden mit der Reform und erklärte, dass mit
der Reform eine *„corrige une inégalité flagrante"* (Mouillard 2012). Die Rücknahme der Erhöhung des Renteneintrittsalters stellte in der Auseinandersetzung
2010 die Hauptforderung der CFDT dar. Aber auch die CGT begrüßte die Reform, kritisierte jedoch die eingeschränkte Rückkehr zu Rente mit 60 Jahren als
zu zögerlich. Vielmehr forderte die CGT die Ausweitung der Rente mit 60 auf
alle ArbeitnehmerInnen (Collen 2012: 2). Zudem kritisierte die CGT die Beibehaltung der hohen Beitragszeiten, welche v.a. Frauen und Menschen in prekären
Arbeitsverhältnissen diskriminiere (CGT 2012a).

Die Kapitalverbände dagegen sahen in der Teilrücknahme einen „*mesure inquiétante*" (MEDEF 2012a) und verurteilten den Schritt als „*choc insupportable*" für die finanzielle Tragfähigkeit des Rentensystems (Le Billon 2012c: 1). Allen voran MEDEF kritisierte die Reform und befürchtete Mehrkosten von rund zwei Milliarden Euro für das Rentensystem (MEDEF 2012a). Die gleichzeitig beschlossenen Beitragserhöhungen standen ebenfalls in der Kritik von MEDEF, da diese nach Meinung des Kapitalverbandes, die Kaufkraft verringere und sich außerdem negativ auf die Wettbewerbsfähigkeit der französischen Unternehmen, durch eine weitere Erhöhung der Lohnnebenkosten auswirken würde. Somit sei durch die Beitragserhöhung zwar kurzfristig eine Gegenfinanzierung der Rentenreform möglich, langfristig jedoch würde die Rechnung aufgrund der stärkeren Belastung von ArbeitgeberInnen und ArbeitnehmerInnen nicht aufgehen (ebd.). Unterstützung erhielt MEDEF durch die konservative UMP, welche neben dem Aspekt der Haushaltskonsolidierung ebenfalls die Art der Umsetzung der Reform per Dekret als undemokratisch kritisierte (Le Billon 2012c: 1).

Rentenreform 2013[93]

Nach dem Inkrafttreten des Dekrets über die Teilrücknahme der Rentenreform von 2010, veröffentlichte der *conseil d'orientation des retraites* (COR) im Dezember 2012 einen Bericht über die Auswirkungen der neuerlichen Rentenreform (COR 2012). Darin berechnet der COR, ähnlich wie im Rentenzukunftsbericht 2010, die Konsequenzen einer Senkung des Renteneintrittsalters auf 60 Jahre anhand dreier unterschiedlicher wirtschaftlicher Szenarien (ebd.: 19). In allen drei Szenarien geht der COR davon aus, dass das Rentensystem mittel- bis langfristig finanziell nicht mehr tragfähig wäre und die Rentenkassen 2017 ein Defizit zwischen 19,8 und 21,9 Milliarden Euro aufweisen werden (ebd.: 38). Für das Jahr 2020 sieht der COR eine weitere Verschärfung des Defizites auf 20,2 bis 21,9 Milliarden Euro, was einem Anteil von 0,9 % bzw. 1,0 % des BIP entspricht (ebd.).

　　　Die europäischen Staatsapparate bewerteten die Teilrücknahme der Rentenreform von 2010 ebenfalls als problematisch und stellten in den länderspezifischen Empfehlungen im Rahmen des Europäischen Semesters vom Mai 2013 fest, dass die Rentenpolitik der französischen Regierung den Empfehlungen des Rates widerspricht (COM 2013b: 5). Nach Ansicht der Europäischen Kommission stellte diese Maßnahme den Konsolidierungskurs Frankreichs in Frage und

---

[93] Die Auseinandersetzungen über das Abkommen zur finanziellen Sanierung der Zusatzrentenkassen AGIR und ARCOS, welche ebenfalls 2013 stattfanden, werden in den folgenden Ausführungen nicht dargestellt.

werde deutliche Auswirkungen auf das französische Haushaltsdefizit haben. Daher ermahnt die Europäische Union die französische Regierung, dass es „dringend neuer politischer Maßnahmen" (ebd.) bedarf und empfiehlt:

> *„Zu solchen Maßnahmen könnten eine weitere Anhebung sowohl des Mindestalters für den Rentenbezug als auch des Eintrittsalters für eine Vollrente, die Erhöhung der Beitragsjahre für den Bezug einer Vollrente, die Anpassung der Indexierungsregeln und eine Überprüfung der derzeit zahlreichen für bestimmte Kategorien von Arbeitnehmern geltenden Ausnahmen vom allgemeinen Schema gehören. Im Hinblick auf die negativen Auswirkungen auf die Arbeitskosten sollte eine Anhebung der Sozialversicherungsbeiträge vermieden werden"* (ebd.).

Aufgrund der prognostizierten schweren Auswirkung der Rentenpolitik ermahnte die Europäische Kommission die sozialistischen Regierung bis Ende 2013 Maßnahmen zu treffen, welche das Rentensystem „bis spätestens 2020 nachhaltig ins Gleichgewicht" (ebd.: 9) bringen. Diese Strukturreform des Rentensystems müsse dabei „glaubwürdig" (ebd.) sein, damit sie langfristig auch zu einer Konsolidierung des französischen Haushaltes beitragen könne. Neben den Ermahnungen in den länderspezifischen Empfehlungen bereitete die Europäische Kommission eine stärkere Überwachung im Rahmen des bis 2015 verlängerten Defizitverfahrens vor, um den Druck auf die Regierung weiter zu erhöhen (COM 2013a). So wird an mehreren Stellen im Kommissionsbericht für den Rat die Rentenreform 2010 als wichtiger Schritt zur Konsolidierung des Staatshaushaltes hervorgehoben (ebd.: 11ff).

Die Regierung reagierte auf den Bericht des COR und dem Druck aus Brüssel mit einer Beschleunigung ihrer eigenen Reformpläne. Zwar hatte die Regierung Ayrault schon im Juli 2012, kurz nach der Senkung des Renteneintrittsalters, Pläne für eine erneute Reform des Rentensystems angekündigt, jedoch führte der neuerliche Druck aus Brüssel zu einer deutlichen Beschleunigung des Reformverfahrens (Naczyk et al. 2013: 13). Nach der Veröffentlichung des COR-Berichts im Dezember 2012 wurde im Februar 2013 eine Expertenkommission unter dem Vorsitz von Yannick Moreau damit beauftragt, Grundzüge einer möglichen Rentenreform zu erarbeiten, welche auch die inhaltliche Basis einer großen Konferenz mit den Sozialpartner im Juli darstellen sollte (Ayrault 2013). Die Sozialpartner hatten sich schon Anfang des Jahres zu Wort gemeldet und stark konträre Positionen artikuliert.

So forderte MEDEF, wie auch schon im Wahlkampf, eine Erhöhung des Renteneintrittsalters auf 65 Jahre bis 2040 und eine Anhebung der notwendigen Beitragsjahre für eine abschlagsfreie Rente auf 43 Jahre bis 2020. Zusammen mit den anderen Kapitalverbänden, welche sich in der öffentlichen Auseinandersetzung eher zurückhielten, wurde ebenfalls eine Angleichung der Rentenberechnungsgrundlage zwischen öffentlichem und privatem Sektor gefordert (Perrotte 2013b: 2). Die Gewerkschaften dagegen waren in der Positionierung über eine erneute Rentenreform gespalten. Während die CFDT eine Erhöhung des Renteneintrittsalters ablehnte, zeigte sie sich gegenüber einer möglichen Anhebungen der Beitragszeiten offen für Verhandlungen. Dagegen sperrten sich die linken Gewerkschaften FO und CGT, welche eine Erhöhung der Beitragszeiten ebenso ablehnten wie eine Erhöhung des Renteneintrittsalters (ebd.). Die CGT forderte eine Reduzierung des Renteneintrittsalters auf 60 Jahre für alle ArbeiterInnen sowie einen einheitlichen Rentensatz von 75 % des Nettoarbeitseinkommens, bei einer Kopplung der Renten an das Lohnwachstum. Ebenfalls soll die Möglichkeit einer abschlagsfreien Frühverrentung für ArbeitnehmerInnen mit schweren Tätigkeiten möglich sein. Gegenfinanziert sollen diese Vorschläge der CGT durch eine Gewinnbeteiligung von Unternehmen und Finanzeinkommen sowie über eine Erhöhung der Arbeitgeberbeiträge werden (CGT 2013a).

Die im Moreau-Bericht vorgeschlagenen Maßnahmen orientierten sich jedoch hauptsächlich an den Forderungen der Kapitalverbände und den Empfehlungen der Europäischen Kommission (Hassenteufel/Palier 2015: 123; Moreau 2013). So empfiehlt der Bericht eine stufenweise Anhebung der Beitragszeiten auf 44 Jahre bis zum Jahr 2051 sowie eine Anhebung der CSG auf 7,5 % (Moreau 2013: 104; 85). Der Bericht schlägt ferner vor, die Sozialsteuer CSG auch auf die RentnerInnen auszuweiten, deren Rente fortan mit 6,6 % besteuert werden solle (ebd.: 85). Ebenso empfiehlt der Bericht, die Rentenberechnung des öffentlichen Sektors teilweise an die Bedingungen des privaten Sektors anzugleichen (ebd.:135). Im öffentlichen Sektor sollen nun statt den letzten sechs Monaten des Berufslebens die besten 10 Jahre als Berechnungsgrundlage genommen werden[94]. Gleichzeitig sieht der Bericht jedoch eine Weiterentwicklung der Ausnahmeregelungen für Menschen mit schwerer Arbeit vor (ebd.: 151ff). So schlägt der Bericht die Einrichtung eines „compte-temps-pénibilité" (ebd.: 161), eine Art Punktekonto vor, auf dem die Zeit, in der die ArbeitnehmerInnen unter hoher körperlichen Belastung gearbeitet haben gutgeschrieben wird. Diese Punkte können dann für einen Übergang in Altersteilzeit bei vollem Lohnausgleich gutgeschrieben werden.

Trotz dieser vorgeschlagenen Maßnahmen zeigten sich die Kapitalverbände enttäuscht. MEDEF, UPA und CGPME kritisierten den Bericht scharf, da er aus ihrer Sicht die grundlegenden Probleme der finanziellen Tragfähigkeit nicht ausreichend bearbeitet. Die vorgeschlagenen Maßnahmen seien zu zaghaft und würden das Problem letztendlich nicht lösen können. Laurence Parisot kündigte daher an, in der Konferenz der Sozialpartner für eine deutlichere Anhebung der Beitragszeiten sowie für eine Anhebung des Renteneintrittsalters zu werben

---

[94] Im privaten Sektor stützt sich die Rentenberechnung auf die besten 25 Jahre.

(MEDEF 2013a). Dagegen verfolgten die Gewerkschaften, anders als noch in den Auseinandersetzungen um die Rentenreform 2010, keine gemeinsame Linie. Die sozialdemokratische Gewerkschaft CFDT begrüßte die Vorschläge der Moreau-Kommission. Sowohl die Sonderregelungen für Arbeitnehmer unter schwerer Belastung wie auch die Heraufsetzung der Beitragszeiten für die Finanzierung der Rentenversicherung stellten grundlegende Forderungen der CFDT da. Auch die Harmonisierung der Rentenberechnung wurde begrüßt: *„De nombreux thèmes abordés sont ceux que la CFDT a portés dans le débat public depuis longtemps"* (CFDT 2013). Nach dem CFDT sollte die Rentenreform jedoch durch eine umfangreiche Steuerreform flankiert werden. Die linken Gewerkschaften lehnten die vorgeschlagenen Maßnahmen des Moreau-Berichts dagegen konsequent ab. Sowohl die CGT als auch der FO kritisierten die Vorschläge des Berichts als nicht im Interesse der Werktätigen und abhängig Beschäftigten, welche langfristig auch nicht die Finanzierungsprobleme lösen werden (CGT 2013d).

Nach der Sozialkonferenz am 20. und 21. Juni 2013 bestätigte Francois Hollande, dass er beabsichtige, den Vorschlägen des Moreau-Berichts in großen Teilen zu folgen und die Beitragszeiten zu erhöhen (Kindermans 2013). Als Reaktion darauf riefen die linken Gewerkschaften FO und CGT zusammen mit den kleineren Gewerkschaften FSU und SUD zu einem Aktionstag gegen die Rentenreformpläne der Regierung Ayrault nach den Sommerferien auf. Die anderen Gewerkschaften schlossen sich dem Aufruf zu einem Aktionstag jedoch nicht an, da sie zum einen mit den Reformvorschlägen der Regierung im Groben zufrieden waren und zum anderen bessere Einflussmöglichkeiten im Dialog mit der Regierung sahen. Vor allem im Fall der CFDT schien diese Strategie auch erfolgversprechend, so konnte die sozialdemokratische Gewerkschaft aufgrund personeller wie auch thematischer Überschneidungen mit der sozialistischen Partei einen relativ großen Einfluss auf die Regierung Ayrault ausüben (Comarmond 2013b: 2; I/CGT 2015).

Der Ende August 2013 durch den Premierminister Jean-Marie Ayrault persönlich vorgestellte Gesetzesentwurf übernahm dann auch nicht alle Vorschläge, orientierte sich jedoch stark an den Empfehlungen des Moreau-Berichts. So sah der Entwurf eine schrittweise Erhöhung der Beitragszeit ab 2020 auf 43 Jahre bis zum Jahr 2035 vor, ebenso wie die Einrichtung eines Punktekontos für schwere und belastende Arbeit. Anders jedoch als im Moreau-Bericht vorgesehen, wurde zur Finanzierung der Rentenreform nicht die CSG erhöht, sondern stattdessen bis 2017 die Rentenbeiträge sowohl für die ArbeitnehmerInnen als auch für die ArbeitgeberInnen um 0,6 % heraufgesetzt[95]. Nicht angetastet wurden die Privilegien und die unterschiedlichen Rentenbeitragsjahre für die *regimes speciaux*. Auch

---

[95] Um jedoch nicht die Lohnstückkosten zu erhöhen, plante die Regierung im Gegenzug die Arbeitgeberbeiträge für Familienleistungen zu reduzieren (FAZ 2013: 9).

wurden die Berechnungsgrundlagen für die Beamten und Beschäftigten im öffentlichen Dienst nicht angehoben. Damit kam die Regierung den Gewerkschaften stark entgegen, waren es doch gerade die linken Gewerkschaften, welche auf die unterschiedlichen Berechnungsgrundlagen bestanden hatten.

Dennoch mobilisierten die linken Gewerkschaften weiter gegen die Reformpläne, ohne aber die Rentenreform in ihrer Gänze abzulehnen. Vielmehr forderten sie nun nur noch einen Verzicht auf die Anhebung der Beitragszeiten und eine Rücknahme des Renteneintrittsalters auf 60 Jahre für alle ArbeitnehmerInnen (Comarmond 2013a: 4). Die Proteste am 10. September 2013 waren jedoch im Vergleich zu den Protesten gegen die Rentenreform von Nicolas Sarkozy 2010 relativ klein. Kaum mehr als 350.000 Menschen kamen nach Angaben der Gewerkschaften zu den landesweiten Demonstrationen und auch die angekündigten Streiks bei der SNCF, der RATP sowie bei verschiedenen französischen Großunternehmen wie PSA waren kaum zu spüren. Grund für diese schwache Mobilisierung war neben der Spaltung der Gewerkschaften, der starken Konsultation der Regierung mit den Gewerkschaften und den relativ „weichen" Reformplänen, vor allem die frustrierenden Erfahrungen vieler AktivistInnen in den Protesten gegen die Rentenreform von 2010 (Pernot 2013: 4). Die geringen Proteste schwächten die Position der CGT und der FO in den weiteren Verhandlungen und verschärfte die Spaltung der Gewerkschaften weiter. So verzichte die FO nach der schwachen Mobilisierung am 10. September auf weitere Aktionen, während die CGT am Tag der Abstimmung der Rentenreform im Parlament zu einem weiteren Aktionstag aufrief, an dem sich jedoch nur wenige Aktive beteiligten. Die Einbindung der CFDT in das politische Projekt der Rentenreform und die Spaltung der Gewerkschaftsbewegung in zwei Flügel zeigte sich nicht zuletzt bei der letzten Konsultationsrunde mit der Regierung. Dort stimmte die CFDT zusammen mit der christlichen Gewerkschaft CFTC für die Rentenreform, während die linken Gewerkschaften CGT und FO zusammen mit den drei Kapitalverbänden gegen die Reform votierten (Collen 2013: 2). Im Oktober 2013 wurde der Gesetzesvorschlag ohne größere Proteste in der Nationalversammlung angenommen[96].

Auch die drei Kapitalverbände waren unzufrieden mit der erneuten Rentenreform, fielen doch die nun beschlossenen Maßnahmen hinter den Vorschlägen des Moreau-Berichts zurück. Seit der Sozialkonferenz hatte vor allem MEDEF und die Vereinigung der französischen Großunternehmen afep durch massives Lobbying und einer Kampagne zur Rentenreform[97] versucht, eine Erhöhung der

---

[96] In der Nationalversammlung stimmten die oppositionelle UMP, die gesamte Rechte und auch die radikale Linke gegen den Gesetzesvorschlag. Die UMP zweifelte an der Verfassungsmäßigkeit der Reform, weshalb sie den *Conseil constitutionnel* einschaltete, welcher jedoch im Januar 2014 die Verfassungsmäßigkeit der Rentenreform feststellte.

[97] Die Kampagne erstreckte sich von Juli bis zum Oktober 2013 und war durch eine Vielzahl an Anzeigen aber auch durch Beiträge des neuen MEDEF-Vorsitzenden Pierre Gattaz in wichtigen französischen Tages- und Wochenzeitungen geprägt (bspw. Gattaz 2013a, 2013b).

Beitragsjahre und des Renteneintrittsalters auf 63 Jahre zu erreichen (afep 2013: 7f; I/MEDEF 2015). So legte MEDEF im Juli ein Positionspapier mit 24 Vorschlägen für eine *„équilibrer durablement régimes de retraite"* vor (MEDEF 2013b). Darin betonte MEDEF noch einmal seine Forderung nach einer dualen Erhöhung der Beitragszeiten auf 44 Jahre sowie des Renteneintrittsalters auf 63 Jahren (ebd.: 11f). Außerdem forderte MEDEF in dem Papier von weiteren Beitragserhöhungen abzusehen und stattdessen langfristige steuerpolitische Instrumente zur Finanzierung der Rentenversicherung zu entwickeln (ebd.: 10). Damit einhergehend sollte die Vereinheitlichung der Rentensysteme angestrebt werden sowie die Rentenberechnung durch die Schaffung eines einheitlichen Rentenpunktekontos vereinfacht werden.

Ziel der Reformvorschläge war eine Reduktion der Kosten für das Rentensystem und eine langfristige Auslagerung der Arbeitgeberbeiträge auf steuerliche Finanzierungsinstrumente. Damit sollte die Wettbewerbsfähigkeit der französischen Unternehmen langfristig gesteigert werden: *„Rappelons que les entreprises françaises ont un taux de marge de 28 % contre 40 % pour la moyenne européenne"* (MEDEF 2013c). Afep und MEDEF verfolgten dabei sehr ähnliche Forderungen. Auch afep sprach sich für eine Erhöhung der Lebensarbeitszeit und gegen eine Anhebung von Arbeitgeberbeiträgen aus (afep 2013: 8).

Trotz ihrer starken Lobbybemühungen und der breiten Kampagne, konnten die Kapitalverbände eine Änderung der Reform nicht durchsetzen, weshalb sie den Reformvorschlag als unzureichend ablehnten (I/MEDEF 2015). Der afep-Vorsitzende Pierre Pringuet nannte die Rentenreform im Jahresbericht der Organisation eine *„missed opportunity"* und auch der neue MEDEF-Vorsitzende Pierre Gattaz empfand die Rentenreform als Affront gegen die französischen Arbeitgeber (afep 2013: 1; Bellan 2013: 4). Die Hauptkritikpunkte der Kapitalverbände waren die späte Erhöhung der Beitragszeit auf 43 Jahre im Jahr 2020 und die Nichterhöhung des Renteneintrittsalters. Am stärksten jedoch kritisierten die Kapitalverbände die Umsetzung des *compte-temps-pénibilité* als bürokratisch und schlecht für die Wettbewerbsfähigkeit der französischen Unternehmen. So gingen im Dezember 2013 tausende Firmenchefs auf die Straße, um gegen das Konto zu demonstrieren.

"[...] You have to follow each worker, how many hours expose to notice, to heavy work, to difficult positions and so on. Of course it's a nice objective but the modalities are just impossible. So it's a very big fight between us and the government, to change the constructs, because it's just uncompettitiv. And the core of the reform, that was obliged people to retire later, but this is coming too late, it's after 2013, so it's not comprise baby boomer and it will so no bring the pension regimes in a financial balance." (I/MEDEF 2015).

Und auch die Europäischen Institutionen kritisierte die Rentenreform als nicht ambitioniert genug und als nur teilweise im Einklang mit den Empfehlungen des Rates (COM 2013c: 13). So seien die makroökonomischen Vorannahmen der Rentenreform zu optimistisch und die Reform an sich nicht tiefgreifend genug (ebd.: 14). Die Kommission kritisierte vor allem, dass das allgemeine Renteneintrittsalter nicht angehoben und die Reform keine Angleichung der noch vorhandenen Sonderregelungen für die *regimes speciaux* vorsah (ebd.). Sie ging daher davon aus, dass die Reformen höchstens zu einer Halbierung des Defizits in der Rentenversicherung führen und somit die finanzielle Tragfähigkeit nicht weiter gegeben sein würde. Dies ist dahingehend interessant, hatte doch die Kommission in ihrem Bericht vom Juli 2013 die *„Erhöhung der Beitragsjahre für den Bezug einer Vollrente"* (COM 2013b: 5) als mögliches Instrument zur Konsolidierung des Staatshaushaltes vorgeschlagen. Der Kritik der Kommission findet sich in den Empfehlungen des Rates, welcher vor allem von den Interessen der BRD dominiert wird[98], im Zuge des Defizitverfahrens in noch zugespitzterer Form wieder. Für den Rat widerspricht die Rentenreform vollkommen den politischen Empfehlungen vom Juli 2013, weshalb Frankreich auch weiterhin unter einer verschärften Beobachtung durch die Europäische Kommission verbleiben müsse (ER 2013b: 368/5).

Trotz dieser scharfen Kritik der europäischen Institutionen und der Kapitalverbände stellt die Rentenreform der sozialistischen Regierung Ayrault keinen Bruch mit den vorherigen Reformbemühungen in der Rentenversicherung dar. Zwar setzt die erneute Rentenreform durch die Einführung des *„compte-temps-pénibilité"* eigene Akzente, jedoch bleibt der Fokus der Reform auf der Anhebung der Beitragszeiten und damit auf einer Verlängerung der Lebensarbeitszeiten. Damit offenbart die Rentenreform der sozialistischen Regierung vielmehr eine Kontinuität mit den vorherigen Reformbemühungen in der Rentenversicherung, als dass sie zu diesen einen Bruch darstellen und mit dem neoliberalen Geist dieser Reformen brechen würde. So ergänzt die Erhöhung der Beitragszeit vor allem die allgemeine Erhöhung des Renteneintrittsalters auf 62 Jahre durch die Rentenreform der konservativen Regierung Fillon aus dem Jahr 2010. Zusammengenommen führten beide Maßnahmen zu einer deutlichen Anhebung der Lebensarbeitszeit für den Großteil der französischen Bevölkerung.

Obschon der Druck durch die europäischen Institutionen mit der Fristverlängerung für das Defizitverfahren und der intensiven makroökonomischen Beobachtung im Zuge der Verschärfung des SWP deutlich zunahm und die Handlungsmöglichkeiten für die spezifische Ausgestaltung der Rentenreform einschränkte, folgte die Rentenreform nur in Teilen den Empfehlungen des Rates vom Juli 2013. Zwar stand die Erhöhung der Rentenbeitragszeiten im Einklang

---

[98] Siehe dazu neben Anderson (2012) auch Stützle (2013), welcher die Entwicklung Deutschlands zur dominanten Macht in der Europäischen Union nachzeichnet.

mit den Empfehlungen des Rates, jedoch wichen auch einige getroffene Maßnahmen, wie die Anhebung der Rentenbeiträge, wie auch die Sonderregelung für Arbeiten unter hoher Belastung, von den Empfehlungen des Rates ab. Ebenso ließ Hollande bestimmte Bereiche, wie etwa die noch vorhandenen Privilegien in den Sonderrentensystemen oder die Berechnungsgrundlage für die Beschäftigten im öffentlichen Dienst, unangetastet.

Diese (Nicht-)Maßnahmen der Rentenreform müssen daher als Ausdruck der verdichteten und materialisierten Kräfteverhältnisse betrachtet werden, welche gegenüber den Empfehlungen und Maßnahmen der europäischen Institutionen, verstanden als Verdichtung 2. Ordnung, als eine Art Filter fungieren und sich daher oftmals nicht im selben Umfang in die Nationalstaaten implementieren lassen[99]. Die Proteste gegen die Rentenreform der konservativen Regierung Fillon im Jahr 2010 haben zwar zu einer großen Frustration vieler AktivistInnen, jedoch gleichzeitig auch zu einer Verschiebung der gesellschaftlichen Kräfteverhältnisse geführt, welche sich in gebrochener Form in die Staatsapparate materialisiert haben und sich nicht zuletzt in einem verbesserten Zugang der Gewerkschaften zu den staatlichen Institutionen darstellte. Dies wurde etwa in der veränderten Vorgehensweise der neuen Regierung offensichtlich, welche durch die Vielzahl an Konsultationen eine institutionelle Einbindung der Gewerkschaften forcierte und damit gleichzeitig nicht nur eine offene Konfrontation mit den Gewerkschaften vermied, sondern ebenfalls die traditionelle und heterogene Spaltung der Gewerkschaftsbewegung sich machtstrategisch zu Nutze machte (Schreiber 2013: 2).

Die spezifischen (Nicht-)Maßnahmen der Rentenreform, welche von den sich ähnelnden Empfehlungen der europäischen Institutionen und den Forderungen der Kapitalverbände abweichen, können daher als materielle Zugeständnisse für die konsensuale Einbindung der Gewerkschaften in das politische Projekt der Rentenreform verstanden werden. Dabei war es vor allem die sozialdemokratische Gewerkschaft CFDT, welche einen starken Einfluss auf die Rentenreform ausüben konnte und zum ersten Ansprechpartner für Regierung Ayrault avancierte (I/afep 2015; I/CGT 2015). Die CFDT weist dabei nicht nur große inhaltliche, sondern auch starke personelle Überschneidungen zur sozialistischen Partei auf, was in den Verhandlungen über die Rentenreform als eine wichtige Machtressource zum Ausdruck kam (I/CGT 2015). Dieser Einfluss materialisierte sich nicht zuletzt in der *Penibilité*-Regelung, stellte doch eine stärkere Beachtung von körperlich schweren Arbeitsverhältnissen für die Berechnung der Rente eine der Hauptforderungen der CFDT dar (CFDT 2013).

---

[99] So kann die Reaktion von Francois Hollande auf die länderspezifischen Empfehlungen der Europäischen Kommission vom Mai 2013 als ein Ausdruck unterschiedlicher Kräfteverhältnisse auf der nationalen und europäischen Scale interpretiert werden. Während Hollande die krisenkonstitutionalistischen Entwicklungen auf der europäischen Scale befürwortete, reagierte er auf die verschärfte makroökonomische Überwachung durch die Europäische Kommission mit dem Ausspruch: *„La commission européenne n'a pas à dicter ce que nous avons à faire!"*

"We talk about Penibilité it was an idea of CFDT. The penibilité, when Jean-Marc Ayrault did this reform his pension reform in 2013, the penibilité was like the counterpart of the fact that the government was raising the number of years you have to work, to have a retirement. It was like a givetake" (I/afep 2015).

Die konsensuale Einbindung der größten französischen Gewerkschaft CFDT war im Gegenzug für die sozialistische Regierung dagegen eine wichtige Legitimationsressource ihrer Rentenpolitik. Gerade vor dem Hintergrund abstürzender Umfrage- und Beliebtheitswerte der sozialistischen Regierung und dem erhöhten Druck durch die europäischen (Kommission) und nationalen Staatsapparate (bspw. COR), stellte die starke Forcierung auf ein wettbewerbskorporatistisches Arrangement einen Rechtfertigungsgrund für die spezifische Ausgestaltung der Rentenreform gegenüber den Gewerkschaften und den Kapitalverbänden dar.

6.3.3 Reformen in der Arbeitsmarktpolitik

Die Arbeitsmarktreformpolitik in der ersten Phase der Amtszeit von Francois Hollande ist vor allem durch die Vorschläge des ehemaligen EADS-Vorsitzenden Louis Gallois geprägt. Dieser wurde kurz nach der Wahl Hollandes zum Generalkommissar für Investitionen berufen und damit beauftragt, einen Bericht zur Wettbewerbsfähigkeit der französischen Industrie vorzulegen.

Die Veröffentlichung des Berichts Anfang November 2012 fiel dann in eine Zeit, in der die sozialistische Regierung wegen ihrer nachfrageorientierten Wirtschaftspolitik von den Akteuren des herrschenden Blocks, v.a. von den Kapitalverbänden scharf kritisiert wurde (I/afep 2015). Der Unternehmensverband MEDEF startete eine Kampagne gegen die Wirtschaftspolitik der neue Regierung und versuchte, durch seine scharfe Kritik selbst eigene Themen und Deutungen zu etablieren (Lux 2015b: 72; vgl. auch MEDEF 2012b). Der Gallois-Bericht intervenierte in die Debatte und unterstützte die Kritik der Kapitalverbände[100], sprach er sich doch für eine umfassende Umkehr zu einer angebotsorientierten

---

[100] MEDEF unterstützte die Argumente und Vorschläge des Gallois-Reports, hatte doch der Unternehmensverband nach eigenen Aussagen auch an dem Bericht mitgeschrieben und Ideen beigesteuert. So formulierte MEDEF (2012d) in einer Pressemitteilung *„La plupart de ses recommandations sont issues des réunions de travail entre Louis Gallois et les chefs d'entreprise".* Schon die Benennung Gallois zum Kommissar für Investitionen wurde von MEDEF (2012c) sehr begrüßt. Gallois, welcher in der staatlichen Elitehochschule ENA studierte und auf eine Karriere in den Staatsapparaten und französischen Industrieunternehmen zurückblicken kann, kann daher in diesem Zusammenhang als organischer Intellektueller für die transnationalen exportorientierten Kapitalfraktionen angesehen werden.

Wirtschaftspolitik aus. In seiner Analyse rückte der Bericht die hohen Lohnstück-kosten ins Zentrum und machte diese als Ursache für die geringe globale Wettbe-werbsfähigkeit französischer Industrieunternehmen[101] aus (Gallois 2012: 23). Die fehlende globale Wettbewerbsfähigkeit sei für das Haushaltsdefizit sowie die hohe Arbeitslosigkeit verantwortlich und müsse daher im Fokus jeder verantwor-tungsvollen Wirtschaftspolitik stehen (ebd.: 5). Der in dem Bericht vorgeschla-gene *Pacte pour la compétitivité de l'industrie française* ist dann auch Ausdruck neoliberaler Politikempfehlungen, welche hauptsächlich auf eine Reduzierung der Lohnnebenkosten zielen. So fordert der Gallois-Bericht einen *„choc de compétitivité"* (ebd.: 22) für die französische Industrie, indem die Unternehmen steuerlich entlastet und die Arbeitgebersozialbeiträge auf das Steuersystem verla-gert werden sollen (ebd.). Dabei wird der Staat als zentrale Regulierungsinstanz ins Zentrum gestellt und ihm eine industriepolitische Rolle zugeschrieben, welche in der Tradition der staatlichen Industrieförderung in den *Trente Glourious* steht.

Jedoch zielten die vorgeschlagenen Maßnahmen ausschließlich auf die Schaffung guter Rahmenbedingungen für exportorientierte Unternehmen und können daher eher als neoliberaler Colbertismus bezeichnet werden. So kon-zentriert sich die im Gallois-Bericht geforderte Form der Industrieförderung al-lein auf das Ziel der Verbesserung der nationalen Wettbewerbsfähigkeit und da-mit auf die „Interessen der Investoren als Kapitaleigentümer" (Dellheim/Wolf 2013: 3). Der Gallois-Bericht stellte letztendlich die bisherige Wirtschaftspolitik der Regierung Ayrault in Frage, forderte er doch vor allem gegenteilige Maßnah-men:

---

[101] Interessanterweise zieht Gallois (2012: 10) als Beispiel die Entwicklungen in der deutschen In-dustrie seit den Reformen der Agenda2010 heran, was die Dominanz des deutschen Modells als Vorbild für eine Reform des Arbeitsmarktes in der öffentlichen Debatte und Auseinandersetzung seit dem Präsidentschaftswahlkampf 2012 zeigt.

"So you have a quite complexes situation where ... in the same moment, you had massive hikes in social security contributions and tax and the Rapport Gallois is saying, you have to lower that. That's life!" (I/afep 2015).

Der Bericht war dann auch der Startschuss für eine angebotspolitische Wende in der Wirtschaftspolitik. Auf der Grundlage des Gallois-Berichts beschloss die französische Regierung wenige Tage nach seiner Veröffentlichung ein umfangreiches Maßnahmenpaket zur Förderung der Wettbewerbsfähigkeit der französischen Exportunternehmen. Der Kern dieses *pacté de competitivité* genannten Maßnahmenpaketes war ein umfassendes Programm von Steuergutschriften (*CICE*[102]), welches die Personalkosten französischer Unternehmen um 20 Milliarden Euro pro Jahr entlasten und somit zur Senkung der Lohnnebenkosten beitragen sollte. Demnach kann jedes Unternehmen eine Steuergutschrift von 6 % auf ihre Bruttolohnsumme beantragen, mit Ausnahme jener Löhne, die das 2,5 fache des SMIC übersteigen. Damit werden die Steuergutschriften an die Anzahl der durchschnittlich bezahlten Jobs eines Unternehmens gekoppelt, welche höher ausfallen, je mehr ArbeitsnehmerInnen ein Unternehmen beschäftigt. Dies bedeutet, dass vor allem Großunternehmen mit vielen Arbeitsplätzen von den Steuergutschriften profitieren. Gegenfinanziert wurde die Steuergutschrift durch einer Erhöhung der Mehrwertsteuer, welche um 0,4 Prozentpunkte auf 20 % anstieg und damit v.a. GeringverdienerInnen stärker belastete (Plane 2012: 141). Die Wirkung der CICE blieb jedoch bis zwei Jahre nach ihrer Einführung begrenzt (Gillou/Treibich 2014: 16).

Mit den Maßnahmen des Wettbewerbspaktes zog die sozialistische Regierung erstmals konkret eine Verbindung zwischen den Lohnstückkosten und der globalen Wettbewerbsfähigkeit, womit sie letztendlich auf die Argumentationslinie der Kapitalverbände und damit auch auf eine angebotspolitische Arbeitsmarktpolitik einschwenkte. Die Steuerentlastungen für die Unternehmen und der angebotspolitische Schwenk der Regierung Ayrault offenbarten auch die inhaltlichen Spaltungslinien innerhalb der Gewerkschaftsbewegung. Während die CGT, welche in dieser Zeit durch starke Flügelkämpfe um die Nachfolge von Bernhard Thilbaud geschwächt war, die *„logique contestable et contestée de la baisse du coût du travail"* (CGT 2012b) ablehnte und den Grund für die Wettbewerbsschwäche in den fehlenden Innovationen sowie dem schlechten betriebswirtschaftlichen Handeln der Konzernleitungen verortete, akzeptierte der CFDT grundsätzlich die Verknüpfung von Lohnstückkosten und Wettbewerbsfähigkeit

---

[102] Die Auseinandersetzungen um das CICE werden hier aus Platz- und Zeitgründen nicht näher behandelt. Auch wenn es sich beim CICE um eine arbeitsmarktpolitische Maßnahme handelt, liegt der Schwerpunkt der Maßnahme jedoch in der Steuerpolitik.

(Schreiber 2013: 3). Die CFDT forderte gar in der Debatte um das *CICE* eine Senkung der Lohnstückkosten umzusetzen, welche jedoch über eine Erhöhung der *CSG* finanziert werden sollte (Chérèque 2012). Von den Kapitalverbänden wurde das *CICE* dagegen begrüßt, gleichzeitig jedoch betont, dass eine Entlastung von 40 Milliarden Euro bis 2017 nicht ausreichend sei, um die Wettbewerbsfähigkeit effektiv zu erhöhen:

> *„It's something like [...] one hundred billion that should be reduced. 40 million is still insufficient to regain our competitiveness compare to German business for example"* (I/MEDEF 2015)

Ähnlich äußerte sich auch die Europäische Kommission in den länderspezifischen Empfehlungen, wo sie das CICE als einen wichtigen „Schritt, der zur Senkung der Arbeitskosten beitragen dürfte" (COM 2013b: 5) bezeichnete. Gleichzeitig betonte die Europäische Kommission aber auch, dass für weitere Maßnahmen zur Entlastung französischer Unternehmen noch ausreichend Spielraum vorhanden sei. Daher wird die französische Regierung aufgefordert, „weitere Maßnahmen zur Senkung der Arbeitskosten [...], insbesondere durch zusätzliche Schritte zur Verringerung der Sozialversicherungsbeiträge der Arbeitgeber" (ebd.) umzusetzen.

Der Pacté de securisation employé – flexicurity á la francais

Noch vor der Veröffentlichung des Gallois-Reports forderte Francois Hollande, vor dem Hintergrund der massiv ansteigenden Arbeitslosenrate, welche im September 2012 erstmals seit 1999 die 10 %-Marke zu erreichen drohte, die Sozialpartner auf, über eine Lockerung des Arbeitsrechtes und einer Flexibilisierung des Kündigungsschutzes zu verhandeln (OECD 2015c). Ziel der Verhandlungen sei es, so Hollande, dass die Sozialpartner bis zum Ende des Jahres einen „*compromis historique*" aushandeln, welcher eine grundlegende Reform des Arbeitsmarktes erlaube (Perrotte 2012c: 6). Noch im September legte das Arbeitsministerium ein Papier vor, das vier große Punkte vorschlug, an denen sich die Verhandlungen orientieren sollten (MdT 2012). Die Vorschläge sahen vor allem eine Flexibilisierung[103] der Arbeitsverhältnisse, aber auch eine stärkere Sicherheit für prekäre Arbeitsverhältnisse vor (ebd.). Das Arbeitsministerium gab den Sozialpartnern eine Frist bis Ende März 2013, um eine Vereinbarung vorzulegen, nach der sie im Falle einer Nichtvereinbarung selbst gesetzgeberisch tätig würde.
   Die Kapitalverbände begrüßten die Verhandlungen, sahen sie nun die Chance, eine Flexibilisierung und Vereinfachung des Arbeitsrechts zu erreichen,

---

[103] Interessanterweise tauchen in dem Orientierungspapier weder die Worte Wettbewerbsfähigkeit noch Flexibilisierung auf, während das Wort Sicherheit bzw. Arbeitsplatzsicherheit sieben Mal in dem knapp fünfseitigen Papier erwähnt wird.

an dessen Reform sich die Vorgängerregierungen nicht herangetraut hatten oder wie die Regierung Fillon 2007 daran gescheitert waren (Uterwedde 2013b: 8). Dagegen gingen die Gewerkschaften mit sehr unterschiedlichen Zielen in die Verhandlungen. Die CGT zeigte sich zwar bereit, über die Wettbewerbsfähigkeit und eine Modernisierung des Arbeitsrechts zu verhandeln, machte aber gleichzeitig deutlich, dass diese Verhandlungen nicht die Lohnkosten betreffen könnten, sondern dass vielmehr die Mitspracherechte der ArbeitnehmerInnen an den betriebswirtschaftlichen Entscheidungen im Mittelpunkt der Verhandlungen stehen müssten (Thibault 2012). Dagegen verfolgte die CFDT die inhaltliche Position, Menschen in prekären Beschäftigungsverhältnissen in einem reformierten Arbeitsrecht besser abzusichern und unbefristet Arbeitsverträge durch steuerliche Maßnahmen attraktiver zu machen. Zudem kündigte die CFDT an, sich für eine Vereinbarung mit den Kapitalverbänden einzusetzen, auch wenn nicht alle Gewerkschaften diese unterzeichnen würden[104] (Comarmond 2012a: 4).

Die Verhandlungen, welche Anfang Oktober 2012 starteten, offenbarten auf beiden Seiten Risse und unterschiedliche Positionen, nicht nur bei den Gewerkschaften. So stimmte etwa MEDEF einer Besteuerung prekärer Arbeitsverträge schon im November 2012 zu, während die CGPME sich bis kurz vor Ende der Verhandlungen weigerte, eine Verteuerung befristeter Arbeitsverhältnisse hinzunehmen (Comarmond 2012b: 11). Bei den Gewerkschaften traten die alten Spaltungslinien zwischen den reformistischen und den linken Gewerkschaften in den Verhandlungen offen zu Tage. Während die CFDT und die anderen reformistischen Gewerkschaften CFTC und CFE-CGC sich in der Frage einer Flexibilisierung des Arbeitsrechts und einer Lockerung des Kündigungsschutzes kompromissbereit zeigten, lehnten die linken Gewerkschaften FO und CGT jede Verhandlung darüber ab (Perrotte 2012d: 4). Nachdem die erste Frist der Regierung überschritten wurde, drängte diese die Gewerkschaften Anfang Januar 2013 zu einer Vereinbarung mit den Kapitalverbänden, welche am 11. Januar 2013 von den drei Kapitalverbänden MEDEF, UPA und CGPME und von den drei reformistischen Gewerkschaften CFDT, CFTC und CFE-CGC unterschrieben wurde. Die linken Gewerkschaften verweigerten die Unterzeichnung der Vereinbarung, weshalb das Abkommen nur äußerst knapp die erforderliche Mehrheit erreichte (Schreiber 2013: 3).

Die Vereinbarung der Sozialpartner umfasste vor allem eine Stärkung von betrieblichen Bündnissen zwischen den Sozialpartnern und eine Lockerung des

---

[104] Die CFDT rechnete ganz offensichtlich schon vor den Verhandlungen mit einer Ablehnung der CGT zu möglichen Vereinbarungen mit den Kapitalverbänden. Hier zeigt sich, wie sich die Beziehungen der Gewerkschaften seit den Protesten gegen die Rentenreform 2010 und vor allem seit der Wahl Hollandes verschlechtert haben (I/CGT 2015). In den Verhandlungen über die Modernisierung des Arbeitsrechts verfolgte die CFDT vor allem eine Einbindung der FO.

Kündigungsschutzes aber auch eine Reform der Aufsichtsräte und eine Verteuerung prekärer Arbeitsverträge (Lallement 2013; partenaire sociaux 2013). So sieht die Vereinbarung vor, dass in Krisenzeiten auf betrieblicher Ebene, Gehalts- und Arbeitszeitanpassungen vorgenommen werden dürfen, um flexibler auf Krisensituationen reagieren zu können (partenaire sociaux 2013: 18f). Gleichzeitig wurden die Verfahren für betriebsbedingte Kündigungen vereinfacht und Klagen gegen diese erschwert (ebd.: 20f). Auf der anderen Seite jedoch konnten die Gewerkschaften einige Erfolge erzielen, auch wenn diese den grundsätzlichen Vorstellungen der großen Unternehmen nicht widersprachen (Sander 2013a). So wurde etwa vereinbart, dass die ArbeitnehmerInnen in Unternehmen, welches mehr als 5000 MitarbeiterInnen beschäftigt, mindestens einen Aufsichtsratsposten besetzen können (partenaire sociaux 2013: 14). Die Arbeitslosenversicherungsbeiträge für die ArbeitgeberInnen wird bei befristeten Verträgen unter einem Monat auf 7 % und bei unter drei Monaten auf 5,5 % erhöht[105] und ebenso Teilzeitarbeit durch eine Mindestarbeitszeit von 24 Stunden pro Monat und einer festgeschriebenen Überstundenvergütung von 10 % besser abgesichert (ebd.: 9f). Eine weitere Hauptforderung, welche die CFDT in den Verhandlungen durchsetzen konnte war, dass die nicht genutzten Zahlungsansprüche aus der Arbeitslosenversicherung auch bei Wiederaufnahme einer Arbeit erhalten bleiben und bei wiederholter Arbeitslosigkeit auf die künftigen Ansprüche addiert werden können (ebd.: 3).

Trotz dieser Zugeständnisse an die Gewerkschaften lehnten FO und CGT das Abkommen zwischen den Sozialpartnern ab, da für sie die vereinbarten Lockerungen des Arbeitsrechts, einen Generalangriff auf den *Code de Travail* und damit auf die ArbeitnehmerInnenrechte an sich darstellten (CGT 2013b). Sie argumentierten, dass die Vereinbarungen zu einer deutlichen Verschärfung der Unsicherheiten und zu einer Erhöhung von *„Flexibilität, Prekarität und der Unternehmerfreiheit seine Arbeitnehmer zu entlassen"* (Guélaud 2013: 8) führe, nicht jedoch zu einer Schaffung von Arbeitsplätzen. Diese weitreichenden Änderungen des Arbeitsrechtes würden daher zu einer Schwächung der Gewerkschaften und zu einem stärkeren Druck auf die Löhne führen (CGT 2013c: 1).

Für die linken Gewerkschaften war das Abkommen von der Kapitalseite diktiert worden, da es aus ihrer Sicht nicht um die Sicherheit der Arbeitsverhältnisse handelte, sondern hauptsächlich um die Flexibilisierung und Aufweichung der ArbeitnehmerInnenrechte. Unter dem Motto *„L'accord medef ne peut etre un loi de la république"* startete die CGT eine groß angelegte Kampagne gegen die so-

---

[105] Hierzu muss jedoch erwähnt werden, dass gleichzeitig eine große Anzahl an Ausnahmen beschlossen wurde, zählten doch diese zusätzlichen Sozialabgaben zu dem größten Streitpunkt in den Verhandlungen. So bleiben Werkverträge und Saisonarbeit, das Hotel- und Gaststättengewerbe sowie Kinos und Veranstaltungen von der Sonderabgabe unberührt (Sander 2013a).

zialpartnerschaftliche Vereinbarung und versuchte, ein Gesetz auf Grundlage dieser Übereinkunft über verschiedene Wege zu verhindern. So kündigten CGT und FO an, gemeinsam mit den zwei anderen linken nicht-repräsentativen Gewerkschaften, FSU und SUD, am 5. März 2013 gegen ein mögliches Gesetz auf Basis dieser Vereinbarung zu demonstrieren. Aus ihrer Sicht besaß die Vereinbarung keine Legitimität, vertraten doch FO und CGT gemeinsam mehr Beschäftigte als die reformistischen Gewerkschaften zusammen (Perrotte 2013a: 4). Zudem bereiteten die linken Gewerkschaften eine Verfassungsklage gegen ein mögliches Gesetz vor und versuchten durch Lobbying, v.a. bei den Abgeordneten des linken Flügels der PS, für eine Abänderung der Vereinbarung zu werben (CGT 2013b). Der linke Flügel der PS hatte die Vereinbarung auch im Vorfeld kritisiert und angekündigt, sich für Änderungen einzusetzen (Royer 2013). Unterstützung erhielten die linken Gewerkschaften für ihre Ablehnung des Flexicurity-Paktes durch ein breites Bündnis von linken Parteien, wie der Parti de Gauche oder der PCF, durch Arbeitslosenverbänden und -initativen sowie von verschiedenen NGOs, wie bspw. attac, welche ebenfalls zu den Protesten aufriefen. Die Demonstrationen und Streiks am 5. März 2013 und 9. April 2013 waren für die linken Gewerkschaften allerdings ernüchternd. Weniger als 200.000 Menschen folgten landesweit dem Aufruf der Gewerkschaften und von den angekündigten Streiks im öffentlichen Fernverkehr war kaum etwas zu spüren.

Die Kapitalverbände begrüßten dagegen die Vereinbarung mit den reformistischen Gewerkschaften als einen historischen Schritt. Seit dem U-Turn der Regierung Mitterand im Jahr 1984 wurde keine Lockerung des Arbeitsrechtes mehr durch die Sozialpartner befürwortet. Für MEDEF galt die sozialpartnerschaftliche Vereinbarung vom 11. Januar 2013 als ein erster großer Schritt zu einer Flexibilisierung und Modernisierung des Arbeitsrechts nach europäischem Vorbild (Lallement 2013: 90):

> *"It was a global agreement, which was more quite maybe famous. [...] It was called »agreement for securitisation of employment« - securisation employé. It is a bit paradox because, in fact it's an agreement for more flexibilisation. Yes that is the word and the reality. With that agreement we redesign all the laws for »licenciement socio« [...]"* (I/MEDEF 2015).

Auch die Vereinigung der französischen Großunternehmen, afep, begrüßte die Vereinbarung, war sie bzw. ihre Mitgliedsunternehmen, diesmal nach eigener Aussage sehr eng in die Verhandlungen mit eingebunden (afep 2013: 27). Vor allem die Stärkung des sozialen Dialogs zur Gehalts- und Arbeitszeitanpassung, wird von afep hervorgehoben, gibt diese Regelung den großen Unternehmen auch deutlich mehr Flexibilität, um auf konjunkturelle Einbrüche zu reagieren (ebd.).

Die reformistischen Gewerkschaften zeigten sich ebenfalls zufrieden und stellten die Vereinbarung mit den Kapitalverbänden als einen Schritt zu einem neuen Arbeitsmarktmodell auf der Grundlage des Sozialen Dialogs dar (Seigne 2013). Der CFDT, welcher auch Wortführer in den Verhandlungen mit den Kapitalverbänden war und Flexibilisierungen nicht grundlegend ablehnte, hatte nicht nur alle seine Forderungen durchsetzen können, sondern auch noch darüber hinaus den Kapitalverbänden Zugeständnisse, in Form der Vorstandsposten für die Gewerkschaften, abgerungen. Entgegen der Kritik von den linken Gewerkschaften betonte der CFDT, dass man den Flexibilisierungsmaßnahmen nur zugestimmt habe, da diese in einem rechtlichen Rahmen eingebettet seien und bestimmte Garantien vorsehen würden (Schreiber 2013: 3).

Die Auseinandersetzungen über die Arbeitsmarktreformen verschlechterten die Beziehungen zwischen der CFDT und der CGT weiter. War die Beziehung nach den Protesten gegen die Rentenreform 2010 gestört, stritten sich die beiden Gewerkschaften nach der Unterzeichnung der Vereinbarung zur Flexicurity öffentlich mit großer Heftigkeit (ebd.). Die CGT warf der CFDT Verrat und Kollaboration vor, da sie sich dem Diktat von MEDEF unterworfen habe und damit den Abbau von ArbeitnehmerInnenrechten legitimieren würde (AFP 2007). VertreterInnen des CFDT wiederum beschimpften die Positionen der CGT als dogmatisch und blieben nicht nur dem CGT-Bundeskongress fern, sondern sagten zudem die landesweiten und traditionellen gemeinsamen Demonstrationen und Kundgebungen am 1. Mai ab.

Kurz nach der Übereinkunft zwischen den reformistischen Gewerkschaften und den Kapitalverbänden legte die Regierung Ayrault im Februar 2014 ihren Entwurf für das „*loi de sécurisation de l'emploi*" vor, welcher zu großen Teilen auf der Vereinbarung der Sozialpartner beruhte. Nachdem die unterschiedlichen Sichtweisen der Sozialpartner und v.a. der verschiedenen Gewerkschaften auf das Gesetz in der Assemblée Nationale angehört wurde, verabschiedeten die Abgeordneten das Gesetz mit leichten Änderungen am 9. April 2014.

Die europäischen Institutionen begrüßten das Gesetz als ein „positiver Schritt hin zu einer größeren Flexibilität des Arbeitsmarktes" (COM 2013b: 8) und forderten Frankreich auf, die von den Sozialpartnern vereinbarten Maßnahmen im vollem Umfang umzusetzen. Die Kommission hatte im Vorfeld der Vereinbarung in ihren länderspezifischen Empfehlungen im Rahmen des Europäischen Semesters 2011 und 2012 auf eine Flexibilisierung des Arbeitsmarktes gedrängt (COM 2011b: 7, 2012b: 4).

Ebenfalls hatte die Europäische Kommission im Jahr 2010, im Rahmen der Europa2020-Strategie, die Flexicurity-Grundsätze zum Schlüsselinstrument für die Überwindung der Wirtschaftskrise und zur Schaffung neuer Arbeitsplätze gemacht und die Mitgliedsstaaten aufgefordert, diese schnellstmöglich umzusetzen (COM 2010b: 22). Mit der Annahme der Europa2020-Strategie durch die Staats- und Regierungschefs der Mitgliedsstaaten wurde die Umsetzung der Flexicurity zu einer Leitinitiative der Europäischen Union zur Krisenbewältigung. Die Flexi-bilisierungsmaßnahmen für den französischen Arbeitsmarkt durch die Regierung Ayrault war daher in diese Agenda der Europäischen Kommission zur Überwin-dung der Krise eingebettet und orientierte sich an den europäischen Grundsätzen für die Flexicurity. Neben den europäischen Institutionen begrüßten auch die transnationalen Finanzmarktakteure die Flexibilisierung des Arbeitsmarktes (Ma-nière 2013).

Die Verabschiedung des Gesetzes auf Basis der sozialpartnerschaftlichen Vereinbarungen offenbarte die erneute Formierung eines wettbewerbskorporatis-tischen Blocks aus Regierung, großen Teilen der sozialistischen Partei, den Ka-pitalverbänden und den reformistischen Gewerkschaften unter der Führung der CFDT. Gleichzeitig wurden auch die Spaltungslinien zwischen den Gewerkschaf-ten deutlich, welche durch die Auseinandersetzung nun weiter vertieft wurden. Gerade vor dem Hintergrund der Aufwertung des Sozialen Dialogs durch die Re-gierung Ayrault war diese tiefe inhaltliche und politische Spaltung der Gewerk-schaften problematisch, führte sie doch langfristig zu einer Schwächung der ge-werkschaftlichen Verhandlungsposition.

Während die CFDT versuchte, im Sozialen Dialog hohe Zugeständnisse für die Flexibilisierung des Arbeitsrechts und der Aufwertung der betrieblichen Ebene zu erlangen, also eine konkrete institutionelle und innerhalb der Staatsap-parate angesiedelte Strategie verfolgte, verweigerte sich die CGT konkreten Ver-handlungen. Dies machte der CGT nicht nur aufgrund der inhaltlichen Forderun-gen der Kapitalverbände, sondern auch, weil er den Staat als zentrale Regulie-rungsinstanz ansieht und seine Strategie dementsprechend ausgerichtet ist. Dies wurde im konkreten Fall der Verhandlungen zur Flexibilisierung des Arbeits-rechts offensichtlich, war die Forderung der CGT nicht eine Neuverhandlung der Vereinbarung, sondern eine Abänderung durch die staatlichen Apparate, Arbeits-ministerium und Parlament, womit der zentrale Adressat ihrer Forderung der Staat gewesen war.

Für die Kapitalverbände dagegen war die Flexibilisierung des Arbeitsrechts, wie auch die Durchsetzung des CICE, ein wichtiger und weitreichender Erfolg. Während die Kapitalverbände seit den 1990er Jahren immer wieder versuchten, eine Flexibilisierung und Vereinfachung des Arbeitsrechts wie zuletzt 2007 durchzusetzen, jedoch immer wieder an dem Widerstand der Gewerkschaften und der Bevölkerung scheiterten, stellte die nun getroffene Vereinbarung einen Durchbruch dar, welcher einen Beginn für weitere Flexibilisierungsmaßnahmen auf dem Arbeitsmarkt darstellen kann. Somit können die beiden Maßnahmen als eine wichtige Verschiebung des Kräfteverhältnisses gedeutet werden, welche sich nicht zuletzt in der angebotspolitischen Wende der sozialistischen Regierung dar-stellte.

6.3.4 Zwischenfazit Hollande I

Die erste Amtszeit von Francois Hollande war durch eine sehr widersprüchliche Politik geprägt. Verfolgte Hollande zu Beginn seiner Amtszeit noch eine nachfrageorientierte Strategie, wie er sie im Präsidentschaftswahlkampf angekündigt hatte, so begann er schon wenige Monate nach seinem Amtsantritt eine wirtschaftspolitische Wendung hin zu einer allgemeinen Angebotspolitik. Obwohl Hollande und seine sozialistische Regierung mit einer starken Mehrheit im Senat als auch in der Assemblée Nationale e ausgestattet waren, war ihr Handlungsspielraum für eine progressive Reformpolitik in der Arbeitsmarkt- und Sozialpolitik stark verengt. Aus einer Perspektive materialistischer Staatstheorie muss diese widersprüchliche und teils divergierende Politik des Staates als Ergebnis von Auseinandersetzungen innerhalb der Staatsapparate gedeutet werden, welche zumindest zum Beginn der Amtszeit von Francois Hollande keine kohärenten Strategie verfolgten (Poulantzas 2002: 165).

Gerade vor dem Hintergrund der Krise und der unterschiedlichen Auffassungen innerhalb des französischen Blocks an der Macht über eine Lösung dieser, scheinen die unterschiedlichen Maßnahmen und Politiken, wie etwa die Rücknahme der Rente mit 60 und die gleichzeitige Anhebung der Beitragszeiten, auf Auseinandersetzungen zwischen den Kapitalfraktionen innerhalb des Staates zurückzuführen zu sein, wobei sich v.a. die Interessen des transnationalen und exportorientierten Kapitals, den Interessen des nationalen und binnenmarktzentrierten Kapitals gegenüberstanden.

Dies zeigte sich nicht zuletzt in den Auseinandersetzungen innerhalb von MEDEF, welche letztendlich zur Abwahl von Laurence Parisot als Vorsitzende Ende 2013 führten, als auch in den Auseinandersetzungen zwischen MEDEF und dem Unternehmensverband der kleinen und mittelständischen Betrieben CGPME. Während vor allem MEDEF wie auch afep eine angebotsorientierte und austeritätspolitische Strategie, wie sie auf europäischer Ebene verfolgt wurde, unterstützten, war es die CGPME und vor allem die Vereinigung der Handwerksbetriebe UPA, welche sich zwar für eine Senkung der Abgaben aussprachen, jedoch gleichzeitig eine staatliche Förderung der binnenwirtschaftlichen Nachfrage forderten (UPA 2013a). So sprach sich etwa die UPA, anders als MEDEF gegen eine Erhöhung der Mehrwertsteuer und für die Beibehaltung des umlagefinanzierten Rentenversicherungssystems aus (UPA 2013a, 2013b).

Zugleich wurde offensichtlich, dass sich die Verschiebung des Kräfteverhältnisses durch die Proteste gegen die Rentenreform 2010 und die Krisenpolitik von Sarkozy nicht so stark im Staat verdichten konnte. Vielmehr blieben ebenso die strukturellen Selektivitäten zugunsten spezifischer Kapitalfraktionen bestehen, wie auch die spezifische Konstellation der Staatsapparate zueinander. Die Übernahme der Staatsmacht durch die Regierung Hollande muss zwar als ein

Ausdruck der veränderten Kräfteverhältnisse innerhalb der Zivilgesellschaft zugunsten der subalternen Klassen gedeutet werden, jedoch blieben die engen Grenzen für einen wirtschaftspolitischen Politikwechsel in die Staatsapparaturen eingeschrieben. Poulantzas (2002: 225) schreibt etwa, „dass die Selektivität von Informationen und auszuführenden Handlungen [...] aus einem Prozess der Nicht-Entscheidungen" resultieren, d.h. auch das Resultat spezifischer Annahmen und Dispositiven innerhalb der Staatsapparaturen sind, welche in ihrem Handeln bestimmte Informationen mehr betonen als andere und somit spezifische Politiken entstehen. Daher können die Berichte des CORs im Vorfeld der Rentenreform als auch der Rapport Gallois, welche als „Expertenberichte" eine scheinbar neutrale Funktion besitzen („Ideologie des neutralen Staats"), als eben jene Grenzen für einen Politikwechsel als auch als Ausdruck der Auseinandersetzungen zwischen den Staatsapparaten angesehen werden (ebd.: 187).

Diese Grenzen ergeben sich u.a. aus der Existenz von spezifischen Netzwerken zwischen staatlichen, bürokratischen und ökonomischen Eliten, welche aufgrund der spezifischen Form von Ausbildungskreisen (ENA, HEC, SciencePo, Polytechnique) und einer hohen Mobilität innerhalb des Staates, aber auch zwischen dem Staat und staatlichen bzw. privatwirtschaftlichen Unternehmen entstehen und welche gemeinsam eine spezifische Politik innerhalb der Staatsapparaturen etablieren (ebd.: 169). Vor allem die Existenz der Elitehochschulen, welche heute fast ausschließlich zur Rekrutierung und Reproduktion ökonomischer und staatlicher Eliten in Frankreich dienen und diese auch miteinander verknüpfen, tragen zur Bildung von strukturellen Selektivitäten in bestimmten Staatsapparaturen für spezifische Kapitalfraktionen bei (Bourdieu 2004; Genieys/Hassenteufel 2004; Hartmann 2007: 83ff).

Der Handlungsspielraum für die Regierung Ayrault und Francois Hollande wurde ebenfalls durch das Handeln der europäischen Staatsapparate eingeschränkt, welche v.a. vermittelt über das Defizitverfahren ihren Druck auf die französische Politik verstärkten. Die schärfere Überwachung durch die Europäische Kommission sowie der Druck zu strukturellen Reformen in der Arbeitsmarkt- und Sozialpolitik im Rahmen des Europäische Semester führten ebenfalls dazu, dass die Möglichkeiten für eine nachfrageorientierte Politik im Europa der Krise und unter den gegenwärtigen Kräfteverhältnissen auf dem europäischen Scale stark eingeschränkt waren. Gleichzeitig jedoch war den Akteuren im europäischen ebenso wie dem französischen Block an der Macht bewusst, dass Frankreich als Zentrumsland der imperialistischen Kette aufgrund seines Haushaltsdefizit weniger stark sanktioniert werden kann als etwa Griechenland:

"We can not be limited because we are here ... France is too big to fail like Germany. So in a way... well the other countries are forced to taking to account this issue." (I/afep 2015).

Dieser Gedanke zeigte sich nicht zuletzt in der Fristverlängerung für das Defizitverfahren im Juni 2013. Während im Vorfeld von einigen Beobachtern nur eine Verlängerung um ein Jahr erwartet worden war, konnte Frankreich im Zuge der Verhandlungen über das Defizitverfahren einen deutlich längeren Zeitraum von zwei Jahren durchsetzen.

In der angebotspolitischen Wende der sozialistischen Regierung Ayrault offenbarte sich eine Verschiebung des Kräfteverhältnisses zugunsten des Kapitals, v.a. der exportorientierten Kapitalfraktionen. Diese Verschiebung hatte ihre Wurzeln nicht zuletzt in der Lohnstückkostendebatte seit dem Präsidentschaftswahlkampf 2012. Die Kapitalfraktionen hatten im öffentlichen Diskurs nicht nur die Verknüpfung zwischen den Lohnkosten und der Wettbewerbsfähigkeit und somit die preisliche Wettbewerbsfähigkeit als dominantes Narrativ durchgesetzt, sondern zugleich ihr spezifisches Interesse an einer Reduktion der Lohnkosten als allgemeingesellschaftliches Interesse universalisieren und in die staatliche Politikformulierung einschreiben können. Dabei spielte nicht zuletzt das Agieren von Louis Gallois als organischer Intellektueller der transnationalen exportorientierten Kapitalfraktionen eine wichtige Rolle. Sein Bericht war ausschlaggebend für die angebotspolitische Wende der Regierung Ayrault mit der Einführung des CICE.

An diesem Beispiel wird deutlich, was Poulantzas (2002: 255) mit der „politisch-ideologischen Rolle" der Verwaltungs- und Regierungsbeamten meint, waren es doch eben jene, wie etwa der COR bei der Rentenreform 2013, welche die spezifischen Interessen konkreter Kapitalfraktionen als „allgemeine und nationale Interessen zu begründen und zu präsentieren" versuchten, d.h. zu ihrer Universalisierung beigetragen hatten. Das Narrativ der Lohnstückkosten als Ursache für die Krise der französischen Wirtschaft konnte sich somit in die staatliche Politik einschreiben und zwang die Regierung Ayrault, nun weitere Schritte in die Richtung einer angebotspolitischen Wirtschaftspolitik zu gehen. So kündigte Hollande nach der Durchsetzung der Rentenreform mit dem *pacté de responsabilité et solidarité* ein umfassendes Reformprogramm für die französische Wirtschaft an.

Die Verschiebung des Kräfteverhältnisses zu Gunsten der transnationalen und exportorientierten Kapitalfraktionen und die damit einhergehende angebotspolitische Wende der sozialistischen Regierung hatte ihre Ursachen jedoch nicht nur in den oben dargestellten Gründen, sondern ebenfalls in der offensichtlichen Schwäche der Gewerkschaften und der gesellschaftlichen Linken. Während der Konsens für die Reformpolitik der Regierung in der Bevölkerung nur schwach ausgeprägt[106] und höchstens in passiver Form vorhanden war, waren die Gewerkschaften bzw. der linke Block nicht in der Lage, ein gemeinsames alternatives

---

[106] So lehnten nach einer Umfrage des Instituts CSA (2013b: 11) rund 69 % der französischen Bevölkerung die Rentenreform von Francois Hollande mehrheitlich ab.

und gegenhegemoniales Projekt gegen die Politik der sozialistischen Regierung zu formulieren. Vielmehr noch scheiterten die Gewerkschaften sogar an der Formulierung einer einheitlichen Kritik an der Regierungspolitik.

Die Spaltung der Gewerkschaften vertiefte sich durch die Wahl der linken Regierung Ayrault deutlich, da die CFDT stärker die Nähe zur neuen sozialdemokratischen Regierung suchte, als zu den anderen Gewerkschaften (I/CGT 2015 2015; I/afep 2015). Durch die Wahl von Francois Hollande und der sozialistischen Regierung Ayrault, mit der sie nicht nur inhaltliche sondern auch personelle Überschneidungen verband, sah die CFDT die Möglichkeit, durch eine Kooperationsstrategie mit der Regierung ihre Einflussmöglichkeiten auf die staatliche Politik auszubauen. Während sie in der letzten Phase der Amtszeit Sarkozys das Bündnis mit der CGT suchte und eine konfrontative Strategie wählte, verfolgte sie nun eine konkrete Kooperationsstrategie gegenüber den Staatsapparaten, was sich nicht zuletzt in ihrem unbedingten Festhalten am sozialen Dialog offenbarte.

"They say it is in the demand of the workers but in reality the CFDT only acts of the advices of the socialist government. Many leaders of the organisation are members of the socialist party. There are more advisors as trade union, who win their influence by this structural position" (I/CGT 2015 2015).

Die strategische Orientierung der CFDT war damit ausschlaggebend für die erneute Formierung eines wettbewerbskorporatistischen Blocks zwischen den reformistischen Gewerkschaften, der Regierung und den Unternehmensverbänden. Durch die starke Einbindung der CFDT in die staatliche Politik und ihre inhaltliche wie personelle Nähe zur Regierungspolitik, entwickelte sich die CFDT zum ersten Ansprechpartner der Regierung. Gleichzeitig mussten die korporatistischen Arrangements jedoch relativ schwach und prekär bleiben, wurden sie doch nur von einem Teil der Gewerkschaften getragen. Diese vertiefte Spaltung der Gewerkschaften führte gleichzeitig auch zu einer erneuten Schwächung der Arbeiterklasse innerhalb dieser korporatistischen Arenen der Auseinandersetzung, womit der Soziale Dialog auch langfristig in „den Händen" der Arbeitgeber bleiben wird. Vielmehr wird im Sozialen Dialog darüber hinaus offensichtlich, was Poulantzas (2002: 173) mit der Desorganisationsfunktion des Staates gegenüber den beherrschten Gruppen gemeint hatte.

Die Integration in den korporatistischen Block und die Zunahme ihrer institutionellen Macht war für die CFDT jedoch teuer erkauft, vertiefte dies nicht nur die Spaltung der Gewerkschaftsbewegung, sondern führte ebenso zu einem starken Mitgliederverlust (Aizicovici 2013: 5). Zudem führten die tiefe Spaltung der Gewerkschaftsbewegung und die daraus resultierende Auseinandersetzung zwischen der CGT und der CFDT über das Narrativ der preislichen Wettbewerbsfähigkeit zu einem schweren Vertrauensverlust der französischen Gewerkschaften.

So vertrauten nach Umfragen aus dem Jahr 2013 nur noch 27 % der Befragten den Gewerkschaften als gesellschaftliche Institution, während 67 % wenig oder gar kein Vertrauen in die Gewerkschaften hatte[107]. Damit sank das Vertrauen der französischen Bevölkerung in ihre Gewerkschaften innerhalb von zehn Jahren um fast die Hälfte (CSA 2013a). Dieser Vertrauensverlust zeigte sich nicht nur in einem Anstieg von selbstorganisiertem Protest der Belegschaften, sondern auch in einem Aufstieg der Front National, welche sich mit einer Kampagne gegen die Flexicurity-Vereinbarung gegenüber den zerstrittenen Gewerkschaften als Kämpferin für die ArbeitnehmerInnenrechte[108] darstellen konnte.

---

[107] Nach einer aktuellen Studie vom Juni 2015 ist das Vertrauen in die Gewerkschaften wieder gewachsen, auch wenn die Zustimmungswerte weiterhin mit 35 % der Befragten deutlich niedriger ist, als das Vertrauen in die großen Unternehmen (IPSOS 2015b: 7).

[108] Zum sozialpolitischen Programm der FN und ihrer Strategien siehe Syrovatka (2015).

6.4 Die angebotspolitischen Wende - Hollande II

6.4.1 Kontext

Die zweite Amtsperiode der Präsidentschaft Francois Hollande beginnt mit einer Umbildung des Kabinetts und dem Rücktritt des Premierministers Jean-Marc Ayrault. Zu seinem Nachfolger wurde der vorherige Innenminister Manuel Valls berufen, welcher als Vertreter des wirtschaftsliberalen Flügels der Partei gilt, weshalb es nicht nur innerhalb der PS zu Kritik kam, sondern auch der grüne Koalitionspartner aus Protest aus der Regierung austrat. Valls verkleinerte das Kabinett und trennte das Wirtschafts- und Finanzministerium in jeweils ein Ministerium auf. Mit der erneuten Berufung von Christiane Taubira zur Justizministerin und der Besetzung von Arnaud Montenbourg auf das Ressort des Wirtschaftsministers versuchte Valls, den linken Flügel der Partei stärker einzubinden. Der linke Flügel der PS hatte die angebotspolitische Wende der Regierung ebenso scharf kritisiert wie die Ernennung Valls zum Premierminister.

Mit der Berufung von Manuel Valls reagierte Hollande auf die Wahlniederlage bei den französischen Kommunalwahlen im Frühjahr 2014, in denen die PS den Großteil ihrer Bürgermeisterposten gegen die UMP verloren hatte. Gleichzeitig konnte sich der rechtsradikale Front National in elf Städten in den Stichwahlen durchsetzen und somit erstmals in einer größeren Stadt den Bürgermeister stellen (Syrovatka 2015: 395). Durch den massiven Stimmengewinn der Front National nicht nur bei Kommunal-, sondern auch bei den Europawahlen im Mai 2014 wurde der innenpolitische Druck auf Hollande weiter erhöht, konnte sich doch der Front National durch die Wahlen langfristig als dritte politische Kraft in Frankreich etablieren. Dazu kommen die weiterhin schlechten Umfrageergebnisse für die sozialistische Regierung und für den Präsidenten selbst. In Umfragen bewerteten im Juli 2014 75 % der Franzosen die Politik des Präsidenten als schlecht und in der Liste der zwanzig beliebtesten PolitikerInnen wurde Francois Hollande nicht einmal mehr genannt, womit er der unbeliebteste Präsident in der Geschichte Frankreichs ist (IPSOS 2014: 3,5,6).

Zudem hatten sich die wirtschaftlichen Daten auch rund zwei Jahre nach seinem Amtsantritt nicht wesentlich verbessert. Ganz im Gegenteil verblieb die Arbeitslosigkeit seit seinem Amtsantritt auf einem relativ hohen Niveau und erreichte mit 10,5 % im November 2014 einen neuen Höchststand (OECD 2015c). Auch das Wachstum blieb in der zweiten Amtsperiode Hollandes hinter den Erwartungen zurück und stagnierte um die 0 % herum, wobei sowohl die OECD (2,1 %; 2,5 %) als auch der IWF (1,2 %; 1,5 %) mit einem deutlichen Anstieg der Wachstumsraten in den Jahren 2015 und 2016 rechnen (IMF 2015: 51; OECD 2015a). Auch die Bruttoverschuldung stieg weiter an und erreichte 2014 rund 95 % und wird sehr wahrscheinlich spätestens 2016 die 100% des BIP übersteigen, während das Haushaltsdefizit 2013 bei 4,1 % und 2014 bei 4,0 % lag (eurostat 2014).

Diese Zahlen machten somit schon zu Beginn des Jahres 2014 deutlich, dass Frankreich sein Defizitziel von 2,8 % im Jahr 2015 nicht erreichen wird. 2013 wurde das Defizitziel von 3,7 % von Frankreich um 0,4 % verfehlt, was den Rat dazu veranlasste, weitere Reformen und Konsolidierungsmaßnahmen von der französischen Regierung zu fordern. Die bisherigen Reformen, so das Urteil des Rates, reichen nicht aus, um das Defizitziel für 2015 zu erreichen (ER 2013c: C 368/ 6). Diese Forderungen wurden in der Analyse über die makroökonomischen Ungleichgewichte vom März 2014 nochmal unterstrichen und konkretisiert. So listet die Kommission in dem Papier neun politische Herausforderungen auf, in der die Wiederherstellung der internationalen preisliche Wettbewerbsfähigkeit im Zentrum steht (COM 2014a: 49). Die Kommission bemängelte etwa die hohen Lohnkosten, welche in den letzten Jahren stark gestiegen waren und nun deutlich über den Durchschnitt liegen würde: „These developments contrast with the moderate growth observed for example in Germany and Austria" (ebd.: 26). Zudem wird darauf hingewiesen, dass die bisher ergriffenen Maßnahmen zur Reduktion der Lohnkosten wie das CICE zwar in die richtige Richtung gehen, jedoch in ihrem Umfang nicht ausreichen, um die preisliche Wettbewerbsfähigkeit relativ zu anderen europäischen Ländern wie Deutschland wiederherzustellen (ebd.: 49).

Daher forderte die Kommission in ihren Empfehlungen im Rahmen des Defizitverfahrens die französische Regierung auf, weitere Anstrengungen im Bereich der Konsolidierung und der strukturellen Reformen zu unternehmen. Auch die französischen Kapitalverbände forderten weitreichende Reformen und Entlastungen von der Regierung, empfanden viele Unternehmen nicht nur das CICE, sondern auch die Flexibilisierungen im Arbeitsrecht zu kompliziert, weshalb diese bisher auch kaum genutzt wurden (I/MEDEF 2015). So veröffentlichten im Dezember 2013 sechs Unternehmensverbände[109], u.a. MEDEF und afep, eine gemeinsame Presseerklärung, in der sie auf den Zusammenhang zwischen der Steuerlast, der Wettbewerbsfähigkeit französischer Unternehmen und die hohe Arbeitslosenquote hinwiesen und erhebliche Steuersenkungen für alle Unternehmen im nächsten Jahr forderten (MEDEF et al. 2013). Vor allem MEDEF ging Ende des Jahres gegen die Steuerpolitik der Regierung in die Offensive, kündigte eine große Steuerkonferenz an und drohte damit, den Sozialen Dialog zu boykottieren, wenn die Regierung nicht weitere Entlastungen angehen würde (Les Echos 2014a: 1).

---

[109] Neben MEDEF und afep unterschrieben den Aufruf an die Regierung noch die Verbände CroissancePlus (Vereinigung von KMU-Führungskräften), ASMEP-ETI (Verband der Familienunternehmer) sowie Le Cercle de l'industrie (Vereinigung der zwanzig größten Industrieunternehmen Frankreichs).

Francois Hollande reagierte auf diesen steigenden innen- wie außenpolitischen Druck mit dem Versuch eines Befreiungsschlags. In der Neujahrsansprache 2014 kündigte er einen „pacte de responsabilité aux entreprises[110]" an, welcher durch massive Steuer- und Abgabenentlastungen für die Unternehmen neue Arbeitsplätze schaffen sollte (Holland 2014). So sieht der Verantwortungspakt vor, die Steuer- und Abgabenlast bis 2017 um mehr als 30 Milliarden Euro zu reduzieren. Dafür werden u.a. die Arbeitgeberbeiträge für den Mindestlohn abgeschafft und mittelständische Unternehmen bis 3,2 Millionen Euro Umsatz komplett vom sog. dritten Zweig der Sozialabgaben (Familien-, Wohn- und Kindergeld) befreit. Darüber hinaus werden die Sozialabgaben auf Löhne bis zum dreifachen Mindestlohn um 1,8 Punkte gesenkt, die Unternehmenssteuer bis 2020 auf 28 % reduziert und zugleich die Steuergutschriften im Rahmen des CICE von 4 % auf 6 % erhöht. Die Entlastungen, welche alle zu Beginn des Jahres 2015 in Kraft getreten sind, sollen durch Einsparungen von 50 Milliarden Euro bis zum Jahr 2017 gegenfinanziert werden (France 2014: 4). Nach den Plänen der neuen Regierung Valls sollen die Einsparungen durch eine effizientere Struktur und Stellenkürzungen in der Staatsbürokratie wie zudem durch Streichungen bei der Gesundheitsversicherung und durch das Einfrieren von Renten und sozialen Sicherungen realisiert werden (ebd.: 11). Der PdR soll überdies durch eine umfassende Reformagenda in der Arbeitsmarkt- und Sozialpolitik sowie in der Regionalstruktur und im Bildungsbereich bis 2017 flankiert werden.

Mit dem PdR radikalisierte die sozialistische Regierung ihre im Herbst 2012 eingeschlagene angebotspolitische Wende und schwenkte nun komplett auf die Argumentationsstruktur der Unternehmensverbände ein. Gleichzeitig stellte die Regierung Valls durch die erneuten hohen Steuer- und Abgabenentlastungen für das v.a. exportorientierte Kapital, das eher binnenmarktzentrierte französische Modell bewusst in Frage. Die Radikalisierung der angebotspolitischen Wirtschaftspolitik ließ erneut die Spaltungslinien innerhalb der Gewerkschaftsbewegung hervortreten. So lehnten die linken Gewerkschaften die Maßnahmen des PdR und die im Gegenzug vereinbarten Kürzungen als „antisociale et [...] un réel problème de démocratie" ab (CGT 2014a).

Für den CGT und die FO, welche die Argumentation der Verknüpfung von Wettbewerbsfähigkeit und Lohnkosten zurückwiesen, stellten vor allem die Kürzungen eine von der Europäischen Kommission diktierten Austeritätspolitik dar, der es entschieden entgegen zu treten galt (ebd.). Dagegen akzeptierten die reformistischen Gewerkschaften die Argumentation der sozialistischen Regierung und

---

[110] Die Auseinandersetzungen um den Pacté de Responsabilité werden hier aus Platz- und Zeitgründen nicht näher behandelt. Auch wenn es sich beim PdR um eine arbeitsmarktpolitische Maßnahme handelt, liegt der Schwerpunkt der Maßnahme jedoch in der Steuer- und Abgabenpolitik, nicht jedoch auf einer strukturellen Veränderung der Funktionsweise des französischen Arbeitsmarktes. Einen guten Überblick über die Auseinandersetzungen um den PdR gibt Lux (2015a: 90ff).

stimmten dem grundlegenden Problem der hohen Abgabenlast für die internationale Wettbewerbsfähigkeit grundsätzlich zu (Berger 2014). Daher begrüßten die drei Gewerkschaften und insbesondere die CFDT die Initiative der Regierung, forderten aber ebenso, dass die Arbeitgeber im Gegenzug zu Investitionen und zur Schaffung von Arbeitsplätzen verpflichtet werden. So stimmten die reformistischen Gewerkschaften auch den Vorschlägen der Regierung im Sozialen Dialog zu, auch wenn die Vereinbarung mit den drei Kapitalverbänden keine konkreten Zahlen oder Verpflichtungen enthielt (Lux 2015a: 96).

Auch die drei Kapitalverbände begrüßten den PdR, umfasste dieser doch einen Großteil ihrer Forderungen seit der Umsetzung des CICE. MEDEF startete kurz nach der Ankündigung des PdR eine Kampagne und versprach, in den nächsten fünf Jahren eine Millionen neue Jobs zu schaffen, wenn neben den Abgabenentlastungen noch weitere strukturelle Reformen durchgesetzt werden (MEDEF 2014a: 5). MEDEF sieht jedoch den PdR und das CICE nicht als Endpunkt, sondern vielmehr als ersten Schritt für weitere Abgabenentlastungen an, identifiziert der Kapitalverband rund *„116 milliards de prélèvements en trop sur les entreprises françaises par rapport aux entreprises allemandes"* (MEDEF 2014b).

Im August und September 2014 startete MEDEF daher eine weitere groß angelegte Kampagne in der der Verband nicht nur seine Forderungen konkretisiert, sondern ebenfalls eine umfassende Zukunftsvision für ein Frankreich im Jahr 2020 vorlegte (MEDEF 2014c). Insgesamt legte der Unternehmensverband drei große Diskussionspapiere vor. Das erste Diskussionspapier *France 2020*, welches in Anlehnung an die deutsche Agenda 2010 benannt wurde, zeichnet dabei eine Zukunftsvision von einem „wettbewerbsfähigen Frankreich", für dessen Realisierung eine grundlegende Umstrukturierung des französischen Wirtschaftsmodells und eine Flexibilisierung des französischen Arbeitsmarktes nötig sind (ebd.: 29; I/MEDEF 2015: 214). Das *„Manifeste pour faire gagner la France"*, welches eine akute wirtschaftliche Notsituation für Frankreich diagnostiziert, bleibt jedoch in seiner Beschreibung der Forderungen eher allgemein gehalten und soll vielmehr zu einer allgemeinen Diskussion anregen. Dagegen ist das Positionspapier *„1 million d'emploi"* in der Beziehung wesentlich konkreter, da es sich direkt auf den PdR bezieht (MEDEF 2014d). Darin konkretisiert der Kapitalverband seine „Strategie für Wachstum und Beschäftigung" anhand kurz-, mittel- und langfristiger Forderungen und verspricht, im Gegenzug eine Millionen neuer Stellen zu schaffen. Das Positionspapier umfasst dabei ebenso die Zukunftsvision *„France 2020"* wie die Umsetzung der Steuer- und Abgabenentlastung durch den PdR. Dem PdR, so der Grundtenor der beiden Papiere, müsse ein umfassender Umbau des französischen Modells folgen, in dem der PdR den Startpunkt für eine tiefgreifende Reformagenda darstellt (ebd.: 4f).

So listet MEDEF in seinem Positionspapier grundlegende Reformvorschläge ebenso auf wie spezifische Empfehlungen für die einzelnen Unternehmenssektoren (ebd.:10ff; 19ff). In dem Positionspapier werden u.a. die Forderungen formuliert, zwei der elf gesetzlichen Feiertage zu streichen, die 35-Stunden-Woche abzuschaffen und weitere bzw. generelle Ausnahmen vom Mindestlohn einzuführen. Verbunden mit einer groß angelegten Presse- und Medienkampagne[111] intervenierten diese konkreten Reformvorschläge in die öffentlichen Debatte über die Zukunft des französischen Systems und setzten die sozialistische Regierung unter Druck, nach den Unternehmensentlastungen nun vor allem weitere strukturelle Reformen anzugehen (Crouzel 2014: 23).

Neben den Kapitalverbänden forderten auch die europäischen Institutionen, v.a. die Europäische Kommission, eine Flankierung der Unternehmensentlastungen durch tiefgreifende und strukturelle Reformen sowie stärkere Sparanstrengungen. Im Zuge der länderspezifischen Empfehlungen im Rahmen des Europäischen Semesters werden die Maßnahmen im Zuge des PdR als auch die Konsolidierungsanstrengungen als positiv jedoch als unzureichend bewertet (COM 2014b: 10). So wird kritisiert, dass zum einen das - den Reformzielen zugrundeliegende - makroökonomische Szenario zu optimistisch ist und gleichzeitig die Konsolidierungsmaßnahmen zu undetailliert sind (ebd.: 4).

Daher empfiehlt die Kommission und der Rat der französischen Regierung weitere Entlastungen der Unternehmen vorzunehmen, strukturelle Reformen in der Arbeitsmarktpolitik durchzusetzen und die Haushaltskonsolidierungen durch Kürzungen im Sozialbereich weiter zu verstärken. So wird die französische Regierung aufgefordert, den „Umfang der staatlichen Maßnahmen" neu zu definieren und

> *„insbesondere Maßnahmen [zu treffen], um den Anstieg der Sozialausgaben wie geplant ab 2015 deutlich einzudämmen, indem [die Regierung] für die jährlichen Gesundheitsausgaben ehrgeizigere Ziele festlegt, die Kosten der Altersversorgung begrenzt und Familienleistungen und Wohnungsbeihilfen strafft"* (ebd.: 10).

Im April 2014 kündigte die französische Regierung mit der Vorlage ihres Stabilitätsprogramms an, dass sie ihr geplantes Defizitziel für 2015 aufgrund der hohen Abgabenentlastungen im Zuge des PdR und der schlechten ökonomischen Entwicklung nicht erreichen wird. Der neue französische Finanzminister, Michael Sapin, bat noch im selben Monat beim Antrittsbesuch bei seinem deutschen Amtskollegen Wolfgang Schäuble um eine Fristverlängerung durch den Rat, damit die bisherigen Maßnahmen wirken und die geplanten Reformen umgesetzt

---

[111] So veranstaltete MEDEF bspw. parallel zur Tour de France, welche in Frankreich ein sehr beliebtes Medienspektakel ist, in Zusammenarbeit mit einem großen französischen Fernsehsender, die *Tour de l'emploi,* um mit verschiedenen UnternehmerInnen über die zukünftigen Herausforderungen und Bedürfnisse zu sprechen.

werden können (Hildebrand/Hanke 2014: 6). Während sich die Staats- und Regierungschefs gegenüber dieser Bitte zugänglich zeigten, blieb die Europäische Kommission dagegen skeptisch.

So drohte die Kommission Anfang November 2014 damit, den vorgelegten Haushaltsentwurf für 2015 aufgrund des darin vorgesehenen übermäßigen Defizits im Rahmen des Europäischen Semesters zurückzuweisen und forderte von der französischen Regierung Nachbesserungen in der Erläuterung der Reformen (FAZ 2014b: 17). Frankreich hatte in seinem Haushaltsentwurf für 2015 mit einem Defizit von 4,4 % und für das folgende Jahr von 3,8 % kalkuliert, weshalb die Kommission zu dem Schluss kam, dass Frankreich die Vorgaben für den SWP nicht einhalten wird (COM 2014: 5). Anstatt das Defizitverfahren zu verschärfen und Strafzahlungen gegen Frankreich zu verhängen, wie es viele europäische PolitikerInnen gefordert hatten, wurde die Frist für die Einhaltung des Defizitziels nach 2009 und 2013 im Februar 2015 ein weiteres Mal um zwei Jahre verlängert (COM 2015: 8; ER 2015: 16). Jedoch wurde die Verlängerung an die Umsetzung weiterer Spar- und Reformanstrengungen geknüpft, welche von der Europäischen Kommission im Zuge des Defizitverfahrens strenger überwacht und kontrolliert werden wird (COM 2015: 17ff).

Der innen- wie außenpolitische Reformdruck auf die französische Regierung nahm nach der Verabschiedung des *CICE* also weiter zu und engte den Gestaltungskorridor für mögliche Reformen deutlich ein. Letztendlich musste die Regierung die angekündigten Reformen schnellstmöglich umsetzen und auf die europäischen Empfehlungen eingehen, wollte sie einen Konflikt mit den Kapitalverbänden und eine weitere Konfrontationen mit der EU mitsamt Strafzahlungen vermeiden.

6.4.2 Reformen in der Arbeitsmarktpolitik

Ende August 2014 kam es zum Rücktritt des Kabinetts Valls, nachdem der linke Wirtschaftsminister Arnaud Montenbourg mehrfach öffentlich den wirtschaftspolitischen Kurs der Regierung kritisierte. Hollande und Valls nutzten die scharfe Kritik Montenbourg an der Regierungspolitik, um diesen und damit vor allem den linken Flügel in der Regierung zu schwächen. Nach der Regierungsumbildung war mit Christiane Taubira nur noch eine Vertreterin des linken Flügels im Kabinett Valls II vorgesehen, wobei Taubira als Justizministerin kaum Einfluß auf die Ausgestaltung der Reformpolitik nehmen konnte. Gleichzeitig wurde der wichtigste Vertreter des linken Flügels in der PS, Arnaud Montenbourg, auf dem Posten des Wirtschaftsministers, durch den ehemaligen Hollande-Berater Emmanuel

Macron ersetzt[112]. Macron, welcher innerhalb der Partei sehr umstritten ist, gilt ebenso wie der Premierminister Manuel Valls als Vertreter des wirtschaftsliberalen Flügels. Er gilt als der Kopf hinter der angebotspolitischen Wende der Regierung und als Verfasser des PdR wie auch des *CICE* (Conesa 2014: 2).

Als Wirtschaftsminister nimmt Macron nun eine Schlüsselposition im neuen Kabinett Valls ein. Seine Ernennung wurde daher in der nationalen wie internationalen Presse als erneutes Signal an die Europäische Kommission gewertet, dass die sozialistische Regierung gewillt ist, die geforderten Reformen in der Arbeitsmarktpolitik umzusetzen (Heyer 2014). Die Europäische Kommission hatte in ihren länderspezifischen Empfehlungen eine ganze Reihe konkreter Reformvorschläge aufgelistet, welche vor allem die Struktur der französischen Arbeitsmarktpolitik berührten. So forderte die Kommission Maßnahmen zur Flexibilisierung des Kündigungsschutzes, des Lohnbildungssystems sowie des Arbeitsrechtes (COM 2014b: 6; 8). Ebenso empfahl die Kommission eine Senkung bzw. angemessene Entwicklung des Mindestlohnes und der Arbeitgeberbeiträge, eine stärkere Beschränkung der Arbeitslosenversicherungsleistungen sowie eine Beseitigung der Zugangsbeschränkungen zu reglementierten Berufen (ebd.: 6ff). Im Zuge des Defizitverfahrens knüpfte die Kommission die Umsetzung dieser strukturellen Reformen in der Arbeitsmarkpolitik an ihre Entscheidung im März 2015 über mögliche Sanktionen bzw. einer Fristverlängerung zum Erreichen des Defizitziels.

6.4.3 Ein Strauß voller Reformen – Das Loi Macron

Schon kurz nach der Amtsübernahme präsentierte Emmanuel Macron, Anfang Oktober 2014, einen Plan für ein umfassendes Paket struktureller Reformen. (Calignon 2014: 6). Der neue Wirtschaftsminister machte darin drei Krankheiten der französischen Wirtschaft aus: *„la défiance, la complexité et le corporatisme"* (Bonnefous/d'Allonnes 2014: 8), welche es zu überwinden gelte, um Frankreich wieder wettbewerbsfähig zu machen. In einem weiter konkretisierten[113] Papier vom Dezember 2014, welches Macron dem Ministerrat vorlegte, untergliedert er seine mehr als 200 unterschiedlichen Maßnahmen[114] zur Überwindung eben jener

---

[112] Interessanterweise war Macron erst Ende Juni 2014 als Berater von Francois Hollande zurückgetreten (Kuchenbecker 2014: 55). Dass er nicht einmal zwei Monate später das Amt des Wirtschaftsministers übernimmt deutet daraufhin, dass die Regierungsumbildung lange vorher geplant und weniger ein spontaner Akt war, wie er in den Medien dargestellt wurde.

[113] Der erste Entwurf vom Oktober 2014 sah noch eine Liberalisierung von Apotheken und Gesundheitsberufen vor. Diese wurden im neuen Gesetzesentwurf ausgeklammert, jedoch kündigte Macron an, dass diese Maßnahme bei einer Reform des Gesundheitssystems im Jahr 2016 enthalten sein soll.

[114] Gesamt gesehen umfasst der Gesetzesentwurf deutlich vielfältigere Vorschläge, als mit den drei Kategorien zu fassen ist. So wird darin etwa die Fahrerlaubnisprüfung neu gestaltet und kurz vor der Verabschiedung des Gesetzes in der Assamblée National wurde sogar noch ein Passus zur Lagerung

drei Krankheiten, in die Kategorien „*Libérer, Investir et Travaillier*" (Le Gouvernement 2014). Zusammengenommen zielten die Maßnahmen der drei Kategorien nicht auf eine Konsolidierung des Staatshaushaltes, sondern vielmehr auf eine Belebung der Wirtschaft durch eine Liberalisierungs- und Flexibilisierungswelle sowie die Schaffung von Rechtssicherheiten und Vereinfachungen bei Kündigungen und Massenentlassungen. Konkret umfasste das Reformpaket für die Arbeitsmarktpolitik den Abbau von Barrieren für zugangsbeschränkte Berufe wie Anwälte oder Taxifahrer, die Ausweitung der Sonntags- und Nachtarbeit sowie auch eine umfassende Lockerung des Kündigungsschutzes (ebd.: 9; 45ff). So sieht der Gesetzentwurf etwa die Möglichkeit der fristlosen Kündigung vor, wenn Mitarbeiter sich den betrieblichen Vereinbarungen zur Arbeitszeit- und Lohnreduzierung in Krisenzeiten verweigern.

Ebenso umfasste der Gesetzentwurf eine Höchstgrenze für Abfindungen im Kündigungsfall, Maßnahmen zur Professionalisierung und Beschleunigung arbeitsgerichtlicher Verfahren und die Abschaffung von Gefängnisstrafen für die Behinderung von arbeitnehmerrechtlichen Vertretungen (ebd.: 47ff). Vor allem die Reform des Arbeitsgerichtes stellte einen tiefgreifenden Eingriff dar, bestand das erstinstanzliche Arbeitsgericht, das sog. *Conseil de prud'hommes,* aus LaienrichterInnen, welche in gleicher Anzahl von den Sozialpartnern bestimmt werden. Die Reform des Arbeitsgerichtes greift mit den vorgesehenen Maßnahmen in den Hoheitsbereich der Sozialpartner ein und versucht, durch bessere Ausbildungen, Zeitbegrenzungen und die Möglichkeit des Zuziehens eines Berufsrichters, die arbeitsgerichtlichen Verfahren effizienter und berechenbarer zu machen.

Mit den Reformvorschlägen reagierte Macron auf den stärkeren Druck von den europäischen Institutionen im Rahmen des auslaufenden Defizitverfahrens. Es sollte ein „*signal réformiste adressé aux partenaires européens, Allemagne en tête*" (Bonnefous/d'Allonnes 2014: 8) sein, um die europäischen Institutionen vom eigenen Reformwillen zu überzeugen. So sind viele der im Gesetzesentwurf vorgeschlagene Maßnahmen, wie etwa die Abschaffung der Zugangsbeschränkungen für bestimmte Berufe oder die Lockerung des Kündigungsschutzes, ebenso in den länderspezifischen Empfehlungen der Kommission zu finden (COM 2014b: 6; 8). Vor allem mit Deutschland und der deutschen Sozialdemokratie suchte die sozialistische Regierung Valls auf europäischer Ebene einen Verbündeten für ihre Reformen. So wird im November 2014 ein gemeinsamer Bericht mit dem deutschen Bundeswirtschaftsminister Sigmar Gabriel veröffentlicht, welcher die Reformvorschläge des französischen Wirtschaftsministers unterstützt. Die beiden Wirtschaftswissenschaftler Henrik Enderlein und Jean Pisani-Ferry (2014: 11ff) empfahlen der französischen Regierung in ihrem Be-

---

hochradioaktiver Brennstäbe hinzugefügt. Dieser wurde jedoch im August 2015 vom Verfassungsrat als nicht verfassungskonform zurückgewiesen.

richt, die Rechtssicherheit für Unternehmen zu stärken, Kündigungen zu verein-
fachen und Zugangsbeschränkungen für spezielle Berufe abzubauen. Sie plädier-
ten damit für die Kernelemente des französischen Reformpakets, welches ebenfalls auf Liberalisierungen und Flexibilisierungen in der Arbeitsmarktpolitik
zielte.

Die Kapitalverbände begrüßten viele Teil des Gesetzentwurfs als Schritt in
die richtige Richtung und lobten vor allem die weiteren Flexibilisierungen, die
Schaffung von Rechtssicherheiten für Unternehmern sowie die Abschaffung der
Gefängnisstrafen für die Behinderung von ArbeitnehmerInnenvertretern. Gleichzeitig wurde das *Loi Macron* genannte Reformpaket jedoch auch aus verschiedenen Perspektiven kritisiert. So bemängelte der Gesamtunternehmensverband
MEDEF, dass die Maßnahmen zu zögerlich und zu beschränkt seien, um einen
wirklich effektiven Beitrag für Investitionen und somit auch für Wachstum und
Beschäftigung leisten zu können (MEDEF 2014e). Zudem beanstandete MEDEF,
dass die Sonntags- und Nachtarbeitszeiten weiterhin begrenzt seien und schlug
stattdessen vor, die UnternehmerInnen darüber selbst entscheiden zu lassen
(ebd.). Ebenso kritisierte MEDEF, dass viele Vorschläge der eigenen Positions-
papiere nicht noch in den Gesetzesentwurf eingearbeitet wurden, womit das *Loi
Macron* hinter den Erwartungen des Kapitalverbandes zurückfalle.

Auch der Verband der kleinen und mittelständischen Unternehmen CGPME
hielt ebenso wie MEDEF den Gesetzentwurf in vielen Teilen für einen richtigen
Schritt, betont jedoch gleichzeitig, dass dieser auch Teile enthalte, welche
„dangers mortels pour le commerce indépendant de proximité" (CGPME
2014b). Vor allem die Ausweitung der Sonntagsarbeit wird vom CGPME kritisiert, führe diese in ihren Augen zu einer Wettbewerbsverzerrung zwischen den
kleineren und den größeren Unternehmen, da letztere stärker von den erweiterten
Öffnungszeiten profitieren würden (ebd.). Aufgrund der gesetzlich vorgesehen
Kompensationsmaßnahmen für die Sonntagsarbeit, sei die Ausweitung der Öffnungszeiten für die kleineren Unternehmen kaum umsetzbar, womit diese jedoch
Marktanteile an die Großunternehmen verlieren würden. Für die CGPME ist gerade dieser Aspekt des *Loi Macron* ein *„nouveau coup de poignard [...] dans le
dos du commerce de proximité"*, weshalb sie ihren Widerstand gegen diese Ge-
setzespassage ankündigte (ebd.).

Die Gewerkschaften dagegen lehnten den Gesetzesentwurf geschlossen ab,
wobei die reformistischen Gewerkschaften unter der Führung der CFDT eine
Konfrontation mit der Regierung vermieden (I/CGT 2015). Die CFDT kritisierte
die Ausweitung der Sonntagsarbeitszeit, die Lockerung des Kündigungsschutzes,
die Einsetzung von Berufsrichtern und die Reduktion des Strafmaßes für die Behinderung der Arbeitnehmervertretung, begrüßte jedoch grundsätzlich die Reformen der Arbeitsgerichtbarkeit und die geplanten Liberalisierungen der staatlich
beschränkten Berufe (Seigne 2014). Vor allem die Lockerung des Kündigungsschutzes stellte für die CFDT den größten Kritikpunkt an dem Reformpaket dar,

welche als „*purement et simplement inacceptables*" (ebd.) bewertet wurden. Insgesamt zeigte sich der CFDT jedoch verhandlungsbereit und versuchte, durch Lobbying und mithilfe der guten Kontakte in die sozialistische Regierung, viele Regelungen abzuschwächen (Les Echos 2014b: 2).

Die linken Gewerkschaften dagegen lehnten den Gesetzentwurf im vollen Umfang ab und bewerteten ihn als ideologischen Text und einen weiteren Schritt zur Abschaffung des französischen Sozialsystems (CGT 2014c; Force Ouvrier 2014). Vor allem die Maßnahmen zur Ausweitung der Nacht- und Sonntagsöffnungszeiten sowie die Reform der Arbeitsgerichtbarkeit wurden vom CGT als auch von der FO als Provokation empfunden (CGT 2014c). Sie argumentierten, dass die Ausweitung der Sonntagsarbeit eine Infragestellung jahrzehntelanger gewerkschaftlicher Kämpfe sei, ebenso wie die Reform der Arbeitsgerichtbarkeit einer Abschaffung der Arbeitnehmerrechte gleichkomme, sich gegen Kündigungen zur Wehr setzen zu können (CGT 2014b).

Daher riefen FO und CGT gemeinsam mit den kleineren Gewerkschaften SUD und FSU im Dezember 2014 zu Streiks und Demonstrationen noch auf, welche auch von den linken Parteien und NGOs unterstützt wurden. Ähnlich wie auch bei den Demonstrationen gegen den PdR setzten sich vor allem die Parteien der Front de Gauche mit ihrem charismatischen Redner Jean-Luc Mélenchon an die Spitze des Protests gegen das *Loi Macron*. Für die Front de Gauche war Macron der Inbegriff eines neoliberalen Politikers, dessen Reformpaket die faktische Abschaffung der ArbeitnehmerInnenrechte bedeutete (I/PCF 2015 2015; Crépel 2014: 4). Die Demonstrationen gegen das *Loi Macron* blieben im Dezember 2014 und Januar 2015, im Vergleich zu den Protesten gegen die Rentenreform 2010, mit rund 100.000 – 300.000 Menschen landesweit relativ klein. Die parallel dazu stattfindenden Streiks waren im öffentlichen Leben nicht bemerkbar[115].

Die Kritik am *Loi Macron* wurde jedoch bis weit in die sozialistische Partei geteilt. Schon während der Debatte über den PdR hatte sich im Parlament eine Gruppe von sozialistischen Abgeordneten des linken Flügels unter der Bezeichnung „*Frondeurs*" (Aufrührer) zu einer innerfraktionellen Opposition gegen die Regierung zusammengefunden gehabt (Lux 2015a: 95). Die *Frondeurs* stellten in einem *Appel des 100* den Wettbewerbsdiskurs und seine Implikationen in Frage und forderten ein Ende der Austeritätspolitik, verknüpft mit einer nachfrageorientierten Wende in der Wirtschaftspolitik.

Auch beim *Loi Macron* regte sich Widerstand im linken Flügel der PS. Die Gruppe um den sozialistischen Abgeordneten Christian Paul argumentierte, dass

---

[115] Die CGT ging stark geschwächt in die Auseinandersetzungen um das *Loi Macron*, war doch ihr Vorsitzender in einen Skandal um seinen Lohn und mögliche Abrechnungen über die Gewerkschaftskasse verstrickt. Gleichzeitig wurden im CGT seit seiner Wahl im Jahr 2013 massive Grabenkämpfe zwischen dem Reformerlager und den Orthodoxen über die richtige Strategie ausgetragen. So stand der CGT relativ führungslos den Auseinandersetzungen um das *Loi Macron* gegenüber (Schreiber 2015).

die Ausweitung auf zwölf Sonntage im Jahr der Anfang einer allgemeinen Freigabe der Sonntagsarbeit sei und zusammen mit den vielen anderen Maßnahmen des *Loi Macron* zwar den UnternehmerInnen nütze, nicht aber zu einer Reduzierung der Arbeitslosigkeit beitrage (Les Echos 2015: 4). Über die Kritik am *Loi Macron* hinaus brachten die *Frondeurs* ebenso eigene, alternative Vorschläge zur Reduzierung der Arbeitslosigkeit in die innerparteiliche Debatte[116] sowie Änderungsanträge im Parlament ein. Diese sahen die Beibehaltung der Sonntagsarbeitsregelung und die Verwässerung bzw. Verhinderung von Flexibilisierungen im Arbeitsrecht vor. Zudem kündigten sie an, im Parlament gegen den Gesetzesentwurf von Wirtschaftsminister Emmanuel Macron zu stimmen, solange die Ausweitung der Sonntagsarbeitszeit ein Teil des Reformpaketes bleibe. Insgesamt wurden mehr als 3000 Änderungsanträge eingereicht, wobei eine Vielzahl von der Regierungsfraktion selbst eingebracht wurde.

Da die Regierungsmehrheit in der Assemblée Nationale für das *Loi Macron*, aufgrund der vielen Änderungsanträge und einer Vielzahl von Absichtserklärungen sozialistischer Abgeordneter gegen den Gesetzesentwurf zu stimmen oder sich zu enthalten, nicht mehr gesichert war, entschied sich die Regierung Valls, die Abstimmung des Reformpaketes mit einer Vertrauensfrage zu verknüpfen. Mithilfe des Notparagraphen 49-3[117], welcher nur einmal pro Legislaturjahr eingesetzt werden darf, wurde das Reformprogramm ohne Abstimmung und am Parlament vorbei am 18. Februar 2015 beschlossen. Die damit verbundene Misstrauensabstimmung wurde von Seiten der Regierung und der Parteiführung zur Disziplinierung des linken Flügels genutzt. So wurde der Druck auf die *Frondeurs* nochmal erhöht und jedem Abweichler im Fall einer Zustimmung zum Misstrauensantrag mit dem Parteiausschluss gedroht. Die Regierung gewann die Vertrauensfrage im Parlament, jedoch wurde mit dem Einsatz des Paragraphens 49-3 offensichtlich, dass Francois Hollande in schwierigen Fragen keine Parlamentsmehrheit mehr hinter sich hatte und die sozialistische Partei gespalten ist (Freyssenet 2015: 2).

Die Verabschiedung des Loi Macron wurde von MEDEF als richtiger Schritt und notwendige Reform begrüßt, auch wenn nicht alle Forderungen des Unternehmensverbandes in das Reformpaket aufgenommen wurden (MEDEF 2015). Die linken Gewerkschaften verurteilten dagegen die Umgehung des Parlaments

---

[116] Der linke Flügel der PS hat in seinem 17-seitigen Papier eine ganze Reihe von Reformen vorgeschlagen. Darin fordern die *Frondeurs* u.a. eine umfassende Reform des Bankensektors und eine stärkere Regulierung des Finanzmarktes sowie öffentliche Investitionen von mehr als zwei Milliarden Euro im Jahr in die öffentliche und digitale Infrastruktur (Vive la gauche! 2015).

[117] Der Paragraph 49-3 ermöglicht es der französischen Regierung, Gesetze ohne die Zustimmung des Parlaments durchzusetzen, jedoch muss sie sich im Gegenzug im Parlament einer Vertrauensabstimmung stellen. Der Paragraph 49-3 darf nur einmal pro Jahr von der Regierung angewandt werden.

durch den Paragraphen 49-3 und nannten das Vorgehen der Regierung eine Verleumdung der Demokratie. Sie argumentierten, dass das undemokratische Vorgehen der Regierung zu dem „*loi réactionnaire*" passe, hatte die Regierung das Maßnahmenpaket doch ohne die vorherige Konsultation mit den Sozialpartnern ins Parlament eingebracht (CGT 2015). Daher kündigten die linken Gewerkschaften an, weiter gegen das Reformpaket zu demonstrieren, mobilisierten jedoch nur ca. 60.000 Menschen zu den Demonstrationen am 9. April 2015. Die Europäische Union begrüßte dagegen die Reformen und maß diesen in ihrer Analyse eine „entscheidende Bedeutung" (COM 2015: 5) für die Belebung der französischen Wirtschaft bei. So waren die Reformen des *Loi Macrons* ausschlaggebend für die Entscheidungen einer Fristverlängerung im März 2015.

Nachdem das *Loi Macron* im Parlament mithilfe des Notparagraphen 49-3 beschlossen wurde, stimmte Anfang April 2015 mit dem Senat auch die zweite Kammer des französischen Parlaments dem Gesetz mit kleineren Änderungen zu. Kurz vor der Fertigstellung dieser Arbeit wurden am 6. August 2015 Teile des *Loi Macrons* durch den Verfassungsrat als nicht verfassungskonform zurückgewiesen. Vor allem die Reform der Arbeitsgerichtbarkeit wurde vom Verfassungsrat stark kritisiert.

Die Art der Umsetzung des Reformpakets des neuen Wirtschaftsministers Emmanuel Macron macht deutlich, wie stark der Druck auf die Regierung Valls durch die europäischen Institutionen und Deutschland sowie durch die innenpolitischen Verhältnisse waren. Ähnlich wie bei der Rentenreform 2010 verfügte die französische Regierung über einen nur sehr geringen Handlungsspielraum für materielle Konzessionen, so dass sie weder die reformistischen Gewerkschaften noch ihren eigenen linken Parteiflügel in die Reformstrategie einbinden konnte. Und auch die kleinen und mittelständischen Unternehmen, d.h. hauptsächlich die binnenmarktzentrierten Kapitalfraktionen, gelang es nur schwer, in das politische Projekt zu integrieren.

Die Europäische Kommission aber erwartete ein deutliches Signal der Reformbereitschaft und auch die deutsche Bundesregierung mahnte, dass sie einer Fristverlängerung im Rat nur im Gegenzug zu tiefgreifenden Strukturreformen zustimmen werde (FAZ 2014a). Eine Abweichung oder Verwässerung des Reformpaketes hätte also möglicherweise zu einer geringeren Fristverlängerung oder gar zu Sanktionen von Seiten der Europäischen Kommission führen können[118]. Eine Sanktionierung durch die EU wollte Hollande jedoch um jeden Preis vermeiden, wäre damit nicht nur die wirtschaftliche Situation Frankreichs weiter

---

[118] Wobei immer noch die Stellung Frankreichs als Zentrumsstaat der imperialistischen Kette und als wichtiger Mitbegründer der Europäischen Union mit betrachtet werden muss. Würde die EU in ihrer jetzigen wirtschaftlichen Verfassung eine Sanktionierung Frankreichs anstrengen, so würde sie damit auch eine weitere Schwächung ihrer zweitgrößten Volkswirtschaft in Kauf nehmen, was letztendlich auf die EU zurückwirken würde.

geschwächt, sondern gleichzeitig auch die Position der rechtsradikalen Front National erheblich gestärkt worden. Aufgrund der fehlenden Unterstützung durch die reformistischen Gewerkschaften und der schwindenden Regierungsmehrheit in der Assemblée Nationale , musste die Regierung Valls aufgrund ihres stark eingeengten Handlungskorridors die Konsultierung der Sozialpartner ebenso umgehen wie die Abstimmung im Parlament. Die konsensuale Zustimmung zur Reformpolitik von Francois Hollande wurde innerhalb des korporatistischen Blocks brüchig und prekär, so dass die Regierung Valls ihren Reformkurs nur noch mithilfe von Notverordnungen durchsetzen konnte. Die konsensuale Einbindung der reformistischen Gewerkschaften und des linken Flügels, welche bei den vorherigen Reformen noch funktionierte aber auch schon beim PdR prekär wurde, ist bei der Durchsetzung des *Loi Macrons,* staatlichen Zwangselementen gewichen. Die offene Umgehung korporatistischer und parlamentarischer Entscheidungsstrukturen macht deutlich, wie stark der Widerstand auch innerhalb bestimmter Staatsapparate gegen eine nationale Umsetzung der europäischen Austeritätspolitik auf der nationalen Scale ist.

Dass sich der Widerstand gegen das *Loi Macron* innerhalb der französischen Zivilgesellschaft weniger stark artikulieren konnte und die Proteste und Streiks aufgrund der geringen TeilnehmerInnenzahl enttäuschend klein und ineffektiv blieben hat seinen Grund vor allem in der Spaltung der Gewerkschaften und der tiefen Krise der größten linken Gewerkschaft CGT. Während die Spaltung der Gewerkschaften in der Auseinandersetzung um das *Loi Macron* erhalten blieb, sich jedoch nicht weiter vertiefte, wurden die linken Gewerkschaften durch die Auseinandersetzungen innerhalb der CGT weiter geschwächt, was auch Auswirkungen auf ihre Mobilisierungsfähigkeit hatte. Im Laufe der Debatte um das *Loi Macron* zum Jahreswechsel 2014, eskalierten die Grabenkämpfe innerhalb der CGT aufgrund eines Finanzskandals des Vorsitzenden Thierry Lepaon (Schreiber 2015). Die internen Auseinandersetzungen verhinderten nicht nur die Artikulation eines alternativen Gegenentwurfs zu den Macron-Reformen, sondern auch die Bildung von Allianzen über die üblichen Akteure hinaus, ebenso wie die Artikulation einer kohärenten Strategie. Auch sorgte der Finanzskandal für einen Vertrauensverlust der CGT, welcher nach Umfragen stark an Rückhalt in der Bevölkerung verloren hat (ebd.: 3).

Aber auch die Kapitalverbände zeigten sich in Bezug auf das *Loi Macron* zerstritten und nicht wie sonst in den großen Fragen in inhaltlicher Übereinstimmung. Vor allem in Bezug auf die Reglungen zur Sonntagsarbeit wurden die Spaltungslinien zwischen den großen und oftmals auch transnational agierenden Unternehmen und dem kleinen und mittelständischen, oftmals national agierenden und binnenmarktzentrierten Kapital offensichtlich. Trotz dieser Risse im herrschenden Block konnte sich das transnationale Kapital durchsetzen, zeigt sich doch mit Blick auf die umgesetzten Reformen des *Loi Macrons* eine Kohärenz mit den Forderungen des Unternehmensverbandes MEDEF und den Empfehlungen der Europäischen Union. Diese Kohärenz erschließt sich auch aus der neuen Nähe der sozialistischen Regierung zum größten französischen Unternehmensverband seit der Ernennung des neuen Premierministers Valls. Mit der Berufung von Emmanuel Macron wurde dieses Verhältnis weiter intensiviert. So trat der Premierminister Manuel Valls kurz nach der Berufung von Macron zum Wirtschaftsminister im August 2014 bei der Sommeruniversität von MEDEF auf und erhielt für seine Rede, welche einer Liebeserklärung an die Unternehmen glich, stehende Ovationen. In seiner Rede kündigte Valls deutliche Entlastungen für die Unternehmen und eine neue Wirtschaftspolitik der sozialistischen Regierung an, welche auf die Wünsche der Unternehmen eingehen wird:

„La France a besoin de ses entreprises, de toutes ses entreprises [...], car ce sont les entreprises qui, en innovant, en risquant les capitaux de leurs actionnaires, en mobilisant leurs salariés, en répondant aux attentes de leurs clients, créent de la valeur, génèrent de la richesse qui doit pofiter à tous. Et moi, j'aime l'entreprise !" (Valls 2014).

6.4.4 Zwischenfazit Hollande II

Der hohe Druck durch die europäische Ebene, ebenso wie die innenpolitische Situation, welche durch eine erstarkte Front National, offensiven Kapitalverbänden und weiterhin schwacher Umfragezahlen geprägt war, ließen die Regierung zu einer weiteren Radikalisierung der angebotspolitischen Strategie übergehen. Die weitere Verschärfung neoliberaler Arbeitsmarkt- und Sozialpolitik ist letztlich ein Zeichen für eine weitere Verschiebung der Kräfteverhältnisse zugunsten der herrschenden Klassen. Diese materialisierte sich nicht zuletzt in der Trennung des Wirtschafts- und Finanzministeriums und der Umbildung der Regierung. Mit der Berufung von Manuel Valls zum Premierminister und vor allem von Emmanuel Macron zum Wirtschafts- und Michael Sapin zum Finanzminister, wurden die Verschiebungen auch innerhalb des nationalen Staatsapparatenensembles deutlich. Während das Arbeitsministerium, welches innerhalb der *Planification* und auch noch in den 1990er und 2000er Jahren eine zentrale Stellung inne hatte, stark an Kompetenzen verlor, wurden die nun separierten Wirtschafts- und Finanzministerien aufgewertet. So wurden die Arbeitsmarktreformen des *Loi Macrons* nicht durch oder mit dem Arbeitsministerium entwickelt und umgesetzt, sondern allein durch das Wirtschaftsministerium.

Der neue Wirtschaftsminister selbst kann aufgrund seiner Herkunft, seiner Ausbildung und seiner bisherigen Tätigkeiten als ein organischer Intellektueller der transnational agierenden Kapitalfraktionen betrachtet werden, wurde er nicht nur in den staatlichen Elitehochschulen ENA und SciencePo ausgebildet, sondern war gleichzeitig längere Zeit als Manager bei der Investmentbank Rotschild tätig:

> *„Wenn sozialdemokratische Minister jetzt, [...], also der neue Wirtschaftsminister bspw. also der Macron, das ist wirklich der Ausdruck des Einschwenkens auf ne Linie, na ich weiß nicht, einer amerikanischen demokratischen Partei oder so irgendwas. Das ist vollkommen kompatibel mit neoliberalen Reformen. [...] Also das sind alles Leute die da so herumklappen, also die auch kulturell gesehen überhaupt nicht die Vorstellung haben, dass linke Ideen heute brauchbar sind. Das ist nicht nur, dass sie nicht ... dass sie irgendwie opportunistisch sind, dass ist wirklich eine Überzeugung und die sind überzeugte Rechte, also überzeugte Neoliberale oder überzeugte Leute von Davos oder wie man immer sie jetzt einstufen will"* (I/PCF 2015 2015).

Die Ernennung des ehemaligen Präsidentenberaters zum Wirtschaftsminister wurde daher auch als Zeichen an die Kapitalverbände und die europäischen Institutionen verstanden, dass die sozialistische Regierung die neoliberalen Reformmaßnahmen auch gegen die Widerstände in den eigenen Reihen durchsetzen wird, ging doch mit der Ernennung der neuen Regierung gleichfalls eine Entmachtung des linken Flügels der PS einher. Daher wurde die Ernennung Macrons von den Kapitalverbänden als wichtiger Schritt begrüßt und darauf hingewiesen, dass dieser anders als sein Vorgänger Montenbourg drei Vorteile habe: *„il connaît l'entreprise, il connaît l'économie de marché et il connaît la mondialisation"* (Gattaz zit. Errad 2014). Gleichzeitig offenbart dieses Vorgehen mit Poulantzas (2002: 260) auch die Krise der Staatsparteien, welche sich in ihrer inhaltlichen Positionierung soweit angenähert haben, dass „ihre gegenwärtigen Unterschiede kaum mehr [sind als] die unterschiedliche Propagierung der gleichen Politik". Dies zeigt sich eben in der Ernennung von Emmanuel Macron, welcher dieselbe Politik auch unter einer konservativen Regierung betreiben könnte. Vielmehr werden in seiner Ernennung die machtvollen staatsbürokratischen und ökonomischen Netzwerke deutlich, zu denen Macron aufgrund seiner bisherigen Karriere dazugehört.

Seine Bindung an die sozialistische Partei ergibt sich nicht durch weltanschauliche Gründe, sondern durch die spezifische Konfiguration seiner Netzwerke (ebd.: 169). Die modernen Staatsparteien sind daher nach Poulantzas nicht mehr die Orte, in denen um die Hegemonie im Staat gerungen wird, sondern vielmehr „bloße Kanäle der Popularisierung und Propagierung einer staatlichen Politik, die zum großen Teil außerhalb von ihnen entschieden wird" (ebd.). Dies zeigte sich nicht zuletzt an eben jener Entmachtung des linken Flügels der PS, welcher nicht nur durch Zwangsmaßnahmen wie der Androhung des Parteiausschlusses im Parlament diszipliniert wurde, sondern gleichzeitig auch keinerlei

Einfluss auf die Regierungspolitik nehmen konnte. Politische Reformen und Projekte werden nicht mehr innerhalb der Parteien entwickelt, sondern in der Staatsverwaltung, in der die verschiedenen ökonomischen Interessen „unmittelbar präsent [sind] und dort als solche umgesetzt" (ebd.: 254) werden. Die Entwicklung und Umsetzung des PdR und noch mehr des *Loi Macrons,* sind dafür gute Beispiele.

Die zweite Amtsperiode von Francois Hollande hat jedoch ebenfalls gezeigt, dass die europäische Austeritätspolitik auf der nationalen Ebene in Frankreich nur schwer oder gar nicht konsensual umgesetzt werden kann. Die gesellschaftlichen Kräfteverhältnisse in Frankreich sind trotz der massiven Verschiebungen in den letzten Jahrzehnten immer noch so konfiguriert, dass sie gegenüber den Entscheidungen auf der europäischen Ebene als eine Art Filter fungieren und somit eine Übertragung neoliberaler Politik auf die nationale Ebene nicht so einfach möglich ist. Im Fall des *Loi Macron* waren die Handlungsmöglichkeiten der Regierung durch den Druck von der europäischen Scale so eingeengt, dass eine konsensuale Einbindung der verschiedenen Akteure nicht möglich war und deshalb die demokratischen Verfahren und Mechanismen umgangen werden mussten. Diese Form neoliberaler Politik war nur mithilfe eines Notstandsparagraphen durchsetzbar, was auch auf die Schwäche der Regierung Valls und des sozialistischen Präsidenten hinweist. Ihr angebotspolitischer Kurs ist in Frankreich immer weniger konsensual abgesichert und muss vielmehr über Notstandsverordnungen autoritär durchgesetzt werden. Weder der neokorporatistische Block mit den reformistischen Gewerkschaften noch die Regierungsmehrheit im Parlament können für eine Fortsetzung dieser Angebotspolitik als stabil angesehen werden, während aber der Reformdruck von Seiten der EU erhalten blieb

Gleichzeitig blieben jedoch die Proteste gegen die autoritäre Durchsetzung der Reformen abseits der staatlichen Apparate deutlich kleiner als bei anderen Reformprojekten. Die Hauptursache für diese Protestzurückhaltung muss dabei in der schweren Krise der Gewerkschaften gesehen werden, welche sich in der zweiten Periode der Amtszeit Hollande noch einmal vertieft hat (I/CGT 2015). Die Krise drückt sich vor allem in einem massiven Vertrauensverlust in die Gewerkschaften aus. In einer Umfrage vom 1. Mai 2015 haben 67 % der Befragten ein schlechtes Bild von den Gewerkschaften, während 74 % der Aussage zustimmten, dass die Gewerkschaften sich nicht der wirtschaftlichen Situation angepasst haben (ODOXA 2015: 5). 54 % halten die Gewerkschaften sogar für überflüssig (opinionway 2014: 6).

Die Spaltungslinien zwischen den beiden größten Gewerkschaften CFDT und CGT, welche nach den Protesten gegen die Rentenreform 2010 wieder aufgebrochen waren und sich in den Auseinandersetzungen um den PdR weiter verschärften, konnten nicht überwunden werden. Vielmehr blieb die tiefe Spaltung auch in der Auseinandersetzung über das *Loi Macron* erhalten und äußerte sich in den verschiedenen Strategien und Aktivitäten der einzelnen Gewerkschaften.

Vor allem die CFDT steht seit der Rentenreform 2010 und noch mehr seit der Wahl der sozialistischen Regierung 2012, einer außerinstitutionellen und außerparlamentarischen Strategie kritisch, wenn nicht gar ablehnend gegenüber (Pernot 2010, 2013). Zu groß ist die Befürchtung im CFDT, durch eine außerparlamentarische Mobilisierung an institutioneller Macht, welche sie durch die Wahl der PS gewonnen hatten, zu verlieren. Die linken Gewerkschaften dagegen befinden sich in einem strategischen Dilemma, welches sich vor allem in der CGT in heftigen Grabenkämpfen und Richtungsstreits ausdrückte. Auch war die CGT durch die vielen Skandale ihres Vorsitzenden Thierry Lepaon stark geschwächt. So konnten die linken Gewerkschaften nicht einmal ihre eigene Mitgliederbasis zu den Protesten gegen den PdR und das *Loi Macron* mobilisieren. Darüber hinaus musste die CGT durch die internen Auseinandersetzungen herbe Verluste bei den betriebsinternen Wahlen hinnehmen. Dieser starke Vertrauensverlust zeichnet sich auch in aktuellen Umfragen ab, in denen sich nur noch 8 % mit dem CGT verbunden fühlen, während 67 % mit gar keiner Gewerkschaft mehr sympathisierten (opinionway 2014: 14).

Die Krise der Gewerkschaften korrespondiert mit einer allgemeinen Krise der französischen Linken, die nicht in der Lage ist, ein gegenhegemoniales Projekt zur Austeritätspolitik der Regierung Valls zu formulieren. Vielmehr scheint sie mit der Situation überfordert, einer sozialistischen Regierung gegenüberzustehen, welche jedoch ebenso einen austeritätspolitischen Kurs durchsetzt wie die vorherige konservative Regierung (I/PCF 2015). Dies zeigte sich vor allem in den Auseinandersetzungen um das *Loi Macron*, bei dem die gesellschaftliche Linke nur einen Bruchteil ihrer AnhängerInnen zu den Protesten mobilisieren konnte. Vielmehr sind vor allem die beiden wichtigsten Parteien der gesellschaftlichen Linken, die Parti de Gauche und die PCF auch in der zweiten Amtsperiode in organisationsinterne Streitereien verstrickt und verstehen es nicht, der gesellschaftlichen Stimmung gegen die Austeritätspolitik einen politischen Ausdruck zu verleihen.

Vielmehr äußert sich die Ablehnung der Austeritätspolitik und der gesamten politischen Klasse in der Wahl der Front National, welcher in der zweiten Periode der Präsidentschaft Hollandes nicht nur bei der Europawahl die stärkste Kraft werden, sondern sich ebenso im politischen System Frankreichs als dritte Kraft etablieren konnte (Syrovatka 2015: 399ff). So schafft es Marine Le Pen, anders als die gesellschaftliche Linke, die Enttäuschung und Wut über die Politik der sozialistischen Partei in politische Erfolge umzumünzen. Die Erfolge der FN sind jedoch nicht nur Ausdruck einer Ablehnung der Austeritätspolitik, sondern noch vielmehr einer tiefgreifenden Hegemoniekrise, welche durch die staatliche Politik weniger gelöst als vertieft wird (Gramsci 2012: 553; Poulantzas 2002: 223).

7. Kräfteverhältnisse und Strategien in der französischen Reformpolitik

Im vorherigen Kapitel wurde gezeigt, dass die französischen Reformen in der Arbeitsmarkt- und Sozialpolitik nicht aus einer Notwendigkeit heraus entsprungen sind, sondern als Ergebnis und Ausdruck gesellschaftlicher Kämpfe und Auseinandersetzungen verstanden werden müssen. Im folgenden Kapitel werden die verschiedenen Akteurskonstellationen und ihre jeweiligen Strategien innerhalb der Auseinandersetzungen um die konkrete Ausgestaltung der französischen Reformpolitik im Mittelpunkt der Untersuchungen stehen.

Dabei wird, anders als beim Hegemonieprojekteansatz, keine Bündelung von gesellschaftlichen Strategien vorgenommen, sondern vielmehr werden die dominanten Akteure in einer Art geclustert, wie sie in den Auseinandersetzungen um die Reformpolitik aufgetreten sind. Die Methode der Clusterung umfasst dabei sowohl die spezifischen Strategien einzelner Akteure als auch deren Veränderung, sodass die Möglichkeit gegeben ist, dass spezielle Akteure im Untersuchungszeitraum verschiedenen Akteursgruppen angehören können. Grund dafür können sowohl die Veränderungen des sozioökonomischen und politischen Kontext sein, als auch die Veränderung der Handlungsmacht der jeweiligen Akteure. Ausgangspunkt der analytischen Konstruktion von Akteursgruppen sind sowohl die politischen Strategien, als auch die inhaltlich-ideologischen und strukturellen Gemeinsamkeiten der Akteure.

Dieses Vorgehen ermöglicht es, die verschiedenen Akteure auf analytisch weniger komplexe Einheiten zu reduzieren, ohne die Besonderheiten und spezifischen Strategien der einzelnen Akteure zu übersehen und die geäußerten Strategien zu stark zu betonen. Gleichzeitig wird es möglich nachzuzeichnen, welche politischen und ggf. hegemonialen Projekte von den einzelnen Akteursgruppen lanciert und welche skalaren Strategien verfolgt wurden. In der folgenden Akteursanalyse sollen nun, auf Grundlage der Ergebnisse der oben vorgenommen Prozessanalyse, die Strategien und strukturellen Gemeinsamkeiten herausgearbeitet und in Akteursgruppen zusammengefasst werden. Damit beruhen die Ergebnisse der Analyse auf den Erkenntnissen der in Kapitel 6 vorgenommenen Prozessanalyse.

7.1 Akteurskonstellationen

In den gesellschaftlichen Auseinandersetzungen um die Arbeitsmarkt- und Sozialpolitik in Frankreich können aus den Erkenntnissen der oben vorgenommenen Prozessanalyse drei zentrale Akteursgruppen herausgearbeitet werden. Neben der neoliberalen Akteursgruppe agierten im „Handgemenge" (Marx 1972: 381) um die konkrete Ausgestaltung der Reformpolitik sowohl eine etatistisch-jakobinische als auch eine sozialliberale Akteursgruppe. Eine vierte, die national-etatistische Akteursgruppe, war in den Auseinandersetzungen weniger zentral, soll hier jedoch aufgrund ihrer Rolle und den jüngsten Entwicklungen ebenfalls mit erwähnt werden. Die vier Akteursgruppen agieren auf der Grundlage zweier dominanter politischer Leitbilder, welche sich nach dem zweiten Weltkrieg bzw. in den 1970er Jahren herausgebildet haben. Uterwedde (2009a: 99ff) spricht zum einen von dem Leitbild des etatistisch-republikanische Antiliberalismus und zum anderen vom reformistischen-Modernismus. Während das erstgenannte Leitbild sich positiv auf das fordistische Nachkriegsarrangement der *Trente Glourious* bezieht und ein eher etatistisches Verständnis vom Staat als zentrale Regulierungsinstanz besitzt, bildete sich das zweite Leitbild im Zuge der europäischen neoliberalen Revolution in den 1970ern heraus, es orientiert sich stark an wirtschaftlichen Reformen und kann als Etatismus-kritisch bezeichnet werden (Steinhilber 2000: 19). Beiden Leitbildern können jeweils auch zwei Akteursgruppen zugeordnet werden.

In den folgenden Abschnitten werden nun die jeweiligen Akteursgruppen anhand verschiedener Merkmale beschrieben und dargestellt. Dabei sollen sowohl die einzelnen Akteure als auch ihre soziale Basis, ihre Machtressourcen und ihre skalare Strategie in die Darstellung mit einbezogen werden.

7.1.1 Neoliberale Akteursgruppe

Die neoliberale Akteursgruppe ist in den Auseinandersetzungen um die Reformpolitik in der Arbeitsmarkt- und Sozialpolitik die mit Abstand aktivste und einflussreichste. Bezogen auf den Untersuchungsgegenstand können, anhand der Ergebnisse der Prozessanalyse, dieser Gruppe die Unternehmensverbände MEDEF und afep sowie die konservativen Parteien UMP und UDI zugeordnet werden. Ebenso muss die Europäische Kommission, als europäischer Staatsapparat, dieser Gruppe zugeordnet werden, deren Handlung jedoch selbst wiederum das Resultat verdichteter Kräfteverhältnisse und damit anhängig von der Entwicklung des Kräfteverhältnisses auf der europäischen Scale und innerhalb der Mitgliedsländer ist. Ab der angebotspolitischen Wende der sozialistischen Regierung und spätestens mit der Ernennung von Manuel Valls zum Premierminister im April 2013, muss der Mehrheitsflügel der sozialistischen Partei ebenso zur neoliberalen Akteursgruppe hinzugezählt werden (I/afep 2015 2015).

Die ideologische Grundlage der Akteursgruppe ist ein marktliberales und angebotsorientiertes Modernisierungskonzept, welches hauptsächlich aus dem Dreiklang von Privatisierung, Liberalisierung und Deregulierung besteht und die Inwertsetzung und Vermarktlichung jeglicher Lebensbereiche und staatlicher Aufgaben zum Ziel hat (Gill 2008: 124). Im Bereich der Arbeitsmarkt- und Sozialpolitik verfolgen die neoliberalen Akteure seit den 1990er[119] Jahren das Ziel eines wettbewerbsstaatlichen Umbaus der sozialen Sicherungssysteme. Die neoliberale Akteursgruppe kann dem übergeordneten Leitbild des anti-etatistischen reformerischen Modernismus zugeordnet werden, lehnen die Akteure doch einen Staat als zentrale Regulierungsinstanz ab und verfolgen vielmehr das Ziel einer Dezentralisierung und Privatisierung staatlicher Aufgaben, auch in der Arbeitsmarkt- und Sozialpolitik.

Die grundlegende strategische Orientierung der neoliberalen Akteursgruppe beinhaltet daher konkret die Flexibilisierung der Arbeitsverhältnisse und Produktionsorganisation, den Abbau staatlicher Regulierungen sowie die Finanzialisierung und Vermarktlichung vormals nicht-komodifizierter Bereiche. Übertragen auf den konkreten Untersuchungsgegenstand im spezifischen Untersuchungszeitraum bedeutet dies, dass die neoliberale Akteursgruppe in der Arbeitsmarktpolitik für eine „Entlastung der Arbeitgeber" durch eine Flexibilisierung der Arbeitsverhältnisse, d.h. vor allem für eine Lockerung des Kündigungsschutzes und anderer sozialer und arbeitsrechtlicher Absicherungen eintritt. In der Sozialpolitik dagegen verfolgen die neoliberalen Akteure einen Umbau der Arbeits- und Rentenversicherung von einem umlagefinanzierten zu einem steuerfinanzierten System (Palier 2005: 423ff). Dabei zielt das Engagement vor allem auf die Reduktion der Versicherungsleistungen auf ein Mindestmaß, so dass nur noch die grundlegende Versorgung sichergestellt ist. Durch die Umstellung auf ein steuerfinanziertes Modell sollen aus der Perspektive der neoliberalen Akteure nicht nur die Versicherungsbeiträge der Arbeitgeber langfristig entfallen, womit diese entlastet würden, sondern ebenfalls neue Ertragsräume für das zinstragende Kapital erschlossen werden. Durch die Reduktion der Versicherungsleistungen können die nun zusätzlich gewordenen Leistungen durch private Versicherungsunternehmen angeboten werden, was einer „leisen Privatisierung" des Versicherungssystems gleichkommen würde.

Die soziale Basis der neoliberalen Akteursgruppe, sind die „Schlüsselsektoren des globalisierten postfordistischen Akkumulationsregimes" (Buckel et al. 2013: 65), d.h. die großen transnational operierenden Konzerne wie bspw.

---

[119] Wie oben dargestellt, begann in Frankreich in den 1970er Jahre ein Umbau der stark fordistisch geprägten gesellschaftlichen Produktionsstrukturen. Dieser Umbau wurde im Sozialstaat jedoch erst mit dem Ende der Ost-West-Konfrontation begonnen und blieb vorher im Wesentlichen unberührt.

Renault, Credit Suisse oder Michelin. Klassenanalytisch bedeutet dies, dass die neoliberale Akteursgruppe sich vor allem auf die transnational orientierten Kapitalfraktionen stützt, welche in Frankreich traditionell, aufgrund ihrer Entstehungsgeschichte in der Planification, oftmals über engen Kontakt zur Staatsbürokratie verfügen (Bourdieu 1998, 2004: 370; Poulantzas 2002: 169). Bis heute findet zwischen staatlichen und ökonomischen Eliten ein großer Austausch statt. In der konkreten Auseinandersetzung um die Reformpolitik verfolgten die produktiven, exportorientierten und zinstragenden Kapitalfraktionen hauptsächlich komplementäre Strategien. Divergierende Interessen äußerten sich hauptsächlich in Meinungsverschiedenheiten und Machtkämpfen innerhalb des Gesamtunternehmensverbandes MEDEF[120], wie etwa zwischen der damaligen MEDEF-Vorsitzenden Laurence Parisot[121] und dem Industrieverband UIMM. Die vorzeitige Ablösung Parisots als MEDEF-Vorsitzende 2013 durch einen Vertreter der UIMM, Pierre Gattaz[122] kann daher ebenso als Ausdruck einer hegemonialen Verschiebung zugunsten der produktiven und transnational orientierten Kapitalfraktionen innerhalb des Unternehmensverbandes gewertet werden.

Die neoliberale Akteursgruppe versuchte in den Auseinandersetzungen um die Arbeitsmarkt- und Sozialpolitik einen nationalen Modernisierungsdiskurs zu etablieren, wie er auf der europäischen Scale seit den 1980er Jahren hegemonial ist (Bieling/Steinhilber 2000: 113). Dabei verfolgten die neoliberalen Akteure eine exportorientierte Akkumulationsstrategie, deren Umsetzung eine Transformation des französischen, binnenmarktgestützten Akkumulationsmodells zum Ziel hat (Lux 2015a: 98; I/MEDEF 2015). Als Ursache für die wirtschaftlichen Probleme und die Arbeitslosigkeit wird die fehlende Wettbewerbsfähigkeit französischer Unternehmen ins Feld geführt.

Die Krise wurde von den neoliberalen Akteuren als eine Krise der fehlenden internationalen Wettbewerbsfähigkeit gerahmt, welche ihre Wurzeln in den strukturellen Problemen Frankreichs hat. Wettbewerbsfähigkeit fungiert dabei als Schlüsselbegriff oder „leerer Signifikant" (Žižek 2003: 75), mit welchem verschiedene Argumentationen verknüpft werden. Innerhalb des Diskurses wird von den neoliberalen Akteuren eine Argumentationskette konstruiert, welche die Wettbewerbsfähigkeit auf die hohe Abgabenbelastung und die zu starken arbeitsrechtlichen Restriktionen zurückführt. Es wird also diskursiv ein Zusammenhang

---

[120] Innerhalb des Gesamtunternehmensverbandes MEDEF sind die transnationalen Kapitalfraktionen führend, wobei es immer wieder, teils heftige Auseinandersetzungen zwischen den zinstragenden und den produktiven transnationalen Kapitalfraktionen gibt (Woll 2005: 12; I/MEDEF).
[121] Laurence Parisot sitzt seit 1990 im Aufsichtsrat der transnational agierenden französischen Bank BNP Paribas. Die BNP Paribas gilt als die größte Bank Frankreichs und gehört zu den fünf größten Banken in Europa.
[122] Pierre Gattaz ist mit seiner Familie Mehrheitseigner des transnational agierenden Industrieexportunternehmens Radiall.

zwischen den Unternehmenssteuern, Sozialabgaben und Lohnkosten mit der wirtschaftlichen Verfassung des Landes sowie der hohen Arbeitslosigkeit hergestellt. Verknüpft wurde dieser Diskurs in der Arbeitsmarkt- und Sozialpolitik mit verschiedenen politischen Initiativen, welche sich im Rahmen des Diskurses als Lösung der drängenden ökonomischen Probleme dargestellt haben.

Die Initiativen zielen daher in ihrer Grundrichtung zum einen auf die Schaffung von Flexibilität arbeitsrechtlicher Arrangements durch die Aufwertung der Unternehmensebene für betriebliche Vereinbarungen. So können sowohl die Aufweichung der 35h-Woche Anfang 2008, als auch die Vereinbarungen des Flexicurity-Pakts oder die Regelungen des *Loi Macron* auf Vorschläge und Initiativen neoliberaler Akteure zurückgeführt werden. Durch diese Maßnahmen wurde es den Unternehmen ermöglicht, arbeitsrechtliche Regelungen und nationale bzw. Branchentarifverträge durch Vereinbarungen der Sozialpartner auf betrieblicher Ebene zu unterlaufen. Zum anderen zielten die politischen Initiativen im Untersuchungszeitraum auf den Umbau der Sozialversicherungen zu einem steuerfinanzierten System.

So forderten die neoliberalen Akteure mit der *TVA social*, über den gesamten Untersuchungszeitraum, die Einführung einer Mehrwertsteuer zur Finanzierung der Sozialversicherungen, damit im Gegenzug die Arbeitgebersozialbeiträge sinken bzw. ersetzt werden könnten (I/afep 2015; I/MEDEF 2015 2015). Zwar wurde die *TVA social* weder unter Sarkozy noch unter Hollande umgesetzt - die neoliberalen Akteure konnten sich mit ihrem Vorschlag nicht durchsetzen - jedoch wurde die private Altersvorsorge im Untersuchungszeitraum, durch die Senkung von Arbeitgeberbeiträgen, der Erhöhung der benötigten Beitragsjahre und des allgemeinen Renteneintrittsalters sowie der Angleichung der Rentensysteme an den Privatsektor, als ergänzendes Einkommen zur staatlichen Rente attraktiver gemacht[123].

Zusammengenommen können die verschiedenen politischen Initiativen der neoliberalen Akteursgruppe in der Arbeitsmarkt- und Sozialpolitik unter dem Projekt „Wettbewerbsfähigkeit" subsumiert werden. Der spezifische Diskurs und das politische Projekt „Wettbewerbsfähigkeit" sind dabei nicht erst in der Krise durch die neoliberalen Akteure entwickelt worden, sondern sind in Frankreich spätestens seit den 1990er Jahren in den gesellschaftlichen Auseinandersetzungen präsent (Vail 2010). Jedoch gelang es der neoliberalen Akteursgruppe in den Jahren vor der Krise nur sehr selten, mit ihren Initiativen über den relativ kleinen und geschlossenen Elitediskurs hinauszukommen, den leeren Signifikanten der „Wettbewerbsfähigkeit" im öffentlichen Diskurs zu verankern und ihre spezifischen und partikularen Interessen zu universalisieren (Schmidt 2002: 278ff; Uterwedde 2009a: 105). Vielmehr gerieten größere neoliberale Reformprojekte, wie

---

[123] Was sich auch im Erfassungsgrad der privaten Altersvorsorge in Frankreich wiederspiegelt. Hatten 2007 nur rund 8 % eine private Zusatzversorgung, sind es 2013 rund 17 % (OECD 2014c).

etwa die Reform der Sozialversicherung 1995 oder die Rentenreform 2003, durch massive Proteste und dem Widerstand anderer Akteursgruppen unter Druck. Viele Reformprojekte wurden stark abgeschwächt, scheiterten oder wurden von den Regierungen gar nicht erst in Angriff genommen. Bis zur Krise waren in der Arbeitsmarkt- und Sozialpolitik, auch aufgrund der tieferen Integration Frankreichs in die Europäische Union, Tendenzen einer neoliberalen Reformpolitik erkennbar, welche jedoch in ihrem Ausmaß und der Tiefe der strukturellen Umgestaltung nicht mit den Reformprojekten der europäischen Nachbarländer, wie etwa Deutschland, vergleichbar waren. Vielmehr wurden die Verknüpfungen des neoliberalen Diskurses durch die subalternen Akteure immer wieder in Frage gestellt. Daher waren die neoliberalen Akteure vor der Krise auf die Einbindung der reformorientierten Gewerkschaften und anderer sozial-liberaler Akteure angewiesen, um ihre Initiativen überhaupt durchsetzen zu können. Dies ging jedoch mit materiellen Zugeständnissen und einer Verwässerung der eigenen politischen Initiativen einher. Der neoliberale Wettbewerbsdiskurs blieb weiterhin ein Elitendiskurs, welcher sich hauptsächlich an die politischen EntscheidungsträgerInnen richtete.

Im Wahlkampf 2007 und mit der Wahl Nicolas Sarkozys wurde der neoliberale „Wettbewerbsdiskurs" jedoch gestärkt und eine Verknüpfung zwischen Wettbewerbsfähigkeit und Lohnkosten konnte, wenn auch nur partikular, im öffentlichen Diskurs verankert werden. Viele neoliberale Akteure, v.a. der Unternehmensverband MEDEF, gingen nach der Niederlage beim europäischen Verfassungsreferendum 2005 in die Offensive und thematisierte die finanzielle Tragfähigkeit des französischen Modells und v.a. der französischen Sozialversicherungen. Das Buch „*Besoin d'air*" von der damaligen MEDEF-Vorsitzenden Laurence Parisot ist etwa ein Beispiel für den Versuch der neoliberalen Akteursgruppe, den Wettbewerbsdiskurs über den Elitendiskurs hinaus zu universalisieren. Dies gelang insofern, als das es mit der Wahl von Nicolas Sarkozy nun eine deutliche Mehrheit für die Umsetzung neoliberaler Reformen in der Arbeitsmarkt- und Sozialpolitik gab, wurde Sarkozy doch vor allem deshalb gewählt, weil er den Bruch mit dem französischen Modell zu seinem wichtigsten Wahlkampfthema gemacht hatte. Obwohl es nun erstmals eine historische Mehrheit für den Bruch mit dem französischen Wohlfahrtsstaat gab, war die neoliberale Hegemonie von Anfang an brüchig. So konnten sich die Leitbilder und Deutungsmuster der neoliberalen Akteursgruppe im öffentlichen Diskurs nicht in vollem Umfang etablieren.

Mit dem Ausbruch der weltweiten Wirtschaftskrise in Europa wurde die neoliberale Hegemonie in Frankreich erschüttert und die wettbewerbsstaatlichen Deutungsmuster der neoliberalen Akteursgruppe massiv in Frage gestellt. Die Rentenreform 2010, welche in großen Teilen den Forderungen von MEDEF entsprach, konnte nur mithilfe des Drucks der europäischen Institutionen im Rahmen des Defizitverfahrens und der zwangsförmigen Politik der Regierung Fillon durchgesetzt werden. Die neoliberalen Akteure, v.a. Sarkozy und die UMP, scheiterten damit, das Projekt „Wettbewerbsfähigkeit" im Zuge der Krise neu zu formulieren und das Wettbewerbsnarrativ, wie auf der europäischen Ebene, stärker im öffentlichen Diskurs zu verankern. Die Krise des neoliberalen Projekts führte zu einer Radikalisierung des neoliberalen Diskurses und zur autoritäreren Form seiner Durchsetzung. Die Umsetzung der Rentenreform 2010 durch die Regierung Fillon kann damit als Startschuss für eine Radikalisierung des neoliberalen Projekts gewertet werden, welches sich seitdem teilweise nur durch die Umgehung korporatistischer und formaldemokratischer Verfahren umsetzen ließ.

Erst im Wahlkampf 2012 konnte das Projekt „Wettbewerbsfähigkeit" seine diskursive Wirkungsmacht neu entfalten und seine Deutungsmuster und Narrative im öffentlichen Diskurs verankern. Die Staatsschuldenkrise wurde von den neoliberalen Akteuren diskursiv von der Finanzkrise getrennt und die Ursache für die Staatsverschuldung nicht auf die Bankenrettung zurückgeführt, sondern auf die fehlende Wettbewerbsfähigkeit der französischen Wirtschaft:

> *"Many people say oh on the big crisis, the big recession, it was launched as a public finance problem - No! - as you know the public finance problem was there before [..]. And if you look at the figures, well France was beyond the 60 % before the crisis. So ok we already had a bad track record before the crisis. It's like when you are in the class and you are student. Your professors can see what grades you have and in a public finance aspect, France was a bad student"* (I/afep 2015).

Aufgrund der sich verstärkenden krisenhaften Entwicklung der französischen Wirtschaft und dem sich ebenfalls verstärkenden Druck durch die Europäischen Institutionen, im Zuge der krisenkonstitutionalistischen Entwicklungen auf der europäischen Scale, konnte das Schlüsselwort „Wettbewerbsfähigkeit" und seine Verknüpfung mit den Lohnkosten im öffentlichen Diskurs hegemonial werden. Vor allem die positive wirtschaftliche Entwicklung in Deutschland ermöglichte, dass die Reformen der Agenda2010 zu einem Leitbild im öffentlichen Diskurs avancierten und eng mit dem Projekt „Wettbewerbsfähigkeit" verknüpft wurden.

Zwar blieb die einseitig positive Bezugnahme auf die deutschen Reformen der Agenda 2010 und die Übernahme des Wettbewerbsnarrativ nicht unwidersprochen, jedoch konnte der Wettbewerbsdiskurs über den kleineren Elitendiskurs hinauswirken. Die Übernahme der neoliberalen Argumentationskette durch die sozialistische Regierung und die damit einhergehende angebotspolitische Wende machten nicht nur die starke Verankerung der neoliberalen Akteure in den dominanten Staatsapparaten deutlich, sondern zeigten auch eine starke Verschiebung des Kräfteverhältnisses zu Gunsten der neoliberalen Akteursgruppe an.

"On this issue is it very clear that the PS is doing a revolution, yes I would say a revolution, an intellectual revolution and saying: Oh yes we have a Problem in competitiveness and so we have to lower Taxes and social security contributions. This is very very important for us" (I/afep 2015).

Das politische Projekt "Wettbewerbsfähigkeit" kann jedoch nicht im Sinne von Bieling/Steinhilber (2000: 107) als hegemonial bezeichnet werden, da von dem Projekt weder ein „motivierender sozialer Mythos" ausgeht, noch große Bevölkerungsgruppen davon „elektrisiert und begeistert" sind. Die konsensuale Komponente von Hegemonie ist bei der Durchsetzung des Projekts Wettbewerbsfähigkeit nur begrenzt vorhanden, wie die Verabschiedung des *Loi Macrons* im Jahr 2015 deutlich machte.

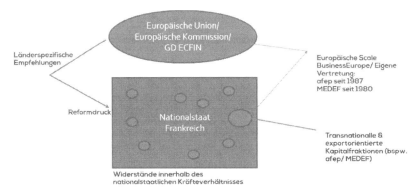

Abbildung1: *Schaubild: Multiskalare Strategie der neoliberalen Akteursgruppe. Quelle: eigene Darstellung*

Trotz der relativ guten Zustimmungswerte für radikalliberale Akteure wie Emmanuel Macron (38 %) und Manuel Valls (41 %) zeigen etwa die Auseinandersetzungen um das *Loi Macron* innerhalb des Blocks an der Macht - wie die kontinuierlichen schlechten Umfrageergebnissen für Francois Hollande und die hohen Wahlerfolgen der Front National - dass die partikularen Interessen der neoliberalen Akteure sich nicht universalisieren und nur ein kleiner Teil der französischen Bevölkerung in das Projekt eingebunden werden konnten. Dies liegt vor allem daran, dass die neoliberalen Akteure keine materiellen Zugeständnisse machten, um Teile der Subalternen in den Herrschaftsblock einzubinden.

Gleichzeitig haben die neoliberalen Reformen bisher nicht zu einem wirtschaftlichen Erfolg geführt, welcher allen Klassen zu Gute gekommen wäre. Vielmehr beruht die Durchsetzung des Projektes „Wettbewerbsfähigkeit" derzeit auf einer Art des passiven Konsens, welcher sich jedoch weniger durch eine aktive oder passive Zustimmung zum neoliberalen Projekt, als vielmehr durch eine Desillusionierung und Hilflosigkeit gegenüber den politischen Prozessen speist (I/PCF 2015). Diese Desillusionierung umfasst dabei nicht mehr nur die gesellschaftlich Ausgeschlossenen in den Banlieues der großen französischen Städte, sondern vielmehr große Teile der französischen Bevölkerung. Vielen erscheint die Umsetzung der neoliberalen Reformen mittlerweile als alternativlos, auch wenn sie von deren ökonomischem Nutzen nicht überzeugt sind, was sich zuletzt am *Loi Macron* zeigte (CSA 2015: 4).

Hinzu kommt eine Passivierung von Massen der Bevölkerung als Folge der Durchsetzung neoliberaler Politik. Der starke Anstieg der Privatverschuldung in Folge der Krise, die Lockerungen des Kündigungsschutzes sowie die Implementierung von Aktivierungselementen in die Arbeitslosenversicherung etc. führten zu einer individuellen Anrufung der Subalternen und einer Konfrontation mit scheinbar objektiven ökonomischen „Sachzwängen" (Adolphs/Karakayali 2007: 134). Diese erzeugten strukturellen Zwänge auf der Mikroebene tragen ebenfalls zu einer Passivierung der Subalternen und der speziellen Art des „passiven Konsens" bei.

Das Projekt „Wettbewerbsfähigkeit" beruht daher ganz wesentlich auf einer mehr oder weniger zwangsförmigen Umsetzung, welche seit dem Ausbruch der Krise und der Radikalisierung des neoliberalen Projekts in der zweiten Amtsperiode der Präsidentschaft Sarkozy einen offensichtlicheren Charakter angenommen hat. Vor allem die Ausweitung und Festschreibung einer offenen autoritären Austeritätspolitik auf der europäischen Scale im Zuge des europäischen Krisenkonstitutionalismus führte auf der nationalen Scale zu einem verstärkten Reformdruck. Für die neoliberalen Akteure spielt die europäische Scale und die im Zuge der krisenkonstitutionalistischen Prozesse geschaffenen Instrumente für ihre multiskalare Strategie eine wichtige und herausgehobene Rolle (I/afep 2015):

> *„I will say that, we pay a very big attention to the recommendations. The semester procedure is for us very important [...]. And when we view the different recommendations of the commission, it is exactly what we think: Lower level of public expense, lower level of taxation, labour market etc."* (I/MEDEF 2015).

Denn es waren vor allem die transnationalen und exportorientierten Akteure, welche ihre privilegierten Zugänge zu den europäischen Institutionen nutzten und somit aktiv auf die europäische Politikformulierung Einfluss nehmen konnten (Apeldoorn 2014: 194; Heinrich/Jessop 2013: 26ff). Mit der Verschärfung der makroökonomischen Überwachung der EU-Mitgliedsländer durch die Kommission, mit der Einführung des Europäischen Semesters, wurde es für die transnationalen und exportorientierten Kapitalfraktionen möglich, ihre partikularen Interessen über die strukturellen Kanäle des europäischen Staatsapparatenensembles in die nationale Politikformulierung zu implementieren (I/afep 2015; I/MEDEF 2015). Wie oben dargestellt wurde, existierte eine gewisse Komplementarität[124] zwischen den Empfehlungen der Kommission und den Forderungen der neoliberalen Akteure im Untersuchungszeitraum. Über die länderspezifischen Empfehlungen und das Defizitverfahren wurde der Reformdruck in der Arbeitsmarkt- und Sozialpolitik erhöht und die Forderungen der neoliberalen Akteure in den Auseinandersetzungen auf der nationalen Scale verstärkt, womit das nationale Kräfteverhältnis zu Gunsten der neoliberalen Akteure verschoben werden konnte.

Es deutet daher vieles daraufhin, dass es die skalare Strategie der neoliberalen Akteure möglich machte, die eigenen Interesse in die Politikformulierungen der europäischen Staatsapparate, allen voran der Generaldirektion für Wirtschaft und Finanzen einzuschreiben, welche dann in Form der länderspezifischen Empfehlungen oder der Empfehlungen im Zuge des Defizitverfahrens auf nationaler Ebene reformuliert wurden[125] (Huke/Syrovatka 2012: 11). Dies lässt den Schluss zu, dass die verstärkte europäische Austeritätspolitik ein Möglichkeitsfenster für die transnationalen und exportorientierten Akteure eröffnete, ihre Interessen mithilfe des Drucks der europäischen Scale durchzusetzen und ihre Forderungen im Diskurs zu etablieren (vgl. Abbildung 1).

Die Machtressourcen der neoliberalen Akteursgruppe sind außerordentlich vielseitig und stark. So verfügen die neoliberalen Akteure über einen privilegierten Zugang zu den europäischen Institutionen genauso wie zu wichtigen Staatsapparaten, wie dem Wirtschafts- oder Finanzministerium (Quittkat 2006, 2015). Des Weiteren besitzen die neoliberalen Akteure ein weitverzweigtes Netz an organischen Intellektuellen und einflussreiche Think Tanks in den Medien, der Wissenschaft, der Wirtschaft und in den staatlichen Apparaturen[126]. Hier seien vor allem der *Cercle des Economistes* oder die *Fondation pour l'innovation politique* als einflussreiche Think Tanks und Jean Pisani-Ferry, Jean-Marie Chevalier oder Patrick Artus als wichtigste organische Intellektuelle der neoliberalen Akteursgruppe genannt.

Vor allem aber die starke Verknüpfung zwischen den verschiedenen medialen, wissenschaftlichen und staatlichen Eliten stellt eine wichtige Machtressource

---

[124] Oftmals erwiesen sich die Empfehlungen der Europäischen Kommission radikaler als die Forderungen der französischen Unternehmensverbände. Dies erklärt sich dadurch, dass die Politikformulierung der europäischen Staatsapparate selbst als Verdichtung von Kräfteverhältnissen gefasst werden muss, weshalb auch die Interessen anderer Akteure, wie bspw. des deutschen Exportkapitals mit in das Kräfteverhältnis einfließen. So vertritt MEDEF bspw. innerhalb des europäischen Lobbyverbundes BusinessEurope weniger neoliberale Positionen als bspw. der polnische Unternehmensverband LEWIATHAN (I/CGT 2015).

[125] Dabei orientierten sich die französischen Kapitalverbände auf der europäischen Ebene vor allen an den deutschen Akteuren, da sie diese als hegemonial innerhalb des Europäischen Rates ansahen (afep 2013: 40f; Quittkat 2015).

[126] In diesem Netzwerk sind die Übergänge oft fließend. So waren viele BeraterInnen des Präsidenten vor oder nach ihrer Tätigkeit in der Wirtschaft oder in wissenschaftlichen Einrichtungen tätig.

in den Auseinandersetzungen in den Arenen der Zivilgesellschaft dar. Dabei beschränkt sich dieses Netzwerk nicht auf die nationalstaatliche Scale, sondern umfasst ebenfalls Eliten anderer - oftmals europäischer und frankophoner - Länder und das Staatspersonal europäischer Institutionen[127]. Diese Elitennetzwerke der neoliberalen Akteure garantieren dabei oftmals eine hohe Wirkungskraft bei der Durchsetzung von politischen Forderungen und Interessen (Uterwedde 2009a: 105). Gerade im Vorfeld umstrittener Reformen definieren „Expertenberichte" von WissenschaftlerInnen und ÖkonomInnen aus den neoliberalen Elitennetzwerken den Rahmen, in dem sich die öffentliche Diskussion bewegt. Gleichzeitig geben die großen Medienkonzerne und wichtigen Zeitungen und Zeitschriften, wie etwa die überregionale Tageszeitung *La Figaro*, den neoliberalen Akteuren eine Plattform, um ihre Forderungen und Interesse zu begründen und sie als Allgemeininteresse zu universalisieren. Hinzu kommt eine enorme strukturelle Macht, welche aus der exponierten Stellung der neoliberalen Akteure im Produktionsprozess herrührt und welche ihnen die Möglichkeit gibt, über Arbeitsplatzverlagerungen, Stellenstreichungen oder Investitionen zu entscheiden. Diese strukturelle Macht verbindet sich mit einer hohen finanziellen Macht der transnationalen Unternehmen, welche es den neoliberalen Akteuren bspw. ermöglicht, große Kampagnen und ein starkes Lobbying zu finanzieren. So werden etwa die neoliberalen Akteure auf der europäischen Scale nicht nur durch eigene Büros in Brüssel repräsentiert, sondern ebenfalls durch europäische Lobbydachorganisationen wie BusinessEurope.

7.1.2 Etatistisch-Jakobinische Akteurskonstellation

Die etatistisch-jakobinische Akteursgruppe verfolgt eine wohlfahrtsstaatliche Strategie und versucht, die sozialen Errungenschaften der fordistischen Nachkriegsperiode gegen die Angriffe der neoliberalen Akteursgruppe zu verteidigen. Sie bezieht sich positiv auf die fordistischen Arrangements der *Trente Glourious* und einer staatlichen Steuerung der Wirtschaft, womit sie auf einem Primat der Politik über die Ökonomie beharrt. Der Staat ist demnach für diese Akteursgruppe die zentrale Steuerungs- und Regulierungsinstanz und somit auch Ansprechpartner und Adressat von Protesten und Forderungen. Diese zentrale Stellung wird dem Staat nicht nur für Bereiche wie der Arbeitsmarkt- und Sozialpolitik zugeschrieben, sondern ebenfalls auch bei privatwirtschaftlichen oder betrieblichen Konflikten.

---

[127]Vor allem die Öffnung der staatlichen Elitehochschulen und deren Kooperation mit den Hochschulen anderer Länder führte zu einer starken Verzahnung französischer mit anderen europäischen Eliten. Die deutsch-französischen Doppelmaster der SciencePo oder der HEC mit der Freien Universität Berlin seien hier als Beispiel genannt.

Die direkte Verbindung zwischen den BürgerInnen und dem Staat entspricht dabei dem Republikverständnis seit der französischen Revolution, das gleichzeitig mit einem gewissen Misstrauen gegenüber Zwischengewalten einhergeht, welche diesen „republikanischen Pakt" verwässern könnten (ebd.: 99). Aus diesem Grund steht diese Akteursgruppe den korporatistischen Foren und Institutionen zur Konfliktregelung und Konsensproduktion, wie dem Sozialen Dialog, eher ablehnend und skeptisch gegenüber. Vielmehr verfolgt die etatistisch-jakobinische Akteursgruppe vor allem eine außerparlamentarische als eine korporatistische Strategie, um ihre Interessen und Forderungen zu artikulieren. Mit der Staatsfixiertheit und dem positiven Bezug auf die *Trente Glourious* können die etatistisch-jakobinischen Akteure dem Leitbild des etatistisch-republikanischen Antiliberalismus zugeordnet werden. Dies zeigt sich etwa in der inhaltlichen Formulierung eines alternativen Politikkonzepts zu den Reformen und Veränderungen seit dem U-Turn von Francois Mitterand. So fordern die Akteure einen nachfrageorientierten Kurs in der Wirtschaftspolitik, eine Umverteilung des Reichtums zugunsten der Masseneinkommen sowie die Wiederaufnahme einer staatlichen Industrieförderung (I/PCF 2015; I/CGT 2015). Zusammengenommen zielt ihr Engagement auf die Verteidigung und den Ausbau des binnenmarktgestützten Akkumulationsmodells.

Bezogen auf den Untersuchungsgegenstand, stellen für die etatistisch-jakobinische Akteursgruppe der Wohlfahrtsstaat und die arbeitsrechtlichen Regelungen des *Code du travail* (Arbeitsgesetzbuch) die grundlegenden Errungenschaften in der französischen Geschichte dar, welche verteidigt und ausgebaut werden müssen. Die wichtigsten Forderungen der Akteursgruppe waren daher vor allem defensiv und bezogen sich auf den Erhalt der bisherigen wohlfahrtsstaatlichen und arbeitsrechtlichen Arrangements. Die weitgehendsten eigenen Reformvorschläge bezüglich des Untersuchungsgegenstandes waren vor allem die Einführung einer zusätzlichen Finanzierungquelle der Sozialversicherungen über eine Steuer auf Finanzmarktgeschäfte und Vermögen sowie die Einführung einer lebenslangen Sicherung von Arbeit und Ausbildung, die sogenannten *sécurité de l'emploi et de la formation pour un travail de qualité* (Morin 2001; I/ PCF). Zudem brachte die etatistisch-jakobinische Akteursgruppe als Instrument gegen den weiteren Anstieg der Arbeitslosigkeit immer auch den Vorschlag einer Reduktion der Wochenarbeitszeit auf 32 Stunde in die Debatte ein.

Zu dieser Akteursgruppe können die linken Parteien wie die PCF, die Parti de Gauche oder die Nouveau Parti Anticapitalist (NPA) ebenso wie die linken Gewerkschaften CGT, SUD und FSU gezählt werden. Auch eine große Anzahl an NGOs wie attac oder verschiedene Initiativen wie *AC!* oder die *Mouvement national des chômeurs et précaires* können der etatistisch-jakobinischen Akteursgruppe zugeordnet werden. Die Gewerkschaft FO kann, bezogen auf den Untersuchungsgegenstand, ebenso am ehesten in diese Akteursgruppe eingeordnet wer-

den, ist jedoch in ihrer strategisch-inhaltlichen Ausrichtung, je nach Diskussions-
gegenstand, flexibel. Von den meisten anderen Akteuren der Akteursgruppe wird
die FO nicht zur etatistisch-jakobinischen Akteursgruppe gezählt. Die soziale Basis der etatistisch-jakobinischen Akteursgruppe ist vor allem die klassische Industriearbeiterklasse, welche insbesondere im Norden und Süden des Landes zu
finden ist und die aufgrund der starken Deindustrialisierungsprozesse akut in ihrer
Existenz bedroht ist. Zudem unterlag die Lebensrealität dieser Klassenfraktion
seit dem Ende des Colbertismus und der staatlichen Industrieförderung einem
grundlegenden Wandel. Gerade der Norden Frankreichs ist heute durch eine hohe
Arbeitslosigkeit, Prekarisierung und einer starken Armut[128] geprägt (Jany-
Catrice/Lallement 2013: 170). Daneben stützt sich die etatistisch-jakobinische
Akteursgruppe vor allem auf die Angestellten des öffentlichen Dienstes und der
staatlichen bzw. halb-staatlichen Betriebe. Ebenfalls können Arbeitslose, prekär
Beschäftigte und Studierende sowie vermehrt MigrantInnen zur sozialen Basis
dieser Akteursgruppe gezählt werden (I/CGT 2015).

Die Wirtschaftskrise ab 2007 wird von den Akteuren als tiefste Wirtschaftskrise seit dem Zweiten Weltkrieg und als eine globale systemische Krise des kapitalistischen Systems analysiert und interpretiert (ebd.). Gleichzeitig wies die e-
tatistisch-jakobinische Akteursgruppe auf spezifische Krisenursachen in Frankreich hin. So sieht sie die Wurzeln der französischen Wirtschaftskrise in der Dein-
dustrialisierungspolitik, einer fehlenden Nachfrage sowie in den individuellen
Fehlern der französischen Unternehmen, Innovationen voranzutreiben und ihre
Produkte auf den Märkten zu platzieren (ebd.; I/PCF 2015). Mit ihrer Argumentation verweigerte sich die Akteursgruppe auch einer Standortpolitik nach dem
Vorbild des deutschen Krisenkorporatismus[129].

Das Schlüsselwort ihres Diskurses ist „Deindustrialisierung", mit dem sie
nicht nur ihre Krisenanalyse, sondern ebenfalls ihr politisches Projekt eines neuen
staatlichen Interventionismus und eines Colbertismus 2.0 verknüpfen:

> *„Also es würde, man würde brauchen in Frankreich zum Beispiel ein gro-
> ßes alternatives Projekt wie man ein neues System von staatlicher Inter-
> vention in der Wirtschaft oder in der Industrie, also sozusagen definiert
> und damit irgendwie sozusagen die Vorzüge der französischen Wirtschaft,
> soweit diese noch existieren, in den Vordergrund zu stellen"* (I/PCF 2015).

---

[128] Ein eindrucksvolles Bild über die Verarmung der Industriearbeiterklasse im Norden Frankreichs
zeichnet Eduard Louis (2014) in seinem autobiographischen Roman „*En finir avec Eddy Bellegueule*", welcher 2014 eine große Diskussion über die Armut in Frankreich auslöste.
[129]Siehe dazu: Deppe (2012: 133) oder Syrovatka (2012).

In der Auseinandersetzung um die Reformpolitik im Arbeitsmarkt- und Sozialbereich agieren die Akteure im Untersuchungszeitraum jedoch aus einer Defensivposition heraus und schafften es nicht, ihre politischen Projekte im gesellschaftlichen Diskurs zu verankern. Vielmehr konzentrierte sich die Strategie der Akteursgruppe auf die Infragestellung des „Wettbewerbsdiskurses" der neoliberalen Akteursgruppe, was bis 2012 auch teilweise erfolgreich war. Zudem blieb auch die Verteidigung der sozialen Errungenschaften grundlegend defensiv und wurde nur selten an alternativen Vorschlägen gekoppelt und diskursiv verbunden. Oftmals erschöpfte sich die Verteidigung in der Benennung negativer sozialer Folgen bestimmter Reformen und Sparanstrengungen. Dies führte dazu, dass die etatistisch-jakobinische Akteursgruppe im öffentlichen Diskurs nicht als Träger progressiver politischer Projekte wahrgenommen wurde, sondern vielmehr als Bewahrer sozialer Errungenschaften, bzw. als Blockierer einer Modernisierung der französischen Wirtschaft (Ifop 2014: 5). Aufgrund der krisenhaften Entwicklung der französischen Wirtschaft wurde diese Rolle in der Öffentlichkeit negativ bewertet, was sich nicht zuletzt in einem Vertrauensverlust der Bevölkerung und oftmals auch der eigenen sozialen Basis widerspiegelte.

Der Handlungskontext für die etatistisch-jakobinischen Akteursgruppe unterscheidet sich dabei stark in den Amtszeiten der Präsidenten Sarkozy und Hollande. In der Zeit der Präsidentschaft von Nicolas Sarkozy versuchten die etatistisch-jakobinischen Akteure, allen voran die PCF und die CGT, Bündnisse mit den sozial-liberalen Akteuren gegen die Reformpolitik der Regierung einzugehen (I/PCF 2015; I/CGT 2015).

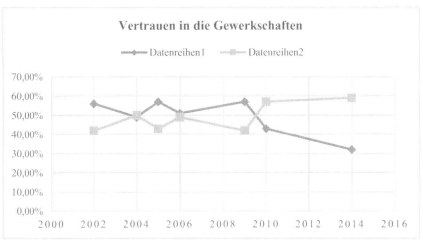

Diagramm 6: *Vertrauen in die Gewerkschaften. Quelle: CSA 2013; Opinionway 2014*

Diese Strategie ging punktuell auf und führte gerade bei den Protesten gegen die Rentenreform 2010 zu einer starken und kraftvollen Mobilisierung. Gleichzeitig führten diese Bündnisse mit den sozialliberalen Akteuren zu Auseinandersetzungen innerhalb des etatistisch-jakobinischen Lagers, da die Bündnisse oftmals auf Kosten der inhaltlichen und taktischen Radikalität gingen und nicht selten zu einer Übernahme von sozialliberalen Argumentationsmustern führten. Diese Strategie der Formierung von breiten gesellschaftlichen Bündnisse gegen die Reformpolitik der neoliberalen Akteure führte innerhalb der größeren etatistisch-jakobinischen Akteure, wie etwa dem CGT, zu einer Zerreißprobe zwischen der eigenen inhaltlichen Identität, der taktischen Ausrichtung der Basis und den strategischen Überlegungen der Führung. Dennoch gelang es den etatistisch-jakobinischen Akteuren in diesem Untersuchungszeitraum erfolgreich, den Wettbewerbsdiskurs der neoliberalen Akteure in Frage zu stellen und auch eigene Narrative und Diskursfragmente in der öffentlichen Diskussion zu verankern.

Gerade die Analyse der Krise als systemische Krise des Kapitalismus wurde zu Beginn der Amtszeit Sarkozys von vielen Eliten bis weit in das konservative und neoliberale Lager übernommen, sodass bestimmte Diskurselemente der etatistisch-jakobinischen Akteursgruppe zumindest kurzfristig als hegemonial bezeichnet werden können. Jedoch gelang es der Akteursgruppe nicht, die veränderten Handlungsbedingungen und Diskurse durch die Weltwirtschaftskrise politisch für sich zu nutzen und in eine offensivere Position zu übersetzen. Vielmehr blieben die Antworten der etatistisch-jakobinischen Akteure im Rahmen alter, an die fordistischen Arrangements anknüpfenden, Konzepte verhaftet, weshalb sie gesamtgenommen nicht als kohärente und zukunftsgestaltende Antwort auf die drängenden Probleme der französischen Gegenwart wahrgenommen wurden.

Diese Defensivposition machte es für die etatistisch-jakobinischen Akteure immer schwieriger, die Diskursinterventionen der neoliberalen Akteure in Frage zu stellen, zumal der internationale Erfolg des deutschen Exportmodells die Verknüpfung zwischen der preislichen Wettbewerbsfähigkeit französischer Unternehmen und der wirtschaftlichen Situation innerhalb des Diskurses immer plausibler erscheinen ließ. Zum Ende der Amtszeit Sarkozys fand sich die Akteursgruppe daher deutlich in der Defensive, auch weil die sozialliberalen Akteure nach der politischen Niederlage um die Rentenreform 2010 fortan einer gemeinsamen Bündnispolitik skeptisch gegenüberstanden und sich die Spaltung in der Gewerkschaftsbewegung wieder deutlich vertiefte.

Die Wahl Francois Hollande zum Präsidenten verschärfte diese Defensivposition der etatistisch-jakobinischen Akteursgruppe noch, erzwang doch der neoliberale Wandel innerhalb der Sozialdemokratie einen radikalen Strategiewechsel. So sahen die Akteure in der Wahl Hollandes die Möglichkeit, nicht nur in Frankreich, sondern auch in der Europäischen Union einen Politikwechsel einzuleiten (I/PCF 2015). Als sich diese Hoffnung jedoch nicht erfüllte und Hollande Ende 2013/ Anfang 2014 eine angebotspolitische Wende vollzog, führte dies bei den etatistisch-jakobinischen Akteuren zu einer starken Irritation und einer gewissen politischen Lähmung (ebd.: 126 – 128). Die Übernahme des Wettbewerbsdiskurses durch die neue Regierung Valls verdeutlichte daher nicht nur die starke Diskursverschiebung zugunsten der neoliberalen Akteure seit 2007, sondern auch die Krise der etatistisch-jakobinischen Akteursgruppe und ihrer politischen Initiativen. Die Wandlung der Sozialdemokratie innerhalb der Regierung machte nicht nur eine starke linke Front durch ein Bündnis mit den sozialliberalen Akteuren unmöglich, sondern führte auch zu einem Glaubwürdigkeitsverlust linker Alternativen (ebd.). Dieser Glaubwürdigkeitsverlust machte sich nicht zuletzt in den schlechten Wahlergebnissen der linken Gewerkschaften bei den Betriebsratswahlen und der linken Parteien bei Regional- und Europawahlen bemerkbar.

Zugleich führt der, durch die angebotspolitische Wende der sozialistischen Regierung erzwungene Strategiewechsel zu starken Auseinandersetzungen um die zukünftige strategische Ausrichtung innerhalb und zwischen den Akteuren der etatistisch-jakobinischen Akteursgruppe. Während es vor allem in der PCF und dem CGT relevante Teile gibt, welche auch aus strukturellen Gründen an einer weiteren Bündnisorientierung mit den sozialliberalen Akteuren festhalten wollen, plädieren andere Gruppen für eine strategische Neuausrichtung und einen Konfrontationskurs gegenüber der Reformpolitik. Somit umfasst die Strategie der etatistisch-jakobinischen Akteursgruppe nach der angebotspolitischen Wende der sozialistischen Regierung zweierlei: Zum einen wird versucht, Bündnisse mit progressiven Kräften innerhalb der sozialliberalen Akteursgruppe anzustreben und andererseits eine Konfrontationsstrategie zu verfolgen, welche hauptsächlich durch eine gemeinsame Mobilisierung zu Demonstrationen und Aktionen realisiert wird. So gibt es etwa innerhalb der CGT den Versuch, bei einzelnen Aktionen punktuelle Bündnisse mit den reformistischen Gewerkschaften einzugehen. Ebenfalls versuchen die linksradikalen Parlamentarier in der Assemblée Nationale , vereinzelt Parlamentarier und Mitglieder der *Frondeur* aus dem Regierungsblock herauszubrechen (ebd.: 317 – 323).

Beide Strategien blieben jedoch bisher in ihrer Wirksamkeit ernüchternd, da sie es nicht schafften, die offensichtliche Krise der etatistisch-jakobinischen Akteursgruppe zu beenden. Vielmehr führten die Richtungsauseinandersetzungen innerhalb der einzelnen Akteure dazu, dass sich die Krise der Akteursgruppe weiter vertiefen konnte[130].

Die Defensivposition der Akteursgruppe hat dabei strukturelle wie auch inhaltlich-strategische Gründe. Der Hauptgrund für die Schwäche der etatistisch-

---

[130] Während der CGT innerhalb der Auseinandersetzungen um das *Loi Macron*, aufgrund der innerorganisatorischen Grabenkämpfe, kaum handlungsfähig war, wäre die Front de Gauche beinahe nicht zu den Europawahlen angetreten, da sich die PCF und die PdG nicht auf einen gemeinsamen Wahlvorschlag einigen konnten.

jakobinischen Akteursgruppe ist das Fehlen eines kohärenten gegenhegemonialen Projektes, welches nicht nur das neoliberale Projekt „Wettbewerbsfähigkeit" in Frage stellen, sondern gleichzeitig eine progressive Zukunftsvision offenbaren muss, ohne auf alte und unmoderne, fordistische Konzeptionen zurückzugreifen. Der weiterhin in weiten Teilen des etatistisch-jakobinischen Lagers verbreitete positive Bezug auf die Atomkraft oder die einseitige Fokussierung auf die Industrie sind aus dieser Perspektive eher negativ zu bewerten, können solche Positionen nicht als zukunfts- und mehrheitsfähige Politikkonzepte bezeichnet werden.

Auch die weiterhin verfolgte Aufgabentrennung zwischen den linken Parteien und Gewerkschaften sowie die ideologischen Spannungen zwischen den beiden großen linken Gewerkschaften FO und CGT tragen zu einer Schwächung der Akteursgruppe bei (Pernot 2010: 192ff). Gleichzeitig haben die Dominanz der neoliberalen Akteure und die teilweise erfolgreiche Durchsetzung ihrer politischen Projekte zu einer Prekarisierung von Arbeitsverhältnissen und zu einer Erosion der sozialen Basis der etatistisch-jakobinischen Akteursgruppe geführt. Dies schwächte vor allem die linken Gewerkschaften insofern, als das nicht nur ihre soziale Basis mehr und mehr erodierte, sondern sich ebenfalls ein Interessenwiderspruch zwischen den gut abgesicherten FacharbeiterInnen sowie MitarbeiterInnen im öffentlichen Dienst und den prekär beschäftigten Leih- und TeilzeitarbeiterInnen sowie Langzeitarbeitslosen entwickelte. Diesen Widerspruch gelang es den Akteuren bisher nicht aufzulösen.

Zudem blieb die strategische Orientierung der Akteursgruppe, bezogen auf den Untersuchungsgegenstand, auf den nationalen Handlungsrahmen beschränkt und erschöpfte sich oftmals in der Anrufung des Nationalstaates als zentrale Regulationsinstanz und im Lobbying von parlamentarischen Entscheidungsträgern (I/PCF 2015). Zwar sind vor allem die großen Akteure der Akteursgruppe, wie die CGT oder die Front de Gauche, durch ihre jeweiligen europäischen Verbände und Fraktionen auf der europäischen Scale präsent, jedoch wurde die europäische Ebene im Untersuchungszeitraum als Arena für Auseinandersetzungen über die französische Reformpolitik von den Akteuren größtenteils unterschätzt. Daher war die etatistisch-jakobinische Akteursgruppe auf dem europäischen Scale kaum aktiv und konzentrierte sich vielmehr auf den nationalen Handlungsrahmen (I/CGT 2015). Die Ursache dafür liegt neben einer oftmals strategischen Fehleinschätzung der europäischen Handlungsebene auch in der strukturellen Einbindung spezifischer Akteure des etatistisch-jakobinischen Lagers in spezielle Staatsapparate des französischen Nationalstaates. Die nationale Maßstabsebene bietet für die Akteursgruppe, aufgrund der kohärenten Zivilgesellschaft und spezifischer struktureller Selektivitäten in bestimmten Staatsapparaten, deutlich bessere Möglichkeiten ihre Interessen in die nationalstaatlichen Politikformulierung einzuschreiben, als die europäische Scale.

Die etatistisch-jakobinische Akteursgruppe kann auf eine Vielzahl an Machtressourcen zurückgreifen, auch wenn diese im Untersuchungszeitraum durch die Krise und den Vertrauensverlust in die Gewerkschaften und linken Parteien teilweise deutlich abnahmen. So verfügt die Akteursgruppe über einige alternative Think Tanks und organische Intellektuelle, welche im öffentlichen Diskurs wahrgenommen werden. So etwa die Think Tanks *Espace Marx* oder *Les économistes atterrés*, denen eine ganze Reihe einflussreicher WissenschaftlerInnen und ÖkonomInnen angehören und welche mithilfe von „Gegen-Expertisen" in den öffentlichen Diskurs intervenieren und somit der Akteursgruppe eine gewisse wissenschaftliche Reputation verleihen. Darüber hinaus verfügt die Akteursgruppe über einige öffentliche Persönlichkeiten und organische Intellektuelle, welche – wie etwa der Vorsitzende der PdG, Jean-Luc Melenchon – landesweit bekannt und regelmäßig in den verschiedenen nationalen und regionalen Medien präsent sind.

Zudem kann sich die Akteursgruppe auf eine Vielzahl an kleinen und mittelgroßen Publikationen, Zeitschriften und Tageszeitungen stützen. Zu nennen seien hier vor allem die kommunistische Tageszeitung *L'Humanité*, die Wirtschaftszeitschrift *Economie et Politique* oder die CGT-nahen Zeitschriften *La Revue Pratique de Droit Social* und *La Nouvelle Vie Ouvrière*. Zudem kann sich die Akteursgruppe auf gewisse strukturelle und organisatorische Macht stützen, verfügen die linken Gewerkschaften doch über einen guten Organisationsgrad im öffentlichen Dienst und in staatlichen Unternehmen, wie der SNCF und der RATP. Somit besteht ein gewisses Drohpotenzial der etatistisch-jakobinischen Akteursgruppe gegenüber den staatlichen und wirtschaftlichen Eliten. Zudem verfügt die Akteursgruppe mit den linken Parteien und Gewerkschaften über einen Funktionärsapparat und finanzielle Ressourcen, um größere Kampagnen finanzieren und stemmen zu können.

7.1.3 Sozialliberale Akteursgruppe

Die sozialliberale Akteursgruppe umfasst hauptsächlich das sozialdemokratische und linksliberale politische Spektrum in Frankreich und verfolgt allgemein eine reformorientierte Strategie. Mit ihren Wurzeln in den Modernisten-Netzwerken der 1980er Jahre vertritt die Akteursgruppe eine grundlegende Kritik am Etatismus, da der Zentralstaat aus ihrer Perspektive den ökonomischen Herausforderungen der Globalisierungsprozesse nicht gewachsen ist (Steinhilber 2000: 19). Aufgrund dieser anti-etatistischen und modernistischen Grundausrichtung kann die sozialliberale Akteursgruppe daher dem Leitbild des reformistischen Modernismus zugeordnet werden (Uterwedde 2009a: 103). Als Gegenentwurf fordern die sozialliberalen Akteure eine Dezentralisierung und Entstaatlichung von nicht direktstaatlichen Aushandlungs- und Entscheidungsprozessen, d.h. eine Übertragung von Entscheidungskompetenzen auf zivilgesellschaftliche Akteure und Verbände.

Dieses erste Leitmotiv der sozialliberalen Akteursgruppe umfasst dabei vor allem die Stärkung von jenen Aushandlungsprozessen, welche staatlichen Entscheidungen vorgelagert sind. So unterstützen die sozialliberalen Akteure etwa die weitere Etablierung des Soziale Dialog auf nationaler und vor allem auf betrieblicher Ebene. Diese Aufwertung sozialpartnerschaftlicher Aushandlungsprozesse und Vereinbarungen gegenüber gesetzlichen Regelungen war dabei primäres Ziel beim Agieren dieser Akteursgruppe im Untersuchungszeitraum, wobei sich die sozialliberalen Akteure an dem Modell der sozialpartnerschaftlichen Mitbestimmung, wie sie etwa in Deutschland praktiziert wird, orientierten (Duval 2014: 41ff).

Das zweite Leitmotiv der sozialliberalen Akteure ist die Dezentralisierung und Entbürokratisierung ökonomischer Regelungen und Vorschriften sowie auch eine allgemeine Verschlankung des, aus ihrer Sicht, immer weniger steuerungsfähigen Zentralstaates. Hier werden die starken Bezüge auf den politischen Liberalismus deutlich, weshalb auch grundsätzliche strategisch-inhaltliche Parallelen und Überschneidungen zur neoliberalen Akteursgruppe existieren. Das dritte Leitmotiv der sozialliberalen Akteure ist eine konzeptionelle Verknüpfung einer generell angebotspolitischen Arbeitsmarkt- und Sozialpolitik mit einer nachfrageorientierten Wirtschaftspolitik in Form von staatlichen Investitionsprogrammen. Damit wendete sich die sozialliberale Akteursgruppe vom Beginn der Krise an gegen eine reine Austeritätspolitik und forderte stattdessen eine staatliche Investitionspolitik, welche die strukturellen Reformen flankieren und unterstützen sollte. Dieses Leitmotiv materialisierte sich nicht zuletzt in dem Drängen der sozialistischen Regierung Ayrault zum Beginn ihrer Amtszeit, auf der europäischer Ebene ein gemeinsames Investitionsprogramm zu beschließen (Clift/Ryner 2014).

Bezogen auf den Untersuchungsgegenstand bedeutet dies, dass die sozialliberale Akteursgruppe im Untersuchungszeitraum das strategische Ziel verfolgte, die Fragmentierungen des Arbeitsmarktes durch eine stärkere Flexibilisierung der Arbeitsverhältnisse und eine Stärkung sozialpartnerschaftlicher Vereinbarungen auf der betrieblichen Ebene zu verringern. Dieser Flexibilisierung sollte jedoch im Gegenzug durch eine bessere Betreuung und berufliche Bildung entgegengewirkt werden, sodass neue Arbeitsplätze nicht nur geschaffen werden, sondern bestehende ebenso erhalten bleiben. Dabei stand die Akteursgruppe oftmals vor einem Dilemma, waren doch die meisten, als Sachzwänge empfundenen, Flexibilisierungserfordernisse in der Arbeitsmarktpolitik mit dem Schutz von ArbeitnehmerInnenrechten nur selten vereinbar. Die sozialliberalen Akteure vermochten dieses Dilemma nur selten aufzulösen.

Gleichzeitig forcierten die sozialliberalen Akteure den Umbau der Sozialversicherungssysteme, welche sie, aufgrund der teilweise hohen finanziellen Defizite, als nicht zukunftsfähig betrachteten. Ihre Vorschläge für Umstrukturierungen der Versicherungssysteme zielten daher darauf, die finanzielle Tragfähigkeit langfristig zu erhalten, ohne jedoch die Unternehmen weiter zu belasten. Die wohlfahrtsstaatlichen Arrangements waren für diese Akteursgruppe ein wesentliches Ziel ihrer Reformbemühungen, welche oftmals auch die strukturelle Umgestaltung, wie etwa bei der Reform der Arbeitslosenversicherung, beinhaltete. Die Strategie der Akteursgruppe, bezogen auf die Sozialversicherungssysteme, beinhaltete dabei zweierlei: Zum einen traten die Akteure im Untersuchungszeitraum sowohl für die Schaffung alternativer Finanzierungsquellen zur Stabilisierung der finanziellen Tragfähigkeit der Versicherungssysteme auf, als auch zum anderen für den Erhalt des umlagefinanzierten Systems durch eine Erhöhung von Beitragszeiten und strukturellen Einsparungen. Eine vollständige Transformation der Sozialversicherungssysteme in ein steuerfinanziertes Grundsicherungssystem lehnten die sozialliberalen Akteure dagegen ab.

Der sozialliberalen Akteursgruppe können die reformistischen Gewerkschaften CFDT, CFE-CFE-CGC, CFTC und UNSA zugeordnet werden. Ebenfalls gehört ihr der linke Flügel der sozialistischen Partei an, welcher sich im Parlament als *Frondeur* und in der Partei als „*Vive la Gauche*" organisiert. Bis zur angebotspolitischen Wende der Regierung Valls im Jahr 2013 kann auch die Sozialistische Partei bzw. ihr Mehrheitsflügel zur sozialliberalen Akteursgruppe gezählt werden. Punktuell und kontextabhängig kann auch die linke Gewerkschaft FO der sozialliberalen Akteursgruppe zuordnet werden. Die soziale Basis der Akteursgruppe sind hauptsächlich die Beschäftigten in den privaten, oftmals kleinen und mittelständischen Betrieben, ebenso Selbstständige sowie zum Teil auch leitende Angestellte (*Cadres*) großer Unternehmen.

In der ersten Hälfte des Untersuchungszeitraums verfolgte die sozialliberale Akteursgruppe eine relativ flexible Strategie und Bündnisorientierung mit dem Ziel, ihren Einfluss auf den Reformprozess durch den Ausbau institutioneller Macht zu vergrößern, wobei sie gleichzeitig riskantere Entscheidungen vermied, um einen Verlust an organisatorischer wie an institutioneller Macht zu verhindern (Artus/Holland 2013: 145). So verfolgten die sozialliberalen Akteure im Präsidentschaftszeitraum von Nicolas Sarkozy tendenziell die strategische Bildung eines wettbewerbskorporatistischen Blocks mit der neoliberalen Akteursgruppe und einzelnen Staatsapparaten. Die traditionelle Bündnisorientierung auf die etatistisch-jakobinische Akteursgruppe wurde nur dann forciert, wenn es von Seiten der staatlichen Apparate kein Verhandlungsangebot an die sozialliberalen Akteure gab oder der soziale Dialog umgangen wurde. Das Bündnis mit der etatistisch-jakobinischen Akteursgruppe wurde in den Reformauseinandersetzungen also nur dann gesucht, wenn die gemeinsamen, oftmals außerparlamentarischen, Proteste als Drohpotenzial dienen konnten, um die Regierung an den Verhandlungstisch zu zwingen sowie den herrschenden Block zu materiellen Zugeständnissen zu bewegen.

Die sozialliberale Akteursgruppe strebte mit der Formierung eines wettbewerbskorporatistischen Blocks vor allem eine Aufwertung korporatistischer Verhandlungsarenen, wie den Sozialen Dialog, zwischen den Sozialpartnern an. Der Soziale Dialog stellte auch in der zweiten Hälfte des Untersuchungszeitraums das primäre Handlungsfeld für die sozialliberale Akteursgruppe dar, was ebenfalls daran lag, dass die inhaltlichen Überschneidungen zwischen den sozialliberalen und neoliberalen Akteursgruppen oftmals größer waren als die Differenzen. Anders als die etatistisch-jakobinischen Akteure sah die sozialliberale Akteursgruppe innerhalb der Staatsapparate ein deutlich höheres Potenzial, Einfluss auf die Reformentscheidungen zu nehmen, als durch eine zivilgesellschaftliche Strategie (I/CGT 2015).

Ein weiterer Grund für die Orientierung auf einen wettbewerbskorporatistischen Block lag hauptsächlich in dem Risiko, welches für die sozialliberalen Akteure mit einem Bündnis mit den jakobinisch-etatistischen Akteuren verbunden war. Diese waren zwar in der Vergangenheit traditionelle Bündnispartner der sozialliberalen Akteursgruppe, mit denen gleichsam immer noch viele strukturelle Verbindungen[131] existierten, jedoch beinhaltete ein gemeinsames Bündnis für die sozialliberalen Akteure immer auch die Gefahr einer Radikalisierung des Protests, wie bspw. bei der Rentenreform 2010.

Diese Radikalisierung, welche im schlimmsten Fall auch die eigene Basis erfassen konnte, stellte die sozialliberale Akteursgruppe vor ein strategisches Dilemma, was für die organischen Intellektuellen der sozialliberalen Akteursgruppe nur schwer aufzulösen war. So zeigt bspw. die Auseinandersetzung um die Rentenreform 2010, dass zum einen eine Strategie der weiteren Konfrontation gegenüber den staatlichen Institutionen und Akteuren des herrschenden Blocks den Sozialen Dialog als Verhandlungsarena beschädigen hätte können, was einen Verlust der eigenen institutionellen Macht bedeuten hätte. Zum anderen wäre gleichsam eine Distanzierung von den Protesten und gesamtgewerkschaftlichen Aktionen ebenso problematisch gewesen, hätte dies doch, wie bspw. 2003 bei der sozialdemokratischen Gewerkschaft CFDT[132] geschehen, einen massenhaften Mitgliederverlust zur Folge gehabt und somit auch einen Rückgang an Organisationsmacht bedeutet (Gallas/Nowak 2012: 60). Daher waren die sozialliberalen Akteure gegenüber einem Bündnis mit den etatistisch-jakobinischen Akteuren und einer zivilgesellschaftlichen Strategie eher skeptisch, auch wenn sie, wie beschrieben, punktuell immer wieder ein gemeinsames Agieren anstrebten.

---

[131] So ist die CFDT seit 1999 zusammen mit der CFDT im Europäischen Gewerkschaftsbund organisiert und auch die PS bildet in vielen Kommunen mit den linken Parteien der etatistisch-jakobinischen Akteursgruppe gemeinsame Listen.
[132] Die CFDT verlor damals mehr als 80.000 Mitglieder, was ein Verlust von rund 10 % der Gesamtmitgliederzahl bedeutete.

Nach der Niederlage in den Auseinandersetzungen um die Rentenreform 2010 gingen die sozialliberalen Akteure jedoch gegenüber den etatistisch-jakobinischen Akteuren auf Abstand. Mit der Wahl von Francois Hollande zum französischen Präsidenten kam es zum endgültigen Bruch der sozialliberalen Akteursgruppe mit den etatistisch-jakobinischen Akteuren, welcher sich in den Auseinandersetzungen um den Flexicurity-Pakt 2013 manifestierte. Mit der Übernahme der Regierungsmacht durch die sozialistische Partei gewannen die sozialliberalen Akteure stark an Einfluss auf die Reformpolitik, was eine deutliche Aufwertung des Sozialen Dialogs zur Folge hatte. Während die sozialistische Regierung ankündigte, bei Reformplänen immer zuvor die Sozialpartner zu konsultieren, suchte die CFDT nun das Bündnis mit den Unternehmensverbänden, um die Effizienz der korporatistischen Verfahren herauszustellen.

Die sozialliberalen Akteure verfolgten fortan ein Bündnis mit den neoliberalen Akteuren, um die korporatistischen Verfahren und Vereinbarungen auszubauen, die eigenen institutionellen Machtressourcen zu erweitern und den Einfluss auf die Reformpolitik zu vergrößern (I/CGT 2015). Als Teil des wettbewerbskorporatistischen Blocks im Bündnis mit den Teilen der national-etatistischen und neoliberalen Akteursgruppe, zu denen ab der angebotspolitischen Wende 2014 auch die PS gehörte, übernahmen die sozialliberalen Akteure, wie etwa die reformistischen Gewerkschaften unter der Führung der CFDT, den Wettbewerbsdiskurs und wurden tendenziell in das neoliberale Projekt „Wettbewerbsfähigkeit" durch kleinere materielle Zugeständnisse eingebunden (Lux 2015a: 96). Die sozialliberalen Akteure bedienten sich dabei einer wettbewerbsstaatlichen Argumentation, knüpften sie doch die austeritätspolitischen Maßnahmen diskursiv an die Wettbewerbfähigkeit des eigenen Landes und somit an die Schaffung von Arbeitsplätzen und einen Abbau von Fragmentierungen auf dem Arbeitsmarkt. Gleichzeitig fielen die Forderungen nach einer zusätzlichen Finanzierung der Sozialversicherung über eine Besteuerung von Kapitalerträgen und Vermögen weg oder wurden, wie die Forderung nach einem Investitionspaket, deutlich leiser. Bei verschiedenen Reformprojekten, wie dem PdR oder der Rentenreform 2013, befürworteten etwa die reformistischen Gewerkschaften eine Austeritätspolitik im Gegenzug minimaler institutioneller und sozialer Zugeständnisse:

"[...] the main influence on the PS and on the government, looking at the unions is CFDT. The more reformoriented union. Because they work hand in hand and for example we talk about Penibilité it was an idea of CFDT. The penibilité, when Jean-Marc Ayrault did this reform his pension reform in 2013, the penibilité was like the counterpart of the fact that the government was raising the number of years you have to work, to have a retirement. It was like a given-take. We must do it because we had a huge problem, a benched problem, deficit problem, but on the other side there are asking CFDT this to support - yes we can say support because CFDT is supporting the pension reform" (I/afep 2015).

Zum Ende des Untersuchungszeitraums scheint der wettbewerbskorporatistische Block jedoch durch die Radikalisierung des neoliberalen Projekts Risse bekommen zu haben und prekär zu werden. So scherten in den Auseinandersetzungen um den PdR oder das *Loi Macron* Teile der sozialliberalen Akteursgruppe aus dem wettbewerbskorporatistischen Block aus, kritisierten die Reformmaßnahmen und forderten ein umfassendes Innvestitionsprogramm, welches die strukturellen Reformen unterstützen müsse. Dieser Widerstand innerhalb des wettbewerbskorporatistischen Blocks gegen die Reformbemühungen muss dabei so stark gewesen sein, dass die Regierung Valls das *Loi Macron* nur zwangsförmig, durch die Umgehung demokratischer Verfahren, umzusetzen vermochte. Die starken Auseinandersetzungen innerhalb des Blocks über die kriseninduzierte Reformpolitik deuten daher darauf hin, dass das Bündnis zwischen den beiden Akteursgruppen brüchig wird, auch weil die neoliberalen Akteure kaum noch Möglichkeiten besitzen, die sozialliberalen Akteure mit materiellen Zugeständnissen weiter einzubinden. Dies muss auch als Schwäche des neoliberalen Projekts interpretiert werden, ist die neoliberale Akteursgruppe doch kaum noch in der Lage oder Willens, andere, teils verbündete Akteure vollständig in das von ihr artikulierte Projekt mit einzubinden (Gramsci 2012: 101).

Trotz dieser offensichtlichen Risse innerhalb des wettbewerbskorporatistischen Blocks haben sich die sozialliberalen Akteure, abgesehen von einigen symbolischen Handlungen des linken Flügels der PS, bisher nicht auf die etatistisch-jakobinische Akteursgruppe zubewegt, was auch den tiefen Bruch zwischen den beiden Akteursgruppen seit der Amtsübernahme durch Francois Hollande verdeutlicht. Vielmehr verfolgen die sozialliberalen Akteure weiterhin die Strategie, innerhalb der staatlichen Apparaturen und der Staatspartei PS zu agieren. Wie lange dieser wettbewerbskorporatistische Kompromiss zwischen der sozialliberalen und der neoliberalen Akteursgruppe halten wird, ist, gerade mit Blick auf die kommenden Verhandlungen über eine erneute Renten- und Arbeitsmarktreform im Jahr 2016, kaum vorhersehbar.

In den Auseinandersetzungen im Untersuchungszeitraum konnten die sozialliberalen Akteure auf eine Vielzahl an Machtressourcen zurückgreifen. So verfügt die sozialliberale Akteursgruppe über einige wichtige und einflussreiche Think Tanks wie das *Institut Montaigne, A Gauche en Europe, terra nova* oder die *Fondation Jean-Jaures,* welche über vielfältige Kontakte und Netzwerke, auch über den nationalen Handlungsrahmen hinaus, verfügen. Ähnlich wie die neoliberale Akteursgruppe besitzen auch die sozialliberalen Akteure ein breites und engmaschiges Netzwerk organischer Intellektueller in Wirtschaft, Medien und Politik. Zu nennen sind hier vor allem Francois Furet, Guillaime Duval oder Pierre Rosanvallon. Dieses Elitennetzwerk der sozialliberalen Akteursgruppe reproduziert sich ebenso über die staatlichen Eliteschulen, weshalb mit der neoliberalen Akteursgruppe oftmals nicht nur inhaltliche, sondern auch persönliche Überschneidungen und Kontakte existieren. Dadurch besitzen die sozialliberalen Akteure auch einen relativ guten Zugang zu den staatlichen Apparaten und zu Regierungsrepräsentanten. Jedoch ist dieser Zugang weniger privilegiert, wie der vieler Akteure der neoliberalen Gruppe.

Ebenfalls können sich die sozialliberalen Akteure auf einige große Medienkonzerne und Tageszeitungen, wie *Le Monde, Liberation* oder *Les Echos,* stützen. Ebenso können das ökonomische Magazin *Alternatives Economiques* oder das Politikmagazin *Marianne* dazugezählt werden. Zudem verfügen die sozialliberalen Akteure mit der CFDT über eine Anbindung an den Großteil der französischen Arbeitnehmer des privaten Sektors und somit über einen gewissen Grad an struktureller Macht, auch wenn die Mobilisierungsfähigkeit der eigenen Mitglieder, gerade bei den reformistischen Gewerkschaften, relativ gering ist. Überdies verfügen die sozialliberalen Parteien und Gewerkschaften, gerade in der Sozialpolitik, über starke institutionelle Machtressourcen und über hohe finanzielle und materielle Kapazitäten, um größere Lobbying-Aktionen und Kampagnen organisatorisch stemmen und finanzieren zu können.

7.1.4 National-Etatistische Akteurskonstellation

Die national-etatistische Akteursgruppe ist die kleinste und wohl am wenigsten aktive Akteursgruppe, bezogen auf den Untersuchungsgegenstand im untersuchten Zeitraum. Dennoch sollen hier knapp die Strategien der Akteursgruppe dargestellt werden, begannen die national-etatistischen Akteure doch mit der Krise der etatistisch-jakobinischen Akteursgruppe und der angebotspolitischen Wende von Francois Hollande mit ihren Narrativen innerhalb des Diskurses an Einfluss zu gewinnen. Zu der national-etatistischen Akteursgruppe können der rechte Flügel der UMP, die Unternehmensverbände CGPME und UPA sowie in weiten Teilen auch der Front National gezählt werden (Mestre 2012). Die soziale Basis der

Akteursgruppe ist hauptsächlich das traditionelle Kleinbürgertum, bestehend aus kleinen und mittelständischen Unternehmen der handwerklichen und landwirtschaftlichen Sektoren sowie der vielen kleinen Unternehmen des nichtmonopolistischen Kapitals (Poulantzas 1975: 133). Diese Unternehmen haben ihre Reproduktionsbasis oftmals nur innerhalb des Nationalstaates, sind häufig national oder sogar nur lokal ausgerichtet und weisen keine oder nur sehr geringe internationale Bezüge und Kontakte auf.

Diese Kapitalfraktionen sind, durch die Transnationalisierung der Produktion und des Warenaustausches, unter einen enormen Konkurrenzdruck geraten (Poulantzas 1974b: 164). Die Einführung eines europäischen Binnenmarktes und die vielfältigen Liberalisierungs- und Deregulierungsprogramme der EU haben den internationalen Konkurrenzdruck weiter erhöht und die regionalen Wirtschaftsstrukturen stark geschwächt. So erfahren diese Kapitalfraktionen den europäischen Integrationsprozess vor allem als eine Bedrohung für ihre Existenz, weshalb sie diese scharf ablehnen. Zudem kann ebenso ein Teil der Arbeiterklasse, v.a. der prekarisierten Industriearbeiterklasse im Norden des Landes zur sozialen Basis der national-etatistischen Akteursgruppe gezählt werden. Dies sind vor allem jene Teile, welche sich von der sozialliberalen oder etatistisch-jakobinischen Akteursgruppe abgewendet haben und vom politischen und wirtschaftlichen System enttäuscht und desillusioniert sind, weshalb auch Arbeitslose und prekär Beschäftigte zunehmend einen Teil der sozialen Basis dieser Akteursgruppe bilden.

Der Staat stellt für die national-etatistische Akteursgruppe die zentrale Regulierungsinstanz dar. Aus Sicht der Akteursgruppe gehört es zu seinen elementaren Aufgaben, die nationale Ökonomie vor Angriffen und Konkurrenz aus dem Ausland zu schützen und gleichzeitig durch wirtschaftspolitische Interventionen die binnenwirtschaftliche Kaufkraft zu stärken. Der starke Staat ist die grundlegende Forderung der national-etatistischen Akteure. In ihren Augen ist ein starker Interventionsstaat vor allem für wirtschaftliche und innenpolitische Probleme die grundlegende Lösung. Damit wird der Staat ebenso wie die Nation, welche aus der Perspektive der Akteure fundamental miteinander verknüpft sind, für diese Akteursgruppe zum elementaren Bezugspunkt, welchem sowohl ein Eigenwert wie auch ein Selbstzweck zugeschrieben wird (Buckel et al. 2013). Die Einheit der Nation, wie auch der republikanische Pakt zwischen BürgerInnen und Staat, muss gegen feindliche und äußere Kräfte verteidigt und bewahrt werden. Zwischengewalten und anderen, die Einheit von Staat und Nation störenden, Elemente und Prozesse wird grundsätzlich skeptisch bis ablehnend begegnet. So wird etwa die Europäische Integration als Bedrohung für die Souveränität des Staates und als Gefahr für die französische Identität angesehen und politisch bekämpft. Darin besteht auch der grundlegende Unterschied zur neoliberalen Akteursgruppe, zu der im Untersuchungszeitraum ansonsten enge Beziehungen existierten.

Im Mittelpunkt der wirtschaftspolitischen Strategie steht für die national-etatistische Akteursgruppe die Sicherung der nationalen Kapitalfraktionen des traditionellen Kleinbürgertums. Dabei vermischen diese ihre protektionistischen wirtschaftspolitischen Vorschläge oftmals mit völkisch-ideologischen Elementen. So werden bei der Front National bspw. die französischen KMU als die wichtigsten Stützen der französischen Wirtschaft angesehen, womit protektionistische Maßnahmen für die national-etatistische Akteursgruppe gleichzeitig auch eine Stärkung des französischen Volks bedeuten (Front National 2014: 64ff). Darüber hinaus zeichnen sich die national-etatistischen Akteure durch eine starke Gewerkschaftsfeindlichkeit und einen ausgeprägten Antikommunismus aus, welcher innerhalb des ländlichen *Patronat* traditionell tief verwurzelt ist (Rehfeld 1989).

Übertragen auf den Untersuchungsgegenstand bedeutet dies, dass die etatistisch-jakobininische Akteursgruppe für eine Rücknahme von ArbeitnehmerInnenrechten und für eine Verlängerung der Arbeitszeit im untersuchten Zeitraum eintrat. So forderte die Akteursgruppe - v.a. die beiden Unternehmensverbände UPA und CGPME - im Untersuchungszeitraum eine Rückkehr zur 39-Stunden-Woche, die Schaffung von Ausnahmen beim Mindestlohn für KMU oder umfassende steuerliche Entlastungen (CGPME 2014a, 2014b). Ebenfalls wird eine innerbetriebliche Mitsprache der ArbeitnehmerInnen strikt abgelehnt. Im Bereich der Sozialpolitik forderte die national-etatistische Akteursgruppe eine Entlastung der Unternehmen durch eine generelle Reduktion der Sozialausgaben und eine Transformation der Sozialversicherungssysteme in ein steuerfinanziertes System[133] (CGPME 2011; Front National 2014: 73; Sarkozy 2012). Zudem vertritt diese Akteursgruppe die Forderung nach einer Implementierung von Aktivierungs- und Regressionselementen in die Sozialversicherungen, wobei diese oftmals mit völkisch-ideologischen Elementen verknüpft werden. Hier zeigen sich die starken inhaltlichen Überschneidungen zwischen der national-etatistischen und der neoliberalen Akteursgruppe. Ähnlich wie diese stellen die national-etatistischen Akteure die Unternehmen in den Mittelpunkt ihrer Argumentation und artikulieren einen Diskurs, der die Entlastung der Unternehmen von den Sozialausgaben mit der Schaffung von Arbeitsplätzen verknüpft. Dabei werden jedoch ebenfalls Forderungen nach einer protektionistischen Wirtschafts- und einer neorassistischen Arbeitsmarkt- und Sozialpolitik verbunden, um gegenüber der internationalen Konkurrenz und einer „Überfremdung" geschützt zu sein. Somit ist der Diskurs mit dem neoliberalen Wettbewerbsdiskurs dahingehend kompatible, wie er die Entlastung der Unternehmen von Sozialabgaben und Steuern als not-

---

[133] Während CGPME und der rechte Flügel der UMP eine *TVA Social* fordern, schlägt der FN vor, die Sozialversicherungssysteme durch eine zusätzliche Besteuerung von 3 % auf ausländische Importe zu finanzieren.

wendig für die Belebung der französischen Wirtschaft artikuliert. Er unterscheidet sich jedoch grundlegend in der Definition der Rolle des Staates und der Notwendigkeit einer protektionistischen, rassistischen und europakritischen Wirtschafts- und Arbeitsmarktpolitik. Nichtdestotrotz suchten die national-etatistischen Akteure im Untersuchungszeitraum verstärkt das Bündnis mit der neoliberalen Akteursgruppe zur Durchsetzung ihrer Interessen. Dabei wurde die moralisch-intellektuelle Führung der neoliberalen Akteure innerhalb des Bündnisses im Untersuchungszeitraum nicht grundsätzlich in Frage gestellt. Zwar kritisierten die national-etatistischen Akteure etwa die Ausweitung der Sonntagsarbeit oder die Einführung gewerkschaftlicher Mitbestimmung in mittelständischen Unternehmen, jedoch unterstützten sie grundsätzlich die Wettbewerbsstrategie der neoliberalen Akteure und ließen sich auf ihre politische Logik ein.

In der zweiten Hälfte des Untersuchungszeitraums gelang es den national-etatistischen Akteuren, ihre Narrative und Forderungen als Alternative zum neoliberalen Projekt zu präsentieren. Obwohl die national-etatistischen Akteure, wie in der Prozessanalyse gezeigt, stark mit der neoliberalen Akteursgruppe verwoben sind, scheinen der starke Bezug auf den Nationalstaat, die Ablehnung der europäischen Integration und die mit dieser Integration verbundene Deregulierungs- und Liberalisierungspolitik als alternative Politikformulierung auszureichen. Der politische Erfolg der national-etatistischen Akteursgruppe in der zweiten Hälfte des Untersuchungszeitraums speist sich daher hauptsächlich aus der fehlenden konsensualen Komponente des neoliberalen Projekts und der Schwäche der etatistisch-jakobinischen Akteursgruppe.

So artikulierte die national-etatistische Akteursgruppe kaum eigene Reformvorschläge in den Auseinandersetzungen um die Arbeitsmarkt- und Sozialpolitik, sondern schloss sich grundsätzlich den Strategien der neoliberalen Akteure an. Dennoch müssen paradoxerweise der wiedererstarkte rechte Flügel in der UMP oder die Wahlerfolge des Front National bei den Europa- und Regionalwahlen auch als Ausdruck einer kollektiven Ablehnung des aktuellen neoliberalen Reformkurses, der Hegemoniekrise der EU und fehlender progressiver Alternativen, interpretiert werden. Gerade letzteres ermöglicht es den national-etatistischen Akteuren ein gewisses Diskursvakuum auszufüllen, indem sie rhetorisch die Stärkung der nationalen Handlungsfähigkeit in das Zentrum ihrer Argumentation stellen und gleichzeitig den Abbau der wohlfahrtsstaatlichen Arrangements befürworten. Die Übernahme von national-etatistischen Diskurselementen im öffentlichen Diskurs, der starke positive Bezug auf die französische Nation und ihrer Werte sowie die allgemeine Diskursverschiebung zugunsten der national-etatistischen Akteure in der zweiten Hälfte des Untersuchungszeitraums können daher, aufgrund der inhaltlichen Überschneidungen zur neoliberalen Akteursgruppe, weniger als aktive Zustimmung zu einem alternativen Projekt, als vielmehr Reaktion auf die, als Bedrohung empfundenen, Transnationalisierungs- und Globalisierungsprozesse verstanden werden (Syrovatka 2015).

Die national-etatistischen Akteure verfügen über einige Machtressourcen, welche jedoch kaum mit denen der anderen drei Akteursgruppen vergleichbar sind. Der Einfluss auf die staatliche Politik basiert grundlegend auf der starken Verankerung des traditionellen Kleinbürgertums, v.a. auf der lokalen und regionalen Ebene. Darüber hinaus haben die national-etatistischen Akteure ihren einflussreichsten Stützpunkt im Landwirtschaftsministerium und teilweise auch in den repressiven Staatsapparaten (Buckel et al. 2013: 70; Kempf 2007: 290). Zudem verfügt die UMP über einen sehr einflussreichen rechten Flügel, welcher ebenfalls stark in den Staatsapparaten verankert ist. Daher sollten die finanziellen und organisatorischen Ressourcen der national-etatistischen Akteure nicht unterschätzt werden. Zudem können sich national-etatistischen Akteure ebenfalls auf eigene Zeitschriften, Zeitungen und anderen Publikationen stützen. So können Teile der Tageszeitungen *Le Figaro* und *Le Parisien* ebenso dazu gezählt werden, wie die Zeitschriften *Synthèse nationale* oder die Wochenzeitungen *Rivarol*, *National Hebdo* und *Minute*. Ebenso findet der national-etatistischen Diskurs in den vielen kleinen Regionalzeitungen eine Plattform.

8. Fazit

In der vorliegenden Arbeit wurden, anhand der oben formulierten Fragestellung nach dem Wandel der französischen Reformpolitik im Kontext der europäischen Wirtschaftskrise, die Reformen im Bereich der Arbeitsmarkt- und Sozialpolitik zwischen 2007 und 2015 analysiert und die damit verbundenen gesellschaftlichen Auseinandersetzungen herausgearbeitet. Sowohl unter Nicolas Sarkozy als auch unter Francois Hollande wurden vielfältige Reformprojekte in der Arbeitsmarkt und Sozialpolitik forciert und oftmals auch umgesetzt (siehe Tabelle 3). Die Struktur der französischen Renten- und Arbeitslosenversicherung sowie das Ziel der französischen Arbeitsmarktpolitik haben sich im Untersuchungszeitraum teilweise stark geändert. Die verschiedenen Rentenversicherungen wurden zunehmend an das Niveau des Privatsektors angeglichen und die notwendigen Beitragsjahre ebenso deutlich erhöht wie das Renteneintrittsalter. In der Arbeitsmarktpolitik ist eine Implementierung von Sanktions- und Aktivierungselementen in die Arbeitslosenversicherung zu beobachten. Zudem zielten die Reformen auf eine Deregulierung und Flexibilisierung der Arbeitsverhältnisse und eine Stärkung der betrieblichen Ebene.

Dabei wurden im Untersuchungszeitraum der vorliegenden Arbeit sowohl Kontinuitäten als auch Brüche in der Reformpolitik im Vergleich zu den vorhergegangenen Reformen seit 1990 festgestellt. So zielten die Reformen im Untersuchungszeitraum ebenso auf eine strukturelle Transformation der sozialen Sicherungssysteme und auf eine Implementierung von Aktivierungs- und Sanktionsmechanismen wie die Reformen vor dem Ausbruch der Finanzkrise im Jahr 2007. Gerade im Bereich der Sozialversicherungssysteme ist eine starke Kontinuität zu konstatieren, welche sich in der Überführung der umlagefinanzierten Systeme in steuerfinanzierte Grundsicherungssysteme äußert, um so die Entlastungen der Arbeitgeber von den Sozialversicherungsbeiträgen finanzieren zu können (Hassenteufel/Palier 2015; Palier 2005).

Anderseits wurde in der vorliegenden Arbeit deutlich gemacht, dass sich die Reformpolitik im Untersuchungszeitraum in ihrem Umfang und im Modus ihrer spezifischen Umsetzung zunehmend radikalisiert hat. Anders als bei vorhergegangen Reformprojekten wurden im Untersuchungszeitraum die meisten Reformvorschläge ohne größere Änderungen, auch gegen den teilweise starken Protest der Bevölkerung und der etatistisch-jakobinischen bzw. sozialliberalen Akteursgruppe umgesetzt. Dies macht die neue Qualität des neoliberalen Projekts deutlich, für das die Rentenreform 2010 oder das Loi Macron im Jahr 2015 innerhalb des Untersuchungszeitraums eindrucksvolle Beispiele sind. Während Reformen vor dem Ausbruch der Krise nach Protesten und Streiks verwässert oder gar ganz zurückgezogen wurden, wie etwa bei Plan Juppé im Jahr 1995, wurden die um-

strittenen Reformpläne zunehmend autoritär durch eine Umgehung der Sozialpartner oder zuletzt durch eine Umgehung demokratischer Verfahren durchgesetzt. Diese zunehmend autoritäre Durchsetzung von Reformen in der Arbeits-
markt- und Sozialpolitik lässt sich als Folge einer Radikalisierung des neoliberalen Projekts im Zuge der Wirtschafts- und Finanzkrise deuten, dessen Ausdruck
ebenso die krisenkonstitutionalistischen Prozesse auf der europäischen Scale
sind. Durch die stärkere makroökonomische Überwachung konnte der Einfluss
der europäischen Institutionen, insbesondere der Europäischen Kommission, auf
die Reformpolitik der EU-Mitgliedsländer steigen, womit diese zunehmend selbst
ein wichtiger Akteur in den Auseinandersetzungen um die französische Reformpolitik geworden sind. Durch das zusätzlich seit 2009 laufende Defizitverfahren
gegen Frankreich konnte von der Europäischen Kommission ein hoher Druck zur
Umsetzung von spezifischen Reformen ausgeübt werden. Die Rentenreform
2010, welche von der EU-Kommission entgegen der Wahlkampfversprechen von
Nicolas Sarkozy von der französischen Regierung gefordert wurde, ist dabei nur
ein Beispiel für den Einfluss der europäischen Institutionen. Zugleich kann mit
Blick auf die teilweise stark ausgeprägten Interessenkongruenzen zwischen den
europäischen Institutionen und den nationalen neoliberalen Akteuren im Zeitraum der Untersuchung und in Bezug auf den Untersuchungsgegenstand davon
gesprochen werden, dass der Einfluss und Druck von der europäischen Scale die
Forderungen und Interessen der neoliberalen Akteure innerhalb der nationalen
Auseinandersetzungen förderte und unterstützte. Hier wird deutlich, dass das Projekt „Wettbewerbsfähigkeit" kein rein nationales Projekt darstellt, sondern vielmehr multiskalar konzipiert und in den ebenfalls multiskalar funktionierenden
Wettbewerbsdiskurs eingebettet ist. Trotz dieser multiskalaren Strategie, welche
die neoliberalen Akteure spätestens seit den 1990er Jahre in den Auseinandersetzungen um die Ausgestaltung der französischen Arbeitsmarkt- und Sozialpolitik
verfolgten, konnte sich das neoliberale Projekt erst im Untersuchungszeitraum
etablieren und im öffentlichen Diskurs festsetzen. Während in vielen Mitgliedsländern der Europäischen Union ab den 2000er Jahren tiefgreifende neoliberale
Reformprojekte durchgesetzt wurden, scheiterte das Projekt „Wettbewerbsfähigkeit" in seiner vollen Entfaltung an den Protesten und Streiks der etatistisch-jakobinischen und auch der sozialliberalen Akteursgruppe. Die Ablehnung des europäischen Verfassungsvertrags 2005 aber auch die starken Proteste gegen die Ren-
ten- und Arbeitsmarktreformen zwischen 1990 und 2007 sind dabei Ausdruck
dieser wehrhaften zivilgesellschaftlichen Akteure. Die Proteste führten dazu, dass
die „neoliberale Welle" (Jany-Catrice/Lallement 2013: 160), welche in den anderen EU-Mitgliedsstaaten zu einer Umstrukturierung der Sozialversicherungen
und einem Abbau des Wohlfahrtsstaates führte, im Vergleich dazu in Frankreich
nur sehr geringe Auswirkungen hatte.

	Reform der Sonderrentensysteme / Rentenreform	Aufweichung der 35 Stunden Woche	Reform der Arbeitslosenversicherung	Reform der Grundsicherung
Sarkozy I 2008 - 2010	**Reform der Sonderrentensysteme** - Angleichung der Sonderrentensysteme an den Privatsektor	**Aufweichung der 35 Stunden Woche** - Ausweitung der Überstundenregelungen - Stärkung der betrieblichen Ebene und Vereinbarungen	**Reform der Arbeitslosenversicherung** - Zusammenlegung von UNEDIC und Anep - Implementierung von Aktivierungs- und Sanktionsmechanismen	**Reform der Grundsicherung** - Einführung des RSA - Implementierung von Aktivierungs- und Sanktionsmechanismen
Sarkozy II 2010 - 2012	**Große Rentenreform** - Anhebung des Renteneintrittsalters auf 62 Jahre und des Regelpensionsalters auf 65 Jahre - Anhebung der Beitragsjahre auf 41,5 Jahre			
Hollande I 2012 – 2013	**Teilrücknahme der Rentenreform von Sarkozy** - Schaffung von Sonderregelungen für den Renteneintritt mit 60 Jahren	**Rentenreform 2013** - Erhöhung der Beitragszeiten auf 43 Jahre - Einführung der Penibilität	**CICE** - Steuererleichterungen für Unternehmen in Höhe von 20 Milliarden Euro	**Flexicurity Pacté** - Stärkung der betrieblichen Ebene - Vereinfachung von Kündigungen - Einführung betrieblicher Mitbestimmung in Großunternehmen
Hollande II 2013 – Mai 2015	**Pacté de Responsabilité** - Steuer- und Abgabenentlastung von 30 Milliarden Euro für Unternehmen	**Loi Macron** - Ausweitung der Sonntags- und Nachtarbeit - Deregulierung bestimmter Berufe - Lockerung des Kündigungsschutzes		

Tabelle 3: *Übersicht Reformpolitik im Arbeitsmarkt- und Sozialbereich. Eigene Darstellung.*

Erst die Radikalisierung des neoliberalen Projekts im Zuge der weltweiten Wirtschafts- und Finanzkrise führte dazu, dass sich die Narrative und Diskursfragmente des neoliberalen Wettbewerbsdiskurses über die Krisenerscheinungen der französischen Volkswirtschaft in der öffentlichen Debatte verfangen konnten. Die Überführung der verschiedenen nationalen Krisennarrative in ein gemeinsames Wettbewerbsnarrativ auf der europäischen Scale im Jahr 2010 und das „deutsche Exportwunder" (Hecking/Storn 2015: 20) in der europäischen Krise, dessen exportorientiertes Wirtschaftssystem in Frankreich zunehmend zum wirtschaftspolitischen Vorbild avancierte, trugen zu dieser Festsetzung und Etablierung des neoliberalen Signifikanten Wettbewerbsfähigkeit im öffentlichen Diskurs in Frankreich bei.

Die angebotspolitische Wende der sozialistischen Regierung unter dem Präsidenten Francois Hollande und die Übernahme des Wettbewerbsdispositivs sind dabei Ausdruck der Dominanz des neoliberalen Diskurses. Die Reproduktion des neoliberalen Wettbewerbsdiskurses, auch von Seiten sozialliberaler Akteure, hat dabei eine Verschiebung der Kampffelder und eine erhebliche Desartikulation von alternativen wirtschaftspolitischen Ansätzen zur Folge. Öffentliche Investitionen und Wohlfahrtsstaatlichkeit werden durch die Dominanz des neoliberalen Diskurses delegitimiert und das Wohl und die Wettbewerbsfähigkeit der, v.a. exportorientierten, Unternehmen in den Vordergrund der Debatte und auch der Wirtschaftspolitik der neuen Regierung Valls gerückt. Diese exportorientierte, expansive Akkumulationsstrategie steht jedoch im Widerspruch zum bisherigen französischen binnenmarktorientierten und eher intensiven Akkumulationsregime.

Nach Lux (2015a: 98) kann hier also von einer Stärkung der Exportorientierung und einem beginnenden Umbau des französischen Kapitalismusmodells in der Krise gesprochen werden, welcher von den europäischen Institutionen im Untersuchungszeitraum gefordert und gefördert wurde. So entspricht die derzeitige französische Reformpolitik in der Arbeitsmarkt- und Sozialpolitik den Vorgaben und Empfehlungen der europäischen Institutionen. Dabei entspricht die Steigerung der Wettbewerbsfähigkeit durch den Abbau von wohlfahrtsstaatlichen Leistungen und Entlastungen der Arbeitgeber von Sozial- und Steuerabgaben, vor allem den Interessen der transnationalen exportorientierten Kapitalfraktionen[134].

Somit kann die oben aufgestellte Arbeitsthese, dass die Krise den exportorientierten und transnationalen Kapitalfraktionen als Möglichkeitsfenster diente, ihre wirtschaftspolitischen Interessen in Bezug auf den Untersuchungsgegenstand durchzusetzen und zu etablieren, bestätigt werden. Dabei konnten sich gerade die neoliberalen Akteure auf die materiellen Selektivitäten in den Staatsapparaten

---

[134] Hierbei muss betont werden, dass der Abbau wohlfahrtsstaatlicher Leistungen und eine zunehmende Privatisierung der sozialen Sicherung ebenfalls im Interesse von Teilen des zinstragenden Kapitals liegt.

und staatlichen Strukturen auf der europäischen Ebene stützen. Mit Blick auf die Durchsetzung der Sparpolitik und der Forcierung der Haushaltskonsolidierung sowohl auf europäischer als auch auf nationalstaatlicher französischer Ebene sowie der Rettung der krisenhaften südeuropäischen Staaten wie Griechenland kann ebenfalls von einer Durchsetzung der Interessen des transnationalen zinstragenden Kapitals gesprochen werden (Demirović/Sablowski 2011; Martin/Wissel 2015: 230). Dies zeigte sich zuletzt in den Auseinandersetzungen um die Rettung Griechenlands im Juli 2015. Insgesamt kann daher festgestellt werden, dass es den neoliberalen Akteuren im Untersuchungszeitraum gelungen ist, das gesellschaftliche und apparative Kräfteverhältnis zu ihren Gunsten zu verschieben, ihre Interessen in einem materiellen Rahmen zu verdichten und innerhalb des französischen Nationalstaates zu verankern.

Jedoch kann das neoliberale Wettbewerbsprojekt in Frankreich nach Gramsci (2012: 1567) und Bieling/Steinhilber (2000) nicht als hegemonial betrachtet werden. Vielmehr zeichnet es sich durch eine „Herrschaft durch Kontingenz" (Demirović 2001) aus und versucht, soweit wie möglich, ohne materielle Konzessionen herrschend zu bleiben. Wie oben dargestellt, zeichnet sich das neoliberale Projekt durch einen spezifischen „passiven Konsens" aus, der vor allem durch Angst und Hilflosigkeit charakterisiert ist und weniger durch die konsensuale Einbindung der Subalternen. Mit Gill (2000) kann daher von einer Umkehrung der Gewichtung von Konsens und Zwang des gramscianischen Hegemoniebegriffs gesprochen werden, womit das neoliberale Projekt und seine Durchsetzung in Frankreich durch Zwang gepanzert mit Konsens gekennzeichnet ist. Jedoch verzichten die neoliberalen Akteure nicht vollständig auf die konsensuale Komponente, binden sie doch, wie oben dargestellt, punktuell und selektiv einzelne Gruppen und soziale Klassenfraktionen konsensual ein.

Diese „fragmentierte Hegemonie" (Martin/Wissel 2015: 230) des neoliberalen Projekts und seine autoritäre Radikalisierung in der Krise sind dabei jedoch nicht Zeichen einer neuen Stärke, sondern vielmehr Ausdruck einer tiefgreifenden Krise bürgerlicher Herrschaft. Gerade in Frankreich kann zunehmend von einer Hegemoniekrise im Sinne Gramscis gesprochen werden, in dem das „Alte stirbt und das Neue nicht zur Welt kommen kann" (Gramsci 2012: 354). Diese umfasst dabei nicht nur die Wirtschaftskrise, sondern äußert sich ebenso in einer Krise des politischen Systems und der herrschenden Ideologie (Syrovatka 2015: 392f).

So erodiert mit Bezug auf den Islam und Minderheiten wie den Roma, zunehmend der französische Gleichheitsgrundsatz von *„liberté, egalité et fraternité"*, welcher seit der französischen Revolution von 1789 fest mit dem französischen Selbstbild verbunden ist. Ebenfalls wird das herrschende Zwei-Parteien-System durch den Niedergang der beiden herrschenden Massenparteien UMP und PS sowie dem Aufstieg der Front National zur dritten politischen Kraft grundlegend in Frage gestellt (Guérot 2015). Die französische Vielfachkrise drückt sich daher nicht zuletzt im Aufstieg der national-etatistischen Akteursgruppe seit 2010 aus. In dem zunehmende Einfluss dieser Frauen und „Männern der Vorsehung oder Charismatiker" (Gramsci 2012: 553), welche die „Demagogie [...] als ausgezeichnete Waffe" (ebd.: 121) einzusetzen wissen, zeigt sich nicht zuletzt die Krisenhaftigkeit des neoliberalen Projekts und die Instabilität des passiven Konsens für die Reformpolitik im Arbeitsmarkt- und Sozialbereich. Vielmehr scheinen gerade zum Ende des Untersuchungszeitraums durch die Radikalisierung des neoliberalen Projekts Risse im Block an der Macht entstanden zu sein, welche sich in Bezug auf die anstehenden Reformen der Regierung Valls, wie etwa die schon angekündigte erneute Reform der Arbeitslosenversicherung im Jahr 2016, als problematisch für die neoliberalen Akteure erweisen könnten.

Hier zeigt sich, dass die neoliberale Strategie nur dann funktioniert und durch die Individuen positiv erfahren werden kann, solange die fordistischen Kompromisstrukturen und Arrangements noch relativ intakt sind (Demirović 2013: 132). Der Abbau des Sozialstaats und die Implementierung von Konkurrenz- und Aktivierungselementen in der Arbeitsmarktpolitik seit den 1990er Jahren, verschärft vor dem Hintergrund der weltweiten Wirtschafts- und Finanzkrise, haben zunehmend die konsensuale Einbindungen und den Willen für Zugeständnisse innerhalb des Blocks an der Macht, bspw. gegenüber dem Kleinbürgertum ebenso brüchig werden lassen wie den passiven Konsens der Subalternen. Eine weitere Verschärfung der Reformpolitik, wie sie schon jetzt von der Regierung Valls angekündigt wurde, wird zu einer weiteren Vertiefung der krisenhaften „Krankheitserscheinungen" (Gramsci 2012: 354) führen, sollten die ökonomischen Erfolge der Reformpolitik weiter ausbleiben und die neoliberalen Akteure ihre ökonomisch-korporative Strategie zukünftig weiter verfolgen.

Inwiefern es zu einer weiteren Radikalisierung der neoliberalen Reformpolitik im Arbeitsmarkt- und Sozialbereich kommt, wird nicht zuletzt auch davon abhängen, ob die progressiven Kräfte zukünftig in der Lage sein werden, ein kohärentes gegenhegemoniales Projekt zu artikulieren. Im Untersuchungszeitraum führte auch die starke Spaltung der progressiven Kräfte, ihre auf den Nationalstaat bezogene Strategie ebenso wie die Unfähigkeit eine progressive und glaubhafte Alternative zur neoliberalen Reformpolitik zu artikulieren, zur Etablierung des Wettbewerbsdiskurses und der Durchsetzung des neoliberalen Projekts.

So wird es von hoher Bedeutung sein, inwiefern sich die sozialliberalen Akteure, allen voran die sozialliberalen Gewerkschaften bündnispolitisch orientieren und es schaffen, sich einer Vereinnahmung durch die wettbewerbskorporatistischen Strukturen des Sozialen Dialogs zu entziehen. Zudem scheint es für die etatistisch-jakobinische Akteursgruppe - vor dem Hintergrund der vorliegenden Analyse - notwendig zu sein, ein alternatives Projekt zu formulieren, welches zentrale sozialliberale Akteure miteinbezieht und darüber hinaus eine politische Anziehungskraft entfaltet sowie eine progressive Erzählung artikuliert. Hierbei scheint es von großer Bedeutung zu sein, den nationalstaatlichen Rahmen als einziges Handlungsfeld und Bezugspunkt zu verlassen, das Bündnis mit anderen europäischen progressiven Akteuren zu suchen und auch diskursiv wie inhaltlich die europäische Dimension in ihre Analyse miteinzubeziehen, um die eigene Defensivposition verlassen zu können.

9. Abkürzungsverzeichnis

ACOSS	Agence central des organismes de sécurité sociale
Afep	Association française des entreprises privées
AGIRC	Association générale des institutions de retraite des cadres
ANPE	Agence nationale pour l'emploi
API	Allocation pour le parent isolé
ARRCO	Association pour le régime de retraite complémentaire des salariés
ASS	Allocation de Solidarité Specifique
ASSEDIC	Associations pour l'emploi dans l'industrie et le commerce
BIP	Bruttoinlandsprodukt
CE	Comité d'entreprise
CFDT	Confédération française démocratique du travail
CFE-CGC	Confédération française de l'encadrement - Confédération généraledes cadres
CFTC	Confédération Française des Travailleurs Chrétiens
CGT	Confédération générale du travail
CGP	Commisssariat général au Plan
CGPME	Confédération générale du patronat des petites et moyennes entreprises
CICE	Crédit d'impôt pour la compétitivité et l'emploi
CMU	Couverture maladie universelle
CNAV	Caisse nationale d'assurance vieillesse
CNR	Conseil national de la Résistance
CNPF	Conseil national du patronat francais
COR	Conseil d'orientation des retraites
CSG	Contribution sociale géneralisée
EERP	European Economic Recovery Plan
EFSF	European Financial Stability Facility
EIP	Excessive Imbalance Procedure
ENA	École nationale d'administration
ESM	European Stability Mechanism
EU	Europäische Union
EWS	Europäisches Währungssystem
EZB	Europäische Zentralbank
FN	Front National
FSU	Fédération syndicale unitaire
FO	Force ouvrière
HEC	École des hautes études commerciales de Paris
KMU	Kleine und mittelständischen Unternehmen
MEDEF	Mouvement des entreprises de France

NPA	Nouveau Parti Anticapitaliste
OECD	Organisation for Economic Co-operation and Development
PARE	Plan d'aide auch retour á l'emploi
PCF	Parti communiste français
PdG	Parti de Gauche
PdR	Pacte de responsabilité et de solidarité
PERP	Plan d'espargne retraite populaire
PME	Petit et moyenne entreprise
PRE	Prime de retour á l'emploi
PS	Parti socialiste
RATP	Régie autonome des transports Parisiens
RDS	Remboursement des dettes sociales
RMA	Revenu Minimum d'Activité
RMI	Revenu minimum d'insertion
RSA	Revenu de solidarité active
RPR	Rassemblement pour la République
SFEF	Société de Financement de l'Economie Française
SMIC	Salaire minimum interprofessionnel de croissance
SNCF	Société Nationale des Chemins de fer Français
SPPE	Société de Prise de Pariticipation de l'Etat
SUD	L'Union syndicale Solidaires
SWP	Stabilitäts- und Wachstumspakt
TVA	Taxe sur la valeur ajoutée
UDI	Union des démocrates et indépendants
UDR	Union des démocrates pour la République
UIMM	Union des Industries et des Métiers de la Métallurgie
UMP	Union pour un mouvement populaire
UNEDIC	Union national interprofessionelle pour l'emploi dans l'industrie et le commerce
UNSA	Union nationale des syndicats autonomes
UPA	Union Professionnelle Artisanale
VSKS	Vertrags über Stabilität, Koordinierung und Steuerung in der Wirtschafts- und Währungsunion

10. Literatur

Adolphs, Stephan/Karakayali, Serhat (2007): Die Aktivierung der Subalternen. Gegenhegemonie und passive Revolution. In: Buckel, Sonja/Fischer-Lescano, Andreas (Hg.): *Hegemonie gepanzert mit Zwang. Zivilgesellschaft und Politik im Staatsverständnis Antonio Gramscis*. Staatsverständnisse, Bd. 11. Baden-Baden: 121–140.

afep (2013): *Annual report 2013*. Paris.

AFP (2007): *Lagarde juge "le carcan des 35 heures désuet et daté d'une autre époque"*. Paris.

Ahearne, Alan/Wolff, Guntram (2012): *The debt challenge in Europe*. Brugel Working Paper, Brugel. Brüssel.

Aizicovici, Francine (2013): Sécurisation de l'emploi: tensions et démissions chez les syndicats signataires de l'accord. In: *Le Monde*, 5.3.2013: 5.

Althusser, Louis (2011): *Für Marx*. Gesammelte Schriften, Bd. 3. Berlin.

Altvater, Elmar/Hübner, Kurt/Stanger, Michael (1983): *Alternative Wirtschaftspolitik jenseits des Keynesianismus. Wirtschaftspolitische Optionen der Gewerkschaften in Westeuropa*. Opladen.

—/— (1988): Das Geld einer mittleren Hegemonialmacht. Ein kleiner Streifzug durch die ökonomische Geschichte. In: *PROKLA. Zeitschrift für kritische Sozialwissenschaft* 18(73): 6–36.

Anderson, Perry (1979): *Antonio Gramsci. Eine kritische Würdigung*. Berlin-West.

— (2012): After the Event. In: *New Left Review* Nr. 73: 49–61.

Angenot, Marc (2010): *Rupture avec le capitalisme. Le discours socialiste français, 1971-1981: contexte historique, croyance et décroyance*. Notes pour le colloque « Amnésies françaises ». Discours Social. Lille.

Apeldoorn, Bastiaan van (2000): Transnationale Klassen und europäisches Regieren. In: Bieling, Hans-Jürgen/Steinhilber, Jochen (Hg.): *Die Konfiguration Europas. Dimensionen einer kritischen Integrationstheorie*. Münster: 189–221.

— (2002): *Transnational capitalism and the struggle over European integration*. London.

— (2014): The European capitalist class and the crisis of its hegemonic project. In: *Socialist Register* 50: 189–206.

Arbeitskreis Strategic Unionism (2013): Jenaer Machtressourcen Ansatz 2.0. In: Schmalz, Stefan/Dörre, Klaus (Hg.): *Comeback der Gewerkschaften?*

Machtressourcen, innovative Praktiken, internationale Perspektiven. International labour studies, Bd. 5. Frankfurt am Main/New York: 345–375.

Argoud, Dominique (2013): Les retraites. In: Montalembert, Marc de (Hg.): *La protection sociale en France.* Paris: 223–242.

Artus, Ingrid (2010): Die französischen Gewerkschaften in der Wirtschaftskrise: Zwischen Dialogue Social und Basismilitanz. In: *WSI Mitteilungen* Nr. 9: 465–472.

—/Holland, Judith (2013): Von der Belebung des toten Ritters in seiner Rüstung: Coalition building und Gewerkschaftsproteste in Frankreich. In: Schmalz, Stefan/Dörre, Klaus (Hg.): *Comeback der Gewerkschaften? Machtressourcen, innovative Praktiken, internationale Perspektiven.* International labour studies, Bd. 5. Frankfurt am Main/New York: 131–147.

Atzmüller, Roland (2010): Krise und Transformation der Arbeitsteilung. Politische und ideologische Aspekte der Veränderung der Ware Arbeitskraft. In: Demirović, Alex/Adolfs, Stephan/Karakayali, Serhat (Hg.): *Das Staatsverständnis von Nicos Poulantzas. Der Staat als gesellschaftliches Verhältnis.* Staatsverständnisse, Bd. 30. Baden-Baden: 133–150.

Auguste, Olivier (2010): Le Medef rappelle les « vertus » de la capitalisation. À son tour, l'organisation patronale doute que les scénarios envisagés par le gouvernement suffisent à boucler financièrement la réforme des retraites. In: *Le Figaro,* 19.5.2010: 5.

Avenel, Cyprien (2005): Évaluer la décentralisation du RMI. Les enjeux et les principes. In: *Recherches et Prévisions* Nr. 79: 65–81.

Ayrault, Jean-Marc (2013): *Lettre de mission a la presidente de la commission pour l'avenir des retraites.* Paris. URL: http://archives.gouvernement.fr/ayrault/sites/default/files/communiques/lettre_de_mission_a_la_presidente_de_la_commission_pour_lavenir_des_retraites.pdf. Zugriff: 28.7.2015.

Balle, Anne-Sophie (2009): *2008, l'année où le gouvernement a voulu tuer les "35 heures",* CFDT. Paris. URL: https://www.cfdt.fr/portail/les-actualites/archives/emploi-travail-2/temps-de-travail/2008-l-annee-ou-le-gouvernement-a-voulu-tuer-les-35-heures-recette_42679.

Barré, Nicolas (2007): La loi de la minorité. In: *Le Figaro,* 21.11.2007: 19.

Barroux, Rémi (2007): Les syndicats se préparent à la négociation. In: *Le Monde,* 24.4.2007: 12.

—/Fressoz, Francoise (2008): M. Thibault : "Nicolas Sarkozy devrait se méfier, la souffrance des salariés est réelle". In: *Le Monde,* 2.9.2008: 11.

—/Jakubyszyn, Christophe/Ridet, Philippe (2007): Les syndicats sont prêts à négocier, mais la base hésite. In: *Le Monde,* 16.11.2007: 1.

— (2009): Report de l'âge de la retraite: le débat divise profondément les parte-naires sociaux. In: *Le Monde*, 21.6.2009: 10.

Baverez, Nicolas (2003): *La France qui tombe*. Collection tempus. Paris.

Becker, Joachim/Jäger, Johannes (2009): Die EU und die große Krise. In: *PRO-KLA. Zeitschrift für kritische Sozialwissenschaft* 39(157): 541–558.

Beckmann, Jens (2008): Die Entkernung des Service Public in Frankreich. In: Bieling, Hans-Jürgen/Deckwirth, Christina/Schmalz, Stefan (Hg.): *Liberalisierung und Privatisierung in Europa. Die Reorganisation der öffentlichen Infrastruktur in der Europäischen Union*. Schriftenreihe (Hans-Böckler-Stiftung). Münster: 126–151.

Beisheim, Marianne/Börzel, Tanja A./Genschel, Philipp/Zangl, Bernhard (2011): Einleitung: Der staatliche Beitrag zu Governance in Räumen konsolidierter und begrenzter Staatlichkeit. In: Beisheim, Marianne et al. (Hg.): *Wozu Staat? Governance in Räumen begrenzter und konsolidierter Staatlichkeit*. Weltpolitik im 21. Jahrhundert, Bd. 16. Baden-Baden: 11–34.

Bellan, Marie (2007): Les salariés français très attachés à leurs RTT. In: *Les Echos*, 10.6.2007: 13.

— (2013): L'exécutif digère mal le carton jaune de Gattaz. In: *Les Echos*, 15.10.2013: 4.

Benz, Arthur/Lütz, Susanne/Schimank, Uwe/Simonis, Georg (2007): Einleitung. In: Benz, Arthur et al. (Hg.): *Handbuch Governance*. Wiesbaden: 9–25.

Berger, Laurent (2014): *Recontre avec le premier ministre*, CFDT. Paris.

Berschens, Ruth (2007a): Pariser Visionen. In: *Handelsblatt*, 22.3.2007: 8.

— (2007b): Fillon legt Sparpause ein. In: *Handelsblatt*, 4.7.2007: 6.

Bertrand, Xavier (2007): *Déclaration du Gouvernement sur les régimes spéciaux de retraite. Présentée par M. Yavier Bertrand, ministre du travail, des relations sociales et de la solidarité*. Paris.

Bieling, Hans-Jürgen/Steinhilber, Jochen (2000): Hegemoniale Projekte im Prozeß der europäischen Integration. In: Bieling, Hans-Jürgen/Steinhilber, Jochen (Hg.): *Die Konfiguration Europas. Dimensionen einer kritischen Integrationstheorie*. Münster: 102–130.

—/— (2002): Finanzmarktintegration und Corporate Governance in der Europäischen Union. In: *Zeitschrift für Internationale Beziehungen* 9(1): 39–74.

— (2006): Europäische Staatlichkeit. In: Bretthauer, Lars et al. (Hg.): *Poulantzas lesen. Zur Aktualität marxistischer Staatstheorie*. Hamburg: 223–239.

— (2007): Die Konstitutionalisierung der Weltwirtschaft als Prozess hegemonialer Verstaatlichung. Staatstheoretische Reflexionen aus der Perspektive einer neogramscianischen Internationalen Politischen Ökonomie. In: Buckel,

Sonja/Fischer-Lescano, Andreas (Hg.): *Hegemonie gepanzert mit Zwang. Zivilgesellschaft und Politik im Staatsverständnis Antonio Gramscis*. Staatsverständnisse, Bd. 11. Baden-Baden: 143–160.

— (2010a): *Die Globalisierungs- und Weltordnungspolitik der Europäischen Union*. Wiesbaden.

— (2010b): Metamorphosen des "integralen Staates". Konkurrierende Leitbilder in der Krisendiskussion. In: Altvater, Elmar et al. (Hg.): *Die Rückkehr des Staates? Nach der Finanzkrise*. Hamburg: 37–60.

— (2011): Vom Krisenmanagement zur neuen Konsolidierungsagenda der EU. In: *PROKLA. Zeitschrift für kritische Sozialwissenschaft* 41(2): 173–194.

— (2013a): Das Projekt der Euro-Rettung und die Widersprüche des europäischen Krisenkonstitutionalismus. In: *Zeitschrift für Internationale Beziehungen* 20(1): 89–103.

— (2013b): Die krisenkonstitutionalistische Transformation des EU-Imperiums. In: *Das Argument. Zeitschrift für Philosophie und Sozialwissenschaften* 55(301): 34–46.

— (2013c): Die krisenkonstitutionalistische Transformation des EU-Imperiums. Zwischen autoritärer Neugründung und innerem Zerfall. In: *Das Argument. Zeitschrift für Philosophie und Sozialwissenschaften* 55(1/2): 34–46.

— (2014a): Comparative analysis of capitalism from a regulationist perspective extended by neo-Gramscian IPE. In: *Capital & Class* 38(1): 31–43.

— (2014b): Europäische Finanzmarktpolitik in der Krise. In: *Zeitschrift für Vergleichende Politikwissenschaft* 8(S1): 91–113.

Bode, Ingo (2004): *Disorganisierter Wohlfahrtskapitalismus. Die Reorganisation des Sozialsektors in Deutschland, Frankreich und Großbritannien*. Organisation und Gesellschaft. Wiesbaden.

Boltanski, Luc/Chiapello, Ève (2006): *Der neue Geist des Kapitalismus*. Edition discours, Bd. 38. Konstanz.

Bonnefous, Bastien/d'Allonnes, David Revault (2014): Macron s'attaque aux " maladies " de la France. In: *Le Monde*, 16.10.2014: 8.

Bonoli, Giuliano (1997): Pension politics in France: Patterns of co-operation and conflict in two recent reforms. In: *West European Politics* 20(4): 111–124.

Börzel, Tanja A./Risse, Thomas (2010): Governance without a state: Can it work? In: *Regulation & Governance* 4(2): 113–134.

Bostnavaron, François (2007): Social mobilisation contre la réforme des régimes spéciaux de retraite;. In: *Le Monde*, 9.11.2007: 13.

Bourdieu, Pierre (1998): *Der Einzige und sein Eigenheim*. Schriften zu Politik & Kultur, / Pierre Bourdieu. Hrsg. von Margareta Steinrücke ; 3. Hamburg.

— (2004): *Der Staatsadel.* Edition discours, Bd. 31. Konstanz.

Boyer, Robert (1984): Rapport salarial, accumulation et crise: 1968 - 1982. In: Kesselman, Mark/Groux, Guy (Hg.): *1968-1982. Le mouvement ouvrier français; crise économique et changement politique.* Paris: 27–52.

Brand, Ulrich/Görg, Christoph/Wissen, Markus (2007): Verdichtungen zweiter Ordnung. Die Internationalisierung des Staates aus einer neo-poulantzianischen Perspektive. In: *PROKLA. Zeitschrift für kritische Sozialwissenschaft* 37(147): 217–234.

— (2009): Staatstheorie und Staatsanalyse im globalen Kapitalismus. Ein "neo-poulantzianischer" Ansatz der IPÖ. In: Hartmann, Eva/Kunze, Caren/Brand, Ulrich (Hg.): *Globalisierung, Macht und Hegemonie. Perspektiven einer kritischen Internationalen Politischen Ökonomie.* Münster: 212–241.

— (2010): Globalisierung als Krise des Fordismus und ihrer Überwindung. Poulantzas Überlegungen zur Internationalisierung von Politik und Ökonomie. In: Demirović, Alex/Adolfs, Stephan/Karakayali, Serhat (Hg.): *Das Staatsverständnis von Nicos Poulantzas. Der Staat als gesellschaftliches Verhältnis.* Staatsverständnisse, Bd. 30. Baden-Baden.

— (2013): State, context and correspondence. Contours of a historical-materialist policy analysis. In: *Österreichische Zeitschrift für Politikwissenschaft (ÖZP)* 42(4): 425–442.

— (2014): Internationalisierung des Staates. In: Wullweber, Joscha/Graf, Antonia/Behrens, Maria (Hg.): *Theorien der Internationalen Politischen Ökonomie.* Wiesbaden: 299–313.

Bräuniger, Dieter (2013): *Privatisierung im Eurogebiet. Unterschiedlicher Umgang mit Staatsbesitz.* Research Briefing Europäische Integration, Deutsch Bank DB Research. Frankfurt am Main.

Brenke, Karl (2012): *Industrielle Entwicklung: Deutschland und Frankreich driften auseinander.* DIW Wochenbericht, Deutsches Institut für Wirtschaftsforschung. Berlin.

Briken, Kendra/Buckel, Sonja/Flucke, Dietmar/Kannankulam, John (2008): *Kapitalismus ist nicht Kapitalismus – ist nicht Kapitalismus – ist nicht Kapitalismus.* URL: http://www.links-netz.de/K_texte/K_briken_ugkongress.html. Zugriff: 22.9.2015.

Bruff, Ian/Horn, Laura (2012): Varieties of capitalism in crisis? In: *Competition & Change* 16(3): 161–168.

Brunn, Gerhard (2009): *Die europäische Einigung von 1945 bis heute.* Reclams Universal-Bibliothek. Stuttgart.

Buci-Glucksmann, Christine/Therborn, Göran (1982): *Der sozialdemokratische Staat. Die Keynesianisierung der Gesellschaft.* Hamburg.

Buckel, Sonja/Wissel, Jens/Georgi, Fabian/Kannankulam, John (2013): Theorie, Methoden und Analysen kritischer Europaforschung. In: Forschungsgruppe Staatsprojekt Europa (Hg.): *Kämpfe um Migrationspolitik. Theorie, Methode und Analysen kritischer Europaforschung.* Kultur und soziale Praxis. Bielefeld: 15–86.

Cahuc, Pierre/Zylberberg, Andrè (2010): *Les réformes ratées du Président Sarkozy.* Paris.

Calavrezo, Oana/Lodin, Francois (2012): Short-Time Working Arrangements in France During the Crisis: An Empirical Analysis of Firms and Employees. In: *Comparative Economic Studies* Nr. 54: 299–320.

Calignon, Guillaume de (2014): La loi Macron, un symbole fort, mais à la portée limitée. In: *Les Echos*, 20.10.2014: 6.

Candeias, Mario (2004): *Neoliberalismus, Hochtechnologie, Hegemonie. Grundrisse einer transnationalen kapitalistischen Produktions- und Lebensweise : eine Kritik.* Argument-Sonderband. Neue Folge, Bd. 299. Hamburg.

— (2007): Gramscianische Konstellationen. Hegemonie und die Durchsetzung neuer Produktions- und Lebensweisen. In: Merkens, Andreas/Rego Diaz, Victor (Hg.): *Mit Gramsci arbeiten. Texte zur politisch-praktischen Aneignung Antonio Gramscis.* Hamburg: 14–32.

Cautrés, Bruno/Cole, Alistair (2008): The 2007 French Elections and Beyond. In: Cole, Alistair/Le Galès, Patrick/Levy, Jonah D. (Hg.): *Developments in French politics 4.* Basingstoke/New York: 22–41.

Ceci, Nila/Valersteinas, Bruno (2006): Structure et comportement des entreprises exportatrices françaises. In: *Economie & prévision* Nr. 172: 141–147.

CERC (2004): *Les enfants pauvres en France. Rapport n°4*, Conseil de l'emploi, des revenus et de la cohésion sociale (France). Paris.

CFDT (2008): *Projet de loi «RSA et politiques d'insertion» remarques et propositions de la CFDT*, CFDT. Paris.

— (2009a): *La CFDT décide de signer l'accord sur l'Assurance-chômage.* Paris. URL: https://www.cfdt.fr/portail/archive/la-cfdt-decide-de-signer-l-accord-sur-l-assurance-chomage-recette_41870. Zugriff: 12.7.2015.

— (2009b): *Assurance chômage pour les militants*, CFDT. Paris.

— (2010): *Retraites: Plus de Justice!*, CFDT. Paris.

— (2013): *Rapport moreau sur l'avenir des retraites. Face aux inegalites une reforme de fond est necessaire.* Communiqué de Presse. Paris.

CGPME (2011): *Proposition de la cgpme sur un transfert (partiel) du financement de certaines cotisations « employeurs » et de certaines cotisations «salaries» sur la tva (operation dite de tva sociale) et sur la csg.* Paris.

— (2014a): *Le dogme des 35 heures appartient au passé. Communiqué de presse,* CGPME. Paris.

— (2014b): *Loi Macron: quelques avancées mais un danger mortel pour le commerce indépendant. Communiqué de presse,* CGPME. Paris.

CGT (2004): *Le revenu minimum d'activité ou la gestion sociale de l'exclusion au profit des entreprises.* URL: http://www.cgt.fr/Le-revenu-minimum-d-activite-ou-la.html.

— (2007): *Regimes Speciaux: Quelques Verites.* URL: http://www.financespubliques.cgt.fr/40/spip.php?article22.

—/CFDT/CFTC/FSU/SUD/UNSA (2010): *Réforme injuste: mobilisation massive le 24 juin 2010! Communiqué commun CFDT, CGT, FSU, Solidaires, UNSA.* Paris.

— (2010): *Déclaration de la CGT sur le projet de réforme des retraites.* Paris.

— (2012a): *Décret retour à 60 ans. Communiqué de presse,* CGT. Montreuil.

— (2012b): *«Pacte national pour la croissance, la compétitivité et l'emploi» une logique contestable et contestée.* Note économique, CGT. Paris.

— (2013a): *La CGT propose des solutions durables pour un bon niveau de retraite.* URL: http://www.cgt.fr/La-CGT-propose-des-solutions.html.

— (2013b): *Accord national interprofessionnel du 11 janvier. Une grave régression des droits sociaux.* Communiqué de presse, CGT. Montreuil.

— (2013c): *Vos droits sont entre vos mains.* Paris.

— (2013d): *Le débat sur les retraites doit s'engager sur d'autres bases. Communique de presse,* CGT. Montreuil.

— (2014a): *Pacte de responsabilité. La CGT appelle à un printemps de mobilisation pour le progrès social.* Communiqué de presse. Paris.

— (2014b): *Loi Macron: Du sur-mesure pour la finance! Communiqué de presse,* CGT. Montreuil.

— (2014c): *Macron: une nouvelle loi de libéralisation. Communiqué de presse,* CGT. Montreuil.

— (2015): *Projet de Loi Macron: La CGT condamne le passage en force,* CGT. Montreuil.

Charpail, Christine (2012): France? Allemagne. L'incomparable chômage partiel. In: *La Revue de l'Ires* 74(3): 209.

Charpin, Jean-Michel (1998): *Rapport.* Paris. URL: http://www.ladocumentationfrancaise.fr/var/storage/rapports-publics/994000746.pdf.

Chérèque, Francois (2012): *"Le coût du travail doit être plus élevé pour ceux qui proposent des contrats courts".* URL: https://www.cfdt.fr/portail/la-cfdt-

dans-les-medias/le-cout-du-travail-doit-etre-plus-eleve-pour-ceux-qui-pro-
posent-des-contrats-courts-rec_65164.

Chevallard, Lucile/Comarmond, Leila de (2007): Régimes spéciaux: l'exception-
nelle mobilisation conduit le gouvernement à rediscuter. In: *Les Echos*,
19.10.2007: 2.

Clegg, Daniel (2011): France: integration versus dualization. In: Clasen,
Jochen/Clegg, Daniel (Hg.): *Regulating the Risk of Unemployment. National
Adaptations to Post-Industrial Labour Markets in Europe:* 33–53.

—/van Wijnbergen, Christa (2011): Welfare institutions and the mobilization of
consent: Union responses to labour market activation policies in France and
the Netherlands. In: *European Journal of Industrial Relations* 17(4): 333–
348.

— (2014): Convergence from below? The reform of minimum income protection
in France and the UK. In: *Journal of International and Comparative Social
Policy* 30(2): 147–164.

Clift, Ben/Ryner, Magnus (2014): Joined at the hip, but pulling apart? Franco-
German relations, the Eurozone crisis and the politics of austerity. In: *French
Politics* 12(2): 136–163.

Cohen, Elie (2004): L'Etat regulateur. In: *Alternatives économiques* Nr. 61:
http://www.alternatives-economiques.fr/l-etat-regu-
lateur_fr_art_45_4504.html.

Collen, Vincent (2012): Retraite: les départs anticipés beaucoup plus nombreux.
In: *Les Echos*, 7.7.2012: 2.

— (2013): Les partenaires sociaux rejettent la réforme des retraites. In: *Les Echos*,
13.9.2013: 2.

COM (2006): *Green Paper. Modernising labour law to meet the challenges of the
21st century*, Europäische Kommission. Brüssel.

— (2007): *Towards common principles of flexicurity. More and better kobs
through flexibility and security*, Europäische Kommission. Brüssel.

— (2008a): *Commission Recommendation. Providing a policy advice on the economic and budgetary policy in France*, Europäische Kommission. Brüssel.

— (2008b): *Konjunkturaufschwung durch Kohäsionspaket. Fragen und Antworten: Beitrag der Kohäsionspolitik zum Europäischen Konjunkturprogramm*.
Press Release, Europäische Kommission. Brüssel.

— (2009): *Recommendation for a Council decision on the existence of an excessive deficit in France*, Europäische Kommission. Brüssel.

— (2010a): *Governance, Tools and policy cycle of Europe 2020*, Europäische
Kommission. Brüssel. Zugriff: 18.6.2015.

— (2010b): *EUROPA 2020. Eine Strategie für intelligentes, nachhaltiges und integratives Wachstum.* Mitteilung der Kommission, Europäische Kommission. Brüssel.

— (2010c): *Communication from the commission to the council. Assessment of the action taken by Belgium, the Czech Republic, Germany, Ireland, Spain, France, Italy, the Netherlands, Austria, Portugal, Slovenia and Slovakia in response to the Council Recommendations of 2 December 2009 with a view to bringing an end to the situation of excessive government deficit,* Europäische Kommission. Brüssel.

— (2011a): *Commission Staff working paper. Assessment of the 2011 national reform programme and stability programme for France.* SEC(2011) 719 final, Europäische Kommission. Brüssel.

— (2011b): *Empfehlung für Empfehlung des Rates zum nationalen Reformprogramm Frankreichs 2011 und Stellungnahme des Rates zum aktualisierten Stabilitätsprogramm Frankreichs für 2011 - 2014,* Europäische Kommission. Brüssel.

— (2012a): *Alert Mechanism Report. Report prepared in accordance with Articles 3 and 4 of the Regulation on the prevention and correction of macroeconomic imbalances,* Europäische Kommission. Brüssel.

— (2012b): *Assessment of the 2012 national reform programme and stability programme for France. Accompanying the document Recommendation for a Council Recommendation on France's 2012 national reform programme and delivering a Council Opinion on France's updated stability programme for 2012-2016.* Commission staff working document, Europäische Kommission. Brüssel.

— (2013a): *Commission Staff Working Document. Analysis by the Commission services of the budgetary situation in France following the adoption of the Council recommondation to France of 2 December 2009 with a view to bringing an end to the situation of an excessive government deficit.* Accompanying the document, Europäische Kommission. Brüssel.

— (2013b): *Empfehlung für eine Empfehlung des Rates zum nationalen Reformprogramm Frankreichs 2013 mit einer Stellungnahme des Rates zum Stabilitätsprogramm Frankreichs für die Jahre 2012 bis 2017,* Europäische Kommission. Brüssel.

— (2013c): *Commission staff working document. Analysis of the Draft Budgetary Plan of France,* Europäische Kommission. Brüssel.

— (2014a): *Macroeconomic imbalances. France 2014.* European economy. Occasional papers, 178, March 2014, Europäische Kommission. Luxemburg.

— (2014b): *Empfehlung für eine Empfehlung des Rates zum nationalen Reform-programm Frankreichs 2014 mit einer Stellungnahme des Rates zum Stabili-tätsprogramm Frankreichs 2014*, Europäische Kommission. Brüssel.

— (2015): *Recommendation for a Council Recommendation with a view to bring-ing an end to the excessive government deficit in France*, Europäische Kom-mission. Brüssel.

Comarmond, Leila de/Perrotte, Derek (2009): « La mobilisation de jeudi va être plus importante que celle contre le CPE ». In: *Les Echos*, 26.1.2009: 2.

— (2012a): Négociation emploi: la CFDT insiste sur la précarité. In: *Les Echos*, 3.10.2012: 4.

— (2012b): Emploi: tensions entre la CGPME et le Medef. In: *Les Echos*, 16.11.2012: 8.

— (2013a): Retraite: la journée d'action contre la réforme s'annonce peu suivie. In: *Les Echos*, 9.9.2013: 4.

— (2013b): La CFDT proactive, la CGT et FO sur la défensive. In: *Les Echos*, 30.9.2013: 2.

Conesa, Elsa (2014): Emmanuel Macron, un fer de lance de la ligne sociale-dé-mocrate à Bercy. In: *Les Echos*, 27.8.2014: 2.

COR (2004): *Retraites: les réformes en France et à l'étranger, le droit à l'infor-mation*. Deuxième rapport, Conseil d'orientation des retraites. Paris.

— (2010): *Retraites: perspectives actualisées à moyen et long terme en vue du rendez-vous de 2010. Huitième rapport. Adopté le 14 avril 2010*, Conseil d'orientation des retraites. Paris.

— (2012): *Retraites: perspectives 2020, 2040 et 2060. Onzième rapport*, Conseil d'orientation des retraites. Paris.

Cornudet, Cecile (2007): Sarkozy conforté par l'opinion dans sa stratégie sur les régimes spéciaux. In: *Les Echos*, 13.11.2007: 2.

Coudrec, Nicolas (2010): Trente ans de mutation financiére. In: *Cahiers français* Nr. 357: 73–77.

Cour de Compte (2009): *Les effectifs de l'Etat 1980-2008. Un état des lieux*. Pa-ris.

— (2010): *La mise en oeuvre du plan de relance de l'economie francaise*. PA 58837. Paris.

Cox, Robert W. (1998): Soziale Kräfte, Staaten und Weltordnungen: Jenseits der Theorie Internationaler Beziehungen. In: Cox, Robert W. (Hg.): *Weltordnung und Hegemonie. Grundlagen der "Internationalen politischen Ökonomie"*. Studien der Forschungsgruppe Europäische Gemeinschaften (FEG), Bd. 11. Marburg: 28–68.

Crépel, Sébastien (2014): Loi Macron: un projet 100% réactionnaire. De Sarkozy á Hollande, Marcon vend le même projet. In: *L'Humanité*, 16.10.2014: 4.

Crépon, Bruno/Leclair, Marie/Roux, Sébastien (2004): RTT, productivité et emploi: nouvelles estimations sur données d'entreprises. In: *Economie et statistique* 376 - 77: 55–89.

Crespy, Amandine/Schmidt, Vivien (2014): The clash of Titans: France, Germany and the discursive double game of EMU reform. In: *Journal of European Public Policy* 21(8): 1085–1101.

Crouzel, Cécile (2010): La facture des grèves s'alourdit. Bercy estime que chaque journée de grogne coûte 200 à 400 millions d'euros à l'économie. In: *Le Figaro*, 25.10.2010: 4.

— (2014): 2014: Le Medef joue la carte de l'apaisement face à l'exécutif. In: *Le Figaro*, 27.8.2014: 23.

CSA (2013a): *Les Français et l'image des syndicats. CSA pour L'Humanité*, CSA. Paris.

— (2013b): *Les Français et la réforme des retraites. Institut CSA pour l'Humanité*. Paris.

— (2015): *Les Français et la loi Macron. Sondage CSA pour Les Echos, Radio Classique et l'Institut Montaigne*, CSA. Paris.

DARES (2014): *Hausse soutenue du taux d'entrée en CDD dans les mouvements de main-d'œuvre au 2e trimestre 2014*. Dares indicateurs, Ministére du travail, de l'emploi, de la formation professionelle et du dialogue social. Paris.

Delacroix, Guillaume (2007): Le Medef veut obtenir davantage d'allégements sur l'ISF. In: *Les Echos*, 8.7.2007: 4.

— (2008a): 35 heures: Thibault et Chérèque mettent en garde le gouvernement. In: *Les Echos*, 27.5.2008: 4.

—/Perrotte, Derek (2008): 35 heures: les divisions syndicales laissent le champ libre au gouvernement. In: *Les Echos*, 3.6.2008: 4.

— (2008b): A l'université d'été du Medef, les patrons sont « consternés ». In: *Les Echos*, 28.8.2008: 3.

Delbar, Catherine/Léonard, Evelyne (2002): Le travail intérimaire. In: *Courrier hebdomadaire du CRISP* 1778(33): 5.

Delberghe, Michel (2008): Dialogue social ou temps de travail: les intérêts divergents de Mme Parisot. In: *Le Monde*, 19.6.2008: 9.

Deléage, Jean-Paul (2013): L'avatar socialiste du néolibéralisme. In: *Ecologie & politique* 47(2): 5.

Dellheim, Judith/Wolf, Frieder Otto (2013): *Neoliberale Modernisierung, um globale Konkurrenzfähigkeit und weltweite Einflussnahme zu sichern. Das*

Beispiel "Pakt für Wettbewerbsfähigkeit der französischen Industrie", Rosa-Luxemburg-Stiftung. Berlin.

Demirović, Alex (2001): Herrschaft durch Kontingenz. In: Bieling, Hans-Jürgen et al. (Hg.): *Flexibler Kapitalismus. Analyse, Kritik und politische Praxis : Frank Deppe zum 60. Geburtstag.* Hamburg.

— (2007a): *Nicos Poulantzas. Aktualität und Probleme materialistischer Staatstheorie.* Münster.

— (2007b): Politische Gesellschaft - Zivile Gesellschaft. Zur Theorie des integralen Staates bei Antonio Gramsci. In: Buckel, Sonja/Fischer-Lescano, Andreas (Hg.): *Hegemonie gepanzert mit Zwang. Zivilgesellschaft und Politik im Staatsverständnis Antonio Gramscis.* Staatsverständnisse, Bd. 11. Baden-Baden: 21–42.

— (2010): Materialistische Staatstheorie und die Transnationalisierung des kapitalistischen Staates. In: Demirović, Alex/Adolfs, Stephan/Karakayali, Serhat (Hg.): *Das Staatsverständnis von Nicos Poulantzas. Der Staat als gesellschaftliches Verhältnis.* Staatsverständnisse, Bd. 30. Baden-Baden: 53–80.

—/Sablowski, Thomas (2011): Finanzdominierte Akkumulation und die Krise in Europa. In: *PROKLA. Zeitschrift für kritische Sozialwissenschaft* 42(166): 77–106.

— (2013): Ist der Neoliberalismus hegemonial? Gramscis Hegemoniekonzept und Sicherheit als Herrschaftsform. In: *Widerspruch. Beiträge zur sozialistischen Politik* 32(1): 127–139.

Deppe, Frank (1972): *Kritik der Mitbestimmung. Partnerschaft oder Klassenkampf?* Frankfurt am Main.

— (1988): Der "organische Intellektuelle" bei Gramsci. In: *Perspektiven. Zeitschrift für sozialistische Theorie* 1(1): 43–58.

— (2003): *Politisches Denken zwischen den Weltkriegen.* Politisches Denken im 20. Jahrhundert, Bd. 2. Hamburg.

— (2010): *Politisches Denken im Übergang ins 21. Jahrhundert. Rückfall in die Barbarei oder Geburt einer neuen Weltordnung.* Politisches Denken im 20. Jahrhundert, Bd. 4. Hamburg.

— (2012): *Gewerkschaften in der Großen Transformation. Von den 1970er Jahren bis heute.* Eine Einführung. Neue kleine Bibliothek, Bd. 184. Köln.

— (2013): *Autoritärer Kapitalismus. Demokratie auf dem Prüfstand.* Hamburg.

— (2014): *Imperialer Realismus? Deutsche Außenpolitik: Führungsmacht in "neuer Verantwortung".* Eine Flugschrift. Hamburg.

Dräger, Klaus (2010): EU 2020 - realistischer als die Lissabon-Strategie? In: *Kurswechsel. Zeitschrift für gesellschafts-, wirtschafts-und umweltpolitische Alternativen,* 10(2): 82–86.

Duval, Guillaume (2014): *Modell Deutschland: Nein Danke! Französische Anregungen für die Zukunft Europas und seiner Industrie.* Hamburg.

Dyson, Kenneth (2010): Norman's Lament: The Greek and Euro Area Crisis in Historical Perspective. In: *New Political Economy* 15(4): 597–608.

Eagleton, Terry (2000): *Ideologie. Eine Einführung.* Stuttgart/Weimar.

Eckhardt, Frank (2007): Nicolas Sarkozy, Präsident einer prekarisierten Gesellschaft. In: *Internationale Politik und Gesellschaft* Nr. 3: 53–68.

Egle, Christoph (2008): *Reformpolitik in Deutschland und Frankreich. Bürgerliche und sozialdemokratische Wirtschafts- und Sozialpolitik.* Wiesbaden.

Enderlein, Henrik/Pisani-Ferry, Jean (2014): *Reformen, Investitionen und Wachstum: Eine Agenda für Frankreich, Deutschland und Europa.* Berlin/Paris.

ER (2001): *Gemeinsamer Bericht des Ausschusses für Sozialschutz und des Ausschusses für Wirtschaftspolitik über Zielsetzungen und Arbeitsmethoden im Bereich der Renten: Anwendung der offenen Koordinierungsmethode,* Rat der Europäischen Union. Brüssel.

— (2008): *Stellungnahme des Rates vom 12. Februar 2008 zum aktualisierten Stabilitätsprogramm Frankreichs für 2007-2012.* Amtsblatt der Europäischen Union, Rat der Europäischen Union. Brüssel.

— (2009a): *Council recommendation to France with a view to bringing an end to the situation of an excessive government deficit.* 15762/09, Rat der Europäischen Union. Brüssel.

— (2009b): *Council recommondation to France with a view to bringing an end to the situation of an excessive government deficit,* Rat der Europäischen Union. Brüssel.

— (2010a): *Mitteilung an die Presse. Wirtschaft und Finanzen.* Nr. 13161/10, Rat der Europäischen Union. Brüssel.

— (2010b): *Abschlussbericht der Arbeitsgruppe an den Europäischen Rat.* Nr. 21.15302/10, Rat der Europäischen Union. Brüssel.

— (2013a): *Council Recommendation with a view to bringing an end to the situation of an excessive government deficit in France,* Rat der Europäischen Union. Brüssel.

— (2013b): *Council Option of 10 December 2013 on the Economic Partnership Programme of France,* Rat der Europäischen Union. Brüssel.

— (2013c): *Council Option of 10 December 2013 on the Economic Partnership Programme of France.* 2013/C 368/02. Official Journal of the European Union, Rat der Europäischen Union. Brüssel.

— (2015): *Council Recommendation with a view to bringing an end to the excessive government deficit in France*, Rat der Europäischen Union. Brüssel.

Erhel, Christian (2009): Les transformations de l'emploi en France. In: *Cahiers français* Nr. 353: 53–61.

Errad, Guillaume (2014): *Macron à Bercy: le Medef «veut voir», Force Ouvrière «inquiet».* URL: http://www.lefigaro.fr/conjoncture/2014/08/27/20002-20140827ARTFIG00087-macron-a-bercy-le-medef-veut-voir-force-ouvriere-inquiet.php.

Erturk, Ismail/Solari, Stefano (2007): Banks as Continuous Reinvention. In: *New Political Economy* 12(3): 369–388.

Esping-Andersen, Gøsta (1990): *The three worlds of welfare capitalism.* Princeton.

Estèbe, Philippe (2012): Entstehung und Niedergang eines Sozialmodells. In: Kimmel, Adolf/Uterwedde, Henrik (Hg.): *Länderbericht Frankreich.* Schriftenreihe der Bundeszentrale für Politische Bildung, Bd. 1264. Bonn: 208–221.

eurostat (2013): *Gross debt-to-income ratio of households.* URL: http://ec.europa.eu/eurostat/tgm/table.do?tab=table&init=1&language=en&pcode=tec00104&plugin=1.

— (2014): *Defizit/Überschuss, Schuldenstand des Staates und damit zusammenhängende Daten.* Brüssel.

— (2015a): *Direktinvestitionsströme in % des BIP.* Brüssel.

— (2015b): *Investitionsquote nichtfinanzieller Kapitalgesellschaften.* Brüssel.

— (2015c): *Life expectancy by age, sex and NUTS 2 region.* Brüssel.

Fagnani, Jeanne (2004): Schwestern oder entfernte Kusinen? Deutsche und französische Familienpolitik im Vergleich. In: Neumann, Wolfgang (Hg.): *Welche Zukunft für den Sozialstaat? Reformpolitik in Frankreich und Deutschland.* Wiesbaden: 155–181.

FAZ (1983a): Der Druck auf den Franc zwingt zum Handeln. Europäische Hauptstädte im Zeichen der Währungsdiskussion / D-Mark-Aufwertung und Abwertung des Franc. In: *Frankfurter Allgemeine Zeitung*, 13.3.1983: 13.

— (1983b): Die Europäer über neue Wechselkurse einig. Der Währungsverbund vorläufig über den Berg. In: *Frankfurter Allgemeine Zeitung*, 22.3.1983: 1.

— (2008): Frankreich drängt Arbeitslose. Präsident Sarkozy will Zumutbarkeitsregeln verschärfen. In: *Frankfurter Allgemeine Zeitung*, 7.5.2008: 12.

— (2010): Paris machtlos gegen Treibstoffknappheit. In: *Frankfurter Allgemeine Zeitung*, 23.10.2010: 1–2.

— (2013): Frankreich plant eine weiche Rentenreform. In: *Frankfurter Allgemeine Zeitung*, 28.8.2013: 9.

— (2014a): Premierminister Valls verspricht den Deutschen Reformen. In: *Frankfurter Allgemeine Zeitung*, 23.9.2014: 1.

— (2014b): Frankreichs Haushalt läuft aus dem Ruder. In: *Frankfurter Allgemeine Zeitung*, 5.11.2014: 17.

Felder, Michael (2001): *Die Transformation von Staatlichkeit. Europäisierung und Bürokratisierung in der Organisationsgesellschaft.* Studien zur Sozialwissenschaft, Bd. 213. Wiesbaden.

Ferras, Benjamin (2013): Le financement de la protection social obligatoire. In: Montalembert, Marc de (Hg.): *La protection sociale en France.* Paris: 53–68.

Finkenzeller, Karin (2008): Die Revolution muss warten. In: *DIE ZEIT*, 2008: 12.

— (2014): *Der kranke Mann Europas.* URL: http://www.zeit.de/wirtschaft/2014-01/frankreich-reformen-europa-hollande. Zugriff: 25.3.2015.

Fischer-Lescano, Andreas (2012): *Fiskalvertrag und EU-Recht.* Rechtsgutachten, ZERP. Bremen.

Force Ouvrier (2014): *Projet de loi Macron : loi de régression et de libéralisme. Communiqué de presse*, Force Ouvrier. Paris.

Foucault, Michel (2010): *Kritik des Regierens. Schriften zur Politik.* Berlin.

Foucher, Nicolas/Bonnet, Frederic/Hardy, Michel (2012): Besoin d'aire pour un veritable projet de société. In: *Entreprise* 44(321): 9–11.

France (2011): *French national reform programme. 2011 - 2014.* Paris.

— (2014): *France stability programme. 2014-2017.* Paris.

Frémeaux, Philippe (2008): Les enjeux du conflit UIMM-Medef. In: *Alternatives Economiques*, 11.3.2008. URL: http://www.alternatives-economiques.fr/les-enjeux-du-conflit-uimm-medef_fr_art__36099.html. Zugriff: 11.7.2005.

Freyssenet, Elsa (2015): La majorité en ébullition après le recours au 49-3. In: *Les Echos*, 19.2.2015: 2.

Front National (2014): *Notre Projet - Programme Politique du Front National.* Paris. URL: http://www.frontnational.com/pdf/Programme.pdf. Zugriff: 22.8.2014.

Gallas, Alexander/Nowak, Jörg (2012): Agieren aus der Defensive. Ein Überblick zu politischen Streiks in Europa mit Fallstudien zu Frankreich und Großbritannien. In: Gallas, Alexander/Nowak, Jörg/Wilde, Florian (Hg.): *Politische Streiks im Europa der Krise.* Hamburg: 24–106.

Gallois, Louis (2012): *Pacte pour la compétitivité de l'industrie française. Rapport au Premier ministre.* Paris.

Gandois, Jean (1992): *France: le choix de la performance globale. rapport de la commission "Compétitivité française"*, c. Paris.

Gasté-Peclers, Catherine/Montvalon, Dominique de (2009): Il faut soutenir le pouvoir d'achat. Interview avec François Chérèque. In: *Le Parisien*, 11.1.2009: 6.

Gattaz, Pierre (2013a): Gattaz: "Pour un système des retraites sans dogme, introduisons une dose de capitalisation". In: *Le Monde*, 21.8.2013: 5.

— (2013b): Réforme des retraites: un projet qui menace notre compétitivité! In: *Les Echos*, 4.10.2013: 12.

Genieys, William/Hassenteufel, Patrick (2004): Entre les politiques publiques et la politique. l'émergence d'une «élite du Welfare»? In: *Revue francaise des affaires social* 4(4): 41–50.

Gill, Stephen (2000): Theoretische Grundlagen einer neo-gramscianischen Analyse der europäischen Integration. In: Bieling, Hans-Jürgen/Steinhilber, Jochen (Hg.): *Die Konfiguration Europas. Dimensionen einer kritischen Integrationstheorie.* Münster: 23–50.

— (2008): *Power and resistance in the new world order.* Basingstoke/New York.

Gillou, Sarah/Treibich, Tanja (2014): *Le CICE: que peut-on en attendre en termes de compétitivité?* Note d'actualité de l'OFCE. Paris.

Gindin, Sam/Panitch, Leo (2012): *The Making Of Global Capitalism. The Political Economy Of American Empire.* London/Brooklyn.

Gordon, Alex/Mathers, Andy (2004): State restructuring and trade union realignment. The pensions struggle in France. In: *Capital & Class* Nr. 83: 9–18.

Gramsci, Antonio (Hg.) (2012): *Gefängnishefte.* Hamburg.

Grande, Edgar (2012): Governance-Forschung in der Governance-Falle? Eine kritische Bestandsaufnahme. In: *Politische Vierteljahresschrift* 53(4): 565–592.

Grasland, Emmanuel (2010): Premiers signes de détente dans le secteur pétrolier. In: *Les Echos*, 26.10.2010: 5.

Grillmayer, Dominik (2012): Frankreichs Wohlfahrtsstaat im Umbruch. In: Kimmel, Adolf/Uterwedde, Henrik (Hg.): *Länderbericht Frankreich.* Schriftenreihe der Bundeszentrale für Politische Bildung, Bd. 1264. Bonn.

Grossman, E./Woll, C. (2014): Saving the Banks: The Political Economy of Bailouts. In: *Comparative Political Studies* 47(4): 574–600.

Gualmini, Elisabetta/Schmidt, Vivien A. (2013): State transformation in Italy and France: Technocratic versus political leadership on the road from non-liberalism to neo-liberalism. In: Schmidt, Vivien Ann/Thatcher, Mark (Hg.): *Resilient liberalism in Europe's political economy*. London: 346–373.

Gubian, Alain/Jugnot, Stéphane/Lerais, Frédéric/Passeron, Vladimir (2004): Les effets de la RTT sur l'emploi: des simulations ex ante aux évaluations ex post. In: *Economie et statistique* 376 - 377: 25–54.

Guélaud, Claire (2008): Le revenu de solidarité active sera financé par un prélèvement supplémentaire de 1 % en 2009. M. Sarkozy taxe les revenus du capital pour financer le RSA. In: *Le Monde*, 28.8.2008: 9.

— (2010): Retraites: les syndicats espèrent une mobilisation massive. In: *Le Monde*, 7.9.2010: 10.

— (2013): Flexibilité: le pari de la CFDT et du patronat. In: *Le Monde*, 13.1.2013: 8.

Guérot, Ulrike (2015): Marine Le Pen und die Metamorphose der französischen Republik. In: *Leviathan* 43(2): 177–212.

Guillaud, Elvire/Palombarini, Stefano (2011): *Evolution des attentes sociales et comportement electoral: France, 1978-2002*. PSE Working Papers. Paris.

Guilluy, Christophe (2014): *La France périphérique. Comment on a sacrifié les classes populaires*. Paris.

Habermas, Jürgen (1998): *Faktizität und Geltung. Beiträge zur Diskurstheorie des Rechts und des demokratischen Rechtsstaats*. Frankfurt am Main.

— (2013): *Im Sog der Technokratie. Kleine politische Schriften XII*. Berlin.

Hacker, Björn (2011): Governments little helper: EU-Politikkoordinierung in der Alterssicherung. In: *WSI Mitteilungen* Nr. 5: 234–241.

Hall, Peter A. (1986): *Governing the Economy. The Politics of State Intervention in Britain and France*. Europe and the international order. Cambridge.

— (2006): Introduction: the Politics of Social Change in France. In: Culpepper, Pepper D./Hall, Peter A./Palier, Bruno (Hg.): *Changing France. The politics that markets make*. French politics, society, and culture series. Basingstoke/New York: 1–26.

Hardie, Ian/Howarth, David (2009): Die Krise but not La Crise? The Financial Crisis and the Transformation of German and French Banking Systems. In: *Journal of Common Market Studies* 47(5): 1017–1039.

Hartmann, Michael (2007): *Eliten und Macht in Europa. Ein internationaler Vergleich*. Frankfurt/Main/New York.

Hassenteufel, Patrick/Genieys, William/Bachir, Myriam/Bussat, Virginie/Martin, Claude/Serré, Marina (1999): *L'émergence d'une "élite du Welfare"? Le cas des politiques de protection maladie et en matiére de prestation familiales (19981 - 1997)*. Rapport pour la MIRE. Paris.

—/Palier, Bruno (2007): Towards Neo-Bismarckian Health Care States? Comparing Health Insurance Reforms in Bismarckian Welfare Systems. In: *Social Policy & Administration* 41(6): 574–596.

— (2008): Welfare Policies and Politics. In: Cole, Alistair/Le Galès, Patrick/Levy, Jonah D. (Hg.): *Developments in French politics 4*. Basingstoke/New York: 227–242.

—/Lartigot-Hervier, Louise (2015): Sozialversicherungssysteme im Vergleich: Die Entwicklung der Rolle nicht-staatlicher Akteure in Deutschland und Frankreich. In: Deutsch-Französisches Institut (Hg.): *Frankreich Jahrbuch 2014*. Wiesbaden: 77–94.

—/Palier, Bruno (2015): Still sound of silence? Towards a new phase in the Europeanisation of welfare state policies in France. In: *Comparative European Politics* 13(1): 112–130.

Haug, Wolfgang Fritz (1989): *Gramsci übersetzen. Bürgerliche Gesellschaft oder Zivilgesellschaft?* URL: http://www.wolfgangfritzhaug.inkrit.de/documents/ GR-UEBERSETZEN.pdf. Zugriff: 24.4.2015.

— (2012): Vorwort zur Gesamtausgabe. In: Gramsci, Antonio (Hg.): *Gefängnishefte*. Hamburg: 7–14.

Hay, Colin (2002): Beyond Structure versus Agency. Context versus Conduct. In: Hay, Colin (Hg.): *Political analysis*. Political analysis. Hampshire/New York: 89–134.

— (2014): Neither real nor fictitious but 'as if real'? A political ontology of the state. In: *The British Journal of Sociology* 65(3): 459–480.

Hecking, Claus/Storn, Arne (2015): Die Welt hat hohe Schulden. In: *DIE ZEIT*, 27.8.2015: 20–21.

Hege, Adelheid/Dufour, Christian (2009): Betriebliche Gewerkschaftsvertreter ohne Gewerkschaftsbindung? Das Paradox der zunehmend gewerkschaftlich organisierten Comités d'entreprise in Frankreich. In: *Industrielle Beziehungen* 16(2): 154–178.

Heinelt, Hubert (2008): *Demokratie jenseits des Staates. Partizipatives Regieren und Governance*. Modernes Regieren, Bd. 4. Baden-Baden.

Heinrich, Mathis (2012): Zwischen Bankenrettungen und autoritärem Wettbewerbsregime. Zur Dynamik des europäischen Krisenmanagements. In: *PRO-KLA. Zeitschrift für kritische Sozialwissenschaft* 42(168): 395–412.

—/Jessop, Bob (2013): Die EU-Krise aus Sicht der Kulturellen Politischen Öko-nomie. Krisendeutungen und ihre Umsetzung. In: *Das Argument. Zeitschrift für Philosophie und Sozialwissenschaften* 55(1/2): 19–33.

— (2015): EU governance in crisis: A cultural political economy perspective on European crisis management 2007–2014. In: *Comparative European Politics* 13(5): 1–25.

Heither, Dietrich (1991): "Grande Nation" auch in Europa? Zur Entwicklung der Arbeitsbeziehungen in Frankreich. In: Deppe, Frank/Weiner, Klaus-Peter (Hg.): *Binnenmarkt '92. Zur Entwicklung der Arbeitsbeziehungen in Europa.* Hamburg: 69–108.

Heyer, Julia Amalia (2014): Macrons unmögliche Mission. In: *DER SPIEGEL* Nr. 50: 96–99.

Hildebrand, Jan/Hanke, Thomas (2014): Paris will Bonus für Reformen. In: *Han-delsblatt*, 8.4.2014: 6.

Hillebrand, Ernst (2010): *Midterm Blues: Nicolas Sarkozy zur Hälfte seiner Amts-zeit.* Frankreich-Analysen, Friedrich-Ebert Stiftung. Paris.

Hirsch, Joachim (2005a): *Materialistische Staatstheorie. Transformationspro-zesse des kapitalistischen Staatensystems.* Hamburg.

—/Kannankulam, John (2009): Die Räume des Kapitals. Die politische Form des Kapitalismus in der "Internationalisierung des Staates". In: Hartmann, Eva/Kunze, Caren/Brand, Ulrich (Hg.): *Globalisierung, Macht und Hegemo-nie. Perspektiven einer kritischen Internationalen Politischen Ökonomie.* Münster: 181–211.

—/Roth, Roland (1986): *Das neue Gesicht des Kapitalismus. Vom Fordismus zum Post-Fordismus.* Hamburg.

Hirsch, Martin (2005b): *Au possible, nous sommes tenus. La nouvelle équation sociale. 15 résolutions pour combattre la pauvreté des enfants*, Commission Familles, vulnérabilité, pauvreté. Paris.

— (2008): *Livre vert vers un revenu de Solidarité active*, Haut-commissaire aux solidarités actives contre la pauvreté. Paris.

Holland, Francois (2012): *Le changement, c'est maintenant. Mes 60 engagements pour la france*, Parti Socialist. Paris.

— (2014): *Vœux aux Français 2014.* URL: http://www.elysee.fr/declarations/ar-ticle/v-ux-aux-francais-5/. Zugriff: 4.8.2014.

Housson, Yven (2008): Sarkozy égratigne les revenus du capital. In: *L'Humanité*, 29.8.2008: 2.

Howarth, David (2013): France and the International Financial Crisis: The Leg-acy of State-Led Finance. In: *Governance* 26(3): 369–395.

Howell, Chris (1992): The Dilemmas of Post-Fordism: Socialists, Flexibility and Labor Market Deregulation in France. In: *Politics & Society* 20(1): 71–99.

— (2009): The Transformation of French Industrial Relations: Labor Representation and the State in a Post-Dirigiste Era. In: *Politics & Society* 37(2): 229–256.

Huke, Nikolai/Syrovatka, Felix (2012): Kein Kurswechsel in Sicht. Die EU setzt weiterhin auf Überwachen und Strafen. In: *analyse & kritik. Zeitschrift für linke Debatte und Praxis* 574: 11.

—/— (2013): Sparen für die Wettbewerbsfähigkeit des europäischen Kapitals. Autoritäre Austeritätspolitik in der Eurokrise. In: *analyse & kritik. Zeitschrift für linke Debatte und Praxis* Nr. 582: 24–25.

Ifop (2013): *Les indices de popularité. Ifop pour Le Journal du Dimanche.* Paris.

— (2014): *Les Français et la confiance dans les syndicats. ifop pour atlantico.fr.* Paris.

IMF (2015): *Uneven growth, short- and long-term factors. World Economic Outlook.* World economic and financial surveys. Washington DC.

INSEE (2011a): *Principales caractéristiques des entreprises par catégorie en 2011*, INSEE. Paris.

— (2011b): *Répertoire des entreprises contrôlées majoritairement par l'État au 31 décembre 2011*, INSEE. Paris.

IPSOS (2014): *Le Barometre de l'action politique Juliette 2014*, IPSOS. Paris.

— (2015a): *Le baromètre de l'action politique.* URL: http://www.ipsos.fr/subsites/barometre-politique/.

— (2015b): *Fractures Françaises Vague 3*, IPSOS. Paris.

Jabko, Nicolas/Massoc, Elsa (2012): French capitalism under stress: How Nicolas Sarkozy rescued the banks. In: *Review of International Political Economy* 19(4): 562–585.

Jacquin, Jean (2003): *Les jeunes entreprises innovantes. Une priorité pour la croissance.* Paris.

Jaigu, Charles (2007): L'opinion souhaite que Sarkozy ne cède pas. Pour deux Français sur trois, la grève contre la réforme des régimes spéciaux n'est pas justifiée. In: *Le Figaro*, 13.11.2007: 9.

Jany-Catrice, Florence/Lallement, Michel (2013): Frankreich unter dem Druck der Krise. Die Verschärfung der sozialen Ungleichheit. In: Lehndorff, Steffen (Hg.): *Europa vor einem verlorenen Jahrzehnt?* Hamburg: 160–174.

Jessop, Bob (1990): *State theory. Putting the Capitalist state in its place.* Cambridge.

— (2001): Globalisierung und Nationalstaat. Imperialismus und Staat bei Nicos Poulantzas - 25 Jahre später. In: Hirsch, Joachim/Jessop, Bob/Poulantzas, Nicos (Hg.): *Die Zukunft des Staates. Denationalisierung, Internationalisierung, Renationalisierung.* Hamburg.

— (2015): Comparative Capitalism and/or Variegated Capitalism. In: Ebenau, Matthias/Bruff, Ian/May, Christian (Hg.): *New Directions in Comparative Capitalisms Research. Critical and Global Perspectives.* International Political Economy Series. Basingstoke.

Jolivet, Annie (2011): Pénibilité du travail. La loi de 2010 et ses usages par les acteurs sociaux. In: *La Revue de l'Ires* 70(3): 33.

Jouan, Anne (2008a): L'offre « raisonnable » d'emploi: le gouvernement a donné sa définition aux syndicats. In: *Le Figaro economie,* 6.5.2008: 19.

— (2008b): Les heures sup s'installent dans les entreprises. In: *Le Figaro economie,* 21.5.2008: 18.

Kaiser, Robert (2014): *Qualitative Experteninterviews. Konzeptionelle Grundlagen und praktische Durchführung.* Wiesbaden.

Kannankulam, John (2008): *Autoritärer Etatismus im Neoliberalismus. Zur Staatstheorie von Nicos Poulantzas.* Hamburg.

—/Georgi, Fabian (2012): *Die europäische Integration als materielle Verdichtung von Kräfteverhältnissen. Hegemonieprojekte im Kampf um das "Staatsprojekt Europa".* Arbeitspapier der Forschungsgruppe Europäische Integration (FEI) am Institut für Politikwissenschaft der Philipps-Universität Marburg, Nr. 30. Marburg.

—/Georgi, Fabian (2014): Varieties of capitalism or varieties of relationships of forces? Outlines of a historical materialist policy analysis. In: *Capital & Class* 38(1): 59–71.

Kaufmann, Wolfgang (2000): *Die Zukunft unserer Renten. Reformdebatten in Frankreich und Deutschland.* Aktuelle Frankreich-Analysen, Deutsch-Französisches Institut. Ludwigsburg.

Kempf, Udo (2007): *Das politische System Frankreichs.* Wiesbaden.

Kindermans, Marion (2013): Retraites, formation professionnelle, coût du travail: les débats ouverts par la conférence. In: *Les Echos,* 21.6.2013: 4.

Konecny, Martin (2012a): *Das Projekt European Economic Governance als Strategie zur autoritären Krisenbearbeitung. Eine Analyse aus poulantzianischer und neo-gramscianischer Perspektive.* Magisterarbeit, Universität Wien, Institut für Politikwissenschaften. Wien.

— (2012b): Die Herausbildung einer neuen Economic Governance als Strategie zur autoritären Krisenbearbeitung in Europa - gesellschaftliche Akteure und ihre Strategien. In: *PROKLA. Zeitschrift für kritische Sozialwissenschaft* 42(168): 377–394.

Krätke, Michael (2010): *Verzicht ist die erste Bürgerpflicht.* URL: https://www.freitag.de/autoren/der-freitag/verzicht-auf-die-erste-burgerpflicht. Zugriff: 20.7.2015.

Kuchenbecker, Tanja (2014): Hollandes Berater-Star geht. Der Mann hinter den wichtigen Reformen ist verärgert. In: *Handelsblatt*, 16.6.2014: 55.

Kufer, Astrid (2010): *Ende der Rente mit 60. Eine Analyse der französischen Rentenreform 2010.* Aktuelle Frankreich-Analysen. Ludwigsburg.

Kuisel, Richard (1990): La Planification: Mythes, tendances, problèmes. In: Cazes, Bernard/Mioche, Philippe (Hg.): *Modernisation ou décadence. Études, témoignages et documents sur la planification française.* Aix-en-Provence: 115–132.

La Tribune (2008): Le gouvernement met la pression sur les chômeurs. In: *La Tribune*, 7.5.2008: 27.

Labbé, Dominique/Moniére, Denis (2008): Des mots pour des voix. In: *Revue française de science politique* 58(3): 433.

Lallement, Michel (2006): New Patterns of Industrial Relations and Political Action since the 1980s. In: Culpepper, Pepper D./Hall, Peter A./Palier, Bruno (Hg.): *Changing France. The politics that markets make.* French politics, society, and culture series. Basingstoke/New York: 50–79.

— (2013): Un nouveau pas vers la flexicurité: L'accord national interprofessionnel du 11 janivier 2013. In: *Cahiers français* Nr. 375: 87–91.

Landré, Marc (2010): Chérèque: "Cette réforme est une provocation". Interview avec Francois Chérèque, le secretaire general de CFDT. In: *Le Figaro*, 17.6.2010: 18.

Le Billon, Veronique (2012a): Le Medef veut promouvoir un «désendettement compétitif». In: *Les Echos*, 15.2.2012: 3.

— (2012b): Comment le Medef est passé à côté de la campagne. In: *Les Echos*, 25.4.2012: 12.

— (2012c): Réforme des retraites: le Medef sonne l'alarme. In: *Les Echos*, 23.5.2012: 1.

Le Cacheux, Jacques (2010): L'evolution du rôle économique des États. In: *Cahiers français* Nr. 357: 57–61.

Le Gouvernement (2014): *Projet de loi pour la croissance et l'activité. Dossier de presse.* Paris.

Le Monde (2007): *Le débate. Le débate contre Nicolas Sarkozy et Ségolene Royal.* URL: http://www.lemonde.fr/societe/article/2007/05/03/le-debat_904782_3224.html?xtmc=sarkozy_regimes_speciaux_injustice&xtcr=12. Zugriff: 8.7.2015.

— (2008a): RSA: soutiens inégaux à droite, divisions à gauche. In: *Le Monde*, 30.8.2008: 2.

— (2008b): 61 % des Français désapprouvent le mode de financement du RSA. In: *Le Monde*, 5.9.2008: 10.

— (2010a): Une majorité de Français contre la réforme des retraites. In: *Le Monde*, 17.6.2010: 3.

— (2010b): Retraites: plus de la moitié des Français jugent "acceptable" l'âge légal à 62 ans. In: *Le Monde*, 23.6.2010: 1.

Le Nouvelle Observateur (2007a): *Dette: Parisot a confiance en Nicolas Sarkozy.* URL: http://tempsreel.nouvelobs.com/politique/elections-2007/20070427.OBS4419/dette-parisot-a-confiance-en-nicolas-sarkozy.html. Zugriff: 6.7.2015.

— (2007b): *Discours de Sarkozy au Medef: "un bon signe" selon Parisot.* URL: http://tempsreel.nouvelobs.com/economie/20070829.OBS2553/discours-de-sarkozy-au-medef-un-bon-signe-selon-parisot.html.

Le Parisien (2010): Jean-Louis Malys: «Bloquer totalement les gens, nous sommes contre». In: *Le Parisien*, 22.10.2010: 7.

Lefebvre, Etienne (2008): Bercy escompte une baisse des cotisations chômage dès 2009. In: *Les Echos*, 18.4.2008: 4.

Lemahieu, Thomas (2007): La fusion ANPE-UNEDIC, qu'elle se la garde. In: *L'Humanité*, 28.11.2007: 7.

Lenin, Wladimir Iljitsch (1964): *Über den Staat.* Berlin.

Les Echos (2007): Sarkozy veut réformer les régimes spéciaux. In: *Les Echos*, 6.2.2007: 1.

— (2014a): Entreprises: le nouveau « pacte » de Hollande salué par le patronat. In: *Les Echos*, 2.1.2014: 1.

— (2014b): Travail dominical: la CFDT appelle le président « à reprendre la main ». In: *Les Echos*, 2.12.2014: 2.

— (2015): Les «frondeurs» du PS ne renoncent pas. In: *Les Echos*, 26.1.2015: 4.

Lessenich, Stephan (2008): *Die Neuerfindung des Sozialen. Der Sozialstaat im flexiblen Kapitalismus.* Bielefeld.

— (2009): Mobilität und Kontrolle. Zur Dialektik der Aktivengesellschaft. In: Dörre, Klaus/Lessenich, Stephan/Rosa, Hartmut (Hg.): *Soziologie - Kapitalismus - Kritik. Eine Debatte.* Frankfurt am Main: 126–177.

Levratto, Nadine (2007): La PME indépendante et performante, mythe ou réalité? Une analyse fondée sur le phénomène des microgroupes en France. In: *Revue internationale P.M.E.: économie et gestion de la petite et moyenne entreprise* 20(2): 59–87.

Levy, Jonah D. (2008): From the Dirigiste State to the Social Anaesthesia State: French Economic Policy in the Longue Durée. In: *Modern & Contemporary France* 16(4): 417–435.

L'Horty, Yannick (2013): Le RSA: un nouvel état des lieux. In: *Cahiers français* Nr. 373: 86–91.

L'Humanité (2012): Le Medef en rêvait, Sarkozy l'a fait. In: *L'Humanité*, 15.2.2012: 2.

Lizé, Laurence (2013): Politique de l'emploi et du marché du travail. In: Montalembert, Marc de (Hg.): *La protection sociale en France*. Paris: 133–146.

Loi 2008-789 (2008): *Loi n° 2008-789 du 20 août 2008 portant rénovation de la démocratie sociale et réforme du temps de travail*, Loi 2008-789.

Loriaux, Michael Maurice (1991): *France After Hegemony. International Change and Financial Reform*. Cornell studies in political economy. Ithaca.

Louis, Édouard (2014): *En finir avec Eddy Bellegueule. Roman*. Paris.

Lux, Julia (2013): Im Auge des Sturms: Die beschäftigungspolitischen Folgen der Krise in Deutschland und Frankreich. In: *Das Argument. Zeitschrift für Philosophie und Sozialwissenschaften* 55(301): 107–117.

— (2015a): France in limbo: On the struggles over accumulation strategies in models of capitalism – The case of the pacte de responsabilité. In: *French Politics* 13(1): 84–102.

— (2015b): Vom "Neoliberalisierungstanz" zum Neoliberalisierungmarsch. In: Bieling, Hans-Jürgen (Hg.): *Europäische Welten in der Krise. Arbeitsbeziehungen und Wohlfahrtsstaaten im Vergleich*. International labour studies, Bd. 11. Frankfurt am Main: 57–82.

Malys, Jean-Louis (2009): "Il faut une réforme systémique". In: *direct matin*, 22.6.2009: 13.

Manière, Pierre (2013): *L'accord sur l'emploi devrait satisfaire (pour un temps) les agences de notation*. URL: http://www.latribune.fr/entreprises-finance/ banques-finance/industrie-financiere/20130116trib000742894/l-accord-sur-l-emploi-devrait-satisfaire-pour-un-temps-les-agences-de-notation.html.

Martin, Dirk/Wissel, Jens (2015): Fragmentierte Hegemonie. Anmerkungen zur gegenwärtigen Konstellation von Herrschaft. In: Martin, Dirk/Martin, Susanne/Wissel, Jens (Hg.): *Perspektiven und Konstellationen kritischer Theorie*. Münster: 220–238.

Martinache, Igor (2013): Les transformations de la société francaise depuis 1945. In: Montalembert, Marc de (Hg.): *La protection sociale en France*. Paris: 11–26.

Marx, Karl (1959): Das Elend der Philosophie. Antwort auf Proudhons "Philosophie des Elends". In: *Marx-Engels-Werke*. Bd. 4. Berlin: 62–182.

— (1972): Zur Kritik der Hegelschen Rechtsphilosophie. Einleitung. In: *Marx-Engels Werke*. Bd. 1. Berlin: 378–391.

Massé, Pierre (1964): Les principes de la planification française. In: *Weltwirtschaftliches Archiv* 42(92): 113–140.

Matt, Jean-Luc (2013): La sécurité sociale: organisation et gouvernance. In: Montalembert, Marc de (Hg.): *La protection sociale en France*. Paris: 41–49.

Mayer, Florian (2006): *Vom Niedergang des unternehmerisch tätigen Staates. Privatisierungspolitik in Grossbritannien, Frankreich, Italien und Deutschland*. Wiesbaden.

Mayer, Oliver (2007): Laurence Parisot crache le morceau! In: *L'Humanité*, 15.11.2007: 10.

Mayntz, Renate (2001): *Zur Selektivität der steuerungstheoretischen Perspektive*. MPIfG Working Paper. Köln. URL: http://www.mpi-fg-koeln.mpg.de/pu/workpap/wp01-2/wp01-2.html

— (2008): Von der Steuerungstheorie zu Global Governance. In: Schuppert, Gunnar Folke/Zürn, Michael (Hg.): *Governance in einer sich wandelnden Welt*. Wiesbaden: 43–60.

— (2009a): Governancetheorie: Erkenntnisinteresse und offene Fragen. In: Grande, Edgar/May, Stefan (Hg.): *Perspektiven der Governance-Forschung. Schriften des Münchner Centrums für Governance-Forschung*. Baden-Baden: 9–19.

— (2009b): *Über Governance. Institutionen Und Prozesse Politischer Regelung*. Schriften aus dem Max-Planck-Institut für Gesellschaftsforschung Köln, Bd. 62. Frankfurt am Main.

Mayring, Philipp (2015): *Qualitative Inhaltsanalyse. Grundlagen und Techniken*. Weinheim.

Mazuir, Valerie (2010): Retraites: les principales réactions. In: *Les Echos*, 16.6.2010: 4.

MdT (2012): *Document d'orientation negociation nationale interprofessionnelle pour une meilleure securisa-tion de l'emploi*, Ministére du travail, de l'emploi, de la formation professionelle et du dialogue social. Paris.

MEDEF (2012a): *Décret Retraites: une mesure inquiétante pour la pérennité financière des régimes de retraite et la compétitivité des entreprises. Communiqué de presse*, MEDEF. Paris.

— (2012b): *PLFR 2012: plusieurs mesures annoncées vont pénaliser la compétitivité des entreprises. Communiqué de presse*, MEDEF. Paris.

— (2012c): *Nomination de Louis Gallois: un grand chef d'entreprise à la tête du commissariat général à l'investissement. Communiqué de presse*, MEDEF. Paris.

— (2012d): *Rapport Gallois: une étape décisive vers un big bang économique salvateur. Communiqué de presse*, MEDEF. Paris.

— (2013a): *Point presse mensuel de juin 2013*. Paris. URL: http://www.medef.com/medef-corporate/salle-de-presse/conferences-de-presse/conferences-de-presse/article/point-presse-mensuel-de-juin-2013.html.

— (2013b): *24 propositions pour équilibrer durablement nos régimes de retraite. Les propositions du MEDEF*, MEDEF. Paris.

— (2013c): *24 propositions du MEDEF pour un équilibre durable du système de retraite. Communiqué de presse*, MEDEF. Paris.

—/CroissancePlus/afep/Le Cercle de l'Industrie/ASMEP-ETI (2013): *Assises de la fiscalité des entreprises. L'AFEP, l'ASMEP-ETI, le Cercle de l'Industrie, CroissancePlus et le MEDEF proposent 6 principes pour un débat constructif et concret*, MEDEF/CroissancePlus/afep/Le Cercle de l'Industrie/ASMEP-ETI. Paris.

— (2014a): *Pacte de responsabilité. Mobilisation pour créer 1 million d'emplois. Agir pour la croissance, l'investissement et l'emploi - Les 25 engagements du MEDEF*, MEDEF. Paris.

— (2014b): *Discours de politique générale de Manuel Valls. Communiqué de presse*, MEDEF. Paris.

— (2014c): *France 2020. Manifeste pour faire gagner la France*. Paris.

— (2014d): *1 million d'emploi. ... c'est possible*, MEDEF. Paris.

— (2014e): *Projet de loi pour la croissance et l'activité: des pistes pertinentes, mais des précisions à apporter. Communiqué de presse*, MEDEF. Paris.

— (2015): *Loi pour la croissance et l'activité: réformer est un exercice difficile, mais la réforme est indispensable. Communiqué de presse*, MEDEF. Paris.

Mehl, Peter (2011): *Das agrarsoziale Sicherungssystem in Frankreich. Zentrale Merkmale und Entwicklungen aus der Perspektive der landwirtschaftlichen Sozialversicherung in Deutschland*. Arbeitsbericht aus der vTI-Agrarökonomie, Institut für Ländliche Räume. Braunschweig.

Meier, Lutz (2010): Blockiertes Land. Präsident Sarkozy hat seine Rentenreform durchgepeitscht. In: *Financial Times Deutschland*, 28.10.2010: 12.

Melenchon, Jean-Luc (2008): *Discours au meeting de lancement du Parti de Gauche.* URL: http://www.jean-luc-melenchon.fr/2008/11/29/discours-au-meeting-de-lancement-du-parti-de-gauche/.

Mestre, Able (2012): *Les petits patrons font bon accueil à Marine Le Pen.* URL: http://www.lemonde.fr/election-presidentielle-2012/article/2012/04/03/les-petits-patrons-font-bon-accueil-a-marine-le-pen_1679800_1471069.html. Zugriff: 20.8.2015.

Moatti, Sandra (2007): Croissance, emploi: Sarkozy peut-il réussir? In: *Alternatives Economiques*, novembre 2007: 7.

Mondon, Aurelien (2012): Nicolas Sarkozy's legitimization of the Front National: background and perspectives. In: *Patterns of Prejudice* 47(1): 22–40.

Montalembert, Marc de (2013a): Introduction. In: Montalembert, Marc de (Hg.): *La protection sociale en France.* Paris: 7–10.

— (Hg.) (2013b): *La protection sociale en France.* Paris.

Moreau, Yannick (2013): *Nos retraites demain: équilibre financier et justice. Rapport au Premier ministre.* Paris.

Morin, Alain (2001): La sécurité de l'emploi et de la formation pour un travail de qualité. In: *Ecologie & politique* 2(Janvier - Février): 11–12.

Morin, Francois (2000): A transformation in the French model of shareholding and management. In: *Economy and Society* 29(1): 36–53.

Morin, François (1996): Privatisation et dévolution des pouvoirs. Le modèle français du gouvernement d'entreprise. In: *Revue économique* 47(6): 1253–1268.

Moss, Bernard (1988): Industrial Law Reform in an era of retreat: the Auroux-Law in France. In: *Work, Employment & Society* 2(3): 317–334.

Mouillard, Sylvain (2012): *Retraite à 60 ans: un geste pour les femmes et les chômeurs.* URL: http://www.liberation.fr/economie/2012/06/06/retraite-a-60-ans-un-geste-pour-les-femmes-et-les-chomeurs_823994. Zugriff: 27.7.2015.

Naczyk, Marek/Morel, Nathalie/Palier, Bruno (2013): *Country document 2013. Pension health and long-term care.* France, Assessing the socio-economic impact of social reforms. Köln.

Naton, Agnès (2009): *Revenu de Solidarité Active: Revenu de Solidarité Active,* CGT. Paris.

Neumann, Wolfgang (2004): Beschäftigung und sozialer Zusammenhalt. Ein Vergleich der Arbeitsmarktentwicklung und Arbeitsmarktpolitik in Frankreich und Deutschland. In: Neumann, Wolfgang (Hg.): *Welche Zukunft für den Sozialstaat? Reformpolitik in Frankreich und Deutschland.* Wiesbaden: 119–153.

—/Veil, Mechthild (2004): *Sozialreformen in Frankreich und Deutschland. Gleiche Herausforderungen - unterschiedliche Antworten?* Aktuelle Frankreich-Analysen, Deutsch-Französisches Institut. Ludwigsburg.

Oberndorfer, Lukas (2012a): Der Fiskalpakt. Umgehung der "europäischen Verfassung" und Durchbrechung demokratischer Verfahren? In: *juridikum. zeitschrift für kritik - recht - gesellschaft.* Nr. 2: 168–181.

— (2012b): Hegemoniekrise in Europa. Auf dem Weg zu einem autoritären Wettbewerbsetatismus. In: Forschungsgruppe Staatsprojekt Europa (Hg.): *Die EU in der Krise. Zwischen autoritärem Etatismus und europäischem Frühling.* Münster: 49–71.

— (2012c): Vom neuen zum autoritären Konstitutionalismus. Soziale Bewegungen, Recht und Demokratie in der europäischen Krise. In: *Kurswechsel. Zeitschrift für gesellschafts-, wirtschafts-und umweltpolitische Alternativen,* Nr. 2: 62–67.

— (2013): Vom neuen, über den autoritären zum progressiven Konstitutionalismus? Pakt(e) für Wettbewerbsfähigkeit und die europäische Demokratie. In: *juridikum. zeitschrift für kritik - recht - gesellschaft.* Nr. 1: S. 76-86.

ODOXA (2015): *Sondage: Les syndicats*, ODOXA/Le Parisien/CQFD. Paris.

OECD (2012a): Staatsverschuldung. In: OECD (Hg.): *Die OECD in Zahlen und Fakten 2011-2012:* 232–233.

— (2012b): *Trade Union Density.*

— (2014a): *OECD Employment Outlook 2014*, OECD. Paris.

— (Hg.) (2014b): *OECD International Direct Investment Statistics 2014.* OECD International Direct Investment Statistics.

— (2014c): *Renten auf einen Blick 2013. OECD- und G20-Länder - Indikatoren*, OECD. Paris.

— (2015a): *Domestic product.* URL: https://data.oecd.org/gdp/nominal-gdp-forecast.htm. Zugriff: 3.8.2015.

— (2015b): *Revenue Statistics.* URL: https://stats.oecd.org/Index.aspx?DataSet-Code=REV. Zugriff: 6.7.2015.

— (2015c): *Short-Term Labour Market Statistic. Harmonised Unemployment Rates.* Paris.

Offe, Claus (2006): *Strukturprobleme des kapitalistischen Staates. Aufsätze zur Politischen Soziologie.* Frankfurt am Main/New York.

opinionway (2014): *Ecoscope. Vague 6*, le Figaro.fr/BFM Business. Paris.

Opratko, Benjamin (2012): *Hegemonie. Politische Theorie nach Antonio Gramsci.* Münster.

Overbeek, Henk (2004): *The political economy of European employment. European integration and the transnationalization of the (un)employment question.* London.

Palier, Bruno (2003): Réformer les retraites en France. In: *French Politics, Culture & Society* 21(3): 51–72.

— (2005): *Gouverner la Sécurité sociale. Les réformes du systéme francais de protection social depuis 1945.* Paris.

— (2006): The Long Good Bye to Bismarck. In: Culpepper, Pepper D./Hall, Peter A./Palier, Bruno (Hg.): *Changing France. The politics that markets make.* French politics, society, and culture series. Basingstoke/New York: 107–128.

— (2010): Les caractéristiques de l'État-providence en France: son organisation, ses évolutions au gré des réformes. In: *Cahiers français* Nr. 358: 15–19.

— (2012): *La réforme des systèmes de santé.* Paris.

Parisot, Laurence (Hg.) (2007): *Besoin d'air.* Paris.

— (2010): « L'aggravation de la fiscalité sur l'épargne est un mauvais signal ». Interview avec Laurence Parisot sous Lucie Robequain. In: *Les Echos*, 16.6.2010: 4.

— (2012): *Besoin d'aire. Les 23 axes pour une compétitivité equitable*, MEDEF. Paris.

partenaire sociaux (2013): *Accord national interprofessionnel du 11 janvier 2013 pour un nouveau modele economique et social au service de la competitivite des entreprises et de la securisation de l'emploi et des parcours professionnels des salaries.* Paris.

Pernot, Jean-Marie (2010): *Syndicats: lendemains de crisis?* Paris.

— (2012): *Gewerkschaften in Frankreich. Geschichte, Organisation, Herausforderungen.* Internationale Politikanalysen, Friedrich-Ebert Stiftung. Berlin.

— (2013): «Ce sera plus une journée pour prendre date et mesurer la base sociale disponible». Interview avec Jean-Marie Pernot. In: *Les Echos*, 9.9.2013: 4.

Perrin, Evelyne (2009): *Chômage et flexisécurité à la française.* URL: http://www.attac.org/en/groups/wiki/ch%C3%B4mage-et-flexis%C3%A9curit%C3%A9-%C3%A0-la-fran%C3%A7aise. Zugriff: 12.7.2015.

Perrotte, Derek (2008): 35 heures: Parisot demande à Bertrand de respecter la « position commune ». In: *Les Echos*, 29.5.2008: 2.

— (2010a): Retraites: ce que souhaitent les syndicats. Une interview croisée de François Chérèque (CFDT) et Bernard Thibault (CGT). In: *Les Echos*, 2.9.2010: 5.

— (2010b): Retraites: l'Elysée tente de contenir les grèves dures. In: *Les Echos*, 12.10.2010: 2.

— (2012a): Les militants de la CGT ovationnent Mélenchon. In: *Les Echos*, 1.2.2012: 5.

— (2012b): 1er Mai: les politiques volent la vedette aux syndicats. In: *Les Echos*, 30.4.2012: 3.

— (2012c): Michel Sapin presse les partenaires sociaux de refondre le marché du travail avant la fin 2012. In: *Les Echos*, 10.9.2012: 6.

— (2012d): Négociation emploi: CFDT et Medef espèrent conclure le 20 décembre. In: *Les Echos*, 7.12.2012: 4.

— (2013a): CGT et FO organisent le front du refus. In: *Les Echos*, 21.1.2013: 4.

— (2013b): Les syndicats et le patronat mettent la pression avant la conférence sociale. In: *Les Echos*, 14.5.2013: 2.

Plane, Mathieu (2012): Évaluation de l'impact économique du crédit d'impôt pour la compétitivité et l'emploi (CICE). In: *Revue de l'OFCE* 126(7): 141.

Poulantzas, Nicos (1967): Marxist Political Theory in Great Britain. In: *New Left Review* 43(1): 57–74.

— (1973): *Zum marxistischen Klassenbegriff*. Internationale Marxistische Diskussion, Bd. 38. Berlin.

— (1974a): *Les classes sociales dans le capitalisme aujourd'hui*. Paris.

— (1974b): *Politische Macht und gesellschaftliche Klassen*. Frankfurt am Main.

— (1975): *Klassen im Kapitalismus - heute*. Hamburg.

— (1977): *Die Krise der Diktaturen. Portugal, Griechenland, Spanien*. Frankfurt am Main.

— (2001): Die Internationalisierung der kapitalistischen Verhältnisse und der Nationalstaat. In: Hirsch, Joachim/Jessop, Bob/Poulantzas, Nicos (Hg.): *Die Zukunft des Staates. Denationalisierung, Internationalisierung, Renationalisierung*. Hamburg: 19–69.

— (2002): *Staatstheorie. Politischer Überbau, Ideologie, autoritärer Etatismus*. Hamburg.

Quittkat, Christine (2006): *Europäisierung der Interessenvermittlung. Französische Wirtschaftsverbände zwischen Beständigkeit und Wandel*. Wiesbaden.

— (2015): Europäische Interessenvermittlung französischer Wirtschaftsverbände: Ein französisch-deutscher Vergleich. In: Deutsch-Französisches Institut (Hg.): *Frankreich Jahrbuch 2014*. Wiesbaden: 55–75.

Rèau, Philippe (2008): *Assurance-chômage, un texte soumis à signature*. URL: https://www.cfdt.fr/portail/archive/assurance-chomage-un-texte-soumis-a-signature-recette_41865. Zugriff: 12.7.2015.

Rehfeld, Udo (1989): Modernisierung und Transformation der Gesellschaft in Frankreich nach 1945: Die Rolle der Modernisten. In: Elsenhans, Hartmut et al. (Hg.): *Frankreich, Europa, Weltpolitik. Festschrift für Gilbert Ziebura zum 65. Geburtstag*. Opladen: 73–87.

Risse, Thomas/Lehmkuhl, Ursula (2006): *Governance in Räumen begrenzter Staatlichkeit: Neue Formen des Regierens? Das Forschungsprogramm des Sonderforschungsbereichs 700*. SFB-Governance Working Paper Series, DFG-Sonderforschungsbereich 700. Berlin.

— (2007): *Regieren in Räumen begrenzter Staatlichkeit. Zur "Reisefähigkeit" des Governance-Konzeptes*. SFB-Governance Working Paper Series, DFG-Sonderforschungsbereich 700. Berlin.

—/Leibfried (2011): Wie viel Staat braucht Governance? Ein kritischer Kommentar. In: Beisheim, Marianne et al. (Hg.): *Wozu Staat? Governance in Räumen begrenzter und konsolidierter Staatlichkeit*. Weltpolitik im 21. Jahrhundert, Bd. 16. Baden-Baden: 267–279.

Rodi, Michael (2015): Machtverschiebungen in der Europäischen Union im Rahmen der Finanzkrise und Fragen der demokratischen Legitimation. In: *JuristenZeitung* 70(15): 737–744.

Rosanvallon, Pierre (2000): *Der Staat in Frankreich von 1789 bis in die Gegenwart*. Münster.

Rössler, Patrick (2005): *Inhaltsanalyse*. Konstanz.

Royer, Solenn de (2013): *Flexibilité: l'aile gauche du PS fait de la résistance*. URL: http://www.lefigaro.fr/politique/2013/03/05/01002-20130305ART-FIG00631-les-trublions-de-l-aile-gauche-du-ps-font-de-la-resistance.php.

Sablowski, Thomas (2008): Das globale, finanzgetriebene Akkumulationsregime. In: *Z. Zeitschrift marxistische Erneuerung* 19(73): 23–35.

— (2010): Widersprüche innerhalb der Bourgeoisie und der Staat bei Poulantzas. In: Demirović, Alex/Adolfs, Stephan/Karakayali, Serhat (Hg.): *Das Staatsverständnis von Nicos Poulantzas. Der Staat als gesellschaftliches Verhältnis*. Staatsverständnisse, Bd. 30. Baden-Baden: 189–203.

Sander, Bernhard (2013a): *Flexicurity nun auch französisch*. URL: http://www.sozialismus.de/nc/vorherige_hefte_archiv/kommentare_analysen/detail/artikel/flexicurity-nun-auch-franzoesisch/.

— (2013b): *Kein Wandel in Sicht*. URL: http://www.sozialismus.de/nc/vorherige_hefte_archiv/kommentare_analysen/detail/artikel/kein-wandel-in-sicht/.

Sarkozy, Nicolas (2007a): *Mon Projet. Ensemble tout devient possible.* Paris.

— (2007b): *Déclaration de M. Nicolas Sarkozy, Président de la République, sur son projet en matière de politique de l'emploi et de protection sociale, à Paris le 18 septembre 2007.* URL: http://discours.vie-publique.fr/notices/077002755.html. Zugriff: 8.7.2015.

— (2007c): *Déclaration de M. Nicolas Sarkozy, Président de la République, sur son projet en matière de politique de l'emploi et de protection sociale, à Paris le 18 septembre 2007.* Paris.

— (2008): *Le président de la République veut refonder le capitalisme.* Toulon.

— (2012): *Propositions de Nicolas Sarkozy pour une france forte.* Paris.

Sauer, Birgit (2011): Governance als frauenpolitische Chance? Geschlechterkritik aktueller Debatten um Staatstransformation. In: Demirović, Alex (Hg.): *Demokratie und Governance. Kritische Perspektiven auf neue Formen politischer Herrschaft.* Münster: 106–130.

Schild, Joachim (2013): Politische Führungsansprüche auf schwindender Machtbasis: Frankreichs Europapolitik unter François Hollande. In: *integration* 1/2013: 3–17.

Schludi, Martin (2001): *The Politics of Pensions in European Social Insurance Countries.* MPIfG Discussion Paper, Max-Planck-Institut für Gesellschaftsforschung. Köln.

Schmid, Bernhard (2010a): *Frankreich, Konflikt um die Renten«reform»: Die Gewerkschaften gehen zu einer härteren Gangart über.* URL: http://labournet.de/internationales/fr/rente2010_15.html.

— (2010b): *Noch ist auch weiterhin "Dampf unter dem Kessel". Aktionstag der Gewerkschaften am vergangenen Samstag, ein weiterer ist für den 23. November angesetzt.* URL: http://labournet.de/internationales/fr/rente2010_29.html.

Schmidt, Vivien A. (2005): The Role of Public Discourse in European Social Democratic Reform Projects. In: *European Integration online Papers (EIoP)* 9(8). URL: http://eiop.or.at/eiop/texte/2005-008a.htm. Zugriff: 29.9.2015.

— (2014): Speaking to the Markets or to the People? A Discursive Institutionalist Analysis of the EU's Sovereign Debt Crisis. In: *The British Journal of Politics & International Relations* 16(1): 188–209.

Schmidt, Vivien Ann (2002): *The futures of European capitalism.* Oxford/New York.

Schreiber, Benjamin (2013): *Frankreich. Die Gewerkschaften suchen ihre Rolle im Reformdialog.* Perspektive, Friedrich-Ebert Stiftung. Berlin.

— (2015): *Kommt die CGT unter neuer Führung aus der Krise? Gewerkschafts-analyse Frankreich*. Perspektive, Friedrich-Ebert Stiftung. Paris.

Seigne, Aurélie (2013): *"Toutes les catégories de salariés bénéficient de cet accord"*. URL: https://www.cfdt.fr/portail/actualites/emploi/toutes-les-categories-de-salaries-beneficient-de-cet-accord-rec_119889. Zugriff: 29.9.2015.

— (2014): *Projet de loi Macron: ce qu'il faut en retenir (ou pas)*. URL: https://www.cfdt.fr/portail/actualites/economie/projet-de-loi-macron-ce-quil-faut-enretenir-ou-pas-srv2_237697.

Smith, Timothy B. (2013): France in Crisis? Economic and welfare policy reform. In: Cole, Alistair/Meunier, Sophie/Tiberj, Vincent (Hg.): *Developments in French politics five*. Basingstoke: 186–202.

Steinhilber, Jochen (1995): Frankreich: Schlanke Marianne? In: Bieling, Hans-Jürgen (Hg.): *Arbeitslosigkeit und Wohlfahrtsstaat in Westeuropa. Neun Länder im Vergleich*. Studien der Forschungsgruppe Europäische Gemeinschaften (FEG), Bd. 7. Marburg: 77–106.

— (2000): *Die "Grande Nation" und das "Haus Europa". Frankreichs widersprüchlicher Entwicklungsweg*. Hamburg.

Steinmann, Lionel (2008): Ce que la fusion ANPE-Assedic va changer. In: *Enjeux Les Echos*, 1.10.2008: 72.

Sterdyniak, Henri (2012): Fault-il fiscaliser le financement de la protection social? Supplement 1. In: *Cahiers français* 8(373): 35–41.

— (2013): *Réactions aux décisions du Conseil constitutionnel du 29 décembre 2012*. URL: http://www.ofce.sciences-po.fr/blog/reactions-aux-decisions-du-conseil-constitutionnel-du-29-decembre-2012/.

Stöger, Harald (2011): *Rentensysteme und Altersarmut im internationalen Vergleich. Eine Studie*, Friedrich-Ebert Stiftung. Berlin.

Strudel, Sylvie (2007): L'électorat de Nicolas Sarkozy. «rupture tranquille» ou syncrétisme tourmenté? In: *Revue française de science politique* 57(3): 459.

Stützle, Ingo (2013): *Austerität als politisches Projekt. Von der monetären Integration Europas zur Eurokrise*. Münster.

Syrovatka, Felix (2012): Ein Teil der Krise? Gewerkschaften und Korporatismus. In: *Z. Zeitschrift marxistische Erneuerung* Nr. 92: 31–42.

— (2015): Der Aufstieg der Madame Le Pen. In: *PROKLA. Zeitschrift für kritische Sozialwissenschaft* 45(180): 387–408.

The Economist (2009): Vive la difference! In: *The Economist* 166(8630): 27–29.

— (2012): The time-bomb at the heart of Europe. In: *The Economist*, 2012: 13.

Thibault, Bernard (2012): L'avertissement de la CGT au gouvernement. Propos recueillis par Claire Guélaud et Michel Noblecourt. In: *Le Monde*, 13.9.2012: 8.

Thiériot, Jean-Louis (2012): L'Allemagne est-elle devenue notre modèle? In: *Le Figaro*, 9.2.2012: 14.

Thoemmes, Jens (2011): Betriebsverhandlungen in Frankreich: Die Bevollmächtigung von nicht gewerkschaftlich organisierten Mitarbeitern. In: *Industrielle Beziehungen* 18(4): 262–289.

Timbeau, Xavier (2008): *Illusion einer Bewegung. Eine Bilanz der französischen Wirtschafts- und Sozialpolitik unter Nicolas Sarkozy*. DGAP analyse, Forschungsinstitut der Deutschen Gesellschaft für Auswärtige Politik. Berlin.

Toussaint, Benoît (2012): *Le Medef entre en campagne présidentielle*. URL: http://www.lefigaro.fr/conjoncture/2012/02/14/20002-20120214ART-FIG00652-le-medef-entre-en-campagne-presidentielle.php.   Zugriff: 25.7.2015.

Tuchszirer, Carole (2002): Réforme de l'assurance chômage du PAP au PAP/ND. Le Programme d'Action Personnalisée pour un Nouveau Départ. In: *Revue de l'IRES* Nr. 38: 51–77.

UPA (2013a): *Point presse du 20 février 2013. Dossier de presse*, UPA. Paris.

— (2013b): *Conference de presse du 22 octobre 2013*, UPA. Paris.

Uterwedde, Henrik (1988): *Die Wirtschaftspolitik der Linken in Frankreich. Programme und Praxis 1974-1986*. Deutsch-französische Studien zur Industriegesellschaft, Bd. 6. Frankfurt/New York.

— (2006): Wirtschaft. In: Schild, Joachim/Uterwedde, Henrik (Hg.): *Frankreich*. Wiesbaden: 138–218.

— (2009a): Der unvollendete Wandel der Wirtschaftspolitik. In: Schild, Joachim/Uterwedde, Henrik (Hg.): *Die verunsicherte Französische Republik*. Baden-Baden: 87–116.

— (2009b): *Sarkozys Wirtschafts- und Sozialreformen. Eine Zwischenbilanz*. Aktuelle Frankreich-Analysen, Deutsch-Französisches Institut. Ludwigsburg.

— (2012a): Zwischen Staat und Markt. Frankreichs Wirtschaftsmodell im Wandel. In: Kimmel, Adolf/Uterwedde, Henrik (Hg.): *Länderbericht Frankreich*. Schriftenreihe der Bundeszentrale für Politische Bildung, Bd. 1264. Bonn: 172–190.

— (2012b): *Zeit für Reformen. Frankreichs Wirtschaft im Wahljahr*. DGAP analyse, Deutsche Gesellschaft für Auswärtige Politik. Berlin.

— (2013a): Frankreichs schwieriger Weg aus der Krise. In: *Orientierungen zur Wirtschafts- und Gesellschaftspolitik* 137 (3): 46–52.

(2013b): *Ende der Divergenzen? Perspektiven der deutschen und französischen Wirtschaftspolitik.* DGAP analyse, Deutsche Gesellschaft für Auswärtige Politik. Berlin.

Vail, Mark I. (2010): *Recasting welfare capitalism. Economic adjustment in contemporary France and Germany.* Philadelphia.

Valls, Manuel (2014): *Discours à l'université d'été du Medef. Cherchons plutôt à coopérer, à trouver des chemins qui servent l'intérêt général.* URL: http://www.gouvernement.fr/partage/1250-allocution-de-manuel-valls-premier-ministre-a-l-universite-d-ete-du-medef. Zugriff: 9.8.2015.

van Berkel, Rik/van Gestel, Nicolette/Herbillon, Jean-Michel (2007): Changing modes of governance in activation policies in France and The Netherlands: common path or countermodel? In: *International Journal of Sociology and Social Policy* 27(7/8): 324–333.

Vanselow, Achim/Weinkopf, Claudia (2009): *Zeitarbeit in europäischen Ländern. Lehren für Deutschland?* Arbeitspapier Arbeit und Soziales, Hans-Böckler Stiftung. Düsseldorf.

Veil, Mechthild (2004): Zukunft der Alterssicherung: Rentenpolitik und Rentenreformen in Frankreich und Deutschland. In: Neumann, Wolfgang (Hg.): *Welche Zukunft für den Sozialstaat? Reformpolitik in Frankreich und Deutschland.* Wiesbaden: 47–86.

Venn, Danielle (2009): *Legislation, collective bargaining and enforcement. Updating the OECD employment protection indicators.* OECD Social, employment and migration Working Paper, OECD. Paris.

Verhaeghe, Éric (2011): *Au coeur du MEDEF. Chronique d'une fin annoncée.* Paris.

Vie publique (2008): *Loi du 13 février 2008 relative à la réforme de l'organisation du service public de l'emploi.* URL: http://www.vie-publique.fr/actualite/panorama/texte-vote/loi-du-13-fevrier-2008-relative-reforme-organisation-du-service-public-emploi.html.

Visot, Marie (2010): Laurence Parisot: « Il est temps et important de faire la réforme ». In: *Le Figaro economie*, 2.9.2010: 19.

Vive la gauche! (2015): *Nos réformes structurelles. Propositions alternatives et priorités législatives pour l'emploi, l'activité et la croissance 2015-2017.* Paris.

Vlandas, Tim (2013): The politics of in-work benefits: The case of the 'active income of solidarity' in France. In: *French Politics* 11(2): 117–142.

Wagner, Norbert (2011): *Wahlkampf in Zeiten der Wirtschafts-und Finanzkrise.* Länderbericht, Konrad-Adenauer-Stiftung. Paris.

Weber, Max (2014): *Politik als Beruf*. Köln.

Wenz-Dumas, Francois (2008): 35 heures, un an de manoeuvres. In: *Liberation*, 17.6.2008. URL: http://www.liberation.fr/evenement/2008/06/17/35-heures-un-an-de-manoeuvres_74335. Zugriff: 10.7.2015.

Weyrauch, Philine (2012): Frankreich: Von der sozialen Demokratie zum Regulierungsstaat. In: Tanja Klenk et al. (Hg.): *Abkehr vom Korporatismus? Der Wandel der Sozialversicherungen im europäischen Vergleich*. New York: 287–364.

Wiegel, Michaela (2011): Agenda 2012? Die französische Politik entdeckt das Modell Deutschland. In: *Frankfurter Allgemeine Zeitung*, 1.12.2011: 10.

Wissel, Jens (2007): *Die Transnationalisierung von Herrschaftsverhältnissen. Zur Aktualität von Nicos Poulantzas' Staatstheorie*. Baden-Baden.

— (2010): Die europäische Integration als staatstheoretische Herausforderung. In: Demirović, Alex/Adolfs, Stephan/Karakayali, Serhat (Hg.): *Das Staatsverständnis von Nicos Poulantzas. Der Staat als gesellschaftliches Verhältnis*. Staatsverständnisse, Bd. 30. Baden-Baden: 81–95.

Wissen, Markus/Naumann, Matthias (2008): Die Dialektik von räumlicher Angleichung und Differenzierung: Zum uneven-development-Konzept in der radical geography. In: *ACME. An International E-Journal for Critical Geographies* 3(7): 377–406.

Woll, Cornelia (2005): *The Difficult Organization of Business Interests. MEDEF and the Political Representation of French Firms*. MPIfG Discussion Paper, Max-Planck-Institut für Gesellschaftsforschung. Köln.

— (2011): Wer rettet die Banken? Staatliche Nothilfe im internationalen Vergleich. In: Max-Planck-Institut für Gesellschaftsforschung (Hg.): *MPIfG Jahrbuch 2011–2012*. Köln: 19–26.

Worldbank (2015): *Foreign direct investment, net inflows (% of GDP)*, Worldbank. Washington.

Wrobel, Sonja (2009): *Notwendig und gerecht? Die Legitimation von Sozialreformen in Deutschland und Frankreich*. Frankfurt am Main/New York.

Xiao, Yingbin (2009): *French Banks Amid the Global Financial Crisis*. IMF Working Paper, International Monetary Fund. Washington.

Young, Brigitte (2011): Economic Governance in the Eurozone: A New Dawn? In: *economic sociology. the european electronic newsletter* 12(2): 11–16.

Zettelmeier, Werner (2012): Bildungssystem im Wandel. In: Kimmel, Adolf/Uterwedde, Henrik (Hg.): *Länderbericht Frankreich*. Schriftenreihe der Bundeszentrale für Politische Bildung, Bd. 1264. Bonn: 258–277.

Žižek, Slavoj (2003): *Die Revolution steht bevor. Dreizehn Versuche über Lenin.* Frankfurt am Main.

— (2010): A permanent economic emergency. In: *New Left Review* Nr. 64: 85–95.

11. ExpertInnen-Interviews

Vorbemerkung: Die im Folgenden aufgeführten ExpertInnen-Interviews bildeten zusammen mit den Ergebnissen der Dokumentenanalyse die empirische Basis der Arbeit. Alle Interviews wurden zur Wahrung der Persönlichkeitsrechte anonymisiert. Einige Interviews wurden auf Wunsch der Interviewten nicht zitiert.

I/afep (2015), Paris: 20.05.2015.

I/CGT (2015), Paris: 21.05.2015.

I/FES (2015), Paris: 19.05.2015.

I/KAS (2015), Telefoninterview vom 11.05.2015.

I/MEDEF (2015), Paris: 21.05.2015.

I/PCF (2015), Paris: 19.05.2015.

Druck: KN Digital Printforce GmbH · Schockenriedstraße 37 · 70565 Stuttgart